PRINCIPES

DE LA

THÉORIE DES RICHESSES

PARIS. — IMPRIMERIE DE E. DONNAUD,
RUE CASSETTE, 9.

PRINCIPES

DE LA

THÉORIE DES RICHESSES

Par M. COURNOT

ANCIEN INSPECTEUR GÉNÉRAL DES ÉTUDES
COMMANDEUR DE LA LÉGION D'HONNEUR

> Metalla nunc, ipsæque opes
> et rerum pretia dicentur.
> PLIN. XXXIII, 1.

PARIS
LIBRAIRIE DE L. HACHETTE ET Cie
BOULEVARD SAINT-GERMAIN, N° 77

1863

Droit de traduction réservé.

AU LECTEUR.

J'approchais déjà de la quarantaine et je n'avais encore fait paraître que des morceaux détachés, je ne m'étais essayé que dans le métier de critique, d'éditeur ou de traducteur, lorsque j'ai décidément abordé le métier d'auteur en publiant en 1838 un mince volume intitulé : *Recherches sur les principes mathématiques de la théorie des richesses.* Malgré le mauvais succès de quelques devanciers qui avaient visiblement fait fausse route, je m'étais figuré qu'il devait y avoir de l'avantage à appliquer les signes mathématiques à l'expression de rapports et d'idées qui sont certainement du ressort des mathématiques : et je comptais encore sur un nombre honnête de lecteurs, dans un siècle où l'on étudie surtout les mathématiques pour être ingénieur, et où l'on recherche l'état d'ingénieur en vue surtout de se faire admettre sur un bon pied dans les grandes entreprises qui donnent la richesse. Je m'étais trompé. Quand on veut aller contre les habitudes prises, ou l'on fait une révolution (ce qui heureusement est fort rare), ou l'on n'attire point l'attention, et c'est ce qui m'est arrivé. On a vu paraître, depuis 1838, des théories marquées au coin de la nouveauté et de l'originalité, comme celles de M. Stuart Mill, de Frédéric List, de Frédéric Bastiat; il y a eu de grandes révolutions tentées ou effectuées dans le monde économique et des discussions bien vives à propos de ces révolutions, sans que les hommes habiles qui les ont faites, préconisées ou combattues, aient paru se douter que j'avais tâché d'appliquer aux questions intéressantes de l'économie sociale ma logique et mon algèbre, avant de m'en servir (non sans quelque succès, je crois) pour débrouiller d'autres questions plus délicates encore, et depuis plus longtemps débattues. Je voudrais voir aujourd'hui si j'ai péché par le fond des idées ou seulement par la forme : et à cette fin j'ai repris mon travail de 1838 en le corrigeant, en le développant là où les développements manquaient, en le complétant sur les points auxquels je m'étais abstenu de toucher, et surtout en le dépouillant absolument de l'attirail d'algèbre qui effarouche tant en ces matières. Non-seulement j'ai repris toutes les pages de mon premier ouvrage, qui pouvaient cadrer avec mon nouveau plan, mais je ne me suis fait nul scrupule d'en transcrire quelques autres que mon plan réclamait, et qui ont déjà paru dans mon *Traité de l'enchaînement des idées fondamentales*, où les idées fondamentales de la science économique ont dû figurer à leur rang.

Puisque j'ai mis vingt-cinq ans à interjeter appel de la première sentence, il va sans dire que je ne compte pas, quoi qu'il arrive, user d'une autre voie de recours. Si je perds une seconde fois mon procès, il ne me restera que la consolation qui n'abandonne guère les auteurs disgraciés : celle de penser que l'arrêt qui les condamne sera un jour cassé dans l'intérêt *de la loi*, c'est-à-dire de la vérité.

Au reste, j'ai voulu que l'étiquette ne pût tromper personne, et que le titre du présent ouvrage indiquât nettement qu'il s'agit toujours de *principes* et de *théorie*. La théorie ne doit pas être confondue avec les systèmes, quoique nécessairement, dans l'enfance des sciences, l'esprit de système se charge d'ébaucher les théories. J'ajouterai que la théorie doit toujours avoir sa part, si petite qu'on veuille la lui faire, et qu'il doit être permis à un vétéran du corps enseignant, plus qu'à tout autre, d'envisager exclusivement du point de vue de la théorie un sujet d'intérêt général, qui a tant de faces diverses.

A chacun sa tâche. J'ai cru que la mienne était de soumettre à une critique nouvelle, non des faits, mais des idées, en rapprochant dans ce but des idées que la marche du travail scientifique tend trop à isoler, comme on rapproche dans un herbier, pour les mieux connaître, des plantes que la Nature a fait naître à de grandes distances. C'est un genre de spécialité comme un autre, et qui a aussi son utilité. Dans le cas présent, j'ai donc dû m'attacher de préférence à bien caractériser la nature de cette science à laquelle on donne communément le nom d'*économie politique* (et qu'Aristote avait bien mieux désignée par le mot de *chrématistique*, dont notre titre n'est que la traduction française), à montrer ses affinités avec d'autres sciences, sa place dans le cadre scientifique, les idées sur lesquelles elle se fonde, les procédés qu'elle emploie, la valeur des résultats auxquels elle peut atteindre, la part qu'elle laisse nécessairement à l'empirisme et aux entraînements de l'opinion. J'espère que ceux qui auront pris la peine de me lire attentivement comprendront mieux tout ce qui nous manque pour donner la solution vraiment scientifique d'une foule de questions que la polémique quotidienne tranche hardiment, et sur lesquelles il faut bien que la pratique gouvernementale prenne un parti.

Toutefois, je n'ai pas entendu faire seulement une œuvre d'analyse et de critique : il y a aussi dans mon travail une partie dogmatique, un essai de synthèse nouvelle, une méthode de calcul substituée à d'autres que je regarde comme inexactes, ou dont je crois même avoir démontré l'inexactitude. J'ai fait tous mes efforts pour être à la fois clair et succinct, pour conserver la rigueur de l'esprit géométrique sans employer l'appareil de démonstration des géomètres : mais les calculs sont toujours arides, les raisonnements sont parfois subtils, les causes d'erreur sont nombreuses ; j'ai donc bien des motifs de réclamer l'indulgence et la patiente attention du lecteur.

Paris, mai 1863.

N. B. *Les chiffres entre parenthèses indiquent les n^{os} du texte auxquels on renvoie.*

PRINCIPES
DE LA
THÉORIE DES RICHESSES.

LIVRE PREMIER.
LES RICHESSES.

CHAPITRE PREMIER.

DES RICHESSES EN GÉNÉRAL ET DE LA VALEUR D'ÉCHANGE.

1. — La racine tudesque *rik* ou *reich*, qui a passé dans toutes les langues romanes comme un signe de la conquête, exprimait vaguement une idée de supériorité, de force, de puissance. *Los ricós hombres* se dit encore en espagnol des nobles de distinction, des grands seigneurs; et telle est l'acception des mots *riches hommes* dans le français de Joinville. Notre idée moderne de la richesse ne pouvait être conçue par les hommes de race germanique, ni à l'époque de leur invasion dans le monde romain, ni même aux temps bien postérieurs où la féodalité subsistait dans sa vigueur. Les idées analogues qu'avait déjà suscitées la civilisation romaine, quand le poëte disait :

Dives agris, dives positis in fœnore nummis,

disparurent avec cette civilisation ; et comme la langue se moule sur les idées, les mots *dives, divitiæ, opes* disparurent aussi de la langue des vaincus, tandis que le mot *pauper* y resta. Si, dans notre français moderne, le mot *opulence* rappelle une de ces racines oubliées, il n'appartient pas à la langue populaire, et il n'a été mis que tardivement en circulation par les lettrés, avec beaucoup d'autres.

Les distinctions de maîtres, de serviteurs et d'esclaves, le pouvoir, la propriété, les droits et les priviléges, l'abondance et l'indigence, tout cela se retrouve au sein des peuplades les plus voisines de ce que nous nommons l'état sauvage, et semble dériver presque immédiatement des lois naturelles qui président à l'agrégation des individus et des familles. On ne conçoit pas non plus que des hommes puissent vivre quelque temps rapprochés les uns des autres sans pratiquer l'échange des choses et des services : *do ut des, do ut facias, facio ut des, facio ut facias*. Toutefois il y a loin de cet acte naturel et pour ainsi dire instinctif à l'idée abstraite d'une *valeur d'échange* : idée qui implique que les objets évalués *sont dans le commerce*, et qu'en les possédant on possède virtuellement toute autre chose de valeur égale, contre laquelle il plaira de les échanger. Or, les choses auxquelles l'état des relations commerciales et les institutions civiles permettent d'attribuer une telle valeur d'échange sont celles que, dans le style moderne, on appelle des *richesses*; et mieux on précisera cette idée, plus la théorie comportera d'exactitude, plus elle méritera le nom de science : car les conditions de la construction scientifique se trouvent dans la généralité et la précision des idées.

2. — A la rigueur, de toutes les choses que nous apprécions ou auxquelles nous attribuons une valeur

d'échange, il n'y en a point que nous puissions à notre gré, et aussitôt qu'il nous plaît, échanger contre toute autre chose réputée d'égale valeur. Dans l'acte de l'échange, comme dans la transmission de la force vive par les machines, il y a des frottements à vaincre, des déchets à subir, des limites que l'on ne doit pas franchir. Le propriétaire d'une grande forêt n'est riche qu'à condition d'aménager ses coupes avec prudence et de ne pas encombrer le marché de ses bois; le possesseur d'une précieuse galerie de tableaux aura souvent bien de la peine à trouver un acheteur ou des acheteurs : tandis que, dans le voisinage d'une ville, la conversion d'un sac de blé en argent n'exigera que le temps de le porter à la halle, et que, sur les grandes places de commerce, on trouvera tous les jours à négocier une pacotille de cafés à la Bourse.

Mais, de même qu'un habile mécanicien se rapproche des conditions du calcul théorique en atténuant les effets du frottement par le poli des surfaces et la précision des engrenages, de même l'extension du commerce et le perfectionnement des procédés commerciaux tendent à rapprocher de plus en plus l'état réel des choses de cet ordre de conceptions dont la rigueur abstraite est un des postulats de la théorie. En fait de négoce, tout devient de plus en plus susceptible d'évaluation et par conséquent de mesure. Les démarches pour parvenir à l'échange se résolvent en frais de courtage, les délais en frais d'escompte, les chances de perte en frais d'assurance, et ainsi de suite. Les progrès de l'esprit d'association et des institutions qui s'y rattachent, le nivellement des conditions, les modifications introduites dans les institutions politiques et civiles, tout concourt à cette facilité d'échange ou à cette mobilité commerciale qui permet d'appliquer, sans trop de mécompte, aux réalités de la vie sociale, la théorie fondée sur le type idéal d'une mobilité parfaite.

Lorsque les nations cheminent dans cette voie, on dit qu'elles font des progrès dans le système commercial ou mercantile, expressions équivalentes d'après l'étymologie, mais dont l'une se prend en bonne, l'autre en mauvaise part, ainsi qu'il arrive d'ordinaire, selon la remarque de Bentham, pour la désignation de ce qui entraîne avec soi des avantages et des inconvénients moraux. Il ne s'agit pas de disputer sur ces avantages ni sur ces inconvénients : car notre tâche est de constater, non de glorifier ou de maudire les lois irrésistibles qui gouvernent dans leurs développements les sociétés humaines. Tout ce que l'homme peut mesurer, calculer, systématiser, finit par devenir l'objet d'une mesure, d'un calcul, d'un système. Partout où des rapports précis peuvent se substituer à des rapports vagues et indéterminés, la substitution s'opère finalement : ainsi s'organisent les sciences et toutes les institutions sociales [1].

3. — De même encore que l'art de fabriquer le verre a favorisé beaucoup l'esprit de découverte en astronomie et en physique, sans être foncièrement le principe ni la condition absolument indispensable des plus importantes découvertes, ainsi l'usage des métaux précieux et l'invention des espèces monnayées ont singulièrement contribué à faciliter l'échange, à fixer la valeur

---

[1] *Essai sur les fondements de nos connaissances*, chap. 13. — *Traité sur l'enchaînement des idées fondamentales*, liv. I, chap. 1.

d'échange, sans être pour cela absolument nécessaires. La preuve en est qu'aujourd'hui même, au cœur de l'Europe, les habitants d'un grand empire savent très-bien évaluer leurs revenus et leurs dépenses, trafiquer, rendre des comptes, toucher des fermages, payer leurs impôts, pratiquer avec succès toutes les branches du négoce et de l'industrie, sans d'autres instruments d'échange que des morceaux de papier. Cela n'apporte même aucun obstacle sérieux au commerce de l'Autriche avec les autres Etats où circulent des monnaies d'or et d'argent; et les relations commerciales de l'Autriche avec la France et l'Angleterre ne cesseraient pas si la France et l'Angleterre avaient leurs *francs* et leurs *livres sterling de convention*, comme l'Autriche a ses *florins de convention*. Chaque nation n'en exprimerait pas moins, avec des dénominations diverses et des chiffres différents, le *prix* ou la *valeur vénale* des choses, qui serait, pour chaque instant et dans chaque pays, la juste mesure de leur valeur d'échange ou de leur valeur commerciale.

A la vérité, quoique les métaux précieux soient sujets, comme tout autre objet de commerce, à éprouver des changements dans leur valeur commerciale (ce qui sera spécialement examiné dans le second livre du présent ouvrage), la faiblesse ou la lenteur de ces changements font qu'on les peut négliger dans les circonstances ordinaires. La monnaie a joué ainsi un grand rôle dans le système économique des nations, sans qu'il faille pour cela regarder l'organisation commerciale comme dépendant essentiellement de l'emploi de la monnaie. Tous les moyens qui tendent à faciliter l'échange, à fixer la valeur d'échange, lui sont bons; et l'on a lieu de croire que, dans les progrès ultérieurs de cette organisation, le rôle de la monnaie métallique diminuera graduellement d'importance, jusqu'à réaliser, non dans un sens littéral et grossier qui nous reporterait vers la phrase embryonnaire des sociétés, mais indirectement et par la vertu des institutions de commerce, cette utopie où toutes les choses appréciables s'échangeraient entre elles, comme toutes s'échangent contre l'or et l'or contre toutes [1].

4. — Le phénomène de la richesse eût été inconnu dans l'Eden : mais aussi l'homme de l'Eden, exempt de travail et de peines, heureux de son innocence et, si l'on veut, de son ignorance, n'est point ce pionnier intrépide, ce martyr de la science et de la civilisation qui arrose de ses sueurs et parfois de son sang la voie douloureuse du progrès. L'homme que nous connaissons, celui dont nous nous occupons, est né bien moins pour jouir que pour agir. La richesse doit être considérée, pour les individus et surtout pour les peuples, bien moins comme un moyen de jouissance que comme un instrument de puissance et d'action. La mobilisation, la transformation des valeurs par suite des perfectionnements du commerce et de l'industrie, permettent à la volonté individuelle et à la volonté collective ou nationale de diversifier les ressources, de varier les plans, de concentrer les efforts, d'en mesurer la portée, d'en poursuivre indéfiniment les résultats : c'est un accroissement de puissance dont on peut user et mésuser, mais qu'il faut qualifier de progrès, à moins de renverser toutes les idées que nous pouvons nous faire du progrès.

---

[1] Ἀνταμείβεσθαι τάιτα ἁπάντων, ὥσπερ χρυσοῦ χρήματα καὶ χρημάτων χρυσός. Plut. De ei ap. Delp. 8.

Quoi de plus incertain, de plus vague que notre appréciation des jouissances et des privations ? Comment comparer ce qu'on appellera, si l'on veut, le bonheur du pâtre des Alpes avec celui du fainéant lazzarone ou de l'ouvrier de Manchester; l'aumône des couvents à la taxe des pauvres; la servitude de la glèbe à la servitude de l'atelier; les jouissances d'un chef de clan entouré de sa clientèle, ou d'un noble normand dans son manoir féodal, aux jouissances de leurs arrière-neveux dans un hôtel de Londres ou sur les grands chemins de l'Europe ? Mais, si vous demandez lequel des deux pèse plus dans le monde, débat de plus graves intérêts, traite de plus grandes affaires, du membre de la Chambre des Lords ou du baron de Jean-sans-Terre, la réponse ne se fera pas attendre. Je conviens que tel conducteur de chameaux a pu, dans son temps, agir sur les destinées du monde plus énergiquement encore qu'un lord d'Angleterre : aussi ne prétend-on pas dire que la richesse soit la seule ni même la plus énergique des puissances dont l'homme dispose ; il suffit qu'elle y tienne un rang considérable et qu'elle se distingue entre toutes par la propriété qu'elle a de s'accroître aux époques où les autres s'affaiblissent. Tant que la poursuite de la richesse aura pour but principal l'exercice des forces acquises et l'acquisition de forces nouvelles, la dignité de la nature humaine sera sauve : elle ne se trouverait gravement compromise que le jour où l'on ne verrait plus dans la richesse que le moyen d'acheter des jouissances.

5. — Outre l'Eden de l'inspiration ou du mythe, dont l'image religieuse ou poétique plane sur le berceau de l'humanité, il y a l'Eden des millénaires et des utopistes de toutes sectes, présenté comme le terme vers

lequel tend l'humanité dans son laborieux pèlerinage, Eden d'où le travail ne peut être exclu, mais où ne se retrouveraient plus les institutions sociales que nous sommes habitués à regarder comme les stimulants nécessaires et les principes régulateurs du travail : la propriété foncière, l'appropriation des instruments de travail, le patrimoine, l'héritage. De même que le pasteur des temps primitifs partage avec ses serviteurs, ses esclaves, ses clients, ses hôtes, la viande, le lait, la laine que ses troupeaux lui donnent en abondance, sans être riche selon nos idées modernes; de même, dans cet ordre de choses dont on nous berce ou dont on nous menace, il y aurait des ouvriers, des contre-maîtres, des chefs d'ateliers, des directeurs de travaux, des économes chargés de la distribution des produits; il y aurait ou il pourrait y avoir de l'abondance, mais il n'y aurait plus de richesse. Comment répartir équitablement les tâches, si l'autorité régulatrice n'appréciait pas elle-même les valeurs comparatives de chaque service? Comment répartir équitablement les produits, si cette même autorité n'appréciait pas les valeurs comparatives de chaque produit? Il faudrait donc que l'échange se fît aussi à bureau ouvert, par l'intervention de l'autorité. Voilà ce qui paraît exclure absolument l'idée du libre échange, du libre louage, de la libre concurrence, tout ce que nous connaissons et étudions sous le nom de phénomènes économiques dans la phase actuelle des sociétés. Mettons qu'il y eût place dans ce futur ordre de choses pour une science de l'agriculture, pour une science des industries manufacturières, pour une science plus générale de l'organisation du travail et de la distribution des produits : il n'y aurait certainement plus lieu d'écrire sur la théorie des richesses et tous les livres qui en traitent seraient des livres passés de mode, comme un traité de jurisprudence féodale ou coutumière. L'inconvénient serait léger, en comparaison de tous ceux qu'on pourrait craindre, par suite d'une révolution si radicale ou d'une transformation si complète.

6. — Dès à présent, une foule de choses éminemment utiles à l'homme n'ont point de valeur vénale, ne figurent point parmi les richesses, parce qu'elles lui ont été données par la Nature avec tant d'abondance ou dans de telles conditions qu'elles ne sont pas susceptibles d'appropriation, d'évaluation, d'échange, de circulation commerciale. En thèse générale, il faut en remercier la Nature. Apparemment l'on ne se plaindra point de ce que l'air respirable ne se paye pas comme le gaz pour l'éclairage, et l'on n'enviera pas pour l'habitant des campagnes le sort de l'habitant des grandes villes où l'eau a une valeur vénale et se débite au profit des Caisses municipales ou des Compagnies. Ce n'est pas un mal pour les défricheurs d'un nouveau continent, que d'avoir des terres qui ne leur coûtent que la peine de les mettre en valeur. La constitution de la propriété et la valeur vénale des choses, principes si utiles quand ils agissent comme stimulants de la production (ce qui est leur fonction habituelle et normale), deviennent nuisibles lorsqu'ils la restreignent; quoique, même alors, ils puissent conserver une utilité d'un genre plus élevé, comme garanties de l'ordre et de la paix publique, en attendant qu'on en ait trouvé de meilleures. Une caravane qui a plus d'eau que n'en exigent rigoureusement ses besoins actuels rencontre une autre caravane dans le désert et lui vend des outres d'eau. Il vaudrait mieux

que la Nature se fût montrée moins avare d'eau dans le désert et que l'eau n'y pût être matière à trafic; mais, il vaut mieux en trafiquer que de s'égorger pour savoir à qui resteront les outres d'eau. Nous ne regrettons pas le temps où un seigneur obligeait les paysans de moudre à son moulin, de cuire à son four, et aurait pu de même les obliger de prendre à sa source, moyennant finance, l'eau dont ils avaient besoin pour abreuver leurs bestiaux et pour irriguer leurs prés. Cependant, si les débats pour les prises d'eau amenaient des rixes, si les eaux de la source étaient gaspillées faute de l'intervention vigilante d'un propriétaire, il vaudrait encore mieux que l'eau se payât et subir même les exactions du maître de la source.

A côté des choses que leur abondance indéfinie ou l'impossibilité de se les approprier et de les mettre en circulation excluent absolument de la catégorie des richesses, soit que l'homme en fasse usage sous leur forme naturelle, soit qu'il les emploie à en produire d'autres qui comportent une valeur d'échange, il y a des choses dont l'abondance n'est point indéfinie, qui comportent un droit de propriété, que l'on pourrait mettre dans le commerce, et qui pourtant ne circulent point dans le commerce, n'ont point de valeur d'échange, tant que l'industrie de l'homme ne leur a pas trouvé un emploi qui puisse les faire passer dans la catégorie des richesses. Ainsi, cette espèce d'argile distinguée par sa finesse et sa blancheur éclatante, à laquelle nous conservons son nom chinois de *kaolin*, n'avait pas même de nom chez nous où elle n'est point rare; ce qui indique bien qu'elle ne possédait aucune valeur vénale, avant que nous n'eussions appris des Chinois l'art d'en faire de la porcelaine. Le guano restait sans valeur avant que l'idée ne fût venue de le transporter à quelques mille lieues de distance, pour l'utiliser comme engrais.

7. — Entre les cas extrêmes de création ou d'anéantissement de valeur, qui font passer une chose dans la catégorie des richesses ou qui l'en retirent, il y a des intermédiaires, suivant que la chose, sans cesser d'être dans le commerce et de figurer parmi les richesses, hausse ou baisse de valeur. Or, le phénomène de la richesse se produit par le concours de deux éléments : la valeur vénale des choses appréciées et leur abondance. En termes plus précis, deux nombres figurent l'un à côté de l'autre dans tout *inventaire* : celui qui désigne le *prix* de la chose ou de l'unité de la chose, et celui qui désigne la *quotité* ou la *quantité*. Le produit de l'un de ces nombres par l'autre mesure la richesse accusée par l'inventaire; si l'un des facteurs varie et que l'autre varie en raison inverse, de manière que le produit ne change pas, la richesse accusée sera la même, soit dans un inventaire particulier, soit dans le grand inventaire qu'un statisticien dresserait, en totalisant les inventaires particuliers. Mais le résultat sera bien différent, suivant qu'on se placera au point de vue de l'intérêt particulier ou au point de vue de l'intérêt général. Car, tandis qu'il est effectivement indifférent à un marchand, pour le mouvement de ses affaires, de disposer de 1000 hectolitres de blé au cours de 15 francs l'hectolitre, ou de 500 hectolitres au cours de 30 francs, il est certain que, pour l'usage qu'on fait du blé, c'est-à-dire pour la nourriture de l'homme, 500 hectolitres ne valent en réalité que la moitié de ce que valent 1000 hectolitres. Admettons que, par une cause quelconque, tous les approvi-

sionnements en blé aient subi la même réduction que celui de ce marchand, et que telle soit la cause de la hausse de prix, on sera fondé à dire que le pays a éprouvé, sur sa richesse en blé, une diminution *réelle* de moitié, quoiqu'il n'y ait aucune diminution *nominale* dans la richesse d'inventaire, telle qu'elle serait accusée par chaque inventaire particulier, ou par l'inventaire général qui est la récapitulation des inventaires particuliers. L'étude de cette distinction importante, qu'il nous suffit ici d'avoir indiquée, sera l'un des principaux objets du livre III du présent ouvrage.

Aux approches d'une récolte, et lorsque les vicissitudes atmosphériques tiennent tout le monde en suspens sur l'abondance ou la qualité des produits qu'on en attend, il y a souvent d'énormes variations dans les cours, auxquelles correspondent de bien grandes différences dans les résultats d'inventaires. Cependant ces perturbations d'inventaires, qui ruinent ou qui enrichissent plus d'un spéculateur, n'ont que peu ou point d'influence sur les résultats du travail combiné de la Nature et de l'homme. Il faudrait que les conditions physiques de la production changeassent d'une manière durable, pour que la société trouvât, dans le changement du prix qui devrait s'accommoder à ces conditions nouvelles, un profit ou un dommage réel.

La spéculation sur de telles oscillations de valeurs est elle-même un bien ou un mal, suivant qu'elle tend à en restreindre ou à en accroître l'amplitude. Le spéculateur qui achète la denrée à bon marché, pour la revendre dans un temps de hausse, que son tact et son expérience lui font prévoir, agit de manière à modérer d'abord la baisse, puis la hausse de la denrée, et la modération en tout est une bonne chose. Que si la soif du gain tourne les têtes et fait que les gens se précipitent étourdîment dans les spéculations, des effets contraires se produiront : le spéculateur nuira à la société en se faisant tort à lui-même. Enfin, si la spéculation ne porte pas sur des transactions réelles, mais sur des payements de différences, elle devient un jeu, un pari : elle a toutes les funestes suites du jeu pour l'individu qui s'y livre, comme aussi les suites funestes pour la société, si elle devient contagieuse.

En temps de révolution ou de guerre, les fermes, les maisons, les fonds publics peuvent être d'un jour à l'autre dépréciés de moitié. Ce mal est grave, sans doute ; toutefois il ne saurait être comparé au dommage qui résulterait de la submersion d'une moitié du territoire cultivé, de l'incendie de la moitié des maisons, d'une banqueroute de la moitié de la rente. Autre chose est d'avoir une jambe emportée ou paralysée, autre chose d'avoir un rhumatisme à la jambe. Le mal qui porte sur un accident ou une qualité de la chose, telle que la valeur d'échange, quoique très-réel en ce sens qu'il peut être très-douloureux, n'a point le degré de réalité du mal qui affecte la substance même de la chose. Si la perturbation n'est pas d'assez longue durée pour influer très-sensiblement sur les forces productrices, les terres continueront d'être cultivées, les maisons d'être habitées, les rentes d'être payées comme par le passé : et le jour où les valeurs reprendront leurs taux habituels, les traces du dommage public seront effacées, quoique bien des fortunes privées aient pu s'engloutir dans cette crise passagère.

CHAPITRE II.

DES CARACTÈRES DE LA SCIENCE ÉCONOMIQUE, ET DE SA PLACE DANS LE CADRE SCIENTIFIQUE.

8. — Ainsi que nous le remarquions en commençant, l'homme a l'idée des biens et de la propriété longtemps avant d'avoir l'idée précise de la richesse. C'est en partie pour cela que la science des jurisconsultes s'est développée bien avant celle des économistes, dont les recherches portent sur les lois qui président à la production, à la distribution et à la consommation des richesses. On sera bien frappé de ce retard d'une science sur l'autre, si l'on relit les livres XXI et XXII de l'*Esprit des lois*, et que l'on compare Montesquieu économiste à Montesquieu jurisconsulte et publiciste. Lorsque les peuples sortent de la barbarie, sinon de la sauvagerie, et que leur droit s'organise, on ne connaît guère d'abord que le droit des personnes, les distinctions de maîtres, de patrons, de clients, de serviteurs et d'esclaves; et pendant longtemps le droit personnel est celui qui tient la plus grande place dans les coutumes ou dans la jurisprudence encore grossière des peuples arrivés à cet état de culture. Plus tard, au contraire, le droit réel acquiert une importance prépondérante dans la pratique et dans la doctrine. Les *biens* dont le jurisconsulte s'occupe sont physiquement la même chose que les *richesses*, objet des spéculations de l'économiste; mais, tandis que le jurisconsulte subordonne

tout à l'idée du droit de propriété et le définit volontiers le droit d'user et d'abuser, de ménager et de détruire (*utendi et abutendi*), même pour la satisfaction d'un caprice, l'économiste est porté à ne voir dans la propriété qu'une sorte de fonction sociale, instituée dans l'intérêt commun, pour la conservation, l'aménagement et l'amélioration des choses qui, sans cette institution salutaire, se conserveraient, s'aménageraient moins bien et n'auraient pas la même vertu productive (6).

9. — De là une autre raison pour que le développement scientifique du droit ait précédé de beaucoup celui des théories économiques : car la jurisprudence touche au vif les intérêts privés, tandis que la science économique s'attaque surtout aux sociétés prises en corps, et dès lors n'acquiert pour chacun de nous, simples particuliers, qu'un intérêt éloigné et indirect. Voyons en effet à quelles conditions se réalisent ou tendent à se réaliser l'idée abstraite de la richesse et toutes les conséquences qui s'en déduisent. Il faut qu'à tous égards on puisse appliquer ce que les géomètres ont nommé *la loi des grands nombres*. Il faut le concours d'un grand nombre de vendeurs et d'acheteurs pour qu'il s'établisse un prix courant, ou pour que chaque objet acquière dans le commerce une valeur déterminée. Voulez-vous estimer l'influence qu'exercent sur le prix d'une denrée l'assiette ou la suppression d'une taxe, l'élévation ou la baisse des frais de production, l'ouverture ou la fermeture d'un débouché? Il est clair qu'on ne peut tenir compte des écarts de la fantaisie individuelle, ni de l'exagération des espérances et des craintes selon l'humeur de chacun, et qu'il faut embrasser un temps et un espace assez

considérables pour que tous les effets de ces causes irrégulières et accidentelles se soient compensés, de sorte qu'il ne reste plus dans les valeurs moyennes que l'empreinte des causes régulières et des lois essentielles. Ainsi, l'on n'a pu aborder de telles spéculations, sans se placer à un point de vue qui domine incessamment la sphère des intérêts privés.

D'un autre côté, le jurisconsulte, dans l'ordre d'abstractions qui lui est familier, ne perd jamais de vue la personnalité humaine et les actes de la volonté individuelle : ce qui fait que, tout en traitant de la propriété et des biens qui sont matériellement la même chose que la richesse, le jurisconsulte imprime à sa doctrine le caractère d'une science morale, caractère que ne peut avoir la doctrine scientifique de la richesse, où l'on considère des agrégations, des foules, des masses, et non des personnes. Aussi est-on généralement porté à regarder la théorie des richesses comme une de ces sciences qu'on appelle matérialistes; mais elle n'est pas plus matérialiste que l'arithmétique et la géométrie, dont elle se rapproche en tant qu'elle procède des idées du nombre et de la mesure. Sans être une science morale comme la jurisprudence, elle offre, au même degré, les caractères d'une doctrine abstraite. Enfin, de même que les mathématiques, elle admet, elle provoque, dans toutes les parties susceptibles d'une construction scientifique, le contrôle du raisonnement par l'expérience, tandis qu'il n'y a nul moyen d'appliquer ce contrôle à la déduction juridique le plus généralement acceptée. On peut bien constater par l'expérience que les effets d'une loi sont salutaires, mais non pas qu'un jurisconsulte a raisonné juste.

10. — Pour mieux faire sentir ces contrastes, prenons une question (non de droit privé, mais de droit public), la plus grave assurément de toutes celles qui agitent le monde au moment où nous écrivons, celle de l'abolition ou du maintien de l'esclavage. Voilà une question juridique au premier chef, pour la solution de laquelle le jurisconsulte, le publiciste feront appel à la religion, à la morale, à la politique, à l'histoire du genre humain et même à l'histoire naturelle ; de sorte que, pour cette question au moins, la jurisprudence mérite le titre qu'elle s'arroge, celui de science des choses divines et humaines.

L'économiste envisage la question par des côtés différents. Sous le régime de l'esclavage, l'esclave est une chose vénale, évaluée, cotée à ce titre dans l'inventaire des richesses privées et publiques ; c'est une valeur qui s'évanouit, qui se trouve rayée de l'inventaire si l'esclavage est aboli : soit que l'on condamne les propriétaires d'esclaves à supporter la perte sans indemnité, soit que l'on répartisse la perte sur la société tout entière en indemnisant les propriétaires d'esclaves, soit qu'on l'atténue en imposant aux esclaves affranchis des redevances temporaires.

A cela d'autres économistes répondront que si l'abolition de l'esclavage fait actuellement disparaître de l'inventaire des richesses une valeur considérable, elle provoque un accroissement ultérieur de richesse; parce que le travail des hommes libres est une cause de production plus énergique que le travail servile, et parce qu'il coûte moins cher, tout compte fait de l'intérêt et de l'amortissement du capital engagé. D'autres pourront répliquer que si le travail de l'ouvrier libre coûte moins cher, c'est apparemment que le sort de l'ouvrier libre n'est guère préférable à celui de l'esclave, ou qu'il est pire. Ils prétendront que les conditions du travail et du climat condamneraient à une prompte destruction les races qui ont l'instinct du travail libre, tandis que le joug de l'esclavage est indispensable pour tirer de l'oisiveté les hommes d'autres races. Et, pour vider toutes ces disputes, il faudra bien arguer des expériences faites, sauf à disputer encore sur les conditions de l'expérience.

Mais (ce qu'il importe de remarquer) toutes ces controverses économiques laisseront intacte la question juridique; et même, dans ce cas particulier, c'est par une certaine appréciation du sens juridique de la question que l'opinion publique sera maîtrisée, et que telle solution prévaudra, selon les circonstances des temps et des lieux.

11. — Le nom même d'*économistes*, donné à ceux qui se consacrent à l'étude scientifique du phénomène de la richesse, indique assez que la théorie des richesses rentre dans la science de l'économie des sociétés humaines, ou de l'*économie sociale* dont l'objet est bien autrement vaste. Que de choses à considérer dans l'économie des sociétés humaines! Est-ce qu'il n'y a pas une économie (souvent d'autant plus admirable qu'elle est le produit plus immédiat des instincts naturels) dans ces sociétés où l'organisation commerciale et par conséquent l'idée de la richesse sont encore à l'état rudimentaire? Est-ce qu'il n'y aurait pas encore une économie dans le plan de ces sociétés rêvées ou pressenties par les utopistes de tous les siècles, et où le phénomène de la richesse, tel que nous le concevons, ne

trouverait plus de place ? Supposerait-on que, pour avoir rigoureusement résolu (ce qui ne pourra se faire de longtemps) les problèmes épineux que présente la théorie des richesses, on aurait par cela même vidé toutes les questions auxquelles donne lieu l'économie des sociétés ? Quand la statistique aura justifié les prévisions de la théorie, en constatant que l'on a brûlé plus de houille, bu plus de bière, mangé plus de viande et filé plus de coton, s'ensuivra-t-il que le peuple est plus heureux, plus sage, plus instruit de ce qu'il lui importe de savoir ? Questions bien autrement importantes, que chacun résout à sa manière : ce qui ne veut pas dire qu'il n'y ait dans ces appréciations discordantes ni vérité ni erreur (nous n'avons garde d'être sceptique en ce sens, ni d'accepter les éloges et le blâme que ce prétendu scepticisme nous a déjà valus), mais ce qui veut dire seulement que nous manquons d'un critère formel pour dissiper forcément nos illusions et pour mettre la vérité à l'abri de toute contradiction sophistique.

Au contraire, s'agit-il de savoir comment, par suite de changements dans les conditions de la production ou dans les relations commerciales, les prix hausseront, baisseront, se nivelleront; comment les profits ou les pertes se répartiront entre les propriétaires, les entrepreneurs, les ouvriers : chacun sentira que de telles questions sont purement scientifiques, autant que pourrait l'être un problème de mécanique ou de chimie; qu'elles comportent une solution fondée sur l'application du calcul à certaines données de l'observation, quoique peut-être nous ne soyons pas actuellement en état de la trouver par un calcul direct ou par le seul raisonnement, sans le secours de l'expérience; que cette solution très-positive (de quelque manière que nous l'ayons trouvée) ne dépend pas de la manière d'entendre des questions d'un autre ordre, en religion, en politique, en philosophie, en morale; et que réciproquement on doit accepter les solutions positives que le raisonnement ou l'expérience donnent, sans craindre que d'autres en puissent valablement tirer des conclusions contraires à des principes qui nous sont chers, en morale, en philosophie, en politique, en religion.

12. — Il sera bon de séparer ainsi, autant qu'on le pourra, ce qui admet une preuve positive, formelle, d'avec ce qui ne comporte qu'une application contestable. Certaines parties de la théorie des richesses, et par cela même certaines parties de la science de l'économie sociale acquerront de la sorte une rigueur scientifique qui les recommanderait à la curiosité des philosophes, lors même que l'on ferait abstraction de toute utilité pratique. Que l'on regarde, avec les scolastiques du moyen âge, la philosophie comme la servante de la théologie; que l'on regarde, avec les *utilitaires* de notre siècle, les sciences comme les servantes de l'industrie : toujours est-il que ces servantes ont des mérites et des attraits qui leur permettent de rivaliser à bien des égards avec leurs maîtresses.

Mais la théorie des richesses n'est pas avec l'économie sociale dans les rapports de servante à maîtresse; elle est plutôt dans les rapports de fille à mère, et c'est une fille qui, tout en se mouvant et en se développant, ne peut jamais se détacher entièrement du sein maternel. Pour parler sans figure, les divers chapitres de la théorie des richesses, susceptibles de rédaction scientifique, ne peuvent se coordonner, s'unir, que par des considérations tirées de l'économie sociale, dans celles de ses parties qui sont incapables d'acquérir ou qui n'ont point encore acquis la forme scientifique [1]; et de là résulte pour la théorie de la richesse une constitution *sui generis* : elle reste à l'état fragmentaire si elle veut conserver sa rigueur et sa pureté scientifique ; elle perd en rigueur logique et laisse en quelque sorte la science flotter au gré des fantaisies de l'opinion, si l'on veut absolument en réunir les fragments en système, et accommoder ce système à tous les besoins de l'économie so-

---

[1] L'éminent auteur de l'un des ouvrages les plus remarquables qui aient paru sur la matière que nous traitons, M. JOHN STUART MILL, semble avoir envisagé comme nous le faisons le genre de subordination de la théorie des richesses à l'économie sociale, puisque, dans ses *Principes d'économie politique appliqués à l'économie sociale*, il emploie tout le premier volume à traiter des conditions et des instruments de la production, du travail, du capital et de la rente, avant d'aborder, dans le second volume, les notions de l'échange, de la valeur d'échange et de la monnaie. Il s'efforce donc d'isoler de la théorie des richesses, telle que nous l'envisageons, une doctrine plus générale, une science mère, capable de subsister par elle-même et de recevoir des applications, même sous un régime utopique d'institutions sociales qui exclurait la propriété, par suite la valeur d'échange et la richesse proprement dite (5). Mais, en lisant attentivement ce premier volume, on voit bien que l'exposé de l'auteur sous-entend toujours l'idée de la richesse, telle que la constitution de nos sociétés nous la donne, sauf à développer cette idée plus tard : ce qui est très-permis à un auteur didactique, sans qu'il soit permis d'en inférer que la doctrine exposée pourrait se soutenir comme corps de doctrine scientifique, en l'absence de l'idée sous-entendue. Nous persistons donc à croire, d'une part, que la théorie des richesses est effectivement subordonnée à l'économie sociale ; d'autre part, que l'économie sociale n'a encore reçu la forme scientifique que dans celles de ses parties où elle s'unit intimement à la théorie des richesses.

Le nom et les ouvrages de M. John Stuart Mill sont trop connus pour que nous ayons besoin de le citer chaque fois que nous aurons la satisfaction de trouver de la conformité entre ses idées et les nôtres; et afin que l'on ne nous refuse pas le seul mérite auquel, dans notre obscurité, nous puissions prétendre, celui de l'indépendance de la pensée, il nous sera permis de rappeler que l'opuscule cité dans notre avertissement préliminaire a paru en 1838, plusieurs années avant la première édition du bel ouvrage de M. Stuart Mill

ciale. Nous reviendrons sur ces considérations importantes à la fin du présent ouvrage, lorsque nous pourrons mieux en faire apprécier le sens et la portée.

L'économie sociale embrasse tout à la fois la physiologie, l'hygiène et la pathologie du corps social. Prise dans son ensemble, elle a donc avec les sciences médicales autant de ressemblance que la théorie des richesses peut en avoir avec les sciences mathématiques (9). Il ne faut ni la décrier ni se méprendre sur la nature de sa constitution scientifique. Il n'appartient qu'à des esprits étroits de décrier la médecine parce qu'elle va de système en système, et qu'on n'a pas pu soumettre à des formules les phénomènes physiologiques aussi bien que les mouvements planétaires ; mais, d'un autre côté, il ne faut pas que la médecine prétende à devenir jamais une science constituée comme l'astronomie.

Or, pourquoi l'astronomie est-elle une science si voisine de la perfection mathématique, et pourquoi la médecine est-elle relativement si imparfaite ? Parce que celle-ci ne peut se passer de l'idée de *force vitale*, idée si obscure pour nous, tandis que l'astronomie n'emploie que les idées de *forme*, dont la clarté intuitive est le principe de la rigueur mathématique, ou que, si elle emploie aussi l'idée de force, c'est en la dépouillant de tout ce qu'elle a d'obscur, et en la ramenant, par une définition formelle, à n'être que l'expression d'une *loi* mathématique[1]. De même, et par une analogie frappante, on peut dire que la théorie des richesses n'atteint à la précision scientifique que quand il est possi-

---

[1] *Traité de l'enchaînement des idées fondamentales*, notamment le chap. 2 du livre III.

ble de dégager l'idée d'une loi mathématique, à travers les combinaisons innombrables auxquelles donne lieu le jeu des forces et des fonctions de la vie, dans toutes les parties du corps social. Il ne s'agit plus que de savoir dans quels cas et dans quelle mesure on peut se permettre un tel isolement, une telle abstraction, sans sortir des conditions de la réalité et sans rendre inapplicables les déductions de la théorie. C'est encore là un point sur lequel nous ne manquerons pas d'appeler l'attention du lecteur, chaque fois que l'occasion s'en présentera.

13. — Comme la politique a passionné les hommes bien avant que leur attention ne se portât d'une manière suivie sur le mécanisme de la société et sur les fonctions de la vie sociale dont les institutions politiques ne sont point le principal ressort, on a confondu le corps social avec le corps politique, l'économie sociale avec l'*économie* politique, et même affecté spécialement le nom d'*économie politique* à la branche de l'économie sociale qui devait arriver plutôt que d'autres à la forme scientifique, c'est-à-dire à la théorie des richesses. On reconnaît généralement ce que cet usage a d'incorrect, mais il a passé jusque dans le langage officiel, jusque dans l'énoncé de certaines prescriptions ou défenses légales; et il serait présomptueux, peut-être ridicule, d'entreprendre aujourd'hui de le réformer.

Il y a toujours eu, il y aura toujours deux manières d'envisager les rapports des nations avec les pouvoirs politiques qui les gouvernent, du peuple avec l'Etat. Dans l'une, on ne tient compte de la population, de ses richesses, de ses forces productrices, de ses ressources de tout genre, que comme d'autant d'éléments de cette grande individualité qu'on appelle l'Etat, qui a sa vie, ses organes et ses intérêts propres, de richesse, de force, de gloire et de grandeur ; qui lutte ou qui contracte au dehors avec d'autres individualités du même ordre. Voilà l'idée essentiellement politique, celle qui a prévalu dans l'antiquité et jusque dans des temps très-voisins de nous. Sous un autre aspect, plus en rapport avec les tendances de l'esprit moderne, les institutions politiques ne sont qu'un instrument de la prospérité publique ; les Gouvernements ne doivent avoir de force, de puissance, de richesse, que ce qu'il leur en faut pour remplir leur mission, qui est de protéger, d'encourager au besoin le déploiement de toutes les activités individuelles, et de favoriser dans la société les améliorations de tout genre. Or, une science telle que la théorie des richesses, qui n'a pris que dans des temps très-récents la consistance d'un corps de doctrine, a dû naturellement s'imprégner de l'esprit moderne : elle doit donc se rattacher à l'économie publique ou sociale plutôt qu'à l'économie politique, dans le vrai sens du mot. Autre chose est la prospérité de l'Etat et l'abondance de ses ressources, autre chose est la prospérité et la richesse du pays. Tous nos administrateurs savent bien que nous avons en France des communes pauvres dont la population est riche et des communes riches dans des pays pauvres. A la vérité, nos communes n'ont de force que celle que l'Etat leur prête, tandis que la force coactive dont l'Etat est pourvu le pousse naturellement à mettre sa propre richesse au niveau de la richesse de la société. Cependant, en thèse générale, il n'est pas impossible que les institutions ou les mœurs mettent obstacle à ses entreprises, et qu'un peuple riche se contente d'un Gouvernement à bon marché.

14. — On a dit que les institutions politiques, en influant sur le génie des peuples, influent puissamment sur les forces productrices de la richesse, dont il faut tenir compte bien plus encore que des richesses mêmes, livrées à une consommation, c'est-à-dire à une destruction continuelle, et qui s'épuisent bientôt, pour peu que les forces destinées à les régénérer tombent dans la langueur. Cela est vrai, quoiqu'il soit vrai aussi que le génie des peuples contribue, plus encore que les accidents de leur histoire, à former leurs institutions politiques. Personne donc ne contestera que l'économiste ne doive tenir compte des considérations de la politique, en même temps que le politique devra tenir compte des résultats acquis à la science de l'économie sociale et notamment à la théorie des richesses. Ces mutuels emprunts, ces rapports réciproques ont lieu entre toutes les sciences, entre tous les arts, sans qu'il faille pour cela les confondre, ni déranger par des rapprochements forcés l'ordre des affinités naturelles.

Mais, dira-t-on encore, ce lien qui cimente les sociétés et qui en fait autant d'êtres collectifs, doués de leur vie propre ; ce lien à la faveur duquel peut s'établir un concert de mesures si favorable à l'énergique déploiement des forces productrices (*vis unita fortior*), n'est-il pas un lien politique ? Votre économie sociale a-t-elle la prétention d'embrasser le genre humain tout entier, d'être une *économie cosmopolite ?* Et, jusqu'à ce qu'elle puisse devenir telle, pourra-t-il y avoir autre chose qu'une *économie politique*, à l'usage de chaque nation particulière ?

Ces questions sont pressantes, et pour les bien résoudre, il y a plusieurs distinctions à faire.

1° Sans doute, les sociétés ne peuvent pas se passer d'un lien politique. A l'extérieur, elles ont besoin d'un Gouvernement qui les représente et qui dirige, quand il le faut, leurs forces agressives et défensives ; à l'intérieur, elles ont besoin d'une force politique qui assure le libre jeu de toutes les institutions et de toutes les forces sociales[1]. Mais pourtant le Gouvernement, force politique par son origine, remplit aussi des fonctions purement sociales, que remplissent de la même manière, en se remplaçant les uns les autres, des Gouvernements dont l'origine et les principes politiques offrent le plus de différences : à peu près comme les monnaies qui remplissent la même fonction économique, de quelque symbole politique qu'elles portent l'empreinte. Or, la théorie et l'observation nous montrent que plus la civilisation fait de progrès, plus les Gouvernements sont obligés de se dépouiller de leur égoïsme politique, et de se considérer comme les serviteurs de la société, en attachant plus d'importance à la partie purement sociale de leur mission.

2° L'institution politique n'est pas le seul ni même le principal lien qui constitue l'unité des sociétés. La communauté d'origine, d'idiome, de mœurs, de religion, de coutumes juridiques, d'intérêts économiques, concourt, au moins autant que la politique, à la formation des nationalités. Elle tend souvent (de nos jours surtout) à séparer ce que la politique a réuni, à réunir ce qu'elle a séparé. La communauté des intérêts économiques tend notamment à former des confédérations économiques entre des populations que la politique dé-

---

Traité de l'enchaînement des idées fondamentales, livre V, chap. 11.

sunissait, et qui dès lors ne forment plus qu'une seule société, au sens économique. Il ne serait donc pas convenable de donner à la science économique le nom d'économie politique, parce qu'elle aurait à tenir compte des intérêts propres aux populations ainsi groupées.

3° Chaque peuple a ses coutumes et son droit national, en même temps qu'il obéit à des règles juridiques d'une application universelle : en ce sens donc il y a une jurisprudence cosmopolite et une jurisprudence locale ou nationale. De même pour la science de l'économie sociale, qui comprendra des chapitres d'une application générale, et d'autres exclusivement ou plus spécialement applicables aux peuples de tel tempérament, placés dans telles conditions déterminées. Ce n'est pas un motif pour se dispenser de faire figurer l'économie sociale, dans un tableau philosophique des connaissances humaines, comme on y fait figurer la jurisprudence. Ce n'est surtout pas une raison pour changer le nom d'économie sociale en celui d'économie politique : car, à ce compte, il faudrait aussi rattacher à la politique toutes les parties de la science du droit, même celles qui sont le plus étrangères à la politique.

En même temps cependant l'on doit reconnaître que l'influence des habitudes et des idées nationales se fait sentir, aussi bien pour l'économie sociale que pour le droit, jusque dans la manière d'exposer les théories d'une application universelle. Il faudrait être bien fin connaisseur pour s'apercevoir, à la lecture d'un traité de géométrie ou de chimie, qu'il a été écrit par un Français ou par un Anglais, tandis que le cachet de la nationalité sera très-apparent dans l'œuvre d'un jurisconsulte ou d'un économiste.

4° Il y a une branche du droit qu'on appelle le *droit international*, et qui a pour objet les rapports des nations entre elles, au point de vue juridique. Le droit international s'est beaucoup modifié avec les progrès de la civilisation générale, et des règles diverses y ont successivement prévalu, selon le degré de civilisation et de force des nations appelées à les faire prévaloir. Comme l'intérêt le plus général doit prévaloir à la longue, à mesure que les nations se rapprochent et ont plus de moyens de se concerter, le droit international a nécessairement une tendance cosmopolite. De même il y a une partie de la science de l'économie sociale dans laquelle on étudie les rapports des nations entre elles, au point de vue du commerce international et du concert des forces productrices de toutes les nations. Ce sera, si l'on veut, l'économie internationale qui aura aussi ses tendances cosmopolites, contrariées par les résistances des intérêts nationaux. Pour le moment, il ne s'agit pas encore de juger de ces tendances et de ces résistances : il faut seulement noter que les intérêts mis en jeu sont pour la plupart très-distincts des intérêts politiques de sorte que la dénomination d'économie politique donnée à la science économique, ne se justifie pas, même à ce point de vue.

15. — Il est toujours instructif de voir comment un grand esprit, quand il trouve sur son chemin des questions étrangères à ses études habituelles, les tranche à sa façon, avec plus de risque de s'égarer, mais aussi avec plus d'indépendance et d'originalité. Dans son essai de classification encyclopédique, Ampère admet un groupe ou un *embranchement* (le dernier de tous), qu'il appelle l'embranchement des *sciences politiques*, et qui se rami-

fie comme tous les autres en quatre sciences *du premier ordre :*

La Nomologie, — l'Art militaire, — l'Économie sociale, — la Politique.

Remplaçons le terme inusité de *nomologie* par celui de *jurisprudence*, avec d'autant plus de motifs que, dans l'ordre naturel du développement des idées au sein des sociétés humaines, l'idée du *droit* prime l'idée de la *loi*[1]. Mettons aussi de côté l'*art militaire*, dont nous n'avons que faire ici s'il s'agit de l'art du général, qui brille sur les champs de bataille et qui rentre dans la politique, s'il s'agit de la science qui a pour objet de préparer, d'organiser, d'évaluer les forces militaires d'un Etat. La liste d'Ampère sera réduite à trois termes :

La Jurisprudence, — l'Économie sociale, — la Politique;

et elle se trouvera ainsi, nous le croyons, simplifiée et améliorée. Mais l'ordre n'y vaudra rien encore : car l'histoire nous montre clairement que l'économie sociale ne s'intercale pas entre la jurisprudence et la politique. Les peuples développent d'abord parallèlement leur droit civil et leurs institutions politiques, en fondant celles-ci sur l'idée du droit : après quoi, dans une autre phase et dans une phase tardive des sociétés humaines, l'idée d'une utilité sociale, d'une économie sociale apparaît et tend à se subordonner les institutions du droit civil et les institutions politiques[2]. Pour exprimer ces rapports de dépendance mutuelle,

---

[1] *Traité de l'enchaînement des idées fondamentales*, livre IV, chap. 9.
[2] *Ibid.* livre IV, chap. 9, 10, 11 et 12.

cet ordre de parallélisme et de succession, nous écrirons la formule ainsi :

Jurisprudence, — Politique,
|
Économie sociale ;

et nous croirons avoir assorti, autant qu'il se peut, le signe graphique à l'idée qu'il s'agit de rendre.

16. — Reprenons, pour les détails, cette science de premier ordre que nous nommons avec Ampère l'*économie sociale*. Fidèle à son principe de division dichotomique (d'ailleurs fort artificiel, quoi qu'il en dise), Ampère la divise en deux sciences *du second ordre*, dont chacune se subdivise en deux sciences *du troisième ordre*, de manière à donner le tableau suivant :

Économie { Chrématologie .. { Statistique,
Chrématogénie ;
sociale. { Économie sociale { Dianémétique,
proprement dite. { Cœnolbologie.

La *chrématologie* (de χρῆμα, *richesse*) n'est pas autre chose que la *théorie des richesses*. Le mot paraît bien fait; mais quand il s'agit de la facture d'un mot grec, l'autorité d'Ampère doit le céder à celle d'Aristote; et puisqu'Aristote a pris la peine de forger lui-même

---

¹ Le mot χρῆμα est en grec un de ces mots courants qui ont le plus de généralité et de vague. Il désigne le bien, la richesse, l'abondance, toute espèce de chose utile, une affaire quelconque. Par une de ces transitions bizarres, dont il y a plusieurs exemples dans les langues, et que la psychologie explique très-bien, il passe au sens contraire et désigne aussi le besoin, la nécessité. En effet une chose utile est une chose dont on sent le besoin; l'homme riche a bien plus de besoins que le pauvre. Les moralistes raffinés se sont applaudis d'avoir fait cette découverte, mais, dans les bégayements de leur premier langage, des hommes grossiers leur avaient ôté les honneurs de l'invention.

le mot de *chrématistique* (χρηματιστική)[1], il est convenable de l'adopter si l'on veut éviter les embarras d'une dénomination complexe. En même temps, il faut convenir que la *statistique*, dont l'unique fonction n'est pas, à beaucoup près, d'inventorier des richesses, et qui relève les naissances, les mariages, les morts, les hôpitaux, les maisons d'école, les nombres de conscrits, de soldats, d'accusés, de condamnés, etc., ne saurait être considérée comme une dépendance, ni même comme une annexe de la théorie des richesses ou de la chrématistique. D'un autre côté, la *dianémétique* (de διανέμησις, *partage* ou *distribution*) a apparemment pour but d'étudier les lois de la distribution des richesses, dont la *chrématogénie* étudie la génération : ce sont donc deux parties de la chrématistique, et même deux parties inséparables. Car, ainsi que nous le verrons, on ne produit pas d'abord des richesses, sauf à aviser ensuite au mode de distribution : mais la demande même règle la production ; et cette demande se trouve intimement liée au mode de distribution de la richesse. Enfin, le mot de *cœnolbologie*, par la dure association de ses trois racines (κοινός, ἔλβος, λόγος), exprime la *théorie du bonheur commun*, ce qui a l'inconvénient de trop rappeler *le bonheur commun* de Babeuf et d'autres sectaires. De longtemps, sinon jamais, on ne pourra réduire en science ni inscrire parmi les sciences la théorie du bonheur commun, pas plus,

---

[1] *Polit.*, liv. I, chap. 8. — A plus forte raison, l'autorité d'Aristote doit-elle faire rejeter le mot de *ploutologie*, proposé par quelques auteurs. Le mot grec πλοῦτος répond mieux à l'acception vulgaire de notre mot *richesse*, considéré comme synonyme d'*opulence* (4) : mais ce n'est point là l'acception scientifique qu'Aristote avait en vue, et qu'ont en vue les économistes.

hélas! que la théorie du bonheur particulier. Toute cette partie de la classification d'Ampère est donc absolument défectueuse; nous y substituerons la classification suivante :

| Économie sociale. | Statistique, Chrématistique ou Théorie des richesses, Police, Finances, Administration. |

Dans sa simplicité, ce tableau indique nettement les trois branches de l'économie sociale qui ont pris assez de consistance et d'autonomie pour figurer dans les livres, dans le monde et dans les académies comme autant de sciences particulières qui se font mutuellement des emprunts et se rendent mutuellement des services, tout en conservant un cachet de spécialité par lequel se distinguent leurs amateurs et leurs adeptes. Une telle liste ne saurait prétendre à être définitive : elle doit au contraire s'étendre, par voie de dédoublement ou d'adjonction, à mesure que les sciences font des progrès et que les travaux scientifiques se spécialisent davantage.

CHAPITRE III.

DE LA CLASSIFICATION DES RICHESSES.

17. — Après avoir parlé des richesses en général, il est naturel de dire quelque chose de la classification des richesses, et puisque les *biens* dont s'occupe le jurisconsulte sont substantiellement la même chose que les *richesses*, objet de la science économique, il paraît convenable de comparer les classifications des économistes à celles des jurisconsultes. Quelques-unes ont en économie la même importance que dans le droit. Telle est la distinction des biens en *meubles* et en *immeubles* : car, en général, plus une chose est mobile, mieux elle se prête au commerce et à l'échange, plus vite elle acquiert les caractères essentiels de la richesse. Les métaux précieux, qui sont, à l'état de lingots ou de monnaies, des corps éminemment mobiles, ont été regardés de bonne heure comme la richesse par excellence ; et leur grande mobilité est le premier et le principal caractère qui les désigne pour la fonction qu'ils remplissent dans le système économique.

Le jurisconsulte au contraire a une prédilection marquée pour la richesse immobilière qui, mieux que d'autres, se prête à une organisation savante du droit *réel* (8). En effet, dans l'état primitif des sociétés, avant les progrès de la culture et de l'art des constructions, quand il n'y a encore pas plus de docteurs en droit que de docteurs dans la science économique, le droit de propriété (ou plutôt de possession) ne porte guère que sur des choses mobilières. Le sol qui n'appartient d'abord à personne, est ensuite pour les tribus une propriété commune, longtemps avant que de se fractionner en propriétés particulières. A une autre phase de la civilisation, la propriété immobilière devient au contraire prépondérante et la base du droit public et privé : la propriété des objets mobiliers eux-mêmes, des instruments de culture, du bétail, des esclaves, s'incorpore à celle du sol et en prend fictivement l'immobilité. Les jurisconsultes (dont le règne est alors arrivé) consolident tant qu'ils le peuvent cette immobilité fictive qui donne un appui sensible et saisissable à leurs conceptions savantes. Enfin vient une époque où, comme de nos jours, on s'ingénie au contraire à trouver des moyens par lesquels les biens immeubles puissent prendre une mobilité commerciale et une facilité d'échange qui approchent de celles dont jouissent les choses naturellement mobiles et manuellement transportables.

18. — Voyez ce qu'était chez nous le droit en matière de succession, et ce qu'il est devenu. Grâce à la prépondérance de la propriété immobilière, la conservation des familles et la hiérarchie sociale avaient pour base ou pour garantie le mode de transmission héréditaire des biens immeubles, les *substitutions*, les *retraits*. De là des biens nobles et des biens de roture, des *acquêts* et des *propres*, qui faisaient retour aux diverses lignes de parenté. Nos idées philosophiques, notre amour de l'égalité, de l'uniformité, de la symétrie, ont fait disparaître de notre droit renouvelé toutes ces classifications compliquées, et même aboli la distinction

des immeubles et des meubles en matière de succession. Or, quand bien même un entraînement philosophique et politique ne nous eût pas conduits là, nous y aurions été amenés à la longue par le seul développement des faits commerciaux et économiques qui atténuent sans cesse l'importance relative de la propriété immobilière, et qui dès lors tendent à faire regarder comme inutilement compliqué l'échafaudage juridique fondé sur la prééminence de ce genre de propriété, et destiné à la maintenir.

En dehors de la matière des successions, les auteurs de la législation nouvelle, au commencement du siècle actuel, ont accueilli la plupart des distinctions juridiques entre les biens immeubles et les biens meubles, telles que les leur avaient transmises les interprètes du droit romain et de nos anciennes coutumes ; et déjà l'on peut voir, si l'on y prend garde, que la plupart des entreprises, réputées novatrices en jurisprudence, tendent à l'effacement progressif de ces distinctions juridiques.

En veut-on un exemple? Notre droit n'admet d'*hypothèques* que sur les immeubles, les meubles ne pouvant être l'objet que de ce qui s'appelle en droit civil un *privilége:* mais, sous un nom ou sous un autre, il s'agit toujours pour le créancier, du droit d'être payé de préférence sur le prix d'une chose. D'un autre côté, notre droit donne à la femme une hypothèque sur les immeubles de son mari pour assurer le recouvrement de ce que son mari lui doit : aura-t-elle de même un privilége sur les biens meubles, ou (pour dégager la question de toute subtilité) la jurisprudence étendra-t-elle au prix des biens meubles, à l'aide d'une fiction quelconque, le droit de préférence que la loi a explicitement reconnu à la femme sur le prix des immeubles du mari ? Telle est la question qui a beaucoup occupé nos jurisconsultes et nos tribunaux, il y a quelques années, et l'on en sent bien la raison : car, il peut venir un temps où l'importance relative de la propriété immobilière ait tellement décru, qu'une garantie assise sur les immeubles seulement deviendrait illusoire dans la plupart des cas. Alors il faudrait, ou renoncer à la garantie que la coutume et les mœurs exigeaient dans d'autres temps, ou changer la législation, ou l'amender par voie d'interprétation juridique, comme faisait le préteur romain quand la distinction entre les choses acquises selon le vieux droit des Romains (le droit des *quirites*), et les choses acquises selon le droit commun des peuples civilisés (*jus gentium*), n'avait plus sa raison d'être.

19. — Une autre distinction familière aux jurisconsultes est celle des biens *corporels* et des biens *incorporels* : les économistes l'adoptent, en reconnaissant des richesses *matérielles* et des richesses *immatérielles*. Il faut voir dans le choix différent d'épithètes, le signe d'un progrès ou d'une altération du langage, toujours poussé plus avant dans les voies de l'abstraction, quelquefois à propos, d'autres fois hors de propos. Pour notre compte, nous préférerions encore la langue des jurisconsultes à celle des économistes : car chacun sait ce qu'il entend par *corps*, et il est difficile aux plus habiles de dire ce que c'est que la *matière*. Nous pouvons affirmer, par exemple, que l'électricité n'est point un corps, et il se passera du temps avant que l'on ne puisse dire si c'est ou si ce n'est pas une matière : mais n'insistons pas sur ces subtilités.

Il est clair que le progrès dans l'ordre des conceptions juridiques, aussi bien que le progrès dans l'ordre des faits économiques, conduisent à la distinction qui nous occupe en ce moment. Si j'ai vendu une maison et qu'on ne m'en ait pas payé le prix, j'aurai une *action* devant les tribunaux pour faire résoudre la vente et pour rentrer dans la propriété de ma maison : c'est un droit ou un bien incorporel qui se retrouvera dans ma succession, si je n'en ai point fait usage et si je suis encore, au moment de mon décès, en temps utile pour m'en prévaloir. Cette action diffère complétement de la créance pour le montant du prix, et quant à sa nature juridique et quant à ses suites utiles, puisque la maison peut avoir triplé de valeur depuis la vente que j'en ai faite. Il a fallu un perfectionnement de la science du droit pour saisir ces différences et pour les mettre en lumière.

A côté de cette vieille acception juridique du mot *action*, il y en a une autre que nos mœurs actuelles ont rendue vulgaire jusque dans les hameaux, dont nos lois civiles s'occupaient à peine au commencement du siècle, et qui doit son origine à la formation des grandes Compagnies de négoce et d'industrie, c'est-à-dire à un progrès dans l'organisation économique.

20. — Un droit d'*usage*, un droit de *servitude foncière* sont des biens incorporels au sens du jurisconsulte et non des richesses matérielles au sens de l'économiste, puisqu'on ne peut transférer à d'autres le droit d'usage, ni mettre dans le commerce la servitude foncière indépendamment du fonds auquel la servitude est due : mais un droit d'auteur constitue tout à la fois un bien incorporel et une richesse immatérielle, du moment qu'il est,

comme le fonds de terre, productif de revenu et du moment que la loi permet d'en disposer comme du fonds de terre. Un fonds de terre est pour la société une richesse matérielle et aussi un bien corporel dans le patrimoine du particulier. La production de l'œuvre littéraire a créé tout à la fois une richesse pour la société, et un bien incorporel qui entre dans le patrimoine d'un particulier ou d'une famille. La propriété littéraire, quoique immatérielle ou incorporelle, est un fonds aussi *réel* que le fonds de terre : car il ne faut pas confondre le degré de réalité avec le degré de solidité ou de résistance aux causes de destruction. Et d'ailleurs, si la propriété littéraire avait été inventée du temps des anciens Grecs, la propriété de l'Iliade eût été plus solide que la propriété d'une maison de Smyrne ou de Milet, exposée à être renversée tous les cinquante ans par un tremblement de terre.

Au contraire, les créances, les actions, qui composent la plus grande partie des biens incorporels et qui entrent à ce titre dans le patrimoine des particuliers, ne pourraient, sans double emploi, figurer à titre de richesses immatérielles dans l'inventaire de la richesse générale. On peut et l'on doit y comprendre la propriété littéraire et le fonds de terre, tant que les ennemis de la propriété littéraire ou ceux de la propriété du fonds de terre n'auront pas définitivement gagné leur procès ; tandis que ce serait une méprise grossière que d'y comprendre à la fois pour toute sa valeur l'immeuble hypothéqué et la créance dont l'immeuble est le gage, ou bien encore le capital matériel d'un chemin de fer et les actions dans lesquelles la valeur de ce capital matériel (grossie de la valeur du privilége temporaire d'exploitation) est censée divisée. La création des biens incorporels ou des valeurs immatérielles n'est souvent qu'un ingénieux artifice pour donner à des immeubles cette mobilité fictive dont nous parlions tout à l'heure et qui fait de continuels progrès, quoique pas encore assez, au gré des novateurs impatients. L'*assignat*, dans la pensée de ceux qui l'ont inventé, était un moyen de mettre promptement en circulation la valeur des biens nationaux, mais les assignats n'accroissaient pas la richesse nationale.

21. — Enfin (car nous ne prétendons pas épuiser le sujet) les jurisconsultes distinguent des choses *fongibles* et des choses non fongibles. D'après l'étymologie, les choses fongibles sont celles qui, dans les transactions civiles, se remplacent indifféremment par d'autres de même espèce, en mêmes quantités et qualités, telles qu'un sac d'écus, un sac de blé, un sac de charbon : et, comme les choses qui se consomment par l'usage même que l'on en fait, ne pourraient être l'objet d'un prêt, d'un usufruit, d'une jouissance légale quelconque, si l'on n'admettait qu'elles peuvent être ainsi remplacées, il s'ensuit qu'on entend d'ordinaire par choses fongibles celles dont l'usage entraîne essentiellement la consommation, par opposition à celles qui peuvent servir indéfiniment au même usage, en n'éprouvant, soit par l'action du temps, soit par le fait même de l'usage, qu'un dépérissement lent et graduel. Les mêmes choses peuvent, suivant la destination qu'elles reçoivent, être considérées comme fongibles ou comme non fongibles en ce dernier sens. Un animal élevé pour la boucherie est une chose fongible, aussi bien que des fruits ou des graines comestibles; tandis que le même animal, en tant qu'il est employé comme force motrice, ou bien en tant qu'il

donne du lait ou de la laine, se range dans la classe des biens non fongibles. Sur ce point, la classification du jurisconsulte peut aller diamétralement à l'encontre de celle de l'économiste. Suivant le jurisconsulte, l'argent monnayé est une chose qui se consomme par l'usage que l'on en fait, attendu que nous ne pouvons nous servir des espèces monnayées sans les faire sortir de notre domaine ou sans les consommer, en ce qui nous regarde; tandis qu'au point de vue de l'économiste, les métaux précieux sont, parmi les richesses mobilières, du nombre de celles qui peuvent servir le plus longtemps sans éprouver de déchet ou de *frai* notable, qualité qui est encore une de celles dont il faut tenir compte pour expliquer l'importance de leur rôle économique.

D'ailleurs les choses qui ne se consomment point par l'usage peuvent être fongibles, au premier sens que l'étymologie indique, ou bien passer dans la catégorie des choses non fongibles, suivant la nature des transactions dont elles sont l'objet. Un fournisseur qui traite avec l'Etat pour une remonte de cavalerie, s'engage à livrer tant de chevaux propres au service, c'est-à-dire spécifiquement déterminés, mais non pas tels chevaux déterminés individuellement; tandis que l'amateur millionnaire, qui paye cent mille francs un cheval de course, entend bien acheter une chose individuellement déterminée, qui a son *nom propre*, une chose que d'autres choses de même espèce ne remplacent pas, ou ce que les jurisconsultes nomment aussi un *corps certain*. Or, des choses non fongibles dans ce dernier sens, des tableaux de maîtres, des autographes, des livres rares, sont l'objet des enchères des amateurs, des curieux, des connaisseurs, mais non d'un commerce proprement dit. Pour qu'une chose ait un cours, et qu'elle rentre parmi celles sur lesquelles portent les spéculations de l'économiste, il faut justement qu'elle n'ait pas de caractère individuel, ou qu'on l'en dépouille par l'abstraction, pour ne plus considérer en elle que ses qualités spécifiques. Dans l'acquisition d'une terre, d'une maison, l'économiste ne verra qu'un placement à tel taux, et n'aura point à s'occuper de ce que les jurisconsultes nomment le *prix d'affection*, tel que celui qui proviendrait des souvenirs de famille ou des souvenirs historiques qui s'attachent à telle terre, à telle maison individuellement déterminée.

22. — Occupons-nous maintenant de distinctions ou de classifications qui appartiennent spécialement à la doctrine des économistes. Les richesses mobilières qui sont l'objet du commerce proprement dit, s'appellent des *produits*, quand on a principalement égard aux lieux, aux circonstances, au mode de leur production; et on les nomme des *denrées* ou des *marchandises*, lorsque l'attention se fixe de préférence sur le genre d'utilité qui les fait rechercher, transporter, emmagasiner et finalement livrer à la consommation. Dans le style du commerce, on les appelle aussi des *articles*, et ce mot dont nous ferons un usage fréquent, a passé dans la langue des économistes, parce qu'il a un air de généralité et d'abstraction qui convient à des spéculations théoriques.

Une distinction des plus familières aux économistes est celle que l'on établit entre les *matières premières* et les *articles manufacturés* ou *fabriqués*. Des métaux en barres, des bois d'ébénisterie, des peaux tannées, la laine, le coton, sont des matières premières, tandis que des objets de serrurerie, de quincaillerie, d'orfévrerie, des meubles, des chaussures, le drap, la toile, sont des articles manufacturés ou fabriqués. Les matières combustibles, qui n'entrent pas dans la composition des articles manufacturés, mais qui ont fourni la chaleur nécessaire pour les manipulations de la manufacture ou pour le développement de la force motrice qu'elle consomme, sont considérées à ce titre, et avec raison, comme des matières premières. Cette classification laisse en dehors toutes les denrées immédiatement appropriées à la nourriture de l'homme et à la satisfaction de ses besoins les plus impérieux; mais, à un autre point de vue et lorsque l'on considère l'homme lui-même comme une force productrice, on trouve que la consommation de pain pour la nourriture des ouvriers de la manufacture ressemble assez à la consommation de houille pour l'alimentation de la machine à vapeur qui met en mouvement les bobines; et en ce sens, le blé, le bois de chauffage, etc., seront aussi réputés des matières premières.

23. — Les diverses richesses mobilières sont très-inégalement mobiles ou transportables, et la difficulté du transport tient au volume, à la fragilité, mais surtout au poids de l'article. Les marchandises qui, pour le même poids, ont très-peu de valeur, sont dites des marchandises *lourdes*; de sorte que la pierre, la houille, le blé, le vin sont aux yeux de l'économiste des marchandises bien plus lourdes que l'or et l'argent, auxquels le physicien assigne pourtant une densité bien plus forte. Comme l'un des buts d'une industrie perfectionnée est de condenser la valeur sous le moindre poids possible, afin de rendre d'autant plus facile le transport et la négociation des valeurs, on pourrait appeler *densité économique* ou *densité de valeur* d'une denrée, la valeur de

cette denrée pour l'unité de poids. La densité économique, qui influe tant sur le rôle d'une denrée dans le système commercial, deviendrait ainsi une chose définie et parfaitement mesurable.

Les marchandises d'une faible valeur, qui, sans être lourdes au sens physique, occupent un grand volume et remplissent une grande place dans les appareils de transport, sont dites des marchandises *encombrantes*. Les articles fragiles qu'il faut soigneusement protéger par des caisses et des enveloppes deviennent par cela même des articles encombrants. Comme la dépense de traction dépend à la fois du poids des objets transportés et du poids des appareils de transport, on voit que le désavantage des denrées encombrantes équivaut à une augmentation de poids pour la même valeur. Les entrepreneurs de transports apprécient ce désavantage en fixant leurs tarifs; et si les moyens de transport ainsi que les tarifs étaient partout les mêmes, le prix du transport de chaque sorte de denrée, pour l'unité de valeur et pour chaque kilomètre parcouru, serait la juste mesure de sa mobilité commerciale.

On établit des usines, des manufactures près des forêts et des mines de houille, on y attire une population ouvrière, justement pour condenser dans des articles fabriqués, d'un transport facile et dont le marché est en quelque sorte indéfini, la valeur du combustible que les usines consomment et des denrées alimentaires que consomment les ouvriers : toutes denrées lourdes et encombrantes, que leur abondance même avilissait sur le marché local.

24. — Les denrées se classent encore, ou plutôt s'échelonnent, suivant qu'elles sont d'une conservation

plus ou moins difficile ou facile. La facilité de transport tend à niveler les valeurs de la même denrée dans les divers lieux ; elle agit comme régulateur ou correctif des inégalités de la production et de la consommation d'une localité à l'autre, d'un pays à l'autre : la facilité de conservation tend à niveler les valeurs de la même denrée à diverses époques, pourvu que les inégalités ne tiennent pas à des causes persistantes, opérant dans le même sens durant de longs périodes ; elle agit comme régulateur ou correctif des inégalités accidentelles de la production et de la consommation, d'une époque à l'autre. Bien des choses, d'une conservation facile au sens physique, sont exposées à perdre promptement une grande partie de leur valeur et veulent un prompt débit. Tels sont les articles de mode. On en peut presque dire autant des nouveautés en librairie, puisque, pour quelques livres qui restent et qui (à la manière des vins généreux) gagnent en vieillissant, il y en a une multitude qu'on cesse de rechercher et dont, au bout d'un petit nombre d'années, la valeur commerciale a presque entièrement disparu : soit parce qu'ils ne répondent plus à l'état des connaissances, au courant des idées ; soit parce que les goûts littéraires ont changé, et qu'ils ont cessé de piquer la curiosité du public. De quelque cause que provienne la difficulté de conserver une chose, dans son état physique ou dans sa valeur commerciale, il est clair que les conditions de la spéculation et du commerce sont toutes différentes, pour les choses de cette catégorie et pour celles dont le débit peut attendre l'occasion opportune, l'instant favorable. D'un côté se trouveront les capitaux médiocres, le roulement rapide et les gros bénéfices, pour compenser les nombreuses chances de perte ;

de l'autre les grands capitaux, engagés à longs termes, et les profits médiocres, mais beaucoup plus sûrs.

25. — Enfin (car nous ne prétendons pas épuiser le sujet) on distingue des articles *de luxe* et des articles *de première nécessité;* ce qui suppose apparemment que l'on passerait par des articles de seconde, de troisième nécessité, avant que d'arriver aux articles de luxe, de sorte qu'il s'agit plutôt d'échelonner que de classer. A vrai dire, il n'est pas aisé de définir le luxe : de nos jours un bourgeois se passe des fantaisies réservées jadis aux marquis et aux financiers ; et le nécessaire, pour un paysan d'aujourd'hui, aurait paru un grand luxe aux bourgeois d'autrefois. Nous tâcherons de donner plus loin quelques éclaircissements à ce sujet, et, en attendant, l'essentiel est de remarquer que les articles entrés, pour une raison ou pour une autre, dans la consommation des classes populaires, offrent aux combinaisons de l'industrie et à la spéculation commerciale (toutes les autres circonstances égales d'ailleurs) une base bien autrement large et solide que celle que peuvent offrir les articles encore réservés (dans l'état de la société, des arts et des mœurs) à la consommation des classes riches.

De tout cela l'on peut déjà conclure qu'une nation fera de plus constants progrès dans la richesse commerciale lorsqu'elle dirigera de préférence son activité vers la production des articles dont le mode de fabrication admet des perfectionnements continus, à qui leur mobilité ouvre des débouchés illimités, qui peuvent, en raison de leur facile conservation, attendre les besoins du consommateur, et qui, en même temps, trouvent des consommateurs dans toutes les classes de la société. Il ne serait pas facile sans doute de réaliser complétement ce type idéal, de réunir des avantages dont quelques-uns semblent souvent s'exclure. Selon que les circonstances et le génie des peuples les pousseront dans telle ou telle voie, ils participeront plus ou moins à certains avantages, ils ressentiront plus ou moins les inconvénients qui y sont attachés. *Non omnia possumus omnes.* Et ce que l'on dit des peuples, on peut le dire des individus. Après tout, si la raison montre aux individus comme aux peuples, les suites de tel parti, c'est cette espèce d'instinct que nous nommons *vocation,* instinct bien supérieur à l'instinct animal, mais bien différent aussi de la délibération raisonnée, qui influe principalement sur la direction de l'activité, soit qu'il s'agisse des individus ou des peuples.

26. — Puisque nous sommes en train de faire de la *philosophie économique,* on nous permettra de terminer par quelques considérations d'un ordre plus élevé, qui intéressent également l'histoire de la Nature et l'histoire de l'homme : puisqu'il a bien fallu que les sociétés humaines, dans leurs développements, se conformassent au plan général de la Nature, à l'arrangement du monde extérieur.

Le sauvage vit de sa chasse ; la vie pastorale est la première étape dans la route de la civilisation ; les travaux de l'agriculture viennent ensuite, puis ceux de l'industrie et du commerce. Sous le régime de la vie pastorale, certaines espèces animales donnent leur chair, leur lait, leur toison, c'est-à-dire autant de produits de la vie organique et végétative qui réside en elles. A vrai dire, ces espèces animales sont pour l'homme comme autant d'espèces végétales d'une nature particulière, ayant de plus que les végétaux proprement dits, la locomotion et l'instinct de chercher leur pâture [1]. Au point de vue économique, ce sont des machines ou des appareils destinés à extraire de la création végétale les matières premières que l'acte de la végétation a élaborées (et qui, sans ce travail préalable, y seraient pour la plupart perdues pour l'homme), et même à donner un commencement de mise en œuvre à quelques-unes de ces matières premières. Mais, pour que l'homme se livre aux travaux de la vie pastorale et de l'agriculture, il faut d'abord qu'il ait su utiliser, dans un petit nombre d'espèces choisies (telles que le chien, le cheval, le bœuf, le chameau), les forces et les instincts de la vie animale; il faut qu'il ait trouvé parmi ces animaux que la Nature a placés le plus près de lui dans l'échelle des êtres, des compagnons, des aides, des amis ou des esclaves. Les uns fournissent principalement leur force musculaire, les autres leurs instincts de garde, de chasse, de guerre ou de voyage : de manière, bien entendu, qu'il y ait une part laissée à la force mécanique, même dans les services les plus élevés de tous, où l'instinct joue le rôle principal, et où cet instinct se développe par la domestication et l'assouplissement des races, jusqu'à approcher de l'intelligence et des passions humaines ou à les simuler.

Au premier degré de la civilisation, ces animaux à instincts développés sont pour l'homme la plus précieuse et presque l'unique richesse. Si la civilisation fait quelques pas de plus, ils commencent à ne plus guère figurer, dans l'ordre économique, que comme des

---

[1] Ce rapprochement avait frappé ARISTOTE : ὥσπερ γεωργίαν ζῶσαν γεωργοῦντες, dit-il en parlant des peuples pasteurs. *Polit.* liv. I, chap. 8.

objets de luxe et en quelque sorte comme une marque de noblesse : le rôle des espèces animales, en tant que source de force mécanique, acquiert au contraire une importance croissante. Enfin il vient un temps où l'homme, par une organisation plus savante de l'industrie, remontant jusqu'aux principes des choses, trouve de l'avantage à substituer à la force musculaire des animaux les forces élémentaires du monde inorganique, la chaleur, l'électricité. Le cheval de l'Arabe du désert, avec les poétiques images qu'il réveille, le *cheval-vapeur* de l'industrie moderne, marquent ces étapes extrêmes de la civilisation. D'un compagnon, d'un ami, l'homme fait d'abord un esclave, puis une machine ; puis il finit par préférer à cette machine naturelle une machine qu'il a pu construire sur un plan plus simple et qui par là se prête mieux à des progrès scientifiques et réguliers. Il parcourt en sens inverse la route que la Nature a suivie, en allant du simple au composé, en subordonnant aux phénomènes les plus généraux, aux lois les plus fondamentales, les manifestations les plus compliquées de son art divin.

27. — En même temps que l'industrie humaine s'organise et se perfectionne, les emprunts qu'elle fait au règne inorganique acquièrent plus d'importance. Les produits de l'organisme vivant, animal ou végétal, en raison même de leur complexité, jouissent de propriétés plus immédiatement adaptées à nos besoins physiques, mais en général moins tranchées et moins énergiques, ce qui fait qu'ils peuvent assez aisément se remplacer les uns par les autres, ou se servir de *succédanés* les uns aux autres. Une fécule en remplace une autre, une boisson alcoolique dispense de l'usage d'une autre boisson ;

une plante fournit ses filaments pour tenir lieu de ceux d'une autre plante textile. Au contraire, les matériaux (en général plus simples) que renferme la richesse minérale, et pour l'extraction desquels cette richesse est exploitée, sont doués aussi de propriétés plus énergiques qui n'admettent pas facilement de telles substitutions. Ils deviennent par là les instruments indispensables d'une industrie perfectionnée, systématisée, parce qu'il faut que l'industrie, comme les sciences, remonte aux principes des choses pour les soumettre à cette coordination systématique qui est la condition du progrès indéfini.

Les métaux surtout possèdent éminemment ces caractères distinctifs de la richesse minérale : il n'y a guère de métal susceptible d'exploitation dont l'homme ne tire un parti avantageux, précisément à cause de la simplicité de sa nature, et des caractères tranchés ou des propriétés énergiques qui tiennent à la simplicité de substance. Les mêmes raisons qui donnent tant d'importance aux métaux dans l'ordre de la science pure, font que l'exploitation des métaux est la condition préalable de l'organisation de tous les arts physiques et chimiques : tandis que l'exploitation économique de telle espèce végétale ou animale tient le plus souvent à des détails très-subalternes d'une organisation très-complexe, et n'est point en rapport avec l'importance de l'espèce dans l'économie de la Nature.

Une autre conséquence découle de là. Les espèces végétales et animales, à cause de la complexité de leur structure et des circonstances originelles de leur création, ont une patrie : les métaux, comme toutes les espèces minérales proprement dites, n'en ont pas. Sans doute les mêmes espèces minérales ne se trouvent point partout, et ne s'offrent pas avec une abondance égale partout où on les rencontre : mais les mêmes espèces minérales, comme les mêmes terrains géologiques, se trouvent à toutes les latitudes, dans toutes les conditions de température, d'exposition et de climat, parce que leur superposition et leur éparpillement dans l'écorce de notre globe tiennent à des causes énergiques et primordiales, absolument indépendantes de la distribution des températures et des climats dans l'ordre actuel des choses. Voilà une raison de plus pour que la richesse minérale et surtout la richesse métallique tende à devenir la pièce régulatrice et maîtresse du système économique et commercial : elle se trouve disséminée partout, arrive sur tous les marchés et rend partout les mêmes genres de services.

28. — En thèse générale, les richesses susceptibles de reproduction et d'aménagement régulier (approprié, dans un ordre de choses stable, aux besoins constants des populations, ou susceptible de se mettre en rapport avec les besoins quand les besoins changent) sont celles qui résultent de la direction donnée par l'homme aux forces productrices de la Nature vivante, telles que les denrées qui servent à la nourriture de l'homme ; tandis que les richesses que l'exploitation épuise, et dont l'exploitation est irrégulière comme les trouvailles qui y donnent lieu, sont celles dont la formation et le dépôt se rattachent à des accidents de l'antique histoire de notre planète : par conséquent les richesses minérales ou plutôt fossiles ; car, les dépôts d'ivoire fossile, de bitume, de houille, s'épuisent comme les dépôts métallifères, quoique les uns contiennent des produits qui

ont eu vie, et les autres des produits bruts ou minéraux dans le vrai sens du mot. Cependant, au point de vue de l'économiste, on peut bien ranger parmi les richesses qui ne s'épuisent pas, des richesses minérales dont la source est tellement abondante que l'exploitation s'aménagera toujours en raison des besoins : en effet, qui s'avisera jamais de craindre que les hommes manquent jamais d'argile, de marne, de chaux ou de plâtre, pas plus que d'eau ou d'air atmosphérique ? Inversement, il faut ranger parmi les richesses qui s'épuisent, les dépouilles des espèces vivantes dont l'intérêt privé ou la police des nations ne peuvent pas régler l'exploitation de manière à assurer un aménagement. Ainsi l'on est menacé de voir disparaître les dépôts de guano accumulés dans des lieux jadis inconnus à l'homme, ou les espèces de grands cétacés auxquels l'homme fait une chasse animée jusque dans les mers polaires.

D'ailleurs, ce n'est pas uniquement par leur action sur l'organisme vivant que les forces de la Nature peuvent être considérées comme actuellement reproductrices, au point de vue de la production économique. Un cours d'eau est une force que l'homme applique utilement à des travaux mécaniques, et qui se régénère sans cesse, ou périodiquement avec les saisons. Sur les bords de la mer, à des latitudes convenables, la chaleur du soleil d'été suffit à l'exploitation périodique des marais salants ; et en ce sens l'on peut dire que la seule chaleur solaire produit annuellement une récolte de sel, tandis qu'il faut l'intervention de beaucoup d'autres agents, et surtout celle des forces mystérieuses de l'organisme, pour produire une récolte de froment ou de luzerne. En fait de produits fossiles, l'anthracite, la houille, le lignite, le granit, le marbre, ne se régénèrent pas ; la tourbe et le tuf se régénèrent : produits mesquins, il est vrai, en comparaison de ceux que la Nature a renoncé à produire, dans les temps qu'elle réservait au déploiement de l'industrie de l'homme. Ainsi, il a fallu que l'activité des puissances productrices de la Nature (aussi bien dans le règne organique que dans le monde inorganique) passât par son *maximum* d'énergie avant l'avénement de l'homme et de son industrie : seulement la production organique, qui a commencé plus tard, conserve relativement plus d'activité et d'importance dans les temps actuels.

Tout cela mérite bien d'intéresser celui qui envisage d'un œil de philosophe les destinées du genre humain. Car toute richesse susceptible d'un aménagement régulier est un élément de cet ordre final, stable, vers lequel gravitent les sociétés humaines : ordre dont la persistance même annoncerait que le temps de l'histoire est fini, et que tout s'est arrangé d'après des lois dont la science suffit pour rendre raison. Au contraire, le rôle d'une richesse que l'on trouve par accident et qui nécessairement s'épuise, est un rôle qui appartient plutôt à l'histoire qu'à la science. C'est ainsi qu'il y a une histoire de la découverte, de l'exploitation, de la diffusion des métaux précieux, histoire qui passe (de nos jours encore) par des phases non moins saisissantes que celles qui ont été décrites pour les temps anciens ; tandis que le blé, la vigne ont une mythologie, sans avoir d'histoire proprement dite.

CHAPITRE IV.

APERÇU GÉNÉRAL DU MÉCANISME ÉCONOMIQUE ET DU JEU DES FORCES PRODUCTRICES. — DÉFINITION DE L'ÉQUIVALENCE ÉCONOMIQUE. — DU CONCOURS DU TRAVAIL ET DES FORCES OU DES RESSOURCES NATURELLES.

29. — Nous allons passer à des considérations d'un autre ordre; et au lieu de mettre en parallèle la jurisprudence et la science économique, nous rapprocherons celle-ci de la science qui traite des forces mécaniques et de leurs effets. Déjà nous avons esquissé ailleurs [1] les principes de cette *dynamique supérieure* dont Leibnitz a eu l'idée, et qui nous montre, dans les lois qui gouvernent le travail de nos machines, un exemple propre à faire concevoir les lois bien plus générales sous l'empire desquelles s'effectue la perpétuelle conversion des forces naturelles les unes dans les autres : on peut de même établir une comparaison entre le phénomène de la production économique et le travail des machines, de manière à rendre sensibles les analogies qu'ils présentent.

Figurons-nous une machine à vapeur qui élève sur un plateau un grand volume d'eau : cette eau mise en réserve pourra ensuite être utilisée comme moteur, et régénérer par sa chute la force vive qui a été dépensée pour l'élever à la hauteur voulue, sauf un déchet que le perfectionnement du mécanisme atténuera de plus en plus, et dont il convient de faire d'abord

---

[1] *Traité de l'enchaînement des idées fondamentales*, livre II, chap. 7.

abstraction pour la commodité du raisonnement (2). Le même volume d'eau pourra être sacrifié comme source de travail mécanique, mais en recevant un emploi non moins utile, s'il sert à abreuver les habitants d'une ville, à y entretenir la salubrité, ou si, dans une exploitation agricole, il sert à étancher la soif des bestiaux, à augmenter par l'irrigation la fécondité de la terre. Enfin, il arrivera quelquefois que ce volume d'eau aura été élevé avec une grande dépense de force, ou de combustible générateur de la force, uniquement pour charmer les yeux du spectacle de jets d'eau, de cascades : il y aura eu, non-seulement dépense ou consommation de force vive, au point de vue du mécanicien ou de l'ingénieur, mais consommation improductive, dans le sens économique du mot.

30. — De même, lorsque l'on suit le travail d'une usine, d'une manufacture, on voit qu'elle consomme sans cesse des provisions de matières premières, de combustible et de denrées de toutes sortes; mais, la valeur de toutes les matières consommées doit se retrouver et se retrouve dans la valeur des nouveaux articles que l'établissement industriel livre au commerce, sans quoi il est trop évident qu'il fabriquerait à perte et qu'il ne pourrait se soutenir. Les ouvriers employés ont consommé pour leur propre usage et pour celui de leurs familles, des aliments, des vêtements, du combustible, mille choses nécessaires à la vie, dont il faut bien que la valeur se retrouve dans celle des articles fabriqués, puisqu'elles ont été payées avec des salaires payés par les maîtres de l'établissement, et que la population ouvrière disparaîtrait si ses salaires ne lui fournissaient de quoi suffire aux consommations obligées des ouvriers

et de leurs familles. Il faut encore que les maîtres de l'établissement retrouvent dans la valeur des articles fabriqués de quoi entretenir leurs bâtiments, leur attirail de machines et d'outils ; et qu'ils en réservent une part pour ceux qui leur ont fourni sur leurs économies, et qui ne leur auraient pas fourni gratuitement les fonds engagés dans les constructions, dans l'attirail mobilier, dans les approvisionnements de matières premières et l'assortiment d'articles fabriqués mis à la disposition du commerce, dans les avances faites aux ouvriers pour leurs salaires, et dans les crédits ouverts aux négociants qui se chargent de l'écoulement des articles fabriqués. Le surplus de valeur, s'il y en a (et il doit habituellement y en avoir, sans quoi personne ne se ferait entrepreneur d'industrie), représentera les profits du maître de l'établissement. Au lieu d'une industrie organisée en grand, comme celle d'une manufacture, on peut se représenter celle d'un fermier, d'un artisan : les distinctions moins nettes exigeront plus de délicatesse dans les procédés d'analyse, mais les résultats de l'analyse seront les mêmes au fond, et nous verrons également la valeur passer d'une substance détruite, consommée ou détériorée, à une autre substance produite, le plus souvent avec une addition de valeur qui représente les salaires des travailleurs, les gains des metteurs en œuvre, les salaires, les gains et la récompense des épargnes de ceux qui ont précédemment construit, amassé, préparé tous les instruments du travail actuel.

31. — Toutes les consommations qui aboutissent à une régénération de valeur, sont dites des consommations *productives*, les autres sont ordinairement qualifiées d'*improductives*; mais, parmi celles-ci, l'économiste

doit soigneusement distinguer les consommations purement *voluptuaires,* comme celle de la force vive dépensée pour produire des jets d'eau et des cascades, d'avec celles qui contribuent (d'une manière directe ou indirecte) à la protection des intérêts privés, au bien-être de la population, au bon ordre dans la société, à la défense publique, et en général à l'entretien, au développement, à l'excitation de toutes les forces productrices, considérées dans les individus et dans l'ensemble du corps social.

Il faut que les richesses produites se consomment, sans quoi la production économique n'aurait pas de but et toute fonction économique cesserait, comme il faut que l'être vivant consomme des aliments, absorbe de l'oxygène, brûle du charbon pour vivre ; mais le physiologiste, le médecin conçoivent très-bien un régime d'hygiène dans lequel toutes les satisfactions données aux appétits de l'animal tendraient à l'entretenir en santé, à développer ses forces, à prolonger son existence, à le rendre capable de propager son espèce. On connaît des morales religieuses qui, dans leur sévérité, proposent à l'homme un idéal suivant lequel toutes les satisfactions des sens, et même toutes les satisfactions du cœur et de l'esprit, ne seraient permises que dans la stricte mesure de l'accomplissement d'une fin marquée par une volonté supérieure. De même on conçoit un idéal d'hygiène ou de morale économique d'après lequel toute consommation voluptuaire serait interdite, à d'autres titres qu'à celui de délassement pour la réparation des forces productrices, ou de stimulant pour un déploiement ultérieur de force, auquel cas il ne serait plus exact de la qualifier de consommation improductive. Nous ne prêchons pas ce puritanisme économique, qui n'aurait pas à invoquer des principes d'un ordre aussi élevé ou d'une autorité aussi grande que ceux sur lesquels se fondent les morales puritaines ou ascétiques : nous disons seulement que l'esprit conçoit très-bien la possibilité de supprimer les consommations improductives dans le propre sens du mot ; et que, si cet idéal ne peut-être, ni atteint, ni même proposé, la seule notion que nous en avons montre que l'on a exagéré la distinction théorique des consommations productives et improductives, en qualifiant d'improductives beaucoup de consommations ou de dépenses qui ne méritent nullement d'être rangées dans cette catégorie.

De même que la force vive des mécaniciens peut disparaître, éteinte ou absorbée par des frottements, des collisions, des chocs, mais en développant d'autres forces naturelles, comme la chaleur, l'électricité, dans lesquelles une mécanique et une physique perfectionnées retrouvent des sources de force mécanique, laquelle était par conséquent plutôt dissimulée ou transformée que perdue, ainsi la valeur qui a semblé disparaître dans les consommations mal à propos qualifiées d'improductives, subsiste encore virtuellement ou à l'état latent, alors qu'elle a servi à créer des aptitudes, à développer des forces physiques, intellectuelles, morales, individuelles, collectives, qui, plus tard, lorsqu'elles seront placées dans des circonstances propices, et convenablement sollicitées, régénéreront la valeur précédemment consommée, ou même l'accroîtront : à peu près comme cette masse de poudre qui produit, par l'explosion, plus de force mécanique qu'il n'en a fallu dépenser pour la fabrication de la poudre.

De ce que nous concevons sans difficulté un ordre économique qui exclurait les consommations purement voluptuaires et de fantaisie, ou proprement improductives, il ne s'ensuit pas que nous puissions nettement définir l'ordre économique où serait tiré le plus grand parti possible des forces productrices dont l'homme dispose, c'est-à-dire assigner les conditions de l'*optimisme économique* : il y a là matière à des discussions à la fois très-subtiles et très-sérieuses que nous renvoyons à une autre partie du présent ouvrage, et qu'il serait prématuré d'agiter ici.

32. — Sacrifier une partie de la richesse actuelle à l'entretien, à la réparation, au déploiement, à l'excitation des forces productrices de la richesse, telle est (dans la mesure que le bon sens indique) la règle de conduite de l'individu pour lui-même, du père de famille pour ses enfants, des administrateurs et des gouvernants pour les peuples qu'il administrent et qu'ils gouvernent : ce qui ne leur interdit pas la faculté, ou ne les affranchit pas du devoir de sacrifier, quand il le faut, la fortune publique ou les fortunes particulières, pour d'autres buts que celui d'entretenir ou de stimuler les forces productrices de la richesse. Un père dépense une notable partie de ses revenus, souvent même une partie de son patrimoine pour donner de l'éducation et de l'instruction à ses enfants : il a raison aux yeux de l'économiste, s'il leur procure ainsi des talents qui les rendront plus riches que ne l'eût fait l'héritage qu'il pouvait leur laisser; il a raison encore aux yeux du moraliste, s'il leur ménage ainsi des jouissances intellectuelles et des consolations morales, préférables au revenu d'un héritage ou aux gains d'une profession lucrative. Un Gouvernement fait

des frais pour encourager les beaux-arts : l'économiste n'y trouvera point à redire, si cela donne à la nation les moyens d'exceller dans la production des articles de goût et de réaliser par là des gains bien supérieurs à ce que coûte l'entretien des musées et des écoles ; et quand même il serait démontré qu'on se trompe dans ce calcul intéressé, il ne faudrait pas écouter les avis de quelque Omar économiste, qui voudrait qu'on brûlât les musées ou plutôt qu'on les mît à l'encan. Le même Gouvernement fait des dépenses bien autrement considérables pour satisfaire à tout ce qu'exigent l'honneur et la sûreté du pays ; il entretient de puissantes armées, il fait flotter sur toutes les mers le pavillon de sa marine, il commande des expéditions scientifiques : peut-être que, tout compte fait des chances diverses, l'économiste trouvera que ces armements, ces expéditions dispendieuses finissent par rapporter à la nation plus qu'elles ne lui coûtent ; cependant la thèse contraire pourrait se soutenir et passer même à l'état de vérité démontrée, sans que cela décidât l'opinion publique à condamner des sacrifices faits dans l'intérêt de la gloire nationale ou pour l'avancement des sciences.

Là au contraire où il ne s'agit, ni de la gloire nationale, ni de la dignité de la nature humaine, les dépenses publiques comme les dépenses privées passent au creuset de l'économiste ; et elles ne se justifient économiquement qu'autant qu'elles sont productives, d'une manière directe ou indirecte : par la production immédiate de valeurs nouvelles, ou par le développement d'aptitudes et de forces productrices qui doivent être ultérieurement des sources de richesse.

33. — Quand un produit ne vaut pas pour les besoins

de l'industrie (c'est-à-dire pour la création d'autres produits) au moins tout ce qu'il coûte à produire, il cesse d'être l'objet d'une production *industrielle* ou *économique*, ce qui n'empêche pas qu'il ne puisse encore être produit en vue d'une destination différente (par exemple en vue d'une consommation voluptuaire), et qu'il n'ait une valeur vénale ou commerciale, réglée sur ce qu'il coûte à produire. Les produits chimiques nous offrent un exemple bien sensible de cette distinction capitale. Beaucoup de produits de ce genre ne peuvent être obtenus à l'état de pureté, ou même impurs, sans des frais qui sont hors de proportion avec l'emploi économique que l'industrie pourrait en faire. Cependant on les fabrique, et ils trouvent un débit restreint pour les besoins des cours publics, des laboratoires, pour la satisfaction des étudiants, des amateurs et des curieux : en attendant que quelque progrès des arts chimiques en abaisse le prix de revient jusqu'au point d'en permettre la consommation dans un but industriel ou économique. Or, si l'on cherche à se rendre compte de ce qui détermine ainsi la condition d'une production économique, on arrive nécessairement à l'idée d'une certaine *équivalence économique* ou *industrielle*. Si un industriel emploie indifféremment m unités de la denrée A ou n unités de la denrée B, parce qu'il obtient ainsi le même produit, moyennant la même dépense, on est bien fondé à dire que m unités A sont l'équivalent économique de n unités B; et les prix de chaque unité seront précisément en raison de leur valeur économique. Si le rapport du prix était autre, l'équivalence, quant à la force productrice, subsisterait toujours : seulement il faudrait que l'un des modes de production fût provisoirement délaissé par l'industrie, ou exclu du cercle de la production économique.

Les physiciens sont en ce moment occupés de dresser une table de leurs *équivalents;* les chimistes sont depuis plus longtemps en possession d'une table des *équivalents chimiques* : il est naturel d'espérer qu'on aura un jour une table des *équivalents économiques* ou *industriels*, sauf à la retoucher de temps en temps pour la mettre en rapport avec les progrès des sciences et de l'industrie. Un essai en ce genre, quoique très-imparfait, serait dès à présent utile, mais nous n'avons point la prétention de l'entreprendre : nous nous contentons d'indiquer le but, ce qui (nous l'avouons de bonne grâce) est beaucoup plus aisé.

Les chimistes ont construit leur table d'équivalents, d'abord en comparant à une certaine substance chimique A d'autres substances B, C, D,... qui lui sont directement comparables, puis en comparant avec une de celles-ci (C par exemple) d'autres substances H, I, K,... que l'on ne pourrait pas directement comparer avec A ou B, et ainsi de suite. Il en serait de même pour l'équivalence économique ou industrielle. Le bois est comparable à la houille, par la quantité de chaleur qu'il développe dans la combustion et par la quantité de force mécanique que cette chaleur peut développer, ou mieux encore par la fraction des quantités développées que l'on peut utiliser économiquement : pendant que, par les services qu'il rend dans les constructions, il est comparable à la fonte, au fer forgé, à la pierre de taille, que l'on ne saurait comment mettre en comparaison directe avec la houille.

34. — Le tableau des prix ou des valeurs commerciales ne tient pas lieu d'une table des équivalents économiques, puisqu'il comprend évidemment une foule d'articles

exclusivement destinés à la consommation voluptuaire ou improductive, ou qui n'ont pas de valeur économique dans le sens expliqué ci-dessus, et d'autres pour lesquels la valeur commerciale se complique d'éléments étrangers à la théorie de la production économique. Il y a surtout dans les prix du commerce une cause de variations d'une localité à l'autre, cause étrangère aux données absolues de la science, valables pour tous les temps et pour tous les lieux : ce sont les frais de transport. On aura beau trouver dans une table les équivalents économiques du bois et de la houille : les industries placées au centre d'un bassin houiller ne feront pas venir le bois de loin et à grands frais, pas plus que l'on ne songera à faire marcher à la houille l'établissement entouré de grandes forêts et éloigné des gîtes houillers. Cependant, plus l'industrie se développe, plus les voies de communication et les procédés du commerce se perfectionnent, plus les valeurs commerciales sont maîtrisées par ces données scientifiques et numériques, par cette table d'équivalents économiques, dont nous tâchons d'indiquer et de faire saisir le principe de construction. La notion des équivalents économiques est ce qu'il y a de vrai dans l'idée d'un *prix naturel* que beaucoup d'économistes ont mise en avant, mais sans être parvenus, ce nous semble, à la débrouiller. Tel est pourtant l'état de nos connaissances, que nous devrons le plus souvent, dans la suite de cet ouvrage, nous fonder sur l'idée de la valeur commerciale des choses, sauf à rappeler, quand l'occasion s'en présentera, l'idée des équivalents économiques.

Le travail purement mécanique de l'homme est comparable à celui d'une machine à vapeur que la houille ou le bois alimentent ; et il l'est de même à celui d'une chute d'eau, quoiqu'on ne puisse pas déplacer la chute d'eau comme une machine à vapeur. Toute la force mécanique développée par la chute d'eau ne saurait être utilisée par des procédés économiques ; mais la partie susceptible d'être économiquement employée est l'équivalent économique d'une certaine quantité de houille, d'un certain nombre de journées de travail. Nous ne disons pas que cette liaison suffise pour déterminer complétement le rapport entre ce que l'on paye pour la journée de travail et ce que l'on paye pour avoir l'usage de la chute d'eau : nous disons qu'elle exerce sur la fixation de ce rapport une influence principale et finalement maîtresse ou prépondérante. La solidarité se manifestera diversement selon les circonstances : tantôt le prix de la journée de travail déterminant le prix de l'usage de la chute d'eau, et tantôt le prix de l'usage de la chute d'eau entraînant dans ses variations le prix de la journée de travail. Nous aurons plus loin à étudier ces circonstances et leur mode d'influence.

La doctrine des équivalents économiques s'applique encore bien certainement aux denrées qui sont la base de l'alimentation des classes ouvrières, c'est-à-dire de la très-grande partie de la population. Que certains aliments flattent plus ou moins les goûts et que la consommation qu'en font les populations ouvrières puisse, dans une certaine mesure, passer pour une consommation improductive ou voluptuaire, ce n'est là qu'un fait accessoire : leur vertu réparatrice des forces vitales de l'homme est leur qualité principale et essentielle qui doit influer principalement sur la consommation qui s'en fait en grand, et qui doit à la longue maîtriser les rapports de leurs valeurs commerciales, à mesure que s'atténuent les causes accessoires qui influent sur les valeurs commerciales, et notamment les frais de transport.

35. — Evidemment le travail de l'homme est un élément de la valeur des choses : soit que l'homme intervienne comme agent mécanique et quasi-aveugle, soit qu'il déploie dans son travail les éminentes qualités de son être intellectuel et moral, en s'asservissant de plus en plus les forces de la Nature. Evidemment aussi il faut une étoffe sur laquelle le travail opère et à laquelle s'attache, comme à un soutien palpable, la valeur qui vient du travail ou de telle autre source que ce soit. Les richesses immatérielles elles-mêmes (19) ne représentent généralement qu'une part à prélever dans les richesses matérielles. De là le germe de deux théories extrêmes : l'une qui veut que toute valeur provienne (directement ou indirectement) du travail ; l'autre qui prétend (ou plutôt qui a prétendu, car c'est une théorie passée de mode) que le travail humain ne produit de valeur qu'à condition d'en consommer autant pour l'entretien du travailleur ; de sorte que, tout balancé, il n'y a d'accroissement *net* de richesse que celui qui est tiré de la terre (comme disait l'école *physiocratique* du dix-huitième siècle) ou de la matrice commune de toutes les substances matérielles sur lesquelles l'homme peut avoir prise. Nous retrouvons donc ici ce conflit entre l'idée de la force et l'idée de la matière, qui est au fond de toutes nos théories physiques [1] ; mais

---

[1] *Traité de l'enchaînement des idées fondamentales*, livre II, chap. 9.

heureusement, sur ce terrain, le procès n'est pas de ceux que la raison ne saurait définitivement vider ; car il s'agit d'un ordre de choses dont l'homme est lui-même le commencement et la fin, et de faits qu'il peut, par conséquent, complétement instruire et juger.

36. — D'abord, la doctrine de l'école physiocratique, tout erronée qu'elle était dans ses applications, se fondait sur un principe dont on n'a pas suffisamment remarqué la justesse et l'importance. Prenons un exemple auquel les physiocrates n'ont pas songé. Supposons une mine de houille exploitée à l'aide d'une machine à vapeur, qui tire de la mine même le combustible nécessaire à son alimentation. Non-seulement elle sert à ramener la houille du fond du puits à la surface du sol, ce qui est la plus grande cause de dépense de force mécanique, mais encore on s'est arrangé (nous l'admettons ainsi pour la netteté de l'exemple) de manière à faire exécuter par la machine tous les autres gros travaux et à réduire la main-d'œuvre à rien, ou à presque rien. Si maintenant il arrivait que la machine ainsi montée consommât pour son entretien autant de charbon, ou presque autant de charbon qu'elle en peut ramener à la surface du sol, il est clair qu'il faudrait démonter la machine, combler le puits et abandonner les travaux ; mais, au contraire, la bénigne Nature a voulu qu'il y eût des couches de houille assez puissantes et assez peu profondes pour qu'une machine à vapeur, installée comme nous le supposons, ramenât à la surface du sol et mît à la disposition de l'homme, pour l'organisation de son industrie et la satisfaction de ses besoins, bien plus de combustible qu'elle n'en consomme en fonctionnant. En conséquence, et quel que

puisse être d'ailleurs le prix vénal de la houille (selon les besoins des hommes et les moyens d'acquisition dont ils disposent), l'appareil en question jouit de la propriété de régénérer, au point de vue de l'économiste, plus de combustible ou plus de force mécanique qu'il n'en consomme : tandis qu'au point de vue du mécanicien ou de l'ingénieur, la transmission, la conversion de la force mécanique (29), à l'aide du mécanisme le plus perfectionné, n'a jamais lieu sans déchet. Il faut rectifier ou compléter en ce sens la comparaison présentée en tête de ce chapitre. C'est l'effet d'une libéralité de la Nature, dont les hommes profitent et dont profite plus particulièrement, selon nos institutions sociales, le propriétaire de la mine de houille, tant que la mine n'est pas épuisée.

37. — De même pour la culture de la terre. Si la terre cultivée ne rapportait que ce qui est strictement nécessaire pour la nourriture des ouvriers qui la cultivent, le phénomène de la richesse, et qui plus est, le phénomène de la civilisation nous serait inconnu. L'invention de l'agriculture n'aurait pas tiré l'homme de la condition du sauvage à qui sa chasse ou sa pêche fournissent juste de quoi se nourrir chétivement, lui et sa famille. Le *produit net* de la *terre* (dans lequel on comprendra, si l'on veut, le produit net de l'élève des troupeaux) a été la condition préliminaire et indispensable du développement de toute industrie, de la culture de toutes les facultés de l'homme. En cela les physiocrates avaient parfaitement raison ; et il faut bénir la disposition providentielle à laquelle l'homme doit ce bienfait (sans lequel le don de l'intelligence eût été inutile), en même temps que l'intelligence requise pour

en profiter. Voilà ce que l'antiquité exprimait à sa manière, en divinisant les puissances fécondantes de la Nature, en même temps qu'elle rangeait parmi les demi-dieux les personnages, réels ou mythiques, de qui le genre humain était censé tenir l'art de mettre à profit la fécondité de la Nature (28).

Il ne fallait cependant pas que le point de départ fît oublier tout le reste; que la puissance économique de la terre cultivable fît oublier celle de tous les autres agents naturels, ni celle de l'homme lui-même, en tant qu'il associe ses forces physiques et intellectuelles aux forces de la Nature. L'école physiocratique est tombée dans cet excès, et par conséquent dans cette erreur, qui ne pouvait pas être de longue durée. Lorsque l'homme transporte le guano d'un îlot du grand Océan dans un coin de la Grande-Bretagne ou de la France, où il accroît la puissance productive du sol, comme lorsqu'il transporte des balles de coton des contrées tropicales où on le récolte dans les pays plus industrieux dont il alimente les manufactures, l'homme ajoute beaucoup à la valeur du guano et du coton; il crée en réalité de la valeur, aussi bien que s'il cultivait la terre; et il la crée en mettant à profit la force mécanique des vents, des courants marins, forces inépuisables et non susceptibles d'appropriation; ou bien (puisque c'est une loi du monde physique, qu'une consommation de substance équivaut à une dépense de force), il trouve plus d'avantage à consommer, tant qu'il en a à sa disposition, des substances qui s'épuisent et qui se payent, comme la houille. Allons plus loin, et supposons un perfectionnement industriel qui ne porte pas sur un meilleur emploi des ressources et des forces naturelles, mais seulement sur un meilleur emploi, sur une meilleure organisation du travail humain : pourquoi ce perfectionnement aurait-il moins que d'autres la propriété de donner un produit net, de créer de la valeur? Parce que, disaient les physiocrates, la concurrence des ouvriers (résultant de l'instinct qui les pousse à se multiplier) rabaissera toujours les salaires au *minimum* nécessaire pour la subsistance de l'ouvrier, et que, d'autre part, la concurrence des entrepreneurs réduira le prix de l'article fabriqué, en conséquence de la réduction de dépense qui est une suite de la réduction de travail, si le salaire ne change pas. Mais, à supposer qu'un tel résultat se produise effectivement dans certaines conditions économiques, subordonnées elles-mêmes à certaines institutions de la société, on ne voit pas de raison pour qu'il se produise nécessairement et dans tous les cas. Lors même que tel devrait être le résultat habituel de la constitution des sociétés humaines, il ne faudrait pas mettre cette loi sur la ligne de celles qui tiennent à un plan général de la Nature, bien antérieur et bien supérieur en importance aux causes qui impriment à nos sociétés humaines des formes si changeantes.

38. — Les produits spontanés de la terre, comme le bois et le foin, n'ont sur place aucune valeur commerciale dans des pays où l'on ne sait qu'en faire, et la terre qui les produit n'en a pas davantage. Que des centres de population et d'industrie viennent à s'y former, et les forêts, les prairies situées dans le voisinage acquerront de la valeur, attendu que celui qui peut y récolter du bois et du foin, évite la dépense de travail imposée à ceux qui sont obligés d'aller quérir le bois et le foin à de plus grandes distances. Nous reviendrons

bientôt sur ce sujet en parlant de la *rente*. Or, les physiocrates assimilaient la terre qui produit sans culture du bois ou du foin à un ouvrier qui travaille seul, à sa manière et gratuitement, pour le compte du propriétaire, et la terre qui, moyennant culture, produit du froment ou de la luzerne, à un ouvrier qui travaillerait gratuitement, de compagnie avec d'autres ouvriers payés. Toutefois, cette idée d'un travail gratuit de la Nature, sans la participation ou avec la participation du travail de l'homme, est inutile à l'explication du phénomène économique. On paye la faculté d'user d'une carrière, d'une mine, comme on paye celle d'user d'une forêt, d'une prairie, d'une terre cultivable, parce qu'on trouve plus d'avantage à la payer qu'à importer le minerai, la pierre, le bois, le foin, le froment, la luzerne, des contrées lointaines où l'on trouverait à exploiter des mines, des carrières, des forêts, des prairies, des terres, sous aucune redevance. Cependant, personne ne songerait à faire intervenir dans l'explication le travail auquel la Nature s'est livrée, il y a quelques milliers de siècles, quand les bancs de calcaire se déposaient au sein des eaux, quand le métal en fusion était injecté à travers les fissures de l'écorce terrestre, ou quand des dislocations postérieures relevaient les couches pour les rendre plus tard accessibles à nos exploitations.

Le seul laps de temps (qui ne représente point un travail, quoiqu'il soit une condition essentielle de tous les phénomènes, et par conséquent du travail de la Nature comme de celui de l'homme) devient, dans le système économique, l'un des éléments essentiels de la valeur des choses. Des vins de bonne qualité gagnent beaucoup en vieillissant, mais pour que le propriétaire qui les a récoltés, ou, à son défaut, d'autres spéculateurs se décident à les garder en cave pendant nombre d'années, il ne suffit pas qu'ils se remboursent des déchets et des avaries, des frais de garde et de manutention. Comme ils auraient pu en employer la valeur, de manière à en tirer un travail de production profitable, il faut qu'ils retrouvent une compensation de cet avantage dans le prix de vente des vins conservés. Il est vrai que l'on peut voir un travail de la Nature dans les réactions chimiques à l'aide desquelles s'accomplit, avec le temps, l'amélioration du vin : mais, lorsque le navire chargé attend dans un port de relâche le retour de la mousson, la Nature ne travaille d'aucune façon pour l'armateur; et néanmoins il faut que l'armateur tienne compte du temps pendant lequel sont restées inactives des valeurs auxquelles, dans une autre industrie, il aurait pu imprimer dans le même temps une activité productive. De même pour les écus qu'une Banque de circulation tient renfermés dans ses coffres, et qui composent sa réserve.

39. — Par ce qui précède, nous avons suffisamment combattu l'excès opposé à celui par lequel péchaient les physiocrates, à savoir l'excès qui consiste à voir dans le travail de l'homme la source unique de la valeur. On imaginerait un système d'institutions civiles dans lequel la chute d'eau dont nous parlions tout à l'heure serait prêtée gratuitement au manufacturier, que l'on n'empêcherait pas la valeur de ses produits de s'élever sur le marché au niveau de la valeur des produits similaires, nécessaires pour compléter l'approvisionnement du marché, et dont les producteurs n'ont pas à

leur disposition la même ressource naturelle. Donc, la valeur du service rendu par la chute d'eau se retrouvera nécessairement dans la valeur du produit, et ce surcroît de valeur ne proviendra pas d'un travail humain. Dans cette discussion, l'on s'occupe trop exclusivement de la terre cultivable qui a pu exiger effectivement une grande dépense de travail humain pour passer à l'état de terre cultivable : la chute d'eau n'est pas dans ce cas; et il suffit d'un coup de sonde qui a révélé l'existence d'une couche de houille à une médiocre profondeur, pour donner une grande valeur à la propriété du sous-sol, sans qu'il y ait aucune proportion entre cette augmentation de valeur et la valeur du travail de l'opération du sondage.

Au point où en sont arrivées nos vieilles sociétés, il deviendrait fort difficile, et en tout cas fort peu utile de démêler dans la richesse acquise la part qui revient au don gratuit de la Nature et la part qui revient au travail de l'homme. Les terres ont été défrichées, amendées, assainies, encloses, traversées par des chemins; les eaux ont été dirigées, endiguées, aménagées; on a pratiqué des puits, des galeries pour l'exploitation des richesses fossiles. On dirait des couches d'alluvion (d'une *puissance* variable selon les accidents du terrain), lesquelles, détrempées par les sueurs des générations successives, sont venues successivement se déposer sur le sol primitif de la Nature vierge et en changer le relief. Qu'importe à ceux qui possèdent actuellement les fonds productifs ou les instruments du travail, et qu'importe à ceux qui exploitent les uns ou se servent des autres, que la Nature en ait originairement fait les frais, ou que des bras depuis longtemps glacés les aient péniblement amassés ou construits? D'un côté les richesses acquises, étoffes, forces ou organes de la production; de l'autre le travail, l'intelligence de l'homme qui actuellement en disposent et les mettent en œuvre : voilà la grande dualité économique, les deux principes efficients dont le concours et l'antagonisme préoccupent la génération présente, et feront peut-être encore plus le souci des générations à venir. Sans admettre la possibilité d'une abolition de la propriété, on ne peut méconnaître la tendance des mœurs et des institutions à réduire de plus en plus la part qui revient aux possesseurs de la richesse acquise, pour augmenter d'autant celle qui reste aux travailleurs de tout ordre. On remanie dans ce sens les tarifs d'impôts et les tarifs de douanes. On augmente toujours les charges de la propriété et on lui demande toujours davantage à titre de contribution volontaire, tandis que les gens qui travaillent, depuis l'ouvrier en blouse jusqu'au banquier qui brasse les millions, voient leurs salaires s'augmenter et leurs profits s'accroître. Nous reviendrons, bien entendu, sur ce grave sujet : ce qu'il importe surtout de remarquer ici, c'est que les charges de la propriété, en amoindrissant le revenu du propriétaire, n'amoindrissent point la part pour laquelle la richesse acquise entre dans la constitution de la valeur des choses actuellement produites, part indépendante de la nature du régime auquel la propriété est soumise par les institutions civiles.

CHAPITRE V.

DU CRÉDIT ET DES CAPITAUX. — DES PROFITS DES CAPITAUX ET DE L'INTÉRÊT DE L'ARGENT.

40. — Au premier rang parmi les conditions organiques de la production, sinon parmi les forces productrices, il faut mettre le *crédit*. Les facultés intellectuelles de l'homme n'entreraient point en jeu sans la mémoire, qui conserve la trace des impressions et des actes passés: de même ses facultés actives, les puissances de sa volonté réfléchie resteraient dans l'engourdissement sans le stimulant de l'espérance, cette bienfaisante anticipation de l'avenir, qui souvent vaut mieux que la jouissance même. Communiquer aux autres, par des considérations tirées de leur propre intérêt, notre confiance et notre espérance, nous les associer dans cette perspective de l'avenir comme nous nous les associons dans nos travaux actuels, voilà ce qu'on appelle avoir du crédit: et telle est l'importance du crédit dans l'économie sociale, que ce qui ne se présentait d'abord que comme un fait psychologique, individuel, borné dans son influence, a pénétré dans la législation, et est devenu en s'organisant, en se développant, le principe de tout un ordre d'institutions également importantes aux yeux du jurisconsulte et aux yeux de l'économiste.

Le troc ou l'échange à l'état le plus rudimentaire ne pourrait presque jamais se conclure si l'une des parties contractantes, qui se dessaisit actuellement de sa chose, ne s'en remettait à la bonne foi de l'autre partie, en lui accordant un délai pour la livraison de tout ou partie de l'équivalent. Dans nos sociétés industrieuses, s'il fallait que toutes les affaires se fissent *au comptant*, combien ne serait pas réduit le nombre des affaires ?

Mais il n'y a si bonne chose dont on ne puisse abuser: et voilà pourquoi la loi refuse tout crédit aux mineurs, aux faibles d'esprit, aux prodigues, en annulant les engagements qu'ils contractent. Elle présume qu'ils emploiraient leur crédit à dissiper leur fortune, au préjudice de la société comme à leur propre préjudice.

41. — Insistons sur cette notion si simple et par elle-même si claire, que le crédit n'est point une richesse actuelle et effective, ni même une force productrice, au propre sens du mot, quoiqu'il faille le regarder comme l'un des plus puissants auxiliaires de la production des richesses, pourvu qu'il concoure dans une juste mesure avec des forces vraiment productrices. « Le crédit double la richesse », entend-on souvent répéter; assurément, de même qu'une pluie venue à propos peut doubler la récolte de vin, mais non en ce sens qu'il suffise de mêler un tonneau de vin avec un tonneau d'eau, pour avoir deux tonneaux de vin. Les charlatans en affaires, qui veulent créer des richesses de toutes pièces par l'unique vertu du crédit, ressemblent à ces frelateurs qui remédient après coup à l'insuffisance de la récolte, en faisant dans leurs caves du vin avec de l'eau.

Dans les pays où la terre se vend maintenant au détail, moyennant de longs termes, à des paysans qui la payent très-cher, dans l'espoir qu'ils ont de s'acquitter peu à peu à force de travail et d'économie, le crédit que le vendeur leur accorde est une condition sans laquelle la terre n'atteindrait pas à ce haut prix qui augmente la richesse générale: mais l'augmentation ne serait que fictive et fallacieuse, si effectivement le paysan qui achète ne parvenait à se libérer, en ne plaignant ni sa peine, ni ses privations. Il en faudrait dire autant du crédit accordé à des actions industrielles et de la hausse qu'elles éprouvent, si les profits que comportent les opérations de la Compagnie n'étaient pas de nature à réaliser les espérances qui ont fait monter les actions.

Une Banque de circulation bat monnaie avec son crédit ; mais l'augmentation de richesse ne consiste pas dans l'émission des billets : elle consiste dans l'emploi productif que l'on saura faire de la valeur des espèces métalliques devenues inutiles à la circulation.

En général, le crédit remplit sa fonction normale, lorsqu'il met en jeu les forces productrices appliquées à la richesse actuelle, en vue de la faire fructifier et grossir : tandis que l'usage en est pernicieux, ou tout au moins très-périlleux, lorsqu'il consiste à *escompter* l'accroissement futur de richesse et à le jeter dans la circulation, sous un signe ou sous un autre, comme une richesse actuelle. La chose saute aux yeux s'il s'agit d'escompter la richesse future pour la consommer et la détruire à l'avance; mais l'opération reste encore foncièrement mauvaise, lors même que le but de l'escompte serait d'employer actuellement, comme instrument de production, la richesse escomptée, puisqu'il faudrait, de deux choses l'une : ou refuser aux générations futures le droit et la possibilité de faire ce que nous nous serions permis à nous-mêmes, ou admettre que cette anticipation de l'avenir peut aller toujours en croissant, ce qui est visiblement absurde.

42. — Puisque toute industrie exige des constructions fixes ou mobiles, des appareils, des machines, des outils, des approvisionnements, des avances de fonds, il faut bien que l'entrepreneur de l'industrie ait à sa disposition, sous une forme ou sous une autre, des richesses, des valeurs avec lesquelles il puisse exécuter les constructions, se procurer les machines, les outils, les approvisionnements qui lui sont nécessaires, y compris les approvisionnements d'espèces monnayées. Cette valeur disponible, dont la spécification matérielle ou immatérielle est regardée comme indifférente, parce qu'on lui donnera toujours la spécification appropriée à l'emploi productif qu'on en veut faire, est ce que l'on nomme un *capital*. C'est dans la formation et dans l'emploi des capitaux que se montrent particulièrement, sur une grande échelle, chez les nations industrieuses et riches, les avantages du crédit, de manière à mettre en évidence la liaison de la fonction du crédit avec le principe fondamental de tout perfectionnement d'organisme, celui de la division du travail ou des fonctions. Car, comment les capitaux s'accumuleraient-ils au profit de l'industrie, s'il fallait que la même personne réunît l'habileté professionnelle à l'aide de laquelle elle réalise des profits et des économies, et l'habileté à faire valoir les fruits de son travail professionnel et de ses épargnes ; s'il fallait que celui qui a des revenus et des goûts d'économie eût en même temps l'âge, la santé, l'habileté requise pour faire valoir le produit de ses épargnes? C'est déjà quelque chose que de lui demander la prévoyance et les soins nécessaires pour éviter les placements imprudents.

Sous quelle forme spécifique le capital épargné se

conserverait-il, en attendant qu'il eût acquis une importance assez grande pour pouvoir devenir, entre les mains de celui qui l'accumule, un instrument d'exploitation ? Ce ne pourrait être sous la forme de denrées encombrantes et sujettes à dépérissement. La société comme les particuliers, y perdraient beaucoup par l'inactivité et le déchet des matières accumulées; et bientôt l'encombrement de toutes ces matières inertes éteindrait chez l'homme le plus prévoyant ou le plus désireux de s'enrichir le goût de l'épargne. On entasserait donc dans des coffres les métaux précieux : et, quoique cet entassement ne fût pas précisément un obstacle au libre déploiement de l'activité industrielle et commerciale, parce que le prix des métaux pourrait toujours s'accommoder aux besoins de la circulation et à la quantité réservée pour la circulation, l'autre portion soustraite à la circulation n'en serait pas moins (au détriment de la société comme des particuliers) un capital inerte et improductif, tenant la place d'un capital productif.

Grâce au crédit, l'influence de la division du travail et des fonctions se fait sentir ici comme partout. L'un met ses soins à accroître son capital et l'autre s'occupe de le mettre en œuvre. Les épargnes quotidiennes ou annuelles, un instant réalisées sous la forme d'espèces monnayées ou de numéraire conventionnel, passent à des emprunteurs qui se chargent, comme on dit, de les faire valoir. L'emprunteur est en possession d'un capital *réel*, dont il doit la valeur : entre les mains du prêteur se trouve un signe, un titre qui représente une valeur confiée au crédit de l'emprunteur, ou un capital *fiduciaire*.

43. — La diversité des acceptions du mot de *capital*, dans la langue technique des économistes et dans le discours ordinaire, donne lieu à une observation singulière. Car, tandis que la marche naturelle et habituelle des langues consiste à passer du sens concret au sens abstrait, ici l'on a procédé au rebours, en allant de l'abstrait au concret : en appliquant, par exemple, à un train d'agriculture ou à un matériel d'usine le terme employé d'abord pour désigner les valeurs fiduciaires dont on rassemble dans un portefeuille les titres ou les signes représentatifs, et qui sont destinées à s'éteindre un jour, soit par le remboursement, soit par la faillite ou l'évanouissement du crédit de l'emprunteur. C'est dans ce sens originel, qui est encore celui du langage ordinaire, que l'on oppose les *capitalistes* aux propriétaires d'immeubles et à ceux qui exploitent les diverses branches d'industrie et de commerce au moyen de cet attirail matériel auquel le vocabulaire de la science économique affecte, dans un sens concret, le nom de capital. D'ailleurs, cette anomalie dans le mode de passage de l'acception vulgaire à l'acception technique ou scientifique, s'explique par les conditions mêmes de la génération des capitaux à l'aide du crédit.

Quelques économistes ont poussé l'abus du langage technique jusqu'à dire que les bras de l'ouvrier, l'intelligence, le goût et le talent de l'artiste et du savant sont des capitaux : mais, pour justifier de pareilles expressions, il faudrait qu'on pût jeter dans le commerce les bras de l'ouvrier, le talent de l'artiste et du savant, comme on mettait en vente sur le marché de Rome l'esclave grec dont on pouvait faire un grammairien, un précepteur, un secrétaire, un médecin, et qu'on payait en conséquence. En donnant à ces esclaves de choix les moyens d'acquérir de pareils talents, le marchand d'esclaves avait effectivement grossi son capital, comme celui qui élève et dresse des chevaux de choix pour la course grossit le sien par d'autres procédés. Aujourd'hui qu'il n'est plus question, Dieu merci, de vendre des grammairiens et des médecins, on tomberait dans une impropriété de langage, capable de causer des erreurs de doctrine, si l'on donnait à des facultés physiques, à des talents, à des aptitudes intellectuelles, à des qualités morales, naturelles ou acquises, même lorsqu'elles sont une source de richesse, le nom de capitaux. Ce serait confondre les richesses produites avec les forces productrices de la richesse (31). Le crédit qui concourt tant à créer la richesse, n'est point par lui-même une richesse, un capital ; et par conséquent il conviendrait encore moins de donner le nom de capital à la réputation de probité et d'habileté qui est la source du crédit.

44. — Lorsque l'entrepreneur d'une industrie possède lui-même le capital qui la met en mouvement, les *bénéfices* qu'il réalise représentent tout à la fois la rémunération due à ses talents, à son labeur, et celle qui lui est due en tant que possesseur du capital industriel. Dans la même industrie, ces bénéfices varieront d'un entrepreneur à l'autre, selon son degré d'activité et d'habileté ; tandis que, d'une industrie à l'autre, ils varieront encore, selon que le genre de la profession industrielle offrira plus d'attraits ou provoquera plus de répugnances. Quand le chef d'industrie n'est plus que le gérant d'un capital fourni par des commanditaires ou des actionnaires, il prélève sur les bénéfices de l'in-

dustrie une part fixe ou proportionnelle, qui représente la rémunération de son talent, le salaire de sa profession, et le surplus constitue le *profit du capital*. Ce profit est encore susceptible de varier beaucoup d'une entreprise à l'autre, non plus à cause de l'agrément, des fatigues ou du dégoût que donne la conduite de l'entreprise (car, qu'importe aux actionnaires qu'il s'agisse d'une entreprise théâtrale ou de celle de l'enlèvement des immondices d'une ville, pourvu qu'ils touchent régulièrement de gros dividendes), mais à cause des chances diverses qui font qu'une entreprise est réputée moins solide qu'une autre, ou marche moins régulièrement qu'une autre. Enfin, s'il ne s'agit plus d'actionnaires, mais de souscripteurs à un emprunt pour lequel la Compagnie d'actionnaires offre des gages, il ne sera plus question du profit du capital réel, mais de l'*intérêt de l'argent* prêté, ou du capital fiduciaire. L'attention du prêteur ne se portera, ni sur la nature de l'industrie (ce qui regarde le gérant), ni même sur les chances de bénéfices ou de pertes que l'entreprise peut offrir (ce qui regarde les actionnaires), mais sur le degré de solidité du gage. Toutes les Compagnies qui offriront, dans l'opinion commune, la même sécurité quant au gage du capital fiduciaire et quant à la régularité du payement des arrérages, emprunteront au même taux : car il n'y aurait pas de raison pour que le taux différât de l'une à l'autre. Si l'on retranche du dividende moyen de l'actionnaire la part qui représente la prime d'assurance contre les risques de l'entreprise, et des arrérages dus au prêteur, la part qui représente la prime d'assurance contre la défaillance du gage (primes variables d'une entreprise à l'autre et d'un gage à l'autre), le reste représentera, dans un cas comme dans l'autre, l'intérêt de l'argent, dont le taux ne pourra plus être affecté que par des causes générales, influant à la fois sur toutes les entreprises et sur tous les gages. Néanmoins, malgré le nom qu'on lui donne, il ne faut pas croire que cet *intérêt* soit lié nécessairement à l'emploi de l'*argent* ou de la monnaie. Il existe à cette heure en Autriche comme en France, quoiqu'on ne voie en Autriche que de la monnaie de papier (3). Il ne suppose qu'une chose, à savoir l'existence d'une mesure commune de toutes les valeurs et de tous les capitaux.

45. — Pour suivre une comparaison indiquée par Turgot il y a déjà longtemps, qu'on imagine un appareil de tubes verticaux plongeant dans un réservoir commun, ayant des calibres différents et remplis de liquides inégalement denses, tels que l'eau, l'alcool, le mercure : l'équilibre exigera que les niveaux de ces divers liquides se fixent à diverses hauteurs, en raison inverse de leurs densités. Puis, lorsqu'une cause quelconque troublera cet équilibre, lorsqu'il y aura écoulement ou afflux de liquide, dans l'un des tubes ou dans plusieurs, des réactions s'ensuivront dans tous les tubes communiquants : un nouveau système de niveaux, un autre nivellement relatif s'établira, dont la détermination est du ressort de l'hydrostatique. De même, d'après ce qu'on vient de voir, les profits des capitaux réels, les intérêts des capitaux fiduciaires engagés dans chaque genre d'exploitation, dans chaque branche d'industrie ou de négoce, se maintiendront à des taux différents, suivant l'appréciation qui sera généralement faite des avantages et des inconvénients attachés à chaque mode de placement; d'où résultera

un certain état de balancement ou d'équilibre : puis, si les circonstances amènent, ici une baisse, là une hausse de profits, les capitaux reflueront vers la branche plus favorisée ; et de là des déplacements de proche en proche, des mouvements de va-et-vient, qui ne cesseront que par la constitution définitive d'un nouvel équilibre. La même comparaison s'appliquerait d'ailleurs au nivellement relatif des salaires pour les diverses catégories de travailleurs.

La comparaison peut même être rendue encore plus complète, pour les salaires des travailleurs comme pour les profits des capitaux. Car, de même que la viscosité et le frottement empêchent les liquides de céder à la plus faible cause de dénivellation, comme ils le feraient dans l'hypothèse d'une mobilité et d'une fluidité parfaites, de même il est évident qu'une foule de causes retiennent les travailleurs dans la profession qu'ils ont embrassée et retiennent les capitaux dans les canaux où ils sont engagés, de manière qu'ils ne puissent que difficilement et à la longue céder à l'action des forces qui troublent l'équilibre ancien et poussent à l'établissement d'un équilibre nouveau (2).

46. — Il est clair que, dans une société où les mœurs et les habitudes commerciales ont prévalu (et en général nous supposons la société parvenue à cet état), là où le travail de la formation des capitaux se régularise en se généralisant, la concurrence des capitaux qui cherchent un placement détermine nécessairement le taux de l'intérêt. Le placement le plus avantageux est celui vers lequel le travail de la capitalisation se dirige en premier lieu : à mesure que les épargnes s'accroissent, il faut aborder des spéculations moins

avantageuses et réduire en conséquence le taux de l'intérêt, sans quoi elles ne seraient pas abordables. Si l'on ne trouvait de nouveaux débouchés à l'industrie, ou si les calamités publiques, les guerres, les emprunts ne venaient engloutir une grande partie des anciennes épargnes, le taux de l'intérêt irait ainsi en s'abaissant par l'effet même de la prospérité générale, jusqu'au découragement complet de l'épargne, ou jusqu'à ce que l'homme fût ramené, par une pléthore de richesse et un raffinement de civilisation, à ce goût des jouissances actuelles, à cette insouciance de l'avenir, qui caractérisent les peuples enfants.

Quand la prospérité décline, non-seulement le travail de la capitalisation s'arrête, mais les anciens capitaux perdent de leur valeur par la dépréciation, ou même sont livrés à une destruction physique. Ainsi, les têtes de bétail qui forment un troupeau, c'est-à-dire un capital productif, sont vendues pour la boucherie; les approvisionnements d'une usine sont éparpillés et vendus au détail pour les besoins quotidiens des petits consommateurs; quelquefois les bâtiments d'exploitation sont démolis et les matériaux dispersés ou vendus à vil prix; la réserve métallique d'une Banque sort de ses caisses pour suivre le sort du numéraire circulant, et ainsi de suite.

47. — On dit communément que l'argent devient rare ou abondant, qu'il se resserre ou qu'il se montre; et on le dit également dans des circonstances très-diverses, de manière à confondre des phénomènes économiques qui offrent des différences essentielles. Quelquefois ces locutions n'expriment que le resserrement ou l'expansion du crédit. Sous l'influence de causes

générales, telles que la crainte d'une révolution, d'une guerre, d'une mauvaise récolte, d'une suspension d'arrivages, d'une clôture de débouchés, le crédit se resserre, les affaires se ralentissent; on est moins disposé à prêter, à avancer, à se découvrir; les plus hardis ne prêtent et ne se découvrent que lorsqu'ils y sont sollicités par l'appât d'une plus forte prime, c'est-à-dire par l'élévation du taux de l'intérêt, dans lequel la prime se confond. On reste nanti de valeurs dont on se serait promptement débarrassé dans un meilleur état du crédit, afin de les rendre productives. On a plus d'argent dans ses coffres, d'effets dans son portefeuille, de marchandises dans ses magasins. Si une telle situation pouvait s'exagérer et se prolonger, la production diminuerait rapidement, puisque le crédit est un auxiliaire indispensable de la production; le capital matériel, instrument de la production, devrait diminuer en conséquence. Une partie du numéraire, devenu inutile à la circulation, émigrerait. Mais d'ordinaire ces crises commerciales dues à un resserrement du crédit, qui presque toujours suit une expansion et une production exagérées, ne durent pas assez pour amener la suppression physique d'une partie des capitaux employés.

D'autres fois, quand le mal réel agit plutôt que la peur du mal, il s'opère une réduction effective, tantôt dans la valeur, tantôt dans les quantités matérielles des capitaux concrets; et puisque les instruments de la production deviennent plus rares, il faut bien que le loyer de ces instruments s'élève, à moins que la production ne tende à diminuer plus rapidement encore que ne peuvent se réduire les instruments de la production. Dire en pareil cas que l'argent est rare, c'est s'exprimer improprement, puisqu'au contraire l'argent se trouve surabondant pour une circulation restreinte, et qu'il y aurait lieu d'en exporter une partie si cette situation se maintenait.

Enfin il y a des cas où la raréfaction porte effectivement sur l'instrument métallique de la circulation. Supposons que la récolte de blé soit mauvaise, et que pourtant (chose assez rare) ce fléau naturel soit tellement compensé par d'autres avantages (tels qu'un surcroît de demandes faites par l'étranger à l'industrie du pays), qu'en somme, aux yeux de ceux qui se préoccupent des intérêts nationaux, l'année doive passer pour bonne. Supposons de plus (ce qui est le cas ordinaire) qu'il faille payer avec du numéraire métallique le blé dont l'importation est urgente, tandis que le payement des articles fabriqués actuellement demandés par l'étranger ne pourra s'effectuer que longtemps après la livraison et plus longtemps encore après la commande; on éprouvera tout à coup une pénurie de numéraire à laquelle sans nul doute le temps porterait remède; mais, en attendant, cette pénurie momentanée gênerait beaucoup la circulation et pourrait paralyser les affaires si des institutions et des signes de crédit ne venaient en aide. Alors l'argent sera rare, dans le vrai sens du mot. On en aura une preuve dans le fait même du succès de l'institution de crédit : tandis que si l'institution échoue (comme cela est arrivé si souvent), ce sera le meilleur indice qu'on parlait un langage impropre ou figuré, en mettant en avant la rareté de l'argent; et que le mal réel affecte les organes de la production, non pas seulement ceux de la circulation des valeurs.

48. — D'ordinaire, l'abaissement du taux de l'inté-

rêt est la suite et le symptôme des progrès de la richesse publique, quoique en même temps il dénote que le progrès va en se ralentissant, puisque les nouvelles branches d'industrie qu'on exploite ne peuvent plus procurer aux capitaux qu'un emploi moins avantageux. Au contraire, dans un pays neuf et qui offre à l'activité industrieuse un champ pour ainsi dire indéfini, les capitaux ont beau s'accumuler : ils trouvent pour se placer des branches d'industrie si fécondes, que le loyer des capitaux ne s'en maintient pas moins à un taux élevé. Quand une nation industrieuse éprouve de ces crises qui entravent tout à coup le mouvement des affaires, restreignent les débouchés et par contre-coup la production, on est pendant quelque temps à ne savoir que faire des capitaux accumulés, et la baisse du taux de l'intérêt peut alors être un symptôme, non du progrès, mais de la décadence de la richesse publique.

49. — Puisque ce qu'on appelle prêt d'argent n'est en réalité que la transmission d'un capital disponible, puisque ce que l'on appelle intérêt de l'argent n'est en réalité que le prix de l'usage de ce capital, puisqu'il y a des prêts d'argent et un intérêt de l'argent dans des pays très-civilisés, très-industrieux, où l'on se passe de la monnaie métallique, il n'y a pas lieu de tant répéter que *l'argent est une marchandise comme une autre*, quand il s'agit de discuter les questions qui concernent le prêt à intérêt et le taux de l'intérêt de l'argent. Evidemment le capital disponible n'est point une marchandise ; ou, s'il plaît de le qualifier de marchandise, il faut reconnaître que c'est une marchandise *sui generis* et nullement une marchandise comme une autre. Rien ne peut dispenser, en ce qui le touche, des consi-

dérations spéciales qui tiennent à la nature du sujet.

Le mosaïsme et les deux grandes religions sorties de son sein, le christianisme et l'islamisme, ont proscrit en principe le prêt à intérêt, et la jurisprudence musulmane poursuit encore en toute rigueur les conséquences juridiques de cette défense. L'Eglise romaine avait adopté à cet égard un système mixte et tempéré, marqué au coin de sa prudence ordinaire, et apparemment bien adapté à l'état des nations auxquelles il s'appliquait, mais dont elle a dû finir par se relâcher dans la pratique, en face des exigences d'une situation nouvelle. L'école philosophique et révolutionnaire du dix-huitième siècle l'a tourné en dérision, en a fait table rase : après quoi, lorsqu'il s'est agi chez nous de reconstituer un ordre nouveau, on a fait (sur ce point comme sur bien d'autres) un compromis avec le passé et, tout en rendant libre le placement fiduciaire des capitaux, on a fixé au taux de placement une limite ou même deux limites différentes, l'une pour le commerce proprement dit, l'autre pour les transactions civiles. Enfin, comme à tout mouvement philosophique et révolutionnaire doit succéder un mouvement contraire, une autre école s'est montrée qui, raillant à son tour la philosophie économique du dernier siècle, a proscrit, diffamé le loyer du capital ou l'intérêt de l'argent, beaucoup plus que l'Eglise n'avait songé à le faire. Il faut donc bien que la question ait deux faces ; que l'usage tour à tour préconisé et proscrit soit une source de grands biens et de grands maux ; et le moment semble venu de s'en rendre compte avec impartialité.

50. — Nous avons déjà suffisamment fait ressortir les avantages du crédit (40) et par conséquent ceux du

prêt à intérêt, sans lequel il serait puéril de compter sur le développement du crédit. Mais le crédit même a ses inconvénients; et lorsque la prodigalité et le désordre dans la conduite des affaires sont les causes les plus ordinaires des emprunts, lorsque la facilité d'emprunter provoque la dilapidation des fortunes au lieu d'aider à l'accroissement de la richesse, lorsque la concurrence faite par les emprunteurs de mauvais aloi aux emprunteurs de bon aloi, élève pour ceux-ci le taux de l'intérêt jusqu'au point de dépasser ou même d'atteindre le profit réel du capital employé, le prêt à intérêt devient pour la société un mal et un grand mal; car non-seulement il amène un déchet dans la fortune publique, mais il en change la répartition d'une manière toujours odieuse; soit qu'il accroisse outre mesure les fortunes anciennes, en exagérant les inégalités sociales déjà existantes, soit qu'il serve à édifier des fortunes nouvelles sur les ruines des anciennes.

Les peuples peu avancés dans les voies de l'industrie et du commerce ignorent même le nom de capital. S'ils améliorent leurs terres, c'est pour se procurer de plus abondantes récoltes, non pour grossir des fermages; s'ils bâtissent des maisons, c'est pour se loger, non pour toucher des loyers; et quand le faste des grands ou la foi des peuples élèvent des palais et des temples, personne ne songe au capital improductivement fixé dans ces splendides constructions. La thésaurisation et l'épargne ne sont regardées que comme de vils moyens d'arriver à une fortune pour laquelle on n'était pas né, et de préparer l'expropriation des possesseurs légitimes.

On conçoit donc parfaitement que, selon l'état de la

société et des mœurs, le législateur religieux ou civil intervienne et réprime ou modère, soit par la limitation du taux de l'intérêt, soit même (s'il s'agit de sociétés moins avancées encore) par la prohibition absolue du prêt à intérêt, non-seulement des extorsions particulières, mais (ce qui a bien plus d'importance), cette grande usure qui consisterait dans une anticipation générale et habituelle de l'intérêt de l'argent placé sur les profits du capital réel dans lequel l'argent placé s'est converti : anticipation qui ramènerait périodiquement l'expropriation et la banqueroute. Il vaut beaucoup mieux que les choses se mettent d'elles-mêmes dans l'ordre convenable, sans l'intervention du législateur, comme il vaut mieux qu'un malade guérisse par la force de son tempérament, sans avoir besoin de se fier aux ordonnances du médecin. Cependant il est raisonnable, quoique périlleux et incertain, de recourir au médecin quand la Nature n'agit pas toute seule; et de même il est raisonnable, bien que dangereux, de tenter de guérir une plaie sociale par l'intervention des pouvoirs publics, lorsque rien n'annonce que la plaie, laissée à elle-même, soit en voie de guérison spontanée.

Les législateurs des peuples anciens, dont les idées religieuses n'avaient rien qui pût combattre le fléau de l'usure, pratiquaient le remède héroïque de l'abolition des dettes. Le moyen âge a vu les persécutions des Juifs, des Cahorsins, des Lombards : car alors ce n'étaient pas les patriciens ou les nobles qui prêtaient à la plèbe. Chez les peuples modernes, outre l'accroissement rapide de la richesse publique, dû à un développement (jusqu'alors inouï) de toutes les forces productrices, des causes spéciales ont fait baisser la valeur des métaux précieux, de manière à prévenir l'empiétement du capital fiduciaire sur le capital réel : ce qui n'a pas pourtant tout à fait empêché des abolitions de dettes, partielles et déguisées, telles que celles qui résultaient de l'altération des espèces monnayées, de l'émission de papiers-monnaies avec cours forcé, ou des retenues que les anciens édits autorisaient au profit des débiteurs de rentes constituées, comme pour les associer dans la banqueroute que l'Etat faisait à ses propres créanciers.

51. — La question ainsi posée, l'on s'explique bien pourquoi la solution donnée par les économistes a dû être le contre-pied de la solution préférée par les jurisconsultes ou les canonistes (8 *et* 17). Ce qui frappe le jurisconsulte dans le prêt à intérêt, c'est la dette, l'obligation, le lien de droit, l'espèce de servitude[1] dans la personne ou dans les biens, qui en est la conséquence : ce qui frappe l'économiste, c'est la remise d'un instrument à une main habile, faite par la main qui était inhabile à le manier. La question se présente en effet sous ces deux aspects, l'un défavorable, l'autre favorable ; et, selon les circonstances, c'est tantôt à l'un, tantôt à l'autre qu'il faut s'attacher. Le point de vue du jurisconsulte convient mieux lorsqu'il s'agit de peuples peu avancés en industrie et en commerce : à mesure que le mécanisme économique se perfectionne et que les forces productrices se déploient, la doctrine des économistes devient mieux fondée en réalité, et par conséquent elle devra prévaloir en définitive, bien qu'il

---

[1] « Qui accepit mutuum, servus est fœnerantis. » Proverb. xxii.

puisse y avoir des motifs très-légitimes de s'opposer à ce qu'elle triomphe prématurément. Même à ne voir dans la fixation légale du taux de l'intérêt que le moyen de constater et de fortifier une *coutume*, elle mériterait d'être prise en grande considération : car la coutume, comme l'a justement remarqué M. Stuart Mill, joue un grand rôle, même à l'époque actuelle, dans les phénomènes économiques; elle est la lumière de l'ignorant et l'appui du faible. Pour un prêteur et un emprunteur qui peuvent respectivement se rendre compte de l'état du marché, de la rareté ou de l'abondance des capitaux, et qui débattent en toute liberté et connaissance de cause les conditions du contrat, combien n'en trouverait-on pas qui n'ont que la coutume pour se guider et pour se défendre contre des prétentions mal fondées !

52. — Que la législation consacre ou repousse le prêt à intérêt, qu'elle limite ou qu'elle ne limite pas le taux de l'intérêt, il faut toujours qu'elle admette le rôle du crédit dans les transactions civiles (40) et qu'elle lui offre des garanties. Or, les institutions de crédit s'organisent, sous l'empire de l'idée juridique et sous l'empire de l'idée économique. Le jurisconsulte s'attache surtout aux garanties *réelles*, aux priviléges, aux hypothèques, à un ordre dans la *discussion* des patrimoines, à un ordre dans la *collocation* des créanciers; et quand tout autre gage lui échappe, la personne même du débiteur (par un reste de l'ancienne servitude) redevient pour quelque temps une chose mise sous la main du créancier. Dans un pays où les habitudes et les mœurs commerciales se sont développées, il s'agit surtout de garanties *personnelles*; et l'opinion que l'on a de la probité du négociant, de son expérience et de

son habileté en affaires, est la mesure habituelle du crédit qu'on lui ouvre. Les garanties réelles, le nantissement, la consignation, si l'on en exige, porteront sur des valeurs mobilières et facilement négociables, dont l'engagement reste un secret entre le créancier et le débiteur, plutôt que sur des immeubles d'une appréciation incertaine et d'une discussion difficile, pour lesquels la publicité de la garantie suffirait à ébranler le crédit de celui qui s'oblige. Ainsi, quoique la prédominance de l'idée économique ou commerciale sur l'idée juridique tende en général à diminuer l'influence de l'élément moral sur le gouvernement de la société (9), il y a une exception à cette règle en ce qui concerne les institutions de crédit. La plus grande multiplicité des affaires, qui ailleurs est une cause d'élimination de l'élément moral, est ici une raison pour que cet élément reparaisse. Le propriétaire, le laboureur, l'artisan, appelés à stipuler dans un contrat où la totalité de leur fortune est peut-être engagée, recherchent avec raison la plus grande réalité possible dans les garanties : car rien ne pourrait réparer le dommage résultant pour eux d'une erreur dans l'appréciation des qualités morales de celui avec qui ils contractent. Pour le commerçant, la multitude d'affaires produit le même effet qu'une institution d'assurance : elle répartit sur un grand nombre d'affaires du même genre le dommage résultant d'une fausse appréciation dans une affaire particulière. L'essentiel est d'aller vite, et l'on est vite renseigné sur la réputation commerciale d'un homme engagé dans le commerce : tandis qu'il n'y a pour l'ordinaire rien de si difficile à connaître que la juste étendue des garanties réelles qu'il peut offrir.

CHAPITRE VI.

DE LA LOI DE LA DEMANDE.

53. — Nous avons déjà distingué, dans la valeur d'un article livré au commerce, la part qui représente les salaires des travailleurs, la part qui représente l'intérêt du capital : mais ces distinctions et d'autres qu'il faudra faire pour la pleine intelligence du mécanisme économique n'intéressent que fort peu l'acheteur ou le consommateur. Le besoin qu'il a de la chose, le prix d'achat mis en regard des moyens pécuniaires dont il dispose, voilà ce qui le touche, voilà ce qui le décidera à acheter ou à s'abstenir, et ce qui par suite influera sur les salaires des travailleurs, sur l'intérêt des capitaux, de manière à maintenir l'équilibre signalé, ou à en provoquer la rupture pour donner lieu à un équilibre nouveau (45).

Le *prix* règle la consommation ou, comme on dit, la *demande*, et à son tour la demande règle la production. Si cet ordre est renversé, et qu'un article ait été imprudemment produit au delà de ce que réclame la consommation régulière, ou que le détenteur de l'article ait besoin d'en accélérer ou d'en forcer le débit, il faut bien que la marchandise s'*offre* et par conséquent s'avilisse passagèrement ou accidentellement, jusqu'à ce que la baisse de prix détermine à acheter toute la quantité offerte ; mais, la théorie n'a point à s'occuper de ces cas anormaux, de ces perturbations passagères.

D'ailleurs, quand les auteurs ont dit (d'une voix si unanime) que le prix est *en raison inverse de la quantité offerte*, ils ont énoncé une vérité triviale s'ils ont seulement voulu dire que l'offre avilit la marchandise, et un théorème manifestement faux, s'ils ont pris ces mots de *raison inverse* dans le sens précis qu'on leur donne en mathématiques. Il faudrait donc qu'un marchand gêné dans ses affaires ou pressé de liquider, et qui veut écouler en huit jours ses marchandises, fît varier ses prix du simple au décuple, selon qu'il aurait dix mille ou seulement mille articles du même genre à écouler, ce qui est visiblement absurde.

Et quand les auteurs ajoutent, avec la même unanimité, que le prix est *en raison directe de la quantité demandée*, ils disent une chose plus visiblement encore fausse ou dépourvue de sens : fausse, si l'on veut dire que le prix doublera ou triplera quand la quantité se débitera effectivement en quantité double ou triple ; dépourvu de sens, si l'on n'entend par demande qu'un désir vague d'acheter la chose au cas qu'on puisse l'avoir à très-bon marché, ce qui conduit dans les encans tant de gens qui n'achètent pas. En thèse générale, la consommation, la vraie demande, se subordonne au prix et non le prix à la demande. Le contraire n'a lieu que dans des cas de peu d'importance, comme lorsque des amateurs se disputent dans un encan des tableaux ou d'autres raretés : et alors même un arithméticien ne sera sans doute pas tenté de dire que le prix d'adjudication varie en raison directe du nombre des amateurs, quoiqu'il soit visible que le prix d'adjudication croîtra avec le nombre et l'empressement des amateurs. Donc, de quelque côté qu'on envisage la prétendue formule, elle n'offre qu'un sens faux ou l'absence de tout sens intelligible. Aussi ceux qui se sont accordés à la mettre en avant se sont-ils pareillement accordés à n'en faire aucun usage.

54. — En général, la demande d'un article doit augmenter quand le prix s'abaisse. Cependant il y a des articles d'ostentation qui ne sont recherchés qu'en raison du haut prix où leur rareté les maintient. Si l'on parvenait à opérer à peu de frais la cristallisation du carbone et à livrer pour un franc le diamant qui en vaut mille aujourd'hui, il n'y aurait rien d'étonnant à ce que le diamant cessât de servir aux parures : et comme il a peu d'autres usages, à peine pourrait-il compter parmi les objets de commerce. Dans ce cas, une baisse énorme de prix anéantirait presque la demande. Toutefois, les articles de cette sorte ont une si médiocre importance dans l'économie générale, que l'on peut se dispenser d'avoir égard à la restriction dont nous parlons.

D'ailleurs il ne s'agit, ni en théorie, ni en pratique, de ces cas extrêmes qui tiennent à une révolution radicale dans les conditions de la production d'un article. Lorsque de telles révolutions surviennent, il faut avoir la patience d'en attendre les résultats, et l'on se moquerait de celui qui voudrait les assigner à l'avance. Or, ces cas extrêmes mis à part, le principe invoqué continue d'avoir son application, même pour des articles d'espèce aussi singulière que le diamant. Si la découverte de nouveaux gîtes abaisse à sept cents francs le prix du diamant qui en vaut mille aujourd'hui, et si le prix de toutes les parures en diamant baisse en proportion, celui à qui sa fortune permet de mettre pour vingt mille francs de diamants dans une corbeille de mariage, en mettra une plus grande quantité, de sorte que la demande de diamants, évaluée en *karats* ou en grammes, sera plus considérable qu'auparavant. Si l'acheteur (comme c'est assez l'ordinaire) a plutôt en vue la valeur du cadeau qu'il compte faire, que sa spécification matérielle, sa commande au joaillier sera encore de vingt mille francs ; et si le commun des acheteurs est mû par les mêmes considérations, on tombera sur le cas où la demande varie précisément *en raison inverse* du prix, selon la rigueur mathématique des termes, bien loin de varier *en raison directe*, comme dans la formule rebattue dont nous n'avons pu nous dispenser de faire la critique. On verra par la suite que l'hypothèse qui vient d'être faite pour le diamant est justement celle qui se réalise pour les métaux précieux employés à la fabrication des monnaies.

Pour la plupart des articles dont le gros des consommateurs peut à la rigueur se passer, mais qu'il recherche avec empressement dès que la modération du prix lui permet d'y atteindre, on observe que la consommation ou la demande effective varie beaucoup plus rapidement que suivant la raison inverse du prix. Tel est le cas pour les denrées alibiles qui nous viennent des régions tropicales, comme le sucre, le café, le thé. Bien des gens voulaient qu'il en fût de même pour le sel : l'expérience a fait voir qu'ils s'étaient trompés. En fait d'articles manufacturés, on peut citer les tissus, qui ont valu au coton le titre de roi du système économique. D'autres fois, au contraire, la variation de la demande est moins rapide que si elle suivait la raison inverse du prix : ce qui paraît s'appliquer également aux choses les plus nécessaires et à celles dont on peut le plus aisément se passer. Le prix des violons, celui des lunettes astronomiques baisseraient de moitié, que probablement la demande ne doublerait pas : car cette demande est déterminée par le nombre de ceux qui cultivent l'art ou la science pour lesquels ces instruments sont employés; qui ont les dispositions requises, le loisir de les cultiver, les moyens de payer les maîtres et de faire les autres dépenses nécessaires, à la suite desquelles le prix des instruments ne figure souvent que comme un faible accessoire. Le bois de chauffage, qui est au contraire une denrée des plus généralement utiles, pourrait doubler de prix, probablement bien avant que la consommation annuelle du bois n'eût été réduite de moitié : un grand nombre de consommateurs étant disposés à retrancher sur leurs autres dépenses plutôt que de se passer de bois.

55. — On doit admettre que la liaison entre le prix et la demande est telle que, quand le prix change tant soit peu, la demande ne passe pas brusquement d'un chiffre à un autre, sans passer dans l'intervalle par les chiffres intermédiaires. Voilà ce qu'on exprime en langage mathématique, en disant que la demande est une *fonction* du prix, et une fonction soumise *à la loi de continuité*. Il en pourrait être autrement, si le nombre des consommateurs restait fort restreint : ainsi, dans tel ménage, on pourra consommer précisément la même quantité de bois de chauffage, que le bois soit à dix francs ou à quinze francs le stère; et l'on pourra faire, comme on dit, une réforme, de manière à réduire brusquement la consommation de bois, si le prix du stère vient à franchir cette dernière limite. Mais, plus le marché s'étendra, plus les combinaisons des fortunes, des besoins et même des caprices offriront de

7

diversité parmi les consommateurs, plus on se rapprochera de l'hypothèse théorique où le prix et la demande varieraient ensemble d'une manière continue (9). Si petite que soit la hausse de prix, il se trouvera des consommateurs sur qui elle agira comme la goutte d'eau qui fait déborder le vase, en les déterminant à s'imposer certaines privations, ou à réduire leurs exploitations industrielles, ou à substituer une autre denrée à la denrée renchérie, par exemple la houille au bois, ou la tourbe à la houille. C'est ainsi que le thermomètre de la Bourse (comme on l'appelle souvent) accuse, par de très-petites variations des cours, les variations les plus fugaces dans l'appréciation des chances auxquelles les fonds publics sont sujets, variations qui ne sont point une raison suffisante de vendre ni d'acheter, pour la plupart de ceux qui ont leur fortune engagée dans les fonds publics. La loi de la mortalité et toutes les lois du même genre nous offrent pareillement l'exemple d'une continuité qui n'est admissible qu'à la faveur de la grandeur des nombres et de la multiplicité presque infinie des combinaisons que la statistique embrasse.

Dès que la continuité est admise, il en faut admettre la conséquence immédiate, sur laquelle reposent tant d'applications importantes du calcul : à savoir que les variations de demande resteront sensiblement proportionelles aux variations de prix, *tant que celles-ci resteront très-petites*. Bien entendu que les variations auront lieu en sens contraires pour la demande et pour le prix, de sorte qu'à une augmentation de prix correspondra une diminution de demande, et réciproquement.

Ne perdons pas de vue que le principe énoncé peut

à la rigueur admettre des exceptions pour quelques cas singuliers, comme il y a des lignes qui, bien que continues dans l'ensemble de leur cours, éprouvent en quelques points des ruptures ou des solutions de continuité. Mais, de même que le frottement use les aspérités et adoucit les contours, ainsi la triture du commerce tend à supprimer ces cas exceptionnels, en même temps que le mécanisme commercial modère les variations dans les prix, et tend à les renfermer dans des limites compatibles avec l'application du principe.

56. — Il en est de la liaison entre le prix et la demande d'un article comme de tant d'autres liaisons qui ne peuvent pas s'exprimer par une formule mathématique : exemples la *loi de mortalité*, et toutes celles dont la détermination rentre dans le domaine de la *statistique* ou de ce que l'on a appelé aussi l'*arithmétique sociale* (16). Lorsque la loi d'un phénomène comporte une expression mathématique, comme cela a lieu pour les mouvements astronomiques, il suffit de quelques expériences ou observations bien choisies pour constater la loi, après quoi la formule mathématique qui en est l'expression pourra servir à calculer des *tables* propres à représenter toutes les phases ou toutes les particularités du phénomène : tandis que, en l'absence de loi mathématique, il faut recourir à l'expérience ou à l'observation pour fixer directement tous les nombres de la table, que l'on nomme à cause de cela *table empirique*. Ainsi, la loi de mortalité n'a pour expression qu'une table construite de cette manière et nommée *table de mortalité*. Ce serait pareillement à l'observation de fournir les moyens de dresser, entre des limites convenables, pour tel article que l'on voudrait considé-

rer, une table des valeurs corrélatives du prix et de la demande; mais il faudra bien du temps avant que l'on ne puisse construire et employer avec confiance de pareilles tables (même en se bornant à un petit nombre d'articles ou de denrées), à cause de la difficulté de se procurer des documents exacts et concluants, en assez grand nombre pour compenser les irrégularités accidentelles.

En effet, représentons-nous bien ce qu'il faut entendre par la loi de la demande. Elle tient essentiellement au chiffre de la population, au mode de répartition de la richesse, à l'aisance, aux goûts, aux habitudes des populations qui consomment, à la multiplication des débouchés, à l'extension du marché par suite de la facilité des transports. Toutes ces conditions relatives à la demande restant les mêmes, si nous supposons que les conditions de la production viennent à changer, que les frais s'élèvent ou se réduisent, que des monopoles soient resserrés ou supprimés, que des taxes soient aggravées ou allégées, que la concurrence de l'étranger soit prohibée ou admise, les prix varieront, et les variations correspondantes de la demande, pourvu qu'elles soient bien relevées, pourront servir à la construction de nos tables empiriques. Si, au contraire, les prix changent parce que la loi de la demande a elle-même changé, par suite du changement des causes qui influent non plus sur la production, mais sur la consommation, la construction de nos tables sera rendue impossible, puisqu'elles doivent exprimer comment la demande change en vertu du changement de prix, et non en vertu d'autres causes. Et, lors même que les observations seraient provoquées par des changements survenus dans les conditions de la production, il y aurait encore lieu de craindre que la loi de la demande n'eût elle-même varié dans le cours d'observations assez distantes, et dans un pays dont le système économique n'est point encore arrivé à un état sensiblement stationnaire. Ce sont des obstacles du même genre qui rendent si difficile la détermination exacte de la loi de mortalité, ou la construction d'une table, propre (de l'aveu de tous les juges compétents) à donner exactement la proportion des survivants, pour chaque âge inscrit dans la table.

Par exemple, lorsque le Gouvernement français a élevé dernièrement de 8 fr. à 10 fr. le prix du kilogramme de tabac, la consommation du tabac est restée, dans la durée de l'exercice qui a suivi la surtaxe, sensiblement la même que dans l'exercice précédent; et pourtant il n'en faudrait pas conclure que la loi de la demande offre ici cette singularité, que la demande ne diminue pas sensiblement quand le prix s'élève d'un quart. Au contraire, les relevés des exercices précédents accusaient, sous l'influence du même prix, un accroissement continuel de consommation, dû à ce que l'usage du tabac entre de plus en plus dans les goûts et dans les habitudes des populations, au point que la loi de la demande de cet article varie très-notablement d'une année à l'autre. Si la consommation est restée à peu près stationnaire immédiatement après la surtaxe, c'est que l'effet de la hausse de prix a presque exactement compensé l'effet qui se serait produit, sans la hausse de prix, par le changement progressif de la loi de la demande. Dans ce cas particulier, le tableau de l'accroissement progressif de la consommation pour les exercices antérieurs permet d'évaluer sans erreur notable et avec une probabilité suffisante la consommation, telle qu'elle aurait eu lieu dans l'exercice qui a suivi la surtaxe, si le prix de l'article n'avait pas haussé et par conséquent le déchet dans la demande qui est imputable à la hausse de prix. Mais il n'y a rien à conclure de cette détermination isolée pour la construction d'une table propre à exprimer une loi qui actuellement n'a rien de fixe et qui subit au contraire des modifications progressives.

57. — Cependant, la science n'est pas obligée d'attendre que de telles lois empiriques aient atteint l'état stationnaire et soient exactement connues, pour tirer des conséquences certaines et utiles de quelques caractères généraux qu'elles peuvent offrir, ou de certaines liaisons qui peuvent exister entre elles et que le seul raisonnement met en lumière. Ainsi, quoiqu'on ne connaisse pas encore par des observations suffisamment exactes la loi de la mortalité et la loi de la distribution de la population suivant les âges, on sait très-bien que ces lois ont entre elles une relation fort simple : tellement que, dès que la statistique sera en état de construire une table de mortalité, on pourra, sans recourir à des observations nouvelles, déduire très-simplement de cette table celle qui exprime la distribution de la population par âges au sein d'une population stationnaire, ou même au sein d'une population pour laquelle on connaît l'excès annuel des naissances sur les décès [1].

---

[1] L'*Annuaire* du bureau des longitudes contient ces deux tables, la seconde déduite de la première comme on vient de le dire, et calculée dans l'hypothèse d'une population stationnaire.

L'ouvrage de DUVILLARD intitulé *De l'influence de la petite vérole sur la mortalité* contient de nombreux exemples de liaisons mathématiques entre des lois essentiellement empiriques.

58. — Supposons construite, pour un article déterminé, la table où figure, en regard de chaque prix, le chiffre qui exprime la demande correspondante, et dans une troisième colonne inscrivons les produits qu'on obtient en multipliant l'un par l'autre les nombres qui se correspondent dans les deux premières colonnes : cette troisième colonne nous montrera quelle est, pour chaque prix assigné à l'article, la valeur d'inventaire (7) de la quantité annuellement produite et annuellement demandée. Si la table est complète, il faut que cette troisième colonne accuse l'existence d'une valeur *maximum* où d'une valeur qui surpasse à la fois celles qui la précèdent et celles qui la suivent immédiatement. En effet, imaginons que le prix de l'article baisse indéfiniment jusqu'à devenir nul : la demande correspondante ne croîtra certainement pas au delà de toute limite, puisque la consommation des choses même absolument gratuites reste pourtant limitée; et par conséquent, dans cette hypothèse, la valeur d'inventaire pour laquelle l'article figure dans la production annuelle, finira par diminuer et même par s'évanouir. D'un autre côté, l'on peut toujours imaginer un prix si élevé, qu'à ce prix l'article cesserait absolument d'être demandé et produit, ce qui ferait encore évanouir la valeur d'inventaire qu'il représente. Il faut donc qu'entre ces deux extrêmes, il y ait au moins un prix intermédiaire, pour lequel la valeur d'inventaire passe par un *maximum*.

Il ne serait nullement impossible que la table, si elle se prolongeait assez, accusât l'existence de plusieurs *maxima* et *minima* consécutifs, ou, en d'autres termes, que les nombres de notre troisième colonne passassent par plusieurs alternatives d'accroissement et de décroissement. On fait souvent l'application de cette remarque en matière d'impôts. Si l'on allége une taxe, mais de fort peu, le produit de la taxe baisse, ce qui indique l'existence d'un *maximum* de produit, correspondant à un taux plus ou moins supérieur au taux actuel de la taxe : tandis que, si l'on réduit considérablement la taxe (en l'abaissant, par exemple, à la moitié, au tiers du taux actuel), il arrive souvent que le produit de la taxe ainsi réduite surpasse de beaucoup l'ancien produit ; et par conséquent il faut qu'il y ait au moins deux produits *maxima*, correspondant, l'un à la région inférieure, l'autre à la région supérieure de l'échelle des tarifs. Or, la remarque faite à propos d'une taxe et de ses produits s'applique à la demande d'un article quelconque, puisqu'une taxe, telle que le port des lettres, se convertit si l'on veut en une marchandise, telle que le timbre d'affranchissement. Au reste, si l'autorité qui impose la taxe peut changer tout à fait de système et passer brusquement d'un tarif très-lourd à un tarif très-modéré, il est rare que les conditions économiques de la production puissent ainsi changer brusquement : de sorte qu'il sera permis, dans la plupart des applications économiques, de ne considérer qu'un seul *maximum*, en faisant abstraction des autres, au cas qu'ils existent. On raisonnera alors comme les géomètres qui, pour déterminer les oscillations d'un système de corps, les supposent dérangés tant soit peu de la position d'équilibre vers laquelle ils gravitent, sans s'occuper des autres positions d'équilibre qu'ils pourraient prendre, par suite d'un bouleversement complet du système.

59. — En outre, il peut très-bien arriver que le *maximum* que nous considérons n'ait qu'une existence

idéale, en ce sens que, pratiquement, le prix ne pourra jamais s'élever ou s'abaisser assez pour que le *maximum* soit atteint. De là trois catégories dans lesquelles on conçoit que peuvent se ranger les articles pour lesquels il s'agit d'étudier les variations corrélatives du prix et de la demande : 1° ceux pour lesquels la valeur d'inventaire va toujours en croissant, tandis que le prix s'élève et que la demande se réduit ; 2° ceux au contraire pour lesquels l'accroissement de la valeur d'inventaire résulte constamment de la baisse de prix et de l'extension de la demande; 3° et enfin ceux pour lesquels il existe, dans la limite des excursions réalisables, un prix et une demande correspondant à un *maximum* de la valeur d'inventaire. La suite fera juger de l'importance que peuvent avoir ces observations.

CHAPITRE VII.

DE LA DÉTERMINATION DES PRIX. — DU MONOPOLE ET DE LA CONCURRENCE. — THÉORIE DE LA RENTE.

60. — Nous avons déjà remarqué que le prix des choses ne saurait se confondre avec leur valeur économique (36 et 37), quoique la valeur économique ait certainement la plus grande influence sur le prix. D'ailleurs, chacun sent que le prix des choses n'est pas arbitraire, et qu'il se trouve au contraire nécessairement déterminé en vertu de certaines conditions dont les unes peuvent être établies et suivies dans leurs conséquences par le seul raisonnement, à la manière des axiomes mathématiques, tandis que les autres tiennent à des faits très-complexes, rebelles au calcul théorique, sur lesquels l'observation seule peut nous renseigner (11). Or, ce qui concerne les données empiriques de la question se résume dans la construction des tables dont il s'agissait au chapitre précédent : le reste est une affaire de raisonnement.

Chacun se forme aussi une idée vague des effets du *monopole* et de la *concurrence* : mais jusqu'ici peut-être les théoriciens ne se sont pas suffisamment attachés à éclaircir, à préciser à cet égard les notions vulgaires. Voyons comment notre analyse pourrait s'y prêter; et puisque nous ne saurions éviter l'aridité et les épines du champ de l'abstraction, ne craignons pas de prendre des exemples scolastiques, c'est-à-dire fictifs, pourvu qu'ils soient simples.

61. — J'imagine qu'un homme se trouve propriétaire d'une source minérale à laquelle on a cru reconnaître des vertus curatives qu'aucune autre source ne possède. Il pourrait, à la faveur de son monopole, fixer à vingt francs le prix du litre de cette eau : mais il s'apercevrait bien vite, à la rareté des demandes, que ce prix n'est pas le plus avantageux pour lui : il l'abaissera donc successivement, puis le relèvera un peu si l'expérience lui montre qu'il l'a par trop abaissé; et, finalement, il s'arrêtera au taux qui lui donne le plus gros revenu, ou ce produit *maximum* dont il était question au précédent chapitre. Le genre de revenu dont il s'agit ici est celui auquel, dans le langage technique des économistes, on réserve exclusivement le nom de *rente*. En langage ordinaire, ce mot n'a pas toujours une acception si précise : on donne volontiers le nom de *rente* à ce que perçoit un capitaliste pour l'intérêt de l'argent qu'il a prêté; mais la théorie veut que l'on ne confonde pas des choses très-différentes quant à leur origine et quant aux lois qui les régissent.

Des *frais généraux*, c'est-à-dire indépendants de la quantité livrée à la consommation, ne changeraient rien aux raisonnements qui précèdent : le *produit net* (35) passerait par sa valeur *maximum* en même temps que le *produit brut*, et dès lors le prix fixé par le monopoleur doit être absolument le même que si les frais n'existaient pas. Ces frais tombent entièrement à sa charge, et diminuent d'autant sa rente, qui se confond avec le produit net lorsque le propriétaire *fait*, comme on dit, *valoir* par lui-même son *fonds productif*. Que s'il veut s'en épargner les soins et être plus sûr de la fixité de son revenu, il traitera avec un *fermier* pourvu du capital nécessaire pour l'exploitation du fonds productif, et qui prélèvera sur le produit, non-seulement de quoi payer l'intérêt de son capital et de quoi l'assurer contre les pertes éventuelles, mais encore de quoi rétribuer les peines qu'il se donne et sa propre industrie. Après que le fermier s'est fait ainsi sa part, ce qui reste au propriétaire prend le nom de *fermage*; et ordinairement l'on entend par rente le revenu qui reste au propriétaire dégagé de tout souci d'exploitation, exonéré de toute prestation de capital, c'est-à-dire le fermage.

On peut citer comme exemples de monopoles grevés seulement de frais généraux, le péage d'un pont pour lequel les frais d'entretien, de garde et de comptabilité ne dépendent pas ou ne dépendent guère du nombre des passagers; une entreprise théâtrale pour laquelle les frais de l'entrepreneur (supposé affranchi d'une *dîme* ou d'un prélèvement de part au profit des auteurs ou des établissements hospitaliers) restent sensiblement les mêmes, quel que soit le nombre des billets placés. On pourrait même citer le monopole des timbres d'affranchissement de la poste (58), puisque les frais du service ne dépendent pas sensiblement du nombre des dépêches.

Comme exemples de monopoles grevés de frais qui dépendent de la quantité produite, on peut citer celui de l'inventeur ou de l'acquéreur du secret d'une préparation pharmaceutique pour laquelle il faut payer des matières premières et une main-d'œuvre. On citerait au besoin les monopoles du tabac et du sel. Alors le prix auquel s'arrête le monopoleur, et qui correspond nécessairement au *maximum* du produit net de la rente ou du fermage diffère de celui qui correspondrait au *maximum* du produit brut. Les frais élèvent toujours le prix de la denrée, mais le calcul montre que, suivant la forme qu'affecte la loi de la demande, la hausse de prix peut être, tantôt plus forte, tantôt plus faible que la part de frais afférente à chaque unité de la denrée.

62. — Ce que nous avons à dire de la concurrence repose sur des considérations plus délicates et plus abstraites, pour lesquelles nous devons réclamer l'indulgente attention du lecteur. Afin de rendre sensible la conception abstraite du monopole, nous imaginions une source et un propriétaire : maintenant imaginons deux propriétaires M, N, et deux sources dont les qualités sont identiques et qui se trouvent placées de manière à alimenter concurremment le même marché ; de sorte que la quantité totale livrée au commerce se compose de la somme des quantités m, n, livrées par chacun des propriétaires, à un prix qui est nécessairement le même pour chacun d'eux, puisqu'il n'y a aucun motif de préférer une source à l'autre. Ce prix se trouve déterminé quand la somme des quantités m, n l'est elle-même, à cause de la liaison qui existe entre le prix et la demande. Admettons pour un moment que le propriétaire N ait fixé arbitrairement, sans égard au prix, la quantité n qu'il entend livrer : alors le propriétaire M fixera le prix de vente, c'est-à-dire la production totale (composée de la somme des quantités m et n), c'est-à-dire encore sa production m, de manière à se procurer le plus grand revenu possible. A une autre valeur de n correspondrait une autre valeur de m ; et en général il y aura, d'après cette considération, une liaison (une équation, comme disent les algébristes) propre à don-

ner la quantité m, lorsqu'on s'est donné la quantité n. Une pareille liaison existe entre les mêmes quantités, mais qui correspond à l'hypothèse inverse où ce serait le propriétaire N qui fixerait le prix et le total de la quantité produite, après que la quantité m aurait été arbitrairement choisie par le propriétaire M. Le système de ces deux liaisons qui doivent simultanément subsister dans l'hypothèse de la concurrence des deux propriétaires M, N, suffit justement pour la détermination individuelle des deux quantités m, n, par conséquent pour la détermination de la somme de ces quantités, à laquelle somme correspond un prix déterminé en vertu de la loi de la demande. Dans la pratique, une suite de tâtonnements et d'oscillations amènera les deux propriétaires à cette position d'*équilibre*, et la théorie montre que cet équilibre est *stable* : c'est-à-dire que si l'un ou l'autre des propriétaires, trompé sur ses vrais intérêts, vient à s'en écarter momentanément, il y sera ramené par une suite d'oscillations du genre de celles qui avaient primitivement abouti à constituer l'équilibre [1].

Il n'est pas difficile non plus de démontrer que le prix qui correspond à la situation d'équilibre ainsi déterminée est toujours moindre que celui qui s'établirait si les deux fonds productifs restaient dans la même main, ou si les deux propriétaires s'entendaient. La raison en est que, si ce dernier prix se trouvait établi

---

[1] Voyez pour de plus grands développements, qui exigent l'emploi des signes de l'algèbre, l'ouvrage indiqué dans notre avant-propos et qui a pour titre : *Recherches sur les principes mathématiques de la Théorie des richesses*.

par hasard et sans concert préalable, chacun des propriétaires (M par exemple) pourrait avec un avantage momentané modifier le prix, en accroissant ou en restreignant sa production selon les cas. A la vérité, il serait bientôt puni de sa méprise, en ce qu'il forcerait son concurrent N à adopter un autre régime, qui réagirait défavorablement sur le propriétaire M. Mais ces réactions successives, bien loin de tendre à la reconstitution du régime primitif, s'en écarteraient de plus en plus. En d'autres termes, le régime primitif n'est pas une situation d'équilibre stable; et, bien que le plus favorable aux deux concurrents, il ne peut subsister à moins d'un lien formel qui fasse disparaître la concurrence; parce qu'on ne peut pas plus supposer, dans le monde moral, des hommes exempts d'erreurs et d'entraînement, que dans le monde physique des corps parfaitement rigides, des appuis parfaitement fixes, et ainsi de suite.

Tous ces raisonnements s'étendent au cas où il y a un plus grand nombre de concurrents; et il va sans dire que plus le nombre des concurrents croît, plus le prix s'abaisse, plus la production totale augmente.

Les effets de la concurrence ont atteint leur limite lorsque chaque production partielle est insensible en comparaison de la production totale, et pourrait être supprimée sans qu'il en résultât de hausse appréciable dans le prix de la denrée. Cette hypothèse est celle qui se réalise dans le monde économique pour une foule de produits et pour les produits les plus importants.

63. — Il n'y a pas de monopole sans monopoleurs, mais il peut y avoir des monopoleurs sans monopole, c'est-à-dire des monopoleurs qui soient dans l'impossi-

bilité de se prévaloir du défaut de concurrence. Qu'arriverait-il en effet si l'abondance de cette source, unique en son genre, ne permettait pas à celui qui la possède de livrer la quantité correspondant au *maximum*, soit de produit net, soit de produit brut, tel qu'il se trouverait déterminé en vertu de la loi de la demande ? Évidemment il tirerait de sa source ou de ses sources réunies (au cas qu'il en possédât plusieurs de même nature) tout ce que sa source ou ses sources peuvent donner, absolument comme si chaque source avait son maître particulier et que tous les propriétaires se fissent concurrence. Dans un cas comme dans l'autre, l'abondance de la source unique ou des sources réunies devient la mesure de la production et de la consommation. Le prix correspondant se trouve fixé par la loi de la demande, soit qu'il y ait ou qu'il n'y ait pas concurrence ; et la générosité du propriétaire qui se contenterait d'un prix moindre, ne profiterait qu'aux revendeurs, par suite de la concurrence des consommateurs. Le législateur supprimerait le droit de propriété sur les sources dont il s'agit ; il les réunirait au domaine public par voie de rachat, d'expropriation ou de confiscation, qu'il ne pourrait rien changer au prix du produit, dès que le produit serait l'objet d'un commerce libre. Il lui faudrait faire la distribution sur *bons* dont il interdirait le commerce, et multiplier les moyens de rigueur pour empêcher que la défense ne devînt illusoire.

Le monopole n'est donc pas en général le fondement de la rente du propriétaire, bien qu'il puisse, dans certaines circonstances, contribuer à l'augmenter, ou même créer exceptionnellement des rentes que la suppression du monopole ferait complétement évanouir.

Dans le langage de beaucoup d'auteurs, la rente du propriétaire est toujours la suite de ce qu'ils appellent un *monopole naturel*. Les sources n'ont qu'une abondance limitée ; elles ne suffisent pas aux désirs de tous ceux qui seraient tentés d'y puiser : donc ceux qui les possèdent jouissent d'un privilége, et quand ils en transmettent les produits à d'autres, ils exercent un monopole naturel. A ce compte, tout ce qui figure parmi les richesses, tout ce qui a une valeur d'échange, serait aussi l'objet d'un monopole naturel, et le monopole naturel expliquerait tout, aussi bien l'intérêt du capital et le salaire de l'ouvrier que la rente du propriétaire. On ne payerait pas l'intérêt du capital, si le capital n'existait pas en quantité limitée comme le produit de la source ; et le travail n'aurait presque aucun prix chez des peuples barbares, à qui il n'en coûterait que de monter à cheval pour faire une razzia d'esclaves. L'ouvrier, l'artiste qui exercent vraiment un monopole naturel, sont ceux qui peuvent mettre à leur talent exceptionnel le prix qu'il leur plaît, ou qui du moins ont assez peu de concurrents pour pouvoir influer sur le prix des choses de même nature et de même qualité : tandis que l'ouvrier vulgaire, et même les coalitions d'ouvriers qui peuvent, à leur fantaisie, travailler ou se mettre en grève, sans exercer sur le prix de la main-d'œuvre une influence durable, n'exercent plus de monopole. De même pour les propriétaires. Le Clos-Vougeot n'a qu'un seul maître, et le propriétaire de ce clos exerce en toute rigueur un monopole naturel ; le canton de Chambertin est divisé entre plusieurs propriétaires dont chacun exerce encore un monopole réel, quoique affaibli; tandis que, dans un vignoble ordinaire, le propriétaire d'un hectare de vignes n'exerce aucun monopole : car il ne lui appartient pas d'influer sur les cours d'une manière sensible, quoi qu'il fasse de son vin ou de sa vigne.

64. — Il ne faut pas confondre le monopole naturel, qui le plus souvent n'existe pas dans les cas où on l'invoque à titre d'explication, avec *l'avantage naturel*. Le propriétaire d'une chute d'eau n'a pas le monopole de la force mécanique; car on pourrait remplacer par le travail de l'homme, par celui des animaux de trait ou de la vapeur, le travail de la chute d'eau; mais le manufacturier qui dispose de la chute d'eau, et qui par là économise des salaires de manœuvres ou l'alimentation d'une machine à vapeur, jouit certainement d'un avantage qu'il doit payer en servant une rente au propriétaire de la chute d'eau (34). On en dirait autant à propos d'une source minérale dont les produits pourraient être fabriqués de toutes pièces, moyennant une consommation d'ingrédients chimiques et des frais de manipulation. Le propriétaire d'une telle source n'exerce pas de monopole et ne peut vendre son eau naturelle plus cher que le prix de revient de l'eau artificielle à laquelle on a reconnu les mêmes vertus : mais il n'a qu'à puiser pour trouver la marchandise toute préparée, et il jouit d'un avantage naturel dont la rente de son fonds productif naturel est la juste représentation. Nous avons des usines à gaz pour l'éclairage des villes : celui qui posséderait un de ces puits comme on en trouve en Chine, où la Nature entretient un jet de gaz hydrogène carboné, serait en possession d'un avantage naturel,

et se ferait une rente en affermant son puits à une Compagnie chargée de l'entreprise de l'éclairage.

65. — Nous sommes amené ainsi à parler de cette fameuse théorie de la rente dont on fait honneur à Ricardo : théorie si connue aujourd'hui de tous les économistes, et célébrée en Angleterre presque à l'égal d'une découverte de Newton ou de Davy. En effet, Ricardo a eu le mérite d'appeler l'attention sur un fait économique, si simple qu'il passait presque inaperçu, et dont il ne faut pas d'ailleurs s'exagérer l'importance dans l'ordre actuel des choses.

Prenons un exemple déjà indiqué (38) et qui nous reporte vers les premières phases du phénomène de la richesse. Une colonie s'établit sur un point du littoral d'un continent désert, et elle a devant elle des forêts et des prairies d'une étendue indéfinie. Le bois et le foin sont d'abord des denrées de nulle valeur sur le lieu même de la production spontanée, mais il faut du travail pour abattre le bois, pour couper le foin, et pour amener ces denrées sur le lieu de la consommation ou sur le marché où les consommateurs viennent s'en approvisionner : ces frais d'exploitation et de transport composent tout le prix vénal du bois ou du foin. Cependant la colonie prospère, il y a plus de gens à approvisionner de combustible, on bâtit plus de maisons, on fabrique plus de meubles, on nourrit plus de bétail : il faut aller chercher le bois et le foin plus loin, avec plus de travail et de frais; et comme pourtant des denrées de même qualité ne peuvent pas avoir sur le même marché des prix différents, il en résulte que le bois et le foin recueillis dans les forêts et les prairies les plus voisines, acquièrent sur le marché une valeur supérieure aux frais d'exploitation augmentés des frais de transport. Donc il y aura un intérêt privé à s'approprier ces forêts et ces prairies plus voisines, un intérêt d'ordre public à en régulariser l'appropriation ; et, du moment qu'elles auront des propriétaires, elles donneront, en vertu de l'avantage de leur situation (que l'on peut appeler un avantage naturel), un revenu net, un fermage ou une rente à leurs propriétaires. Dorénavant, dans la valeur du bois et du foin que la colonie consommera, une part représentera la rente du sol productif.

Ricardo prend un autre exemple, celui de terres à froment que l'on cultive et qui sont d'une inégale fertilité, ou qui exigent les unes plus, les autres moins de travail ou de capital pour jouir d'une fertilité égale. Il est clair qu'on s'adressera d'abord aux terres naturellement plus fertiles ou qui exigent moins de travail et d'avances, et que celles-ci commenceront à donner une rente quand il faudra, par suite d'une demande croissante de subsistances, s'attaquer à d'autres qui sont naturellement moins fertiles, ou qui exigent, pour donner le même produit, soit un plus grand travail, soit un plus grand capital, soit (ce qui est le cas le plus ordinaire) un surcroît de capital en même temps qu'un surcroît de travail. D'après cela, Ricardo imagine que l'on ait distribué les terres en différentes *classes* en leur donnant des *numéros de fertilité*, à peu près comme le font chez nous les répartiteurs de l'impôt foncier et les employés du cadastre ; et il établit sur cette hypothèse la suite de ses raisonnements.

66. — Nous croyons notre exemple ou notre type plus net, puisque après tout, dans un sujet si varié, l'on ne peut que choisir un type entre mille autres. La

même terre ne peut-elle pas être propre à diverses cultures, et passer pour inégalement fertile selon le genre de culture auquel on la destine ? La terre la plus fertile au sens ordinaire et naturel du mot, ne peut-elle pas être la moins fertile au sens technique imaginé par Ricardo, parce que son éloignement de l'habitation du cultivateur en rend la culture plus dispendieuse ? La même terre qui donne un certain produit pour une certaine dépense de travail et de capital, donnerait un plus grand produit si l'on augmentait le capital et le travail. Aborder successivement, pour la même terre, des cultures plus dispendieuses, revient à attaquer successivement, avec les mêmes procédés de culture, des terres inégalement fertiles et diversement situées. Or, la corrélation entre l'échelle croissante des frais et l'échelle croissante des produits n'est pas la même pour toutes les terres : de sorte que la classification faite dans l'hypothèse de l'application d'une quantité donnée de travail et de capital, pourrait être renversée, dans l'hypothèse de l'application d'une quantité différente.

Au reste, nous avons déjà remarqué (38) que toute idée de la concomitance d'un travail actuel de l'homme et d'un travail actuel de la Nature dans la confection des produits, est étrangère au fond de l'explication du fait économique dont il s'agit en ce moment. On raisonnerait pour des carrières, pour des mines, comme nous raisonnions tout à l'heure pour des forêts et des prairies. La carrière plus voisine du centre de la colonie donnera une rente dès qu'elle ne suffira plus à l'approvisionnement de pierres et qu'il faudra s'attaquer à des carrières plus éloignées, pour lesquelles les frais de transport sont plus considérables ; une mine qui affleure le sol donnera une rente à son propriétaire, quoiqu'on ait la liberté de creuser dans le voisinage des puits qui attaqueront le même dépôt fossile, mais à des profondeurs croissantes, et conséquemment avec de plus grands frais d'extraction.

67. — Supposons maintenant que notre colonie se soit établie, non plus sur un point du littoral d'un continent dont l'étendue peut passer pour indéfinie, mais dans une île d'une étendue médiocre : il viendra un moment où toutes les forêts, toutes les prairies que l'on n'aura pas jugé à propos de défricher et de cultiver, seront possédées par des propriétaires et donneront une rente plus forte ou plus faible, selon leur degré de fertilité naturelle et les avantages que leur situation procure pour la commodité des débouchés et des transports. Il pourra même arriver que ces inégalités soient très-faibles, eu égard au taux moyen de la rente : de sorte que la théorie de l'inégale fertilité n'explique plus pourquoi le propriétaire le moins favorisé jouit encore d'une rente qui peut ne pas différer beaucoup de la rente moyenne; et par conséquent elle ne rend raison que d'une partie (peut-être très-faible) de la rente dont jouissent les autres propriétaires. Il faut donc recourir à une explication plus générale, dans laquelle celle de Ricardo rentre comme corollaire ou comme cas particulier.

Telle est notre explication, fondée sur la considération de la loi de la demande. Ainsi, pour la colonie où le travail de colonisation progressive n'a point encore atteint sa limite, il existe une liaison entre le prix du bois et la demande qui s'en fait : c'est ce que nous nommons la loi de la demande. D'un autre côté, il y a une liaison entre la quantité de bois amenée sur le marché de la colonie et le prix du bois : ce prix se composant des frais d'abattage et de transport du bois venu sur le canton le plus éloigné ou dont les routes sont le plus mauvaises, entre tous les cantons auxquels l'exploitation doit s'étendre pour parfaire la quantité demandée. Nous avons donc deux liaisons ou, comme diraient les algébristes, deux *équations* pour deux quantités qu'il s'agit de déterminer, à savoir le prix du stère de bois et le nombre de stères livrés à la consommation : c'est justement ce qu'il faut pour la solution du problème. On ne pourrait pas sans doute traiter comme des équations algébriques ces liaisons qui ne comportent pas d'expression algébrique; mais, toutes les personnes à qui la pratique des sciences de calcul n'est point étrangère, savent comment l'on s'aide en pareil cas du tracé graphique pour trouver au besoin les inconnues que l'on cherche.

Lorsque la colonie sera devenue un pays vieux et que toutes les forêts auront trouvé leurs propriétaires, leur aménagement régulier, la quantité de bois livrée annuellement à la consommation sera fixée par cela même (car nous ne supposons pas que l'on puisse songer à tirer du bois de chauffage de pays très-éloignés); et dès lors il n'y aura plus qu'une inconnue à déterminer, à savoir le prix du stère de bois, dont la détermination résultera de la liaison empirique qui ne cesse pas d'exister entre le prix de la denrée et la quantité demandée. Si ce prix n'assurait pas aux propriétaires de forêts une rente suffisante, par comparaison avec celle des terres arables, le défrichement continuerait : si, au contraire, ce prix donnait à la propriété forestière un trop grand avantage, on songerait au reboisement ; et d'une manière ou d'une autre, le système tendrait à un nouvel équilibre. La même rupture d'équilibre pourrait être la conséquence, tantôt d'un changement dans la loi de la demande, dû par exemple à une autre répartition de la richesse ou à l'introduction d'appareils plus économiques de chauffage, tantôt d'un perfectionnement apporté dans les procédés d'aménagement, d'exploitation et dans les voies de communication. Voilà donc la théorie de Ricardo complétée, et l'on comprend le fait économique de la rente du propriétaire forestier, même dans le cas où il n'y aurait pas une seule parcelle du sol forestier qui ne donnât une rente, même dans celui où toutes les parcelles donneraient, à surfaces égales, des rentes égales et des rentes considérables. On n'en est pas réduit, pour couvrir l'absence réelle d'explication, à invoquer vaguement un prétendu monopole, et à détourner ce mot de son acception véritable (63).

68. — Ce que nous disons pour les forêts, on le dirait pour les prairies, pour les terres arables, pour les vignobles, pour les richesses foncières de nature quelconque. Elles pourraient donner une rente, quand même les frais de production n'iraient pas en croissant, non-seulement d'une manière absolue, mais relativement, à mesure que la production s'accroît. Cependant, cette élévation progressive des frais de production caractérise en général l'exploitation de la richesse foncière. Ainsi, l'exploitation de la richesse minérale marche aujourd'hui d'un pas bien rapide, mais elle marcherait bien plus vite encore, s'il ne fallait pas, pour forcer la production, un surcroît de frais qui ne seraient pas couverts par le surcroît de produits, aux prix actuels,

et par conséquent des frais relativement plus grands que ceux qui suffisent pour la production actuelle.

Au contraire, la baisse progressive des frais de production caractérise en général l'industrie manufacturière : ce qui tient à une organisation plus habile du travail fait sur une plus grande échelle, à des remises sur les salaires quand on peut assurer la régularité du travail, à des remises sur le prix des matières premières quand on les achète en gros, enfin à l'atténuation relative de ce qu'on appelle dans l'industrie les frais généraux. Il en résulte que de puissants capitalistes ou de grandes Compagnies peuvent, comme on dit, tuer la concurrence et se constituer artificiellement un véritable monopole auquel est attaché un profit supérieur au taux ordinaire des profits, c'est-à-dire en réalité une rente ou un fermage, dans des genres de production qui naturellement ne l'admettraient pas. L'établissement de monopoles de cette sorte se concilie très-bien avec une baisse de prix favorable aux consommateurs ; quoique l'influence du monopole subsiste toujours en ce sens que le prix ne s'abaisse pas autant qu'il s'abaisserait si la concurrence était compatible avec les nouvelles conditions. Quand le monopole ne peut s'établir que par la concession ou avec l'autorisation de l'Etat, il y met ordinairement pour condition un tarif moins élevé que celui que le concessionnaire aurait intérêt à adopter d'après la loi de la demande.

Sauf de tels cas exceptionnels, on peut dire que la production manufacturière n'admet pas de monopoles, ni des avantages naturels qui donnent lieu à de véritables rentes. Tant que les manufacturiers pourront baisser les prix, la demande augmentera, et la production se mettra au niveau de la demande : mais il viendra un moment où l'on ne pourrait plus écouler un surcroît de production et pour cela abaisser encore le prix, sans constituer les producteurs en perte ou sans réduire leurs profits de manière qu'ils aient intérêt à reporter leurs capitaux dans d'autres industries. A ce point, le chiffre de la production s'arrêtera et le prix sera fixé, toujours en vertu de la loi de la demande, ou de la corrélation entre la demande et le prix. Dans le prix de l'article, la rente ne sera représentée que tout autant qu'elle l'était déjà dans le prix des matières premières qui ont été transformées ou consommées pour la fabrication de l'article (30).

CHAPITRE VIII.

DE LA CAPITALISATION DE LA RENTE ET DE LA CONSOLIDATION DES CAPITAUX. — DES FONDS PUBLICS.

69. — Après que l'intérêt du capital a été dégagé de ce qui sert à rémunérer les fatigues et les soucis de l'entrepreneur ou du chef d'industrie (44), après que l'on a pris sur le revenu du fonds productif de rente de quoi couvrir les risques et payer la peine du fermier qui l'exploite (61), la rente et l'intérêt du capital se rapprochent l'un de l'autre et deviennent numériquement comparables, quoiqu'ils restent distincts par leur origine, et qu'il ne faille pas les confondre dans la doctrine. Tant que le dégagement dont il s'agit n'est point encore opéré, et, à plus forte raison, tant que l'idée de capital n'est point encore entrée dans les esprits (50), la fixation du prix ou de la valeur vénale des fonds productifs de rente, tels que des domaines ou des maisons, est une affaire de mœurs et de coutume (51) plutôt que de calcul arithmétique. Ce prix dépend du goût des uns pour les voluptés et l'ostentation, du goût des autres pour l'épargne et la propriété. Il ne pourrait tomber au-dessous, ni s'élever au-dessus de certaines limites, en rapport avec les conditions, les chances et la durée ordinaire de la vie et des forces actives de l'homme : car, qui serait assez fou pour vendre une terre au prix de cinq années de revenu, et qui se soucierait de l'acheter s'il fallait cent années de revenu pour la payer ?

Mais du moment que l'idée du placement d'un capital et d'un taux de placement est généralement répandue, le taux de placement des capitaux, déterminé par les causes ci-devant analysées (chapitre V), sert naturellement de régulateur au rapport qui s'établit entre le montant de la rente d'un fonds productif et la valeur vénale de ce même fonds productif : ce qui n'exclut pas les différences d'un genre de propriétés à l'autre, selon la manière dont l'opinion commune apprécie les plaisirs et les embarras qu'elles procurent, les prérogatives qu'elles donnent et les charges qu'elles imposent, les chances de non-valeur et de dégradation auxquelles le revenu et le fonds productif lui-même sont exposés. Ici revient notre comparaison empruntée à la statique (45) : les pressions se communiquent et se balancent, les niveaux s'influencent sans atteindre à l'égalité.

D'ailleurs, l'afflux de capital disponible, incessamment formé ou restauré par l'épargne, et le degré de facilité avec lequel il trouve un emploi dans l'industrie, sont toujours ce qui règle le niveau moyen du système. Pierre fait des économies, et au lieu de les placer dans l'industrie sous forme de capital, il les emploie à acheter le domaine de Paul. De deux choses l'une : ou Paul dépense improductivement le prix de vente, auquel cas sa prodigalité neutralise exactement l'économie de Pierre et la masse du capital disponible ne s'accroît ni ne diminue, de sorte qu'il n'y a absolument rien de changé dans le système général; ou bien Paul cherche à placer ce capital dans l'industrie, absolument comme Pierre l'aurait fait s'il n'avait pas trouvé de domaine à acheter. On aurait donc tort de croire que la suppression des entraves mises à la circulation des propriétés pourrait influer directement et immédiatement sur le taux de placement ou sur l'intérêt des capitaux, puisqu'elle n'exercerait aucune influence directe sur la masse du capital disponible qui cherche un emploi : seulement, en tant qu'elle ferait passer les propriétés entre les mains de ceux qui sont plus capables de les exploiter avantageusement, et qu'elle éveillerait des forces inactives, elle pourrait contribuer à l'accroissement du capital disponible, et par là influer plus tard indirectement sur le taux du placement.

70. — Il y a entre le capital et le fonds productif, entre l'intérêt du capital et la rente une autre cause d'affinité, puisque le capital productif d'intérêt peut être *consolidé* ou *fixé* comme on dit, en se convertissant en un fonds productif de rente. C'est ainsi que, par une consommation de matériaux et de main-d'œuvre dont le prix représente un capital disponible, l'on construit des maisons à loyer, des bâtiments d'exploitation, des fourneaux, des magasins, des docks, des ponts à péages, des canaux, des chemins de fer : sortes de fonds productifs factices, que l'homme peut créer de toutes pièces et multiplier selon le besoin, jusqu'à concurrence des ressources dont il dispose. Dans un ordre de choses stable, et en négligeant les oscillations passagères, la valeur vénale de ces fonds productifs factices est directement déterminée par ce qu'ils coûtent à créer ou à construire. Car, si une maison, après qu'elle a été bâtie, ne vaut pas ce qu'elle a coûté à construire, attendu que le revenu net qu'on en peut tirer, comparé au prix de construction, et tout compte fait du dépérissement naturel du fonds productif, n'est pas dans le rapport ordinaire de l'i   au capital, on cessera d'en

bâtir; et le temps se chargera de diminuer le nombre des maisons, jusqu'à ce que le prix des loyers remonte assez pour que l'on se remette à construire. Et inversement, la spéculation, en se portant de préférence sur la construction des maisons, tendra à faire baisser le prix des loyers, tant que ce mode de placement offrira un avantage notable sur les autres. Bien entendu qu'il ne s'agit pas de ceux qui bâtissent pour la satisfaction d'un goût ou d'une convenance personnelle : à l'égard de ceux-ci, il faut admettre qu'une partie seulement du capital dépensé a été convertie en fonds productif, le surplus ayant été affecté à une dépense improductive ou voluptuaire. Bien entendu aussi qu'en attendant que la lente action du temps rétablisse l'équilibre troublé, la maison bâtie il y a un an pourra ne valoir que la moitié de ce qu'elle a coûté à bâtir ou valoir le double, sans même que le prix des loyers soit changé, si de grands changements survenus dans l'état des affaires ont fait varier du simple au double ou du double au simple le taux ordinaire des placements (7).

71. — La propriété des constructions se confond en général avec la propriété du sol, la rente du sol avec l'intérêt du capital employé à construire; mais pourtant la nature des choses met une différence tranchée entre une maison et une terre destinée à la culture; tandis qu'il n'y en a point entre une prairie naturelle et celle qui n'a pris la forme de prairie productive qu'à la suite des travaux exécutés pour le dessèchement d'un marais improductif; si d'ailleurs on n'a pas plus de frais à faire pour cette dernière prairie que pour l'autre, à l'effet de l'entretenir à l'état de prairie et d'en récolter les produits. Des capitaux se sont succes-

sivement incorporés à la plupart des fonds productifs naturels, au point qu'il est aujourd'hui à peu près impossible de discerner dans la rente qu'ils donnent, ce qui est payé pour l'appropriation d'un bienfait primitif de la Nature, et ce qui est payé pour tenir lieu de l'intérêt des capitaux employés et consolidés (39). De là l'usage de donner, par extension, le nom de capitaux à tous les fonds productifs de rente, sans distinction entre ceux dont la Nature a fait tous les frais, ou presque tous les frais, et ceux dont la création absolument artificielle a exigé la dépense d'un capital proprement dit. Une telle application extensive n'est point forcée, comme celle que nous avons critiquée plus haut (43), et l'on peut se la permettre pourvu qu'elle n'entraîne pas de confusion entre les lois qui régissent l'intérêt du capital proprement dit et celles qui régissent la rente des fonds productifs, naturels ou factices; pourvu surtout que l'on ne perde pas de vue que la qualité éminente du capital proprement dit consiste dans sa disponibilité, qualité que ne sauraient partager les fonds productifs de rente trouvés dans la Nature ou obtenus par la dépense d'un capital disponible.

72. — Afin de réunir le capital réclamé par de grandes entreprises, qui dépassent les forces des particuliers et même celles des associations ordinaires de particuliers, on le divise en *actions* (19 *et* 44) dont le placement se peut faire avec d'autant plus de facilité qu'elles sont plus petites. Les profits nets de l'entreprise (que l'on nomme *dividendes*) sont destinés à se répartir annuellement entre les actionnaires, au prorata du nombre d'actions qu'ils possèdent. Il y a des actions *nominatives* et des actions *au porteur*. Elles se négocient journellement

à la Bourse et sont plus ou moins recherchées selon l'opinion qu'on se fait de la solidité de l'entreprise et suivant que l'on croit avoir en perspective de plus gros ou de plus minces dividendes. Ces causes spéciales affectent inégalement, et souvent en sens contraires, les diverses sortes d'actions : de plus, une cause générale, la hausse ou la baisse du taux ordinaire de l'intérêt (par suite de la rareté ou de l'abondance des capitaux disponibles) tendra à imprimer à toutes les actions un mouvement général de baisse ou de hausse. La multiplication du nombre des actions, due à la multiplication des entreprises, ne multiplie pas le capital disponible : bien au contraire, elle l'absorbe et le consolide (au moins en plus grande partie) en le convertissant en fonds productifs de rente, et en prévenant ainsi la baisse du taux de l'intérêt, ou même en lui imprimant un mouvement de hausse. Une fois les actions constituées et mises en circulation, leur circulation plus ou moins active ne peut pas influer sur le montant du capital disponible, ni par conséquent sur le taux de l'intérêt, puisque l'acheteur se dessaisit de tout le capital disponible qui passe dans les mains du vendeur (69) : c'est au contraire le prix de vente qui se subordonne au taux de l'intérêt. Comme tout ce qui concerne la constitution, la gestion, la négociation de fonds productifs de cette sorte se fait publiquement, on peut leur donner et on leur donne le nom de *fonds publics*.

A cause de leur subdivision et de leur facile négociation, de pareils fonds offrent une grande commodité pour le placement des épargnes quotidiennes. Ils aident ainsi le travail de la formation des capitaux ; et comme ce sont des gages susceptibles d'une *discussion* immédiate (comme diraient les légistes), ou d'une prompte *exécution* (comme disent aussi les gens de Bourse), ils peuvent, à titre de gages, aider au développement du crédit. En même temps cette facilité de négociation excite la passion du jeu, parce qu'il faut toujours que dans les institutions humaines le mal se trouve à côté du bien. Du reste, il y a sur les fonds publics comme sur les marchandises (7) une spéculation utile et une spéculation nuisible. La spéculation utile est celle qui modère, par la prévision de l'avenir, les agitations actuelles du marché : la spéculation nuisible est celle qui les exagère et qui fait verser du côté où l'on penche déjà. Rien ne serait plus absurde que d'attribuer à la spéculation bonne ou mauvaise, qui par elle-même ne produit rien et ne crée point de débouchés, la vertu d'agir d'une manière durable et définitive sur le prix d'une denrée comme le blé, le sucre, le coton : de même pour les fonds publics; la spéculation, même la meilleure, ne fait qu'anticiper ou escompter un avenir que la spéculation ne crée point; et au contraire l'avenir se charge d'effacer les traces de tout ce qu'il y a eu d'irrégulier et de purement aléatoire dans les spéculations passées (41).

73. — Parmi les nombreuses Compagnies d'actionnaires, suivons-en une qui fasse des entreprises énormes. On en a vu qui payaient des flottes, des armées, des corps de magistrature, qui maîtrisaient et exploitaient des contrées immenses. Cette Compagnie sera sujette à éprouver des embarras, des pertes, à faire (par nécessité actuelle ou en vue de grands avantages futurs) des dépenses extraordinaires. Il faudrait donc supprimer provisoirement tous dividendes, ou même recourir aux

actionnaires par la voie des appels de fonds. Mais ce serait faire pousser à ceux-ci des cris de détresse, avilir tout d'un coup les actions, ruiner peut-être l'entreprise. D'ailleurs il paraît juste que le fardeau des charges extraordinaires et surtout de celles qu'impose la préparation d'un brillant avenir, n'écrase pas la génération actuelle et se répartisse (au moins dans une certaine mesure) sur la suite des générations appelées à lui succéder. La Compagnie usera donc de la ressource des emprunts, ce qu'elle peut faire de bien des manières, dont trois méritent d'être particulièrement indiquées.

En premier lieu, la Compagnie peut emprunter sur des billets à courte échéance ou des *bons de caisse* qui se succèdent les uns aux autres, suivant les besoins de la caisse et l'affluence des prêteurs : la Compagnie élevant ou abaissant le taux de l'intérêt ou de la *bonification*, selon que l'affluence des fonds ne répond plus aux besoins de la caisse ou qu'elle les dépasse. On appelle *dette flottante* une dette ainsi contractée, laquelle est nécessairement renfermée dans des bornes relativement étroites; puisqu'une Compagnie ne peut, pas plus qu'un particulier, s'exposer au danger d'avoir à rembourser soudainement des fonds qui dépasseraient de beaucoup ceux dont elle a la disposition immédiate. D'ailleurs le mécanisme d'une dette flottante est éminemment favorable à la formation des petites épargnes; et comme on ne peut sérieusement craindre, dans un intervalle de quelques mois, la banqueroute de la Compagnie, les petits capitalistes aimeront encore mieux avoir affaire à elle qu'à un banquier.

En second lieu, la Compagnie peut émettre des *obligations* à longs termes, dont elle échelonnera le remboursement sur un espace de trente ou quarante ans, ou même d'un siècle. Il faudra donc que le sort décide des numéros d'obligations qui seront remboursées la première, la seconde année, et ainsi de suite. L'incertitude sur l'époque du remboursement, jointe aux risques que le capital peut courir dans l'intervalle, obligera de faire un avantage aux prêteurs et d'émettre les obligations *au-dessous du pair* : c'est-à-dire que, si le taux ordinaire de l'intérêt est de cinq pour cent, on donnera moins de cent francs pour une obligation *nominale* de cent francs, qui doit produire, jusqu'au remboursement effectif de cette dernière somme, un intérêt annuel de cinq francs. Quelquefois même on offre aux prêteurs l'appât d'une forte prime aléatoire, attachée à un certain nombre d'obligations que le sort désignera. Mais cet expédient de mauvais aloi indique un emprunteur qui ne se croit point parfaitement sûr de son crédit. Si le crédit de la Compagnie était hors de toute atteinte, il se pourrait que, le taux de l'intérêt venant à baisser, les obligations montassent *au-dessus du pair* après leur émission, malgré la perspective d'un remboursement dont l'éloignement dépend du sort, et malgré l'absence de toute prime aléatoire.

74. — Enfin, la Compagnie que rien ne limite (par hypothèse) quant à la durée de son existence civile et légale, peut contracter un emprunt *en rentes perpétuelles*. L'institution du contrat de rente perpétuelle est naturellement résultée, dans le cours du moyen âge, de la pénurie de capitaux, de l'habitude des censives et des autres redevances féodales, et enfin de la jurisprudence canonique (49) qui ne permettait l'intérêt de

l'argent que sous la condition que le créancier renonçât à pouvoir jamais exiger le remboursement du capital. Rien de tout cela ne cadre avec les conditions de l'ordre économique actuel, et le contrat de rente perpétuelle, entre particuliers, est tombé en désuétude. Mais, quand il s'agit de titres que l'on peut négocier tous les jours à la Bourse, rien au contraire ne se prête mieux aux conditions de notre économie moderne. En recourant à ce mode d'emprunt, la Compagnie pourrait mettre en adjudication ou en souscription des rentes perpétuelles pour une somme déterminée, sans qu'il fût question de taux d'intérêt, de *pair*, ni de *capital nominal* ; de sorte qu'elle n'aurait d'autre moyen d'éteindre ou d'amortir sa dette, que de racheter successivement des rentes au cours du jour, si haut que le cours s'élevât. Elle peut aussi attribuer aux rentes qu'elle émet un *capital nominal*, ce qui ne saurait signifier qu'une chose, à savoir qu'elle se réserve le droit de les rembourser *au pair*, lorsqu'elles auront atteint le pair. Il faut donc qu'on émette de telles rentes au-dessous du pair, puisque l'acheteur de la rente ou le souscripteur de l'emprunt ne se résoudrait pas à courir des chances de baisse, s'il n'avait aussi pour lui des chances de hausse. Une dette ainsi constituée prend le nom de *dette consolidée*, et la dénomination de *rentes* qu'on a donnée aux titres des créanciers cadre bien avec notre nomenclature technique; puisque par le fait un capital a été consommé et converti en un fonds productif de rente, absolument comme pour une maison, un dock, un chemin de fer ou tout autre fonds factice (70). Des fonds publics de cette espèce offrent au capitaliste (pourvu que sa prévoyance n'embrasse pas une trop longue série d'années) l'avantage d'une fixité de revenu que ne comportent pas les actions industrielles dont les dividendes varient avec les bénéfices annuels. Cette fixité même du revenu donne à la valeur du titre une fixité plus grande qui l'approprie mieux à la fonction de contenir et de conserver les épargnes quotidiennes, en attendant qu'elles aient assez grandi pour pouvoir chercher d'autres emplois. Mais, d'autre part, la valeur de la rente perpétuelle, comme celle de tout autre titre fiduciaire, est affectée par la lente dépréciation de l'étalon monétaire : tandis qu'en général les profits de l'industrie et conséquemment les dividendes de l'actionnaire doivent, comme les salaires du travailleur, s'élever nominalement, en raison même de la dépréciation de l'étalon des valeurs, de manière à retrouver, sur une grande échelle, cette fixité dont ils sont dépourvus lorsqu'on n'embrasse qu'un court espace de temps.

L'emprunt vient combler le vide malheureusement survenu dans l'ancien capital de la Compagnie ou lui donner les moyens de faire valoir un capital nouveau, fruit des épargnes des prêteurs : il prévient donc la baisse d'intérêt qui résulterait d'un accroissement de capital en dehors des affaires de la Compagnie. Réciproquement, lorsque la Compagnie, au lieu de distribuer tous ses bénéfices en dividendes, en épargnera une partie pour l'affecter à l'amortissement ou à l'extinction effective de sa dette, elle rejettera dans la circulation générale un capital dont elle peut se passer ; elle fera pour ses actionnaires une économie qu'ils ne feraient peut-être pas eux-mêmes ; et sa conduite influera sur les affaires générales, en ce sens qu'elle aura travaillé à procurer la baisse du taux de l'intérêt.

75. — Il est bien clair que toutes les causes qui affecteront d'une manière générale le taux de l'intérêt, affecteront le cours des rentes sur la Compagnie : mais, serait-il vrai qu'à l'inverse la Compagnie pût, en obtenant des pouvoirs publics l'autorisation de réduire la rente qu'elle sert à ses créanciers, les pousser à quitter ce genre de placement pour un autre, et influer ainsi sur le taux courant de l'intérêt? Pas le moins du monde, puisque (comme nous l'avons remarqué dans toutes les occasions semblables) le marché sur la rente intervenu entre Pierre qui vend et Paul qui achète, ne fait que transférer entre les mains de Pierre l'argent qui se trouvait disponible pour d'autres emplois entre les mains de Paul. Ce marché ne change donc rien à la masse des capitaux disponibles, qui cherchent dans l'agriculture, l'industrie et le commerce un placement fructueux, et conséquemment n'affecte pas le taux de l'intérêt. Le titre qui valait 1000 fr. n'en vaudrait plus que 800, après que la rente correspondant à ce titre, et effectivement servie, aurait subi une réduction d'un cinquième. La réduction ne serait qu'une banqueroute partielle, trop visible pour qu'aucun sophisme des affidés de la Compagnie pût déterminer des législateurs ou des administrateurs équitables à l'autoriser.

Supposons cependant que la rente constituée dépasse le pair ou soit sur le point de le dépasser. La faculté dont jouit la Compagnie de rembourser au pair gêne le mouvement de hausse que la rente devrait naturellement prendre, par suite de l'abaissement progressif du taux de l'intérêt, et à la rigueur met cette rente hors du commerce : car, d'une part, on ne se

DE LA CAPITALISATION DE LA RENTE. 435

résoudra guère à acheter au prix de 120 fr. une créance qui peut être le lendemain remboursée à 100 fr., et, d'autre part, on se résoudra encore moins volontiers à vendre au pair et à ne tirer que 4 pour 100 de son argent, quand actuellement on en tire 5 en rente sur la Compagnie. Cette espèce de fonds publics a donc perdu ce qu'on nomme en langage de Bourse son *élasticité*. La Compagnie peut songer alors à profiter de la baisse survenue dans l'intérêt de l'argent, en opérant la *conversion* de la rente, d'un intérêt nominal plus élevé en un intérêt nominal moindre, par exemple de 5 pour 100 en 4 pour 100, en offrant aux rentiers un remboursement qui ne sera exigé (on le sait d'avance) que par une faible minorité de rentiers, et en ouvrant au besoin un nouvel emprunt à 4 pour 100 à l'effet de se procurer les fonds nécessaires au remboursement partiel. Cette offre fait évanouir le reproche de banqueroute partielle que mériterait une réduction pure et simple dans le service de la rente. D'ailleurs, pour la pleine satisfaction des règles de la morale universelle, il ne suffit pas que la conversion soit exempte de violence; il faut encore qu'elle ne soit pas entachée de manœuvres frauduleuses, et que l'élévation du cours de la rente tienne effectivement à une baisse du taux de l'intérêt, baisse lente, progressive, et qu'on a par conséquent tout motif de réputer durable.

76. — Il pourrait bien arriver que la Compagnie, sans attendre que la rente eût tout à fait atteint le pair, pressée de profiter de conjonctures favorables qu'un événement imprévu peut changer, offrît aux rentiers un accroissement de capital nominal, en compensation du déchet qu'ils vont éprouver dans leurs revenus.

Peut-être même leur proposerait-elle de payer par une soulte une partie de l'accroissement du capital nominal : et grâce à ce procédé ingénieux, elle trouverait un nouveau moyen d'emprunter, elle se procurerait de nouveaux fonds pour de nouveaux besoins ou pour de nouvelles entreprises, tout en allégeant le service annuel de sa dette. On variera donc les combinaisons, on disposera habilement les calculs, mais bien inutilement ; car, si l'on admet : 1° que la Compagnie finira par rembourser ou amortir effectivement sa dette, 2° que la valeur réelle de l'étalon monétaire restera invariable jusqu'à l'amortissement final, il est évident sans aucun calcul (par la seule force de l'axiome *ex nihilo nihil*) que la combinaison ne pourra en définitive procurer un avantage réel aux créanciers qu'au désavantage effectif de la Compagnie débitrice, ni profiter effectivement à la Compagnie sans nuire effectivement (jusqu'à concurrence de la même somme) à la masse des créanciers. A la vérité, il peut bien se faire que la Bourse apprécie mal ces résultats éloignés ou s'en soucie peu, et que par suite la rente monte après la conversion plus qu'elle ne devrait monter : alors il n'y aura rien d'impossible à ce que la combinaison favorable à la Compagnie soit en même temps favorable aux rentiers actuels qui réaliseront, par la vente de leurs rentes converties, un capital plus grand que celui qu'ils eussent réalisé avant la conversion : mais aussi dans ce cas la perte retombera sur des tiers ; et ces tiers ne sauraient être que ceux qui ont acheté à trop haut prix, tout compte fait de ce qu'eux et leurs successeurs toucheront en intérêts et principal, jusqu'à l'amortissement final. On ne peut pas, avec des écritures seulement, payer une dette ou partie d'une dette, ni créer de toutes pièces la valeur qui doit opérer le remboursement du créancier et la libération du débiteur.

77. — Autant cet argument est invincible dans la double hypothèse admise, autant il porte à faux dans des hypothèses contraires : il s'agit donc avant tout de savoir si le public croit et si la Compagnie croit elle-même à l'amortissement final de la dette. Ceci nous mène à dire quelques mots de l'amortissement d'une dette consolidée par voie de rachat, de la constitution d'une Caisse d'amortissement et de la puissance de l'intérêt composé.

L'intérêt composé n'est point une chimère en fait d'extinction de dettes. La Compagnie qui peut actuellement prélever 100 000 fr. sur ses bénéfices annuels pour amortir sa dette, et qui effectivement rachètera des rentes la première année jusqu'à concurrence de 100 000 fr. (soit 5 000 fr. de rentes), pourra, en les annulant et en diminuant ainsi de 5 000 fr. ses charges annuelles, si rien d'ailleurs n'est changé au train de ses affaires, racheter des rentes l'année suivante jusqu'à concurrence de 105 000 fr., et ainsi de suite : ses bénéfices annuels restant les mêmes par hypothèse, et ses charges diminuant d'une année à l'autre par l'extinction progressive de la dette. Tant que le travail d'extinction durera, rien ne changera dans la condition des actionnaires; leurs dividendes ne seront ni augmentés, ni diminués, du moins par cette cause : et un beau jour ils s'apercevront, ou plutôt leurs arrière-neveux s'apercevront, au grossissement subit et considérable des dividendes, que la dette est entièrement éteinte. Il n'est pas besoin de faire pour cela ce qu'on appellerait en termes vulgaires une *tire-lire*, et ce que des financiers appelleraient une Caisse d'amortissement, ayant sa comptabilité séparée, sorte de rouage à part dans le mécanisme administratif de la Compagnie. Si la Compagnie juge à propos de créer un tel rouage, c'est apparemment pour produire un effet sur l'opinion, ou parce qu'elle se méfie d'elle-même, semblable en cela à bien des particuliers qui se croient plus sûrs de ne pas céder à la tentation d'entamer une réserve, lorsqu'ils l'ont mise dans un sac à part.

La Compagnie se méfie d'elle-même, mais en quel sens? On peut toujours admettre qu'elle saura faire choix d'administrateurs intègres, scrupuleusement soumis à ses statuts : il faut donc qu'elle se méfie de ses actionnaires. Et en effet, comment persuader à une Compagnie d'actionnaires qu'il faut ajourner à cent années peut-être ce grossissement subit de dividendes, dont une notable partie pourrait être obtenue tout de suite en annulant les rentes que la Compagnie paye à sa Caisse d'amortissement, en vue d'un avenir si éloigné et de successeurs si incertains? A peine est-il besoin de dire que l'assemblée se révolterait, si on lui parlait de suspendre provisoirement tout dividende, ou même de recourir à un appel de fonds, pour conserver intacte la dotation de l'amortissement.

D'ailleurs la création d'un fonds d'amortissement, excellente pour attirer les prêteurs, et pour permettre à la Compagnie d'emprunter à des conditions actuellement meilleures, a le grave inconvénient de pousser ensuite à la hausse de la rente et d'en rendre le rachat plus coûteux. A la vérité, la Compagnie trouverait un allégement à ces sacrifices dans la conversion de la rente lorsqu'elle aurait atteint le pair, pourvu qu'elle n'achetât pas la réduction d'intérêt au prix d'un accroissement du principal de la dette. Que si la Compagnie est obligée de recourir à d'autres emprunts avant l'extinction de la première dette, et si elle fait fléchir les cours par le nouvel emprunt tandis qu'elle tend à les relever par l'amortissement, le parallélisme des deux opérations pourra bien entretenir les actionnaires dans l'opinion qu'il y a là un jeu de Bourse dont ils font les frais, et dont profitent les souscripteurs des emprunts successifs. De là une disposition naturelle des actionnaires à demander que l'on suspende l'amortissement plutôt que de contracter de nouveaux emprunts. Si tel devenait le cours habituel des choses, il faudrait bien reconnaître que la lente dépréciation de l'étalon monétaire est la seule ressource qui reste à la Compagnie, non pas à la vérité pour payer, mais du moins pour éteindre ou amortir une partie de sa dette.

78. — On devine aisément quelle est la Compagnie à laquelle nous avons fait allusion dans ce simple discours.

Mutato nomine, de te
Fabula narratur... .

Ce n'est pas, Dieu merci, que dans notre siècle et au sein de notre civilisation européenne il faille, comme dans l'antique Orient, recourir à l'apologue pour risquer l'expression de certaines vérités, ou de ce que l'on regarde comme la vérité ; mais il nous a paru conforme à la méthode scientifique de montrer qu'on peut traiter, d'un point de vue purement économique, des questions qui sont scientifiquement indépendantes de la politique, et qui s'en dégageront de plus en plus par la suite, quoiqu'elles aient été agitées jusqu'ici, principalement à propos d'affaires auxquelles la politique avait la plus grande part. Ainsi font les géomètres lorsqu'ils évitent de mêler la physique à des théories qui sont du ressort des mathématiques pures, quoique souvent la théorie mathématique n'ait pris naissance qu'à l'occasion de questions de physique, et pour venir en aide à la physique. Nous renvoyons à d'autres parties du présent ouvrage le peu que nous nous proposons de dire sur les emprunts publics, considérés toujours dans leur influence sur le système économique, mais telle qu'elle résulte de la situation si exceptionelle de l'emprunteur.

Par la nature même de l'emprunt en rentes perpétuelles et par les explications que nous avons dû donner à ce sujet, nous avons été conduit à parler des changements que la suite des temps peut amener dans les valeurs de l'étalon monétaire, changements qui, en général, s'opèrent avec assez de lenteur pour que nous ayons pu nous dispenser d'y avoir égard dans les autres études qui ont fait l'objet de ce premier livre (3). Le moment paraît donc venu d'approfondir davantage l'idée que nous avons de la valeur d'échange et de la mesure des valeurs, de manière à nous rendre pleinement compte de la fonction de la monnaie dans le système économique. Ce sera la matière du livre suivant.

LIVRE II.

LES MONNAIES.

CHAPITRE PREMIER.

DES CHANGEMENTS DE VALEUR, ABSOLUS ET RELATIFS. — DE L'ÉTALON DES VALEURS.

79. — Les hommes que la tournure de leur esprit porte vers ce qu'on appelle la métaphysique (et il s'en trouve parmi les économistes comme dans les autres classes de savants), se sont attachés de préférence à analyser l'idée de la valeur et du changement de valeur. Nous croyons avoir montré depuis longtemps déjà, dans d'autres écrits, que toute cette discussion se rattache à un principe plus général, véritable fondement de la critique philosophique et de toute espèce de critique. Il faut bien reprendre ici ce sujet, au risque de recommencer dans les mêmes termes l'explication des mêmes choses.

Nous jugeons qu'un corps se meut, lorsqu'il change de situation par rapport à d'autres corps que nous considérons comme fixes. Si nous observons à deux époques un système de corps, et que leurs situations respectives ne soient pas les mêmes aux deux époques, nous en concluons nécessairement que quelques-uns de ces corps, sinon tous, se sont déplacés : mais, si de plus nous ne pouvons pas les rapporter à des points de la fixité desquels nous soyons sûrs, il nous est, de prime abord, impossible d'en rien conclure sur le déplacement ou l'immobilité de chaque corps en particulier.

Cependant, si tous ces corps (un seul excepté) avaient conservé leurs situations relatives, nous regarderions comme très-probable que le corps qui fait exception est le seul qui se soit déplacé : à moins toutefois que les autres corps ne fussent liés entre eux, de manière que le déplacement de l'un entraînât le déplacement de tous les autres.

Nous venons d'indiquer un cas extrême, celui où tous les corps, à l'exception d'un seul, ont conservé leurs situations relatives : mais, sans entrer dans les détails, on conçoit bien qu'entre toutes les manières d'expliquer le changement d'état du système, il peut y en avoir de beaucoup plus simples et qu'on n'hésiterait point à regarder comme beaucoup plus probables que d'autres. Nous avons dit ailleurs à quoi tient ce jugement de probabilité. A plus forte raison, si l'on ne se bornait pas à observer le système à deux époques distinctes, mais qu'on le suivît dans ses états successifs, pourrait-on faire, sur les mouvements absolus des divers corps dont il se compose, des hypothèses bien préférables à d'autres pour l'explication de leurs mouvements relatifs. C'est ainsi qu'avant que nous ne fussions instruits, comme nous le sommes, des lois de la gravitation et des rapports entre les masses des corps célestes, l'hypothèse de Copernic expliquait déjà, d'une manière plus simple et plus plausible que celles de Ptolémée ou de Tycho, les mouvements apparents du système planétaire.

Que si nous appliquons aux faits observés la connaissance que nous avons des lois de la mécanique et de la physique, telle explication qui n'était que vraisemblable, pourra acquérir toute la certitude à laquelle il nous est donné d'atteindre dans l'ordre des faits physiques. Ainsi, pour continuer la même comparaison, les expériences du pendule, rapprochées des lois connues de la mécanique, prouveront le mouvement diurne de la terre; le phénomène de l'*aberration* de la lumière des étoiles prouvera son mouvement annuel; et l'hypothèse de Copernic prendra rang parmi les vérités démontrées.

80. — Examinons maintenant comment des considérations parfaitement analogues à celles que nous venons de rappeler, ressortent de la notion d'une valeur d'échange attribuée aux choses ou aux *articles* qui s'échangent les uns contre les autres. Ici ce mot d'*articles* dans sa généralité abstraite (22), comprendra les services comme les denrées ou les marchandises, les immeubles comme les meubles, les fonds productifs comme les fruits produits, les richesses immatérielles comme les richesses matérielles.

De même que nous ne pouvons assigner la situation d'un corps que par rapport à d'autres corps, ainsi nous ne pouvons assigner la valeur d'un article que par rapport à d'autres articles : il n'y a en ce sens que des valeurs relatives. Mais, lorsque ces valeurs relatives viennent à changer, nous concevons clairement que cela ne peut tenir qu'au changement de l'un des termes du rapport, ou de l'autre terme, ou de tous deux à la fois : de même que, la distance de deux corps venant à varier, la raison de ce changement peut être dans le déplacement de l'un ou de l'autre corps, ou de tous les deux. C'est ainsi encore que, lorsque deux cordes sonores ont eu d'abord entre elles un intervalle musical défini (tel que l'octave ou la quinte), et qu'au bout d'un certain temps elles cessent d'offrir cet intervalle, on se demande si le ton de l'une a haussé, si le ton de l'autre a baissé, ou si les deux causes ont concouru à faire varier l'intervalle [1].

Nous distinguons donc très-bien (au moins par la pensée) les changements *relatifs* de valeur, tels qu'ils se manifestent immédiatement dans les valeurs relatives, d'avec les changements *absolus* de valeur, qui déterminent le phénomène des changements relatifs et en rendent raison.

81. — De même que l'on peut (sans tomber dans aucune contradiction logique, mais non sans blesser le bon sens) faire un nombre indéterminé d'hypothèses sur les mouvements absolus d'où résultent les mouvements relatifs observés dans un système de corps, ainsi l'on pourrait à la rigueur multiplier sans fin les hypothèses sur les variations absolues d'où résultent les variations relatives observées dans les valeurs d'un ensemble d'articles. Cependant si tous les articles, à l'exception d'un seul, conservaient les mêmes valeurs relatives, le bon sens repousserait comme invraisemblable l'hypo-

---

[1] Cette dernière comparaison surtout est d'une exactitude frappante, puisque, lorsqu'on veut changer le diapason, comme lorsque l'on veut changer l'étalon des valeurs (en substituant, par exemple, le gramme d'or au gramme d'argent), il suffit de multiplier par un nombre constant (plus grand ou plus petit que l'unité) tous les nombres qui exprimaient dans l'ancien système les valeurs numériques des notes ou des articles : de même que, si l'on a un système de points alignés, il suffit de connaître les distances de ces points à l'un quelconque d'entre eux, pour en conclure, par l'addition ou la soustraction d'un nombre constant, leurs distances rapportées à un autre point du système.

thèse qui ferait porter le changement absolu, non sur cet unique article, mais sur chacun des autres : à moins que l'on ne reconnût que les autres articles constituent un système tellement solidaire, que le changement de valeur de l'un d'entre eux entraîne nécessairement pour tous les autres des changements proportionnels.

Par exemple, celui qui apprendrait que dans un pays éloigné le prix du vin a doublé d'un mois à l'autre, sans changements notables dans les prix des autres denrées ni par conséquent dans leurs valeurs relatives, n'hésiterait pas à attribuer ce changement de cours à la hausse absolue de la valeur du vin, plutôt qu'à la baisse absolue de la valeur de l'argent, lors même qu'il ignorerait (ce que savent les habitants du pays ou des pays voisins) qu'une gelée a détruit l'espérance de la récolte. Au contraire, quand de vieux titres nous apprennent qu'à certaines époques le blé, le vin, le bétail et d'autres denrées usuelles ont toutes changé de valeur relativement à l'argent, et à peu près dans le même rapport, nous sommes portés à en conclure qu'il y a eu baisse dans la valeur de l'argent, sans que nous ayons besoin pour cela de connaître la cause de ce mouvement absolu de baisse, telle que la découverte de nouvelles mines d'argent.

Si l'on ne se borne pas à constater l'état du système des valeurs relatives pour deux époques distantes, et qu'à l'aide des documents de la statistique ou des renseignements de l'histoire on le suive dans ses phases intermédiaires, il en ressortira des données nouvelles pour assigner avec une plus grande vraisemblance la loi des variations absolues, et faire un choix raisonnable entre toutes celles qui peuvent satisfaire à la loi observée des variations relatives.

Que si l'esprit ne se contente pas de vraisemblances et qu'il exige des preuves scientifiques, il faudra pénétrer dans le secret des forces ou des causes qui régissent le système économique : de même qu'il a fallu pénétrer dans le secret des forces qui sollicitent la matière et constituer la science de la mécanique physique pour trouver dans les observations du pendule, dans l'aberration de la lumière, dans la vérification soutenue des lois de la pesanteur, des preuves démonstratives du mouvement de la terre, que Copernic avait seulement rendu très-probable, par la simplicité avec laquelle il expliquait les mouvements apparents ou relatifs, au moyen de son hypothèse sur les mouvements réels ou absolus.

82. — De là une remarque importante. Quand un système de mobiles s'est déplacé tout d'une pièce, ou lorsque les divers mobiles, après s'être mus chacun librement dans l'espace absolu, sont revenus exactement aux mêmes positions relatives, il n'y a, pour l'observateur qui fait partie du système et qui manque de points de repère extérieurs, aucune trace sensible du mouvement opéré. Lors même qu'il posséderait de tels points de repère, ce n'est plus qu'une question de pure curiosité philosophique, que celle de savoir si le système s'est ou non déplacé dans l'espace absolu; car tout se passera désormais de la même manière, quel que soit le lieu absolu qu'il occupe.

Il n'en est pas de même au sujet du système des valeurs; et c'est ici que notre comparaison avec les phénomènes du mouvement a besoin d'être rectifiée ou complétée. En effet, lorsqu'un système de mobiles a été déplacé dans l'espace absolu, il n'est pas nécessaire que les causes auxquelles est dû ce déplacement continuent d'agir, pour que le système reste dans la position où il se trouve : il suffit que d'autres causes n'interviennent pas pour le déplacer encore. Tout autres sont les conditions du système économique. En général, les articles auxquels nous attribuons de la valeur sont sujets à une consommation et à une reproduction continuelles (30) : de sorte qu'il faut bien que les causes qui ont imprimé à tel article, ou même à l'ensemble des articles un mouvement absolu de baisse ou de hausse, continuent d'agir, s'il est question d'un changement durable et non d'une perturbation passagère. Dès lors on comprend qu'un mouvement absolu de hausse ou de baisse, même lorsqu'il affecte proportionnellement tous les articles, doit être l'indice d'un changement persistant dans les conditions générales de la production ou de la consommation : si bien qu'à ce point de vue il y a lieu de tenir compte des changements absolus de valeur, même lorsqu'il n'en résulte pas de changements observables dans les valeurs relatives. C'est ainsi qu'à certains égards et quant aux effets extérieurs, on peut dire qu'il revient au même qu'un corps ne soit sollicité par aucune force extérieure, ou qu'il soit sollicité par des forces extérieures qui s'équilibrent : tandis que, si l'on tient compte des pressions contre les obstacles, ou des tensions moléculaires dans l'intérieur du corps, il y a une différence essentielle entre les deux états.

83. — Si un article s'offrait à nous dans des conditions telles que nous eussions de bons motifs d'admettre qu'il n'est pas susceptible d'éprouver de variations absolues dans sa valeur, il n'y aurait qu'à y rapporter

tous les autres pour déduire immédiatement leurs variations absolues de leurs variations relatives : nous aurions un *étalon fixe des valeurs*, pris dans la nature des choses. Mais il suffit d'une légère attention pour se convaincre que ce terme fixe n'existe pas, quoiqu'il y ait des articles qui sûrement se rapprochent beaucoup plus que d'autres des conditions de fixité.

Les métaux dont nous faisons des monnaies sont au nombre des articles qui (dans les circonstances ordinaires et pourvu qu'on n'embrasse pas un trop long période de temps) n'éprouvent que de faibles variations absolues dans leur valeur. Autrement, toutes les transactions seraient troublées, comme elles le sont par un papier-monnaie, sujet dans sa valeur à des variations brusques ou à des variations continues, mais rapides, et dont on ne peut calculer d'avance l'époque et l'étendue. Il n'y aurait pas, à proprement parler, de contrat de vente : car, ce qui caractérise essentiellement le contrat de vente et le distingue du contrat d'échange, ce n'est pas le coin imprimé aux pièces de métal, données ou promises en échange de la chose vendue, c'est la fixité du prix, ou l'invariabilité de la valeur absolue des pièces de métal, au moins pour le laps de temps qu'on a d'ordinaire en vue dans les transactions civiles.

Il est d'ailleurs facile d'apercevoir la raison ou l'une des raisons de la lenteur avec laquelle, dans les circonstances ordinaires, change la valeur absolue des métaux précieux : c'est la même raison qui fait que la fonte des neiges n'élève qu'avec lenteur le niveau d'un lac, quoiqu'elle donne une impétuosité soudaine et souvent funeste aux cours d'eau qui l'alimentent. On découvre des gîtes métalliques d'une grande richesse, c'est-à-dire d'où le précieux métal peut être, à frais égaux, extrait beaucoup plus abondamment que des gîtes anciens; et, si le métal se consommait (comme le blé) dans l'année où on le récolte, cette trouvaille amènerait une subite et très-notable dépréciation du métal; mais les métaux précieux ne s'usent qu'avec beaucoup de lenteur (24), et la masse extraite annuellement est faible en comparaison de la réserve métallique que les siècles ont accumulée. L'influence modératrice de cette masse en réserve, qui doit tout à la fois subir le même mouvement de baisse, est d'autant plus efficace, que la communication entre tous les marchés du monde devient plus facile (27).

84. — Dans le système des valeurs, comme dans les mouvements des corps célestes, il faut bien distinguer les perturbations passagères, accidentelles (comme celles des comètes), ou les inégalités à courtes périodes, dont les effets se compensent par le seul laps du temps, d'avec les variations *séculaires* qui procèdent avec une grande lenteur, toujours dans le même sens, ou qui ne changent de sens que dans des périodes de temps trop longs pour que nous ayons la prétention de les embrasser dans nos calculs. Ainsi le blé, cette denrée qui fait pour nous la base de l'alimentation, contraste avec les métaux précieux en ce que sa valeur absolue est exposée à de violentes et fréquentes fluctuations (moins violentes pourtant et moins fréquentes depuis le perfectionnement des moyens de transport) : tandis que, si l'on embrasse un espace d'un siècle ou deux, ces fluctuations se compensent, et la valeur moyenne se rapproche des conditions de fixité, plus que ne le fait la valeur des métaux précieux, dont la masse peut s'accumuler sans

cesse. Cela n'empêche pas que cette valeur absolue moyenne ne puisse éprouver et n'éprouve en effet des variations séculaires, dues principalement à des changements dans le régime intérieur de la société. Le blé ne saurait donc être pris pour étalon des valeurs : et encore moins pourrait-on songer à attribuer cette fonction à des denrées telles que le vin, la viande, le bois, presque aussi nécessaires que le blé, et qui cependant changent visiblement de valeur, avec une rapidité bien autrement grande.

On a proposé quelquefois, mais sans plus de fondement, de prendre pour étalon des valeurs la *journée de travail*, c'est-à-dire le salaire des travailleurs de dernier ordre, de ceux que l'on ne paye en quelque sorte qu'à titre de force mécanique. Il est clair que ce prétendu étalon (variable d'ailleurs d'un pays à l'autre, et qui n'est point le même dans les villes et dans les campagnes) est sujet, comme le blé, à des variations absolues, les unes accidentelles et qui doivent se compenser au bout d'un temps suffisant, les autres progressives et séculaires, qui tiennent à la restriction ou au développement de la population, aux changements survenus dans les mœurs, les habitudes et le régime de la société. La journée du manœuvre égyptien qui bâtissait la pyramide de Chéops en mangeant ses oignons et en buvant de l'eau, ne valait pas la journée du manœuvre anglais qui bâtissait Saint-Paul de Londres en mangeant du bœuf et en buvant de l'ale. On ne donne pas au fellah présentement occupé à percer l'isthme de Suez ce qu'on donne au paysan savoyard présentement occupé à percer le Mont-Cenis. Ne voyons-nous pas avec quelle rapidité s'élèvent de nos jours les gage des domestiques ? Et n'est-il pas devenu fort ordinaire que l'ouvrier vêtu d'une blouse gagne plus que certains employés de ministères ou qu'un régent de collége ?

85. — Revenons donc aux métaux précieux, et d'abord remarquons qu'il ne faut pas confondre la *valeur absolue* de l'argent avec ce qu'on a appelé le *pouvoir de l'argent*. Un antiquaire recueille quelques renseignements épars chez les anciens historiens et sur des fragments d'inscriptions ; ou bien (s'il s'agit de temps moins reculés) il compulse de vieilles chartes, de vieux contrats, de vieux registres ; et il trouve qu'à telle époque un kilogramme d'argent servait à payer tant d'hectolitres de blé ou de vin, tant de têtes de bétail, tant de journées de travail. Il admet que ces articles peuvent prétendre, en raison de leur importance, à représenter tous les autres (à peu près comme des gros actionnaires, qui disposent en fait des intérêts de leur Compagnie); et en attribuant à chaque article un certain *coefficient d'importance*, il fait, comme on dit, une cote mal taillée ; il obtient des chiffres moyens dont les variations progressives expriment assez bien, ou du moins accusent les variations progressives du pouvoir de l'argent. Mais ces variations sont elles-mêmes des effets composés, qui dépendent à la fois de la variation absolue de la valeur de l'argent, et des variations absolues survenues dans les valeurs des articles qu'on met en regard. On ne peut arriver à rien de clair, ou du moins à rien de vraiment significatif, si l'on confond des choses si distinctes.

La génération qui nous a immédiatement précédée, a vu baisser beaucoup le pouvoir de l'argent, sans que la valeur absolue de l'argent éprouvât d'altération bien sensible, parce que la diminution du pouvoir de l'argent tenait alors principalement (sinon exclusivement) à un mouvement absolu de hausse dans les valeurs des loyers, des gages, des salaires, et de la plupart des articles de luxe, ou qui ne sont pas de première nécessité : mouvement ascensionnel causé par l'accroissement de la population, par les développements progressifs de l'industrie et du travail, par la participation des classes inférieures aux jouissances du luxe. Nous-mêmes nous avons vu cette dégradation du pouvoir de l'argent (mal à propos qualifiée de baisse de l'argent dans le style familier de la conversation) se prononcer davantage, bien avant que des événements imprévus n'amenassent soudain une baisse effective dans la valeur absolue de l'argent ou plutôt de l'or, cause qui maintenant conspire avec l'autre pour accélérer la variation du pouvoir de l'or, et même par contre-coup celle du pouvoir de l'argent.

86. — Mais, pourra-t-on dire, puisque le système économique ne nous offre nulle part un point fixe de repère qui rendrait palpables les changements absolus de valeur, qui fournirait immédiatement un étalon fixe des valeurs, laissons ces discussions métaphysiques, étrangères au monde des réalités, et par conséquent étrangères à la véritable science. Abandonnons-les d'autant plus vite, qu'on en a fait un détestable abus. Ayons un étalon variable, puisqu'on n'en peut avoir d'autre, et servons-nous-en, même dans les mesures délicates et de précision, comme nous nous servirions de nos mètres en métal, sans tenir compte des altérations qu'ils éprouvent par suite des changements de température, si nous n'avions aucun moyen de définir et de mesurer

les températures, ainsi que les effets des changements de température.

Nous sommes conduits ainsi à pénétrer plus avant dans une question des plus délicates, qui n'intéresse pas uniquement la métaphysique, comme on pourrait le croire, mais encore les sciences réputées avec raison les plus positives et les plus exactes, et qui intéresse aussi, à un haut degré, la pratique sociale. Il faut que nous mettions, s'il se peut, assez de clarté dans nos explications pour surmonter un préjugé de savants et de philosophes, ce qui est bien plus difficile que de surmonter un préjugé populaire.

87. — Nous venons de faire allusion à la plus simple, à la plus palpable des opérations de mesure, à celle qui consiste à mesurer immédiatement une longueur, à l'aide d'une règle graduée et étalonnée, qu'on appelle un mètre. Les règles employées sont en fer, en cuivre, en platine, en verre, etc., et elles sont sujettes à se dilater ou à se contracter inégalement, selon la matière employée, et suivant que la température s'élève ou s'abaisse. A la vérité, les changements de longueur sont assez petits pour qu'on n'ait pas besoin d'y avoir égard dans les usages les plus ordinaires; mais le physicien ne pourrait se dispenser d'en tenir compte dans les mesures de précision, et il nous est permis de raisonner dans l'hypothèse où elles deviendraient très-sensibles, même pour les usages vulgaires. Alors l'arpenteur, l'architecte et même le marchand de toile ou de drap ne retrouveraient plus la même longueur, selon qu'ils la mesureraient par un temps chaud ou par un temps froid, avec un mètre de fer ou avec un mètre de cuivre. Auquel des deux mètres, à laquelle des deux mesures se

fierait-on ? N'y aurait-il plus moyen de s'entendre ? Faudrait-il renoncer à avoir des cotes de longueurs absolues, et ne pas s'inquiéter si la hausse de cote, du jour au lendemain, provient d'une dilatation plus grande de la chose mesurée ou d'une dilatation moins grande de l'instrument de mesure ? Nullement, puisque les physiciens sont bien parvenus à obtenir la précision dans des mesures de longueurs absolues, où il fallait absolument tenir compte de toutes ces circonstances. Ils ont pu assigner très-exactement les *coefficients de dilatation* du fer, du cuivre, du platine, du verre, ce qui semble d'abord un cercle vicieux, puisqu'ils employaient des corps dilatables à la mesure des dilatations d'autres corps dilatables ; et néanmoins ils sont parvenus, par une discussion rationnelle des expériences (dont nous ne pouvons donner le détail ici) à sortir de ce cercle où semblaient les emprisonner les conditions mêmes de l'observation sensible. Ils ont pu déterminer individuellement, absolument, les coefficients de dilatation de chaque corps, et moyennant cela, *corriger* chaque mesure de longueur de la petite *inégalité* qui tient à la température actuelle, à la dilatation du corps mesuré et à celle de la règle métrique employée. Ce qu'ils ont fait sur une échelle microscopique, avec une grande précision et par des procédés d'une délicatesse extrême, on aurait pu le faire plus grossièrement sur une grande échelle, s'il avait plu à la Nature de donner aux coefficients de dilatation des valeurs cent fois, mille fois plus grandes, au point de devenir sensibles dans les applications vulgaires ; car la résolution d'une difficulté logique tient à une conception logique, et ne dépend pas de l'échelle des grandeurs sur lesquelles on opère, ni du degré de précision qu'on poursuit ou qu'on atteint.

88. — On nous dira peut-être que la règle métrique est un instrument matériel, que sa longueur est quelque chose qui tombe immédiatement sous les sens de la vue et du tact; mais l'homme ne mesure pas seulement les choses qui tombent sous les sens; tous les étalons qu'il emploie et que les institutions sociales consacrent, ne peuvent pas se conserver dans un dépôt officiel, comme une règle ou un poids en platine. Ainsi, il mesure le *temps* qui ne tombe pas plus sous les sens que la *valeur;* et il prend pour étalon officiel du temps le *jour solaire moyen*, qui n'est qu'une conception des astronomes, à l'aide de laquelle on corrige les inégalités très-sensibles du *jour solaire vrai*, et qui n'est même pas rigoureusement invariable (pas plus que l'*année tropique*), mais dont les variations sont connues, de sorte qu'on pourrait en tenir compte et les corriger, si cela devenait nécessaire.

A la vérité, la Nature offre aux astronomes une autre période, celle de la révolution diurne des étoiles ou du *jour sidéral*, laquelle est absolument invariable ou ne saurait varier tant soit peu que dans des hypothèses dont nos théories actuelles n'ont point à tenir compte. Cette invariabilité du jour sidéral a été d'une grande commodité aux astronomes pour régler les pendules de leurs observatoires, pour déterminer et corriger les variations du jour solaire vrai, pour fixer (au moyen d'une table numérique qu'on nomme *équation du temps*) la marche de cet astre imaginaire, doué d'un mouvement uniforme, qu'on appelle le soleil *moyen*, auquel ils rapportent, tant le soleil *vrai* que les autres corps célestes, pour en conclure finalement la situation de ces astres par rapport au vrai soleil.

Mais tout ce qui est commode n'est pas nécessaire : la Nature n'aurait pas décrété l'invariabilité absolue du jour sidéral, que l'astronomie, devenue plus difficile à porter au degré de perfection qu'elle a maintenant, ne serait pas devenue pour cela une science impossible. Au défaut de cette grande horloge naturelle qui marque l'heure sidérale, les astronomes, les simples horlogers, pourvu qu'ils fussent des horlogers intelligents, construiraient à l'aide d'une observation patiente et par les seules puissances de la raison une horloge idéale, qui aurait la vertu de régler et de corriger toutes les horloges matérielles [1]. Sans qu'il soit besoin d'entrer dans les explications de détail, le lecteur éclairé comprendra bien que l'astronome tomberait nécessairement dans un cercle vicieux en affirmant, comme il le fait, l'invariabilité effective du jour sidéral, s'il n'avait des moyens de la contrôler par l'observation, et de se rendre effectivement compte de la juste mesure du temps, indépendamment du jour sidéral.

89. — Au sortir de la crise des assignats, le Gouvernement français sentit la nécessité de revêtir du sceau officiel une *échelle de dépréciation* des assignats dans la courte durée de leur existence, c'est-à-dire une table numérique très-analogue à la table de l'équation du temps, construite pour l'usage des astronomes et des horlogers. Ce qui s'est fait alors pour un papier-monnaie et pour un temps de tourmente révolutionnaire, pourrait se faire pour la monnaie métallique, pour le

---

[1] *Traité de l'enchaînement des idées fondamentales*, livre I, chap. 6.

gramme d'or ou d'argent, dans le cours régulier des choses. Jamais la science économique n'aura le degré de précision et de perfection de l'astronomie : qui en doute ? Les théories, les observations, les mesures et (dans ce qui ne comporte pas de mesure précise) l'*estime* ou l'évaluation approchée de l'astronome vaudront toujours scientifiquement mieux que les théories, les observations, les mesures et l'*estime* de l'économiste, même le plus exercé et le plus sagace. C'est la suite nécessaire d'un contraste si marqué entre la simplicité des phénomènes astronomiques et la complication des faits sociaux. Mais, en principe et sauf à discuter les procédés d'exécution, de mesure ou d'*estime*, il n'est pas plus déraisonnable de chercher une mesure fixe des valeurs, quoiqu'il n'y ait point d'objets dont la valeur reste invariable, que de chercher une mesure fixe du temps et un régulateur de toutes les horloges, quoiqu'il n'y ait point d'horloge qui marche avec une régularité parfaite.

Lors donc que les hommes ont conçu l'idée d'une *monnaie de compte*, au moyen de laquelle on corrigerait les écarts de valeur des métaux précieux, en modifiant le rapport de l'unité pondérale du métal à la monnaie de compte, toutes les fois qu'une *estime* raisonnée accuserait dans le métal un changement absolu de valeur, ils n'ont pas plus fait de métaphysique que n'en font l'astronome et l'horloger, quand ils corrigent leurs chronomètres et le soleil lui-même à l'aide d'un chronomètre ou d'un soleil idéal. Ils n'ont pas plus déraisonné que ne déraisonnent dans un cas analogue l'horloger et l'astronome.

Ils ne se sont pas proposé et n'ont pas dû se proposer de rendre invariable le *pouvoir* de l'argent (85), puisque ce serait faire violence à la nature des choses et tort aux possesseurs de toute espèce de choses appréciables, que de prétendre rendre illusoire l'augmentation de valeur qu'elles ont naturellement acquise; mais ils ont été fondés à chercher un moyen de corriger le trouble qu'apporteraient dans les transactions les variations absolues de valeur de l'étalon métallique, trouble tout à fait contraire aux règles de la justice comme au bon ordre, puisque, dans l'usage habituel que les hommes font de la monnaie et dans les engagements qu'ils contractent, ils ne considèrent pas le poids des pièces de métal, mais leur valeur.

90. — *Corruptio optimi pessima.* L'institution d'une monnaie de compte, si raisonnable, si équitable, quand elle a pour but de corriger les variations de valeur absolue dont les métaux précieux ne sont point exempts et d'améliorer ainsi l'étalonnage des valeurs, devient une institution détestable, une cause d'obscurcissement dans les idées et d'iniquités dans la pratique, lorsqu'elle couvre l'intention d'enlever à l'étalon métallique le degré même de fixité et de justesse dont il est naturellement pourvu. Malheureusement, l'histoire est là pour nous apprendre que les Gouvernements, en usant de cette institution, l'ont presque toujours fait sous l'empire de nécessités pressantes, dans un but de fiscalité, ou bien pour déguiser, tantôt l'abolition partielle des dettes privées, et tantôt la banqueroute partielle du prince ou de l'Etat. Tandis que la marche naturelle des choses amenait la baisse absolue, quoique lente, des métaux précieux et aurait dû par conséquent, selon la logique et le bon sens, motiver le plus souvent une dépréciation des métaux monétaires, rapportés à

la monnaie de compte, les opérations des Gouvernements ont tendu presque constamment à avilir la monnaie de compte, en en rabaissant violemment l'équivalent métallique. Les choses en sont venues à ce point qu'on a pu regarder comme une des conquêtes de notre époque d'avoir réussi à encadrer la définition de la monnaie de compte par son équivalent métallique, dans un système régulier et scientifique de mesures légales, tellement combiné que l'on ne pourrait, sans en rompre l'ordonnance, changer tant soit peu l'équivalent métallique de la monnaie de compte. Au fond, cela revient à abolir la monnaie de compte et à prendre pour étalon des valeurs l'unité de poids du métal précieux, sans égard aux altérations que l'étalon a subies ou subira dans la suite des temps, en vertu des changements absolus de valeur du métal ; c'est proscrire la monnaie de compte, en haine de l'usage arbitraire et inique qu'on en a fait.

91. — Nous ne blâmons point cette réforme et nous concevons très bien qu'indépendamment même des témoignages de l'histoire, la facilité de l'abus fasse redouter en cette matière, plus encore que dans toute autre, l'intervention d'une action régulatrice, autre que celle qui résulte du libre mouvement du commerce. Mais nous tenions surtout à faire remarquer que l'idée d'une monnaie de compte, dans laquelle s'évalueraient les métaux précieux aussi bien que les autres objets de commerce, n'est point (comme on l'a tant répété) une idée qui répugne à la raison et à la science, à la morale et au droit, née de la mauvaise foi des Gouvernements et de l'ignorance où tous, gouvernants et gouvernés, auraient été longtemps des premiers éléments de

l'économie sociale. Les hommes possèdent instinctivement bien des idées justes sur des matières qu'ils ne seraient pas en état d'exposer philosophiquement ou scientifiquement. Les Gouvernements n'auraient pas pu tant abuser de la monnaie de compte, s'il n'y avait eu un prétexte plausible à leurs actes, même déraisonnables, vexatoires et injustes; et si les peuples n'avaient pas instinctivement admis que, puisque les métaux précieux peuvent changer de valeur absolue, et puisque les transactions se sont faites en vue d'une valeur réputée fixe, il y a une apparence de justice et de raison à modifier selon les cas l'équivalent métallique de la monnaie de compte, et à tâcher de maintenir ainsi la fixité de l'étalon légal des valeurs. La concurrence de deux métaux monétaires rend plus plausible encore l'intervention d'un pouvoir régulateur : elle ébranle, s'il est permis de parler ainsi, la foi du grand nombre dans la stabilité de valeur des métaux précieux, en leur montrant que le rapport de leurs valeurs est sujet à changer, et en suggérant naturellement l'idée que, si le rapport n'est pas stable, chacun des deux termes du rapport pourrait bien manquer lui-même de stabilité.

Il ne faut pas non plus trop nous hâter de regarder comme définitives les solutions, même les mieux appropriées à l'état actuel de nos lumières et de notre civilisation. Ne peut-il pas arriver que l'or et l'argent baissent assez de valeur pour amener dans les transactions à long terme, dans la fixation du taux des amendes, des traitements, des dotations, dans toutes les parties du système économique, des perturbations auxquelles il serait bien difficile que les Gouvernements ne cherchassent pas à remédier par des mesures qui équivaudraient à la résurrection de la monnaie de compte? Ne peut-il pas se faire qu'après avoir proscrit la monnaie de compte, afin d'ôter aux Gouvernements les moyens de pallier leur banqueroute, on soit forcé de la rétablir ou d'en rétablir l'équivalent, afin d'éviter la banqueroute des Gouvernements? Car, si un Gouvernement fait banqueroute quand il rend à ses créanciers moins d'or ou d'argent qu'il n'en a reçu d'eux, quoique l'or et l'argent n'aient pas effectivement haussé de valeur, il fait encore banqueroute d'une autre manière, quand il rend à ses créanciers précisément le poids d'or ou d'argent qu'il a reçu d'eux, en profitant du temps où l'or et l'argent ont subi effectivement une baisse de valeur considérable, que rien ne pouvait faire prévoir au moment du contrat.

92. — A coup sûr, nos institutions politiques et sociales sont devenues assez bonnes et peuvent s'améliorer assez pour qu'il n'y ait plus lieu de regarder comme une idée chimérique ou pernicieuse, l'idée d'un haut conseil d'arbitres ou d'experts, également éclairés et probes, chargés de la fonction d'*estimer* les variations de valeur de l'étalon métallique, et de proposer au législateur les mesures propres à en corriger les mauvais effets, par le rétablissement d'une monnaie de compte ou autrement, dans l'intérêt commun des citoyens et de l'Etat. A la vérité, le pouvoir régulateur d'un Gouvernement sur la monnaie de compte ne s'exerçant qu'à l'endroit des nationaux et sur le territoire national, n'empêcherait pas que, dans le commerce international, la valeur d'un poids métallique fixe ne fût, malgré sa variabilité continuelle, la base des transactions commerciales. Cette objection, moins grave

dans l'état ancien de la civilisation (lorsque les transactions civiles avaient plus d'importance pour le gros des hommes que le commerce proprement dit, et le commerce intérieur beaucoup plus d'importance que le commerce extérieur), deviendrait plus sérieuse dans l'état actuel des relations internationales. Mais aussi qui empêche, dans la phase de civilisation à laquelle nous sommes parvenus, et surtout qui empêchera, dans la phase de civilisation vers laquelle nous marchons, les Gouvernements de se concerter pour la correction de l'étalon ou des étalons métalliques, comme ils se concertent pour les tarifs de chemin de fer, pour la propriété littéraire, pour la circulation des dépêches, pour l'extradition des criminels, pour tant d'autres objets d'une utilité générale ?

Tout en repoussant les abus, ne repoussons donc pas sans aucune réserve les idées qui ont dirigé nos pères. A mesure que les phases de la civilisation se succèdent, nous avons plus de motifs de ne pas juger trop dédaigneusement des phases antérieures. Telles sont les dispositions d'esprit dans lesquelles nous allons jeter un rapide coup d'œil sur l'histoire de la monnaie : car, l'histoire et la théorie se complètent l'une l'autre; et si l'idée théorique semble lutter souvent contre l'autorité des précédents historiques, on doit croire que cet antagonisme sera d'autant plus près de cesser, que nous embrasserons mieux dans leur ensemble la science et l'histoire.

CHAPITRE II.

DE L'HISTOIRE DE LA MONNAIE DANS L'ANTIQUITÉ.

93. — Pour prendre les choses à leur origine, il est clair que les métaux qui se trouvent à l'état natif, ou à l'état de sulfures et d'oxydes facilement réductibles, ont dû, malgré leur rareté relative ou à cause de cette rareté même, être les premiers recherchés et mis en œuvre. Cela explique pourquoi l'or a été connu et employé avant l'argent, pourquoi l'usage du fer est venu après celui du cuivre et de l'airain. Aussi a-t-on réhabilité de nos jours la fiction des poëtes, et la série mythologique des âges (l'âge d'or, l'âge d'argent, l'âge d'airain, l'âge de fer) est devenue une sorte de formule de l'archéologie et de l'ethnologie. Il faut pourtant les faire précéder d'un âge plus ancien encore, où l'usage des métaux est absolument inconnu; où le sauvage n'a pour parure que des plumes ou des coquillages, et n'emploie que la pierre et l'os pour se fabriquer des outils et des armes.

Les Espagnols ont trouvé l'or employé en ornements parmi les indigènes des Antilles, dont la civilisation était tout à fait dans l'enfance, tandis que l'argent n'a été trouvé que chez les peuples les plus civilisés de l'Amérique, chez ceux qui étaient déjà arrivés à une écriture idéographique, à une organisation sacerdotale, à un calendrier, à une histoire. Seuls aussi dans le nouveau monde, ces peuples possédaient des haches et des ciseaux en cuivre, qu'ils savaient (aussi bien que les peuples de l'ancien monde) rendre dur et cassant au moyen d'un alliage d'étain. Quant à l'usage du fer, il leur était absolument inconnu; et cela n'a rien qui doive surprendre, si l'on songe à l'infériorité et à la nouveauté des civilisations américaines, comparées à celle de certains peuples de l'ancien monde, tels que les Égyptiens, à des époques où le fer était inconnu, ou d'un usage très-rare, en comparaison du bronze, de l'argent et de l'or.

Rien de plus curieux à cet égard qu'un inventaire de mobilier égyptien, comme on en peut dresser avec les collections si abondantes que nos musées possèdent, pour des époques de mille ans antérieures aux poëmes d'Homère [1]. Il en ressort qu'à ces époques de civilisation luxueuse et même raffinée, au moins dans les hautes classes, le fer était une substance d'un usage bien moins ordinaire que le bronze, le verre, les émaux, et même que les métaux que nous nommons précieux.

Les poëmes homériques reflètent à cet égard la civilisation égyptienne. Bien que mentionné dans ces poëmes, le fer y paraît d'un usage très-rare en comparaison de l'airain. Lucrèce n'a fait que traduire un vers d'Hésiode [2] quand il a dit [3] :

Et prior æris erat quam ferri cognitus usus.

94. — Ainsi l'usage des métaux précieux et de l'or en particulier se concilie fort bien avec l'état de bar-

---

[1] *Égypte ancienne*, par CHAMPOLLION-FIGEAC, pag. 179 et suiv.
[2] Χαλκῷ δ' ἐργάζοντο· μέλας δ' οὐκ ἔσχε σίδηρος. *Op.*1. 151.
[3] Lib. V, v. 1286

barie ou avec une civilisation encore dans l'enfance :
et de l'emploi des métaux précieux sous forme d'ustensiles ou de bijoux, à leur emploi comme instruments de
thésaurisation et d'échange, il n'y a qu'un pas que tous
les hommes franchissent naturellement. Le barbare a la
soif de l'or, non-seulement pour le plaisir qu'il trouve
à s'en parer, mais parce qu'il sait bien qu'avec cet or
il achètera d'autres jouissances. Les progrès de la civilisation, qui donnent une valeur aux propriétés immobilières, ceux d'une civilisation encore plus avancée,
qui mettent en circulation tant de valeurs mobilières
de toute espèce (17), raffinent chez l'homme le sens de
la cupidité, lui donnent un aliment moins matériel et
moins grossier, et en ce sens calment plutôt qu'ils
n'irritent cette soif de l'or, symptôme de la barbarie
originelle.

Mais autre chose est l'emploi des métaux comme
instruments de thésaurisation et d'échange, autre
chose est l'usage de la monnaie proprement dite, des
espèces frappées. Le monnayage des métaux est un
artifice, une institution ou une invention dans le propre
sens du mot (comme celle de l'écriture alphabétique),
et même une invention toute particulière à certaines
nations de l'ancien monde, formant un des traits caractéristiques du mode de civilisation que ces nations
(anciennes pour nous, quoique récentes si on les compare à d'autres) ont transmis au monde moderne, formé
à leur école.

95. — Les Egyptiens, les Chinois (aux temps de
leurs anciennes dynasties), les Hindoux ne connaissaient
point la monnaie, bien qu'ils employassent l'or et l'argent à des objets de luxe et qu'ils s'en servissent pour

les échanges. Encore aujourd'hui la Chine, le Japon et les autres pays compris dans le cercle de la civilisation chinoise n'ont pas de véritable monnayage. On y donne aux lingots d'or et d'argent une forme à peu près arbitraire ; ils pèsent tant d'onces ou de *taëls*; les négociants, par la main desquels ils passent, y appliquent des empreintes [1] que l'on peut comparer aux estampilles mises par nos banquiers sur les papiers de commerce qui leur passent entre les mains ; mais tout cela ne constitue pas une véritable monétisation du métal. On troque contre d'autres marchandises un poids d'or ou d'argent, à la balance et à l'essai, à moins qu'on ne veuille s'en rapporter à la bonne foi de l'estampilleur. Il ne vient à l'idée de personne (et c'est là le point capital) que le Gouvernement puisse décider que le taël aura tel poids quand il s'agira d'or ou d'argent, et tel autre quand il s'agira d'opium ou de thé : pas plus que l'on ne comprendrait chez nous que le kilogramme pour vendre du café fût autrement défini par l'autorité publique que le kilogramme pour vendre du sucre.

Cependant un peuple aussi animé de l'esprit de trafic que les Chinois modernes ne pouvait se passer de numéraire : ils ont dû finir par se faire une monnaie de compte ou de convention, dont le génie des peuples antiques pouvait se passer. Ils sont arrivés à quelque chose comme la monnaie de compte et le papier-monnaie, sans passer par la monnaie proprement dite. « Il n'existe en Chine, dit un spirituel missionnaire [2], d'au-

---

[1] Voyez pour les formes de ces empreintes la pl. 49 de l'*Histoire du Japon*, de KAEMPFER.
[2] Huc, *Empire chinois*, Tom. II, chap. 4.

tre monnaie légale que de petites pièces rondes, fondues avec un alliage de cuivre et d'étain, et appelées *tsien;* les Européens leur ont donné communément le nom de *sapèques*. Elles sont percées, au milieu, d'un trou carré, afin de pouvoir être enfilées avec une corde; mille de ces pièces forment une enfilade équivalant, *au cours moyen*, à une once chinoise d'argent. Bien que les sapèques ne soient habituellement employées que pour les achats de détail, l'or et l'argent, qui servent pour des achats plus considérables, se pèsent comme une denrée ordinaire, et les conventions se font en enfilades de sapèques. A cet effet, les Chinois des villes portent toujours avec eux de petites balances pour acheter ou vendre, et pèsent l'argent qu'ils donnent ou reçoivent. Les billets de banque payables au porteur sont en usage dans toute l'étendue de l'empire. Ils sont émis par les grandes maisons de commerce et acceptés dans toutes les villes importantes. »

Dans le monument le plus authentique de la civilisation de l'Inde, dans les lois de Manou, on trouve une sorte de métrologie du cuivre, de l'argent et de l'or, qui peut donner une idée des rapports que le législateur entendait mettre entre les valeurs commerciales de ces métaux, et de la manière d'en évaluer le poids : on n'y lit rien qui puisse donner l'idée d'espèces frappées. Par la suite, les conquérants de l'Inde, Grecs, Musulmans ou Chrétiens, y ont porté la monnaie comme un signe caractéristique de la civilisation de l'Occident, restée en dehors des institutions indigènes.

96. — Parmi tant de restes de la civilisation égyp-

---

[1] Livre VIII, nos 131-138.

tienne, qui rappellent d'une manière frappante nos arts et notre industrie, on n'a rien trouvé qui donnât l'idée des monnaies et des médailles en usage dans l'antiquité classique et chez les nations modernes. On croit que les *scarabées*, sur lesquels on lit les noms des Pharaons, pouvaient servir de menue monnaie ; mais, dans les transactions importantes, on se servait d'anneaux d'or et d'argent. Sur les monuments égyptiens, et particulièrement sur ceux qui remontent au règne de Rhamsès-le-Grand, les tributs payés aux rois d'Égypte par les peuples vaincus sont représentés sous la forme de plusieurs séries d'anneaux ou de bourses : les uns devant représenter l'or et l'argent déjà fondus en lingots annulaires, et les autres contenant probablement l'or en pépites ou en paillettes [1].

Les Phéniciens, ce peuple éminemment commerçant, ne paraissent pas avoir connu l'usage de la monnaie aux temps de leur indépendance : il ne nous reste pas plus de monnaies des anciens Phéniciens que des Egyptiens des temps pharaoniques. Les plus anciennes monnaies des Juifs ne remontent non plus qu'à l'époque des Séleucides et des Asmonéens.

Dans les temps bibliques, on pèse pour les échanges l'or et l'argent en lingots. Abraham, après avoir acheté d'Ephron l'emplacement du tombeau de Sara, fait peser en présence des enfants de Heth quatre cents *sicles* (environ deux kilogrammes et demi) d'*argent marchand* [2], ce que la Vulgate, s'accommodant à des idées

---

[1] Champollion-Figeac, *Egypte ancienne*, p. 3. — Saigey, *Métrologie*, p. 26. — D. Vasquez Queipo, *Essai sur les systèmes métriques et monétaires des anciens peuples*, Tom. I, pag. 67.

[2] Καὶ ἀπεκατέστησεν Ἀβραὰμ τῷ Ἐφρὼν τὸ ἀργύριον, τετρακόσια δίδραχμα ἀργυρίου δοκίμου ἐμπόροις. *Gen.* XXIII, 16.

plus modernes, rend par la paraphrase *argenti probatæ monetæ publicæ*. Bien des siècles plus tard, Jérémie [1] voulant, par l'ordre de Dieu, acheter le champ d'Hamanaël, écrit le contrat, le signe et pèse à la balance dix-sept sicles d'argent, en présence de témoins.

Dans les temps homériques, la monnaie est pareillement inconnue. Ni Homère, ni Hésiode n'en parlent; ils expriment la valeur des choses par têtes de bétail. Homère dit que Glaucus, inspiré par Jupiter, troqua ses armes contre celles de Diomède, quoique les armes de Glaucus, qui étaient d'or, valussent cent bœufs, et que celles de Diomède, qui étaient d'airain, n'en valussent que neuf [2]. Le même poète, au chant suivant, décrivant la manière dont se faisait le commerce au camp devant Troie, dit qu'on y achetait des vins de Lemnos, en donnant, les uns du cuivre et les autres du fer, ceux-ci des peaux, ceux-là des bœufs ou des esclaves.

97. — Les érudits ont soigneusement relevé, comme on le pense bien, tous les passages des écrivains grecs et latins, qui peuvent faire allusion à l'invention de la monnaie; mais ces dires d'écrivains se contredisent souvent, et ils sont loin d'avoir l'autorité qui s'attache aux conclusions tirées des monuments mêmes. Nos collections numismatiques n'embrasseraient pas un espace de vingt-quatre siècles où chaque siècle, chaque période et chaque région un peu notable sont fidèlement représentés, sans qu'il y ait de représentants des siècles antérieurs, si le commencement de l'usage habi-

---

[1] XXXII, 9 *et* 10.
[2] *Il.*, VI, 234.

tuel de la monnaie ne cadrait pas, à peu de chose près, avec l'époque que représentent les plus anciennes pièces de nos collections, dont la façon porte d'ailleurs les marques de l'enfance de l'art. Barthélemy[1] fait remonter jusqu'à 900 ans environ avant Jésus-Christ l'invention, due aux Grecs, de l'art du monnayage; et de nos jours les savants sont portés à ne faire dater cette invention que du septième siècle avant notre ère[2] : encore faut-il descendre, pour obtenir une parfaite authenticité, jusque vers l'époque de l'expédition de Xerxès dans la Grèce (480 avant J.-C.). Cette époque est celle des médailles d'Alexandre I*er*, roi de Macédoine (497—454 avant J.-C.), les plus anciennes en fait de médailles à effigies royales, qui soient venues jusqu'à nous, et qui pour la plupart sont en argent. Vers la même époque, et apparemment à l'instar des Grecs, les rois Achéménides et leurs satrapes, en Asie, en Egypte, frappaient des monnaies d'argent et d'or dont les historiens anciens ont parlé, et dont nous possédons des exemplaires. Ainsi, par une coïncidence remarquable, l'invention de la monnaie chez les Grecs (évidemment suggérée par le goût de la race grecque pour tout ce qui tient à l'art) a lieu en même temps qu'apparaissent leurs premiers historiens. Et toutefois, dans les idées grecques, les monnaies n'ont pas encore la dignité ou la pompe de monuments historiques : ce sont des produits de l'art, dont une simplicité élégante fait le mérite. Les monnaies des villes grecques, dit Barthélemy, n'ont presque jamais de légendes propre-

---

[1] *OEuvres complètes*, Tom. IV, pag. 76.
[2] D. Vasquez Queipo, ouvrage cité, *passim*.

ment dites, et sur les monnaies royales on chercherait en vain des inscriptions étendues et relatives à des faits particuliers. Cependant, déjà sous les premiers Ptolémées, on trouve introduit l'usage de dater la monnaie, usage qui, après voir disparu dans le Bas-Empire, à la suite de l'abolition du Consulat, s'est perdu en Occident pendant tout le cours du moyen âge.

Par la suite, les Grecs ont porté l'usage de la monnaie jusque dans la Bactriane et dans l'Inde, chez des peuples qui devaient passer pour leurs aînés en civilisation. Les Parthes eux-mêmes, quoique les princes Arsacides eussent commencé par bannir tous les Macédoniens de leur pays, ont fait usage de la langue grecque sur leurs monnaies.

98. — L'influence de l'élément grec sur la civilisation de l'Italie méridionale et centrale et sur la formation de la cité romaine, influence attestée par tous les monuments des langues et de l'histoire, a été trop considérable pour qu'on ne doive pas admettre que Rome a connu de bonne heure l'usage de la monnaie d'argent, probablement vers l'époque où l'art de fabriquer la monnaie se propageait dans les villes d'origine grecque. Comment Corinthe, Sicyone et Athènes auraient-elles répandu dans les villes de la Campanie et de l'Etrurie les produits de leurs arts céramiques, sans y faire parvenir aussi les produits de leur art monétaire ? D'ailleurs les Romains, en recevant des Grecs l'institution de la monnaie, comme tant d'autres choses, ne manquèrent pas d'imprimer à l'institution leur cachet particulier. A toutes les époques, les Romains ont eu le goût de l'épigraphie : encore aujourd'hui, l'on ne répare pas à Rome un monument, sans saisir ce prétexte

d'y placer une inscription. En conséquence, non-seulement le monnayage a suggéré aux Romains, et aux peuples modernes à leur imitation, l'idée des médailles proprement dites, mais l'on dirait que le monnayage n'a été à leurs yeux qu'un moyen de vulgariser des médailles et de multiplier les exemplaires d'un monument épigraphique. On a pu refaire avec des médailles ou des monnaies l'histoire des grandes familles de la Rome républicaine. Si éphémères qu'aient été les règnes de tant d'usurpateurs un moment acclamés par la soldatesque, il y a dans nos médailliers des traces de leur passage. Les empereurs ont eu soin de perpétuer par des médailles-monnaies aussi bien les effigies des personnes qui leur étaient chères que les leurs propres; chaque événement de leurs règnes a sa médaille qui le signale; tous leurs consulats, tous leurs titres y sont soigneusement relatés, numérotés, à mesure qu'ils les acquièrent. Souvent il leur arrive d'en faire frapper pour rendre à la mémoire de quelques-uns de leurs prédécesseurs un honneur rétrospectif. Toute leur histoire se lit sur leurs monnaies : on sent que dans les idées romaines le rôle de la monnaie était surtout un rôle politique et historique.

L'usage de la monnaie ne se répandit que lentement, à la faveur des armes romaines, dans les parties occidentales et septentrionales de l'Europe. Quoique nous possédions beaucoup de monnaies purement gauloises, sur lesquelles ordinairement on voit un cheval grossièrement figuré, il paraît douteux que les Gaulois aient eu l'usage de la monnaie avant l'entrée des Romains dans les Gaules. L'or et l'argent qu'on trouva à Toulouse et dans les lacs sacrés, était sous forme de meules ou de tourteaux battus au marteau[1]. Quand Jules-César entra dans les îles britanniques, on n'y avait point d'autres monnaies que de petites lames de métal sans marques[2]. Au temps de Tacite[3], les monnaies romaines, bien connues des Germains des frontières, commençaient seulement à pénétrer dans l'intérieur du pays.

99. — Les Grecs, inventeurs de la monnaie proprement dite, s'étaient-ils déjà familiarisés avec l'usage des monnaies frappées, au point de passer de l'idée de l'argent-marchandise et des monnaies-poids à l'idée de *numéraire*, et de là, par une pente naturelle, à l'idée d'une monnaie de compte, tombant dans les attributions d'un pouvoir régulateur? Remarquons que le morcellement politique de la Grèce dans les temps républicains, et la grande activité du commerce maritime ne permettaient guère que cette dernière idée s'accréditât, puisqu'il fallait à chaque instant comparer entre elles les monnaies frappées aux coins des différentes cités, et que cette comparaison ramenait sans cesse la notion du poids. Bien plus, on a été conduit, pour concilier tant bien que mal les textes et les monuments, à cette étrange conclusion, que, dans la même ville, dans le même État, des monnaies frappées au même coin et portant le même nom, étaient taillées à des poids différents, pour s'accommoder aux divers systèmes de poids simultanément en usage parmi les Grecs. Nous ne pouvons suivre les érudits dans la discussion de tous

---

[1] Strab., lib. VI.
[2] *De bell Gall.*, lib. V.
[3] *Germ.*, cap. 5.

ces faits fort embrouillés, mais nous devons au moins mentionner le passage célèbre de la *Vie de Solon*, où Plutarque, s'appuyant de l'autorité d'Androtion, prétend que le grand législateur, en vue de soulager le peuple opprimé par les usuriers (50), modéra les usures ou le taux de l'intérêt, et affaiblit la monnaie, de sorte que la *mine*, qui valait 75 *drachmes*, fut portée à 100. « On peut admettre, dit M. Bœckh[1], que Solon avait l'intention de faire 100 drachmes nouvelles avec 75 anciennes, mais que cette nouvelle monnaie se trouva de quelque chose au-dessous, en sorte que les 100 nouvelles drachmes ne valurent que $72\frac{32}{60}$ anciennes, *tandis que le poids du commerce fut d'ailleurs conservé.* » Au contraire, dans le grand et savant ouvrage qu'il vient de publier sur la métrologie ancienne, D. Vasquez Queipo soutient que la réforme de Solon n'était qu'une réforme pondérale[2], ce qui n'est point incompatible avec le but politique que Plutarque lui prête, puisque les débiteurs se seraient également libérés en rendant moins d'argent qu'ils n'en avaient reçu. D'ailleurs il se pourrait bien que Plutarque, déjà si éloigné de Solon, eût appliqué à un fait ancien des idées de plus fraîche date.

100. — En tout cas, ce qui est douteux pour Athènes ne l'est point pour Rome. Chacun sait qu'à Rome le bronze fut, dans le principe, le métal employé pour la facilité du commerce, et que l'étalon des valeurs était un poids de bronze que l'on nommait *as*, d'où l'ex-

---

[1] *Economie politique des Athéniens*, liv. I, chap. 4.
[2] *Essai sur les systèmes métriques et monétaires des anciens peuples*. Tom. I, pag. 472.

pression fameuse en droit romain, *emere per œs et libram*, et le rôle symbolique de la balance (*libra*) dans les formes juridiques d'un âge postérieur. Plus tard, le même mot d'*as* ayant été pris dans un sens abstrait, pour désigner en général l'unité de mesure, l'unité de poids fut plus spécialement désignée par le mot de *libra* d'où nous avons fait *livre :* et cette espèce de *synecdoque* était bien naturelle, puisque, dans le *peson* (ou balance romaine), le poids est censé faire partie de l'instrument de pesée. Aussi n'avons-nous retenu que cette seconde acception du mot *libra*; et pour désigner l'instrument de pesée, nous avons pris un mot suggéré par la forme symétrique de l'instrument que nous employons [1]. L'unité de poids (*as* ou *libra*) se divisait en 12 *onces* et l'once en 24 *scrupules;* et la même échelle de subdivision était appliquée à toutes espèces de mesures : de sorte que les mots d'*once* et de *scrupule* se prenaient aussi dans un sens général et abstrait comme le mot d'*as* [2]. Nous avons encore des as romains ou italiques (*œs grave*), qui paraissent remonter au siècle même de la fondation de Rome ou aux deux siècles antérieurs [3].

Plus tard, le besoin de venir en aide aux citoyens ou

---

[1] Lanx, *plateau;* Bilanx, *balance* à deux plateaux ; d'où vient aussi le mot de *bilan*.

[2] Nous disons encore maintenant « le système des *poids et mesures*, un vérificateur *des poids et mesures,* » comme si toute espèce de mesure avait pour type le poids, tandis que (théoriquement) le poids ne vient qu'après les unités géométriques, et implique nécessairement dans sa définition le choix préalable des unités de longueur et de volume. N'y aurait-il pas là un reste des habitudes romaines ?

[3] « Servius rex ovium boumque effigie primus œs signavit. » Plin. XVIII, 3. — « Servius rex primus signavit œs ; antea rudi usus Romæ Timæus tradit. » id. XXXIII, 13. — Quelques antiquaires sont portés à faire remonter plus haut que le roi Servius cette espèce de monnayage.

à l'Etat obérés, les luttes de la plèbe contre le patriciat, les guerres longtemps malheureuses avec Carthage, amenèrent bien certainement des réformes comme celle que Plutarque attribue à Solon, et d'une application plus facile à Rome qu'à Athènes. Suivant Varron[1], l'as aurait conservé son poids d'une livre jusqu'à la première guerre punique, et Pline semble dire qu'il aurait été brusquement réduit à deux onces, sur la fin de la guerre, tandis qu'on possède des as bien conservés, accusant des réductions successives. L'an de Rome 537, sous la dictature de Q. Fabius Maximus, les malheurs de la seconde guerre punique amenèrent une nouvelle réduction de l'as : il ne pesa plus qu'une once; et bientôt, ajoute Pline, par la loi *Papiria*, l'as fut réduit à une demi-once. Ainsi réduit de poids, l'as de bronze ne pouvait plus être qu'une monnaie d'appoint; et, en réalité, le rôle de ce métal comme régulateur du système économique avait cessé, ainsi que cela devait arriver tôt ou tard, selon que Rome prendrait plus ou moins de part au mouvement commercial du monde ancien.

101. — Lorsque Rome se mit à faire frapper dans les ateliers des villes grecques de la Campanie, puis à frapper elle-même des monnaies d'argent, ce que Pline rapporte expressément à l'an 485 de l'ère romaine [2], on

---

[1] Il dit en parlant du jugère : « Id habet scrupula 288, quantum as antiquus noster ante bellum punicum pendebat. » *De re rustica*, I, 10.

[2] « Argentum signatum est anno Urbis CCCCLXXXV, Q. Ogulnio, C. Fabio consulibus, quinque annis ante primum bellum punicum. Et placuit denarium pro decem libris æris, quinarium pro quinque, sestertium pro dupondio et semisse. Libralé autem pondus æris imminutum bello punico primo, quum impensis respublica non sufficeret : constitutumque est ut asses sextentario pondere ferirentur. Ita quinque partes factæ lucri, dissolutumque æs alienum » Plin., XXXIII, 13.

décida que la pièce d'argent vaudrait *dix as* et qu'elle prendrait en conséquence le nom de *denier (denarius)*; le *sesterce* valant, comme le nom l'indique, *deux as et demi* ou le quart du denier, devint la monnaie de compte pour les temps classiques de la République et du haut Empire. D'abord de la taille d'environ un quart d'once ou de 6 grammes et demi (48 à 50 à la livre), le denier ne pesait déjà plus à la suite de la première guerre punique ou dans le commencement de la seconde (en 513 selon les uns, en 536 selon les autres) que la 84º partie de la livre romaine, ou un peu moins de quatre grammes. L'altération se poursuivant toujours, quoique lentement, tant dans le poids que dans le titre, il se trouva ne plus valoir, vers la fin de l'empire d'Occident, qu'environ deux grammes un quart d'argent fin, ou 50 centimes de notre monnaie.

102. — Les Romains des temps classiques avaient donné à leur pièce d'or le nom de denier d'or (*denarius aureus* ou simplement *aureus*), et le poids n'en était pas resté plus invariable que celui du denier proprement dit ou denier d'argent. Pline rapporte que, l'an de Rome 543 (c'est-à-dire dans le temps de la crise monétaire dont il vient d'être question), les Romains frappèrent de la monnaie d'or à raison de vingt sesterces par *scrupule*. On a encore de ces pièces anciennes de un, deux, trois scrupules, portant les marques XX, XXXX, LX, qui indiquent leur valeur en sesterces. Pline ajoute, au livre déjà cité de son grand ouvrage : « Post hæc placuit X (*denarios*) XL signari ex aureis libris, paulatimque imminuere principes, minutissime Nero ad XLV. » Letronne a fait voir qu'il faut rapporter aux temps de Jules-César, et probablement à

Jules-César lui-même, la réforme qui consistait à établir la taille de 40 à la livre, ce qui faisait de l'*aureus* une pièce d'environ 8 grammes, ou la livre sterling d'aujourd'hui. En même temps, la valeur de l'*aureus* fut fixée à 25 deniers d'argent, ce qui revenait à attribuer à l'or à peu près douze fois la valeur de l'argent. On vient de voir que déjà, du temps de Pline, l'*aureus* successivement diminué était arrivé à ne plus valoir que la 45° partie de la livre. Sous Gordien III et ses successeurs jusqu'à Dioclétien, le poids de l'*aureus* est tellement altéré qu'il devient impossible d'en déterminer la taille. On voulut apparemment se débarrasser d'une monnaie décriée, rappeler la confiance par un nom nouveau, et l'*aureus* fit place au *solidus* de 72 à la livre (4 grammes et demi), valant légalement 40 deniers. C'est à partir de l'établissement du *solidus* que la monnaie d'or devint, pour les Romains des temps impériaux, l'étalon des valeurs, sans échapper à des altérations subséquentes dans les siècles byzantins [1].

---

[1] Consultez, pour tout ce qui concerne les monnaies romaines, DUREAU DE LA MALLE, *Economie politique des Romains*, et les autres ouvrages cités dans ce chapitre.

CHAPITRE III.

DE L'HISTOIRE DES MONNAIES FRANÇAISES.

103. — Nous ne pourrions poursuivre cette revue rapide de l'histoire monétaire dont les détails sont infinis, en l'étendant aux diverses nations de l'Europe moderne : il suffira de dire quelques mots de l'histoire de la monnaie chez nous, puisqu'aussi bien c'est chez nous que cette histoire, en se liant d'une manière évidente à la tradition romaine, aboutit à une réforme philosophique, laquelle (dans la pensée des novateurs) devait être le point d'arrêt de toute histoire monétaire, et qui mérite bien d'être étudiée avec un soin particulier. En outre, l'histoire monétaire de la France, rapprochée de celle d'une grande nation rivale, présente des affinités d'origine et des contrastes de développement, bien propres à piquer la curiosité de celui qui aime à scruter les causes de la diversité des types, dans chaque ordre de créations.

Sous les Mérovingiens le système impérial se maintient; le tiers du *solidus* ou sou d'or (*triens*) est la pièce communément frappée : seulement, la figure du roi barbare se substitue à celle du César romain ou byzantin, et la décadence croissante de l'art se traduit par la dégradation des types.

Sous les Carlovingiens, au contraire, l'argent redevient presque exclusivement le métal monétaire; de nouveaux types apparaissent; l'effigie royale ou impériale est remplacée par un monogramme, comme pour témoigner de l'influence des Arabes qui tiennent alors le sceptre de la civilisation, et à qui leur religion interdit de mettre autre chose sur leurs monnaies que des *noms et des sentences. Charlemagne réforme la monnaie, en même temps que les autres parties du système métrique, peut-être aussi à l'instar des Arabes [1] : il porte à 367 grammes environ le poids de la livre, toujours divisée en douze onces, et décide que le *sou d'argent* sera la *vingtième* partie de la livre, et le denier la *douzième* partie du sou d'argent (environ un gramme et demi). Depuis Charlemagne, la livre de compte, le sou, le denier ont subi bien des altérations, bien des avilissements : mais l'échelle arithmétique adoptée par Charlemagne est restée fixe, par la raison que dans tout système artificiel ou naturel, les caractères extérieurs ou *formels*, susceptibles de définition précise, ont la vertu de persister, tandis que le fond des choses subit des transformations insensibles [2]. Les trois mots latins *libra, solidus, denarius*, devenus dans notre patois *livre, sou, denier*, se sont maintenus comme l'ineffaçable empreinte des origines romaines de notre civilisation. La même échelle monétaire a été portée par les Normands en Angleterre où elle s'est perpétuée, mais associée aux noms saxons de *pound*, de *shilling* et de *penny*, comme pour mieux constater l'hybridité du nouveau type produit par la conquête. Aujourd'hui, sur tous les points du globe, le marchand ou le planteur de race anglo-normande, en supputant ses *pounds*, ses

---

[1] SAIGEY, *Métrologie*, pag. 114.
[2] *Traité de l'enchaînement des idées fondamentales*, livre IV, chap. 5, n° 382.

shillings et ses *pence*, inscrit à côté de ses chiffres de petits signes, pour lui hiéroglyphiques, qui ne sont que les initiales des trois mots latins : trace bien légère, marque bien bizarre de choses qui se sont passées si loin de lui, à tant de siècles de distance, et où, nouveau Zadig, il pourrait lire en abrégé toute l'histoire de sa race !

104. — Sous les Capétiens, le monnayage de l'or et celui de l'argent ont lieu concurremment : la variété qui est le caractère général de l'époque se montre ici dans la multiplicité des empreintes et des coupures. On voit se succéder les types du *châtel*, de l'*agneau*, de l'*ange*, de la *fleur*, de l'*écu*, du *franc-archer* : celui-ci destiné à fournir un jour, quand le souvenir de son origine se sera perdu, le nom d'une nouvelle monnaie de compte. Dans l'exécution des types monétaires l'art reparaît peu à peu, selon le style qui caractérise les productions de l'art au moyen âge : mais il faut attendre la Renaissance du quinzième siècle pour voir rétablir sur les monnaies la tête du prince, à l'instar des monnaies antiques, et le millésime n'y est inscrit que sous le règne d'Henri II. Elles redeviennent alors, quoiqu'à un plus faible degré, ce qu'elles avaient été dans les idées romaines, des médailles, des monuments d'histoire et de chronologie.

Au point de vue de la politique, l'on est particulièrement frappé de la coïncidence soutenue entre les progrès du pouvoir royal et les abus de ce pouvoir en fait de législation monétaire. Nulle part la puissance publique n'a autant et si longtemps abusé que dans la France capétienne de l'idée d'une monnaie de compte, n'en a, avec autant de persévérance, exagéré les conséquences et les suites. Déjà, sous St-Louis, la livre de compte n'était plus que le quart de la livre pondérale.

A partir de Philippe le Bel et des premiers Valois, les remontrances des Etats-Généraux et des Parlements, quand les temps se prêtent aux remontrances, portent sans cesse sur l'altération des monnaies, c'est-à-dire, dans notre langage théorique, sur l'avilissement de la monnaie de compte. Louis XIV trouve encore moyen de faire subir à la livre de compte, dans son long et fastueux règne, une dépréciation de moitié. Sous la Régence, la secousse du *Système* imprime à la monnaie les plus violents soubresauts, jusqu'à ce que l'édit de mai 1726 établisse entre la livre pondérale et la *livre tournois* le rapport qui subsistait encore à la chute de la monarchie. Dans cet état final, la monnaie de compte se trouvait réduite à environ la vingtième partie de la valeur qu'elle avait au temps de St-Louis, et à la quatre-vingtième partie de sa valeur originelle, tandis qu'elle aurait dû être le quintuple de cette valeur originelle, si l'on avait tenu compte de la dépréciation réelle du métal. La refonte de la monnaie d'or en 1785, sous le ministère de Calonne, est le dernier acte par lequel l'ancien Gouvernement ait exercé son pouvoir régulateur sur la monnaie.

105. — Quel contraste avec les destinées de cette même livre de compte de l'autre côté du détroit, là où elle a été transportée par la conquête normande ! Sur ce terroir conservateur, elle est encore ce qu'elle était dans la France capétienne à la fin du douzième siècle. Elle n'en a pas moins subi, notamment sous les règnes des rois Tudors, des altérations qui lui ont successivement fait perdre environ les deux tiers de sa valeur originelle : mais, à partir du règne d'Elisabeth, elle n'a plus varié. A la suite et non pas par suite de la révolution de 1688,

l'Angleterre a éprouvé une crise monétaire que ne provoquaient pas des expédients financiers, et d'où il semblait qu'on ne pût sortir qu'en réduisant la monnaie de compte. Les hommes les plus éminents du pays dans les sciences et dans la philosophie, Newton, Locke, eurent mission de l'étudier, de concert avec des hommes politiques. Ils furent d'avis de restaurer les monnaies en circulation, sans toucher à la monnaie de compte [1]. Il y a loin de cette grave et consciencieuse résolution aux misérables expédients dont usait à la même époque le Gouvernement de la France.

106. Sans que les Gouvernements s'en mêlassent, les différences de situation et de caractère des deux grandes nations préparaient d'autres contrastes dans leurs régimes monétaires. L'Angleterre s'était asservi le Portugal par le traité de Methuen, et disposait de l'or du Brésil pour les besoins de sa circulation intérieure et de son commerce extérieur : la France avait bien plus de relations avec l'Espagne, dont les piastres approvisionnaient ses hôtels des monnaies avec l'argent extrait des mines du Mexique et du Pérou. La monnaie de papier s'accréditait en Angleterre, tandis qu'elle se discréditait en France ; et une fois l'argent banni des gros payements, pour lesquels il offre tant d'incommodités, il est naturel que l'on s'habitue à voir dans la monnaie d'or la caution du billet de Banque, et à réduire le rôle monétaire de l'argent à celui d'une monnaie d'appoint. Voilà ce qui s'est passé en Angleterre dans le cours du dix-huitième siècle. L'or y a chassé l'argent de la grande

---

[1] Voyez les détails de cette grande affaire excellemment racontés dans le Tome III de l'*Histoire du règne de Guillaume III*, par lord MACAULAY.

circulation, non point parce que la loi y fixait un peu trop haut le rapport de l'or à l'argent (il aurait été si aisé de modifier le tarif légal !), mais parce que les Anglais voulaient et pouvaient se servir de monnaie d'or. En conséquence, et sans que l'or fût positivement déclaré l'étalon des valeurs, le cours forcé de la monnaie d'argent a été longtemps borné aux sommes qui ne dépassaient pas 25 livres sterling; puis, lors de la réforme monétaire de 1816, l'argent a été, comme on dit, *billonné*, réduit à n'être, à l'instar du cuivre, qu'une monnaie d'appoint et de convention pour les payements au-dessous de deux livres sterling. Et, pour consommer la réforme, la livre sterling dont il ne s'agissait plus de rechercher l'origine, a été directement définie et représentée par la nouvelle pièce d'or, à laquelle on a donné le nom de *souverain*.

Rien de plus simple, de plus régulier, de plus logique que ce système auquel a été conduit, par sens pratique, le peuple qui se pique le moins de sacrifier à la rigueur de l'idée. Il a contre lui les causes d'instabilité de valeur qui affectent bien plus l'or que l'argent, comme la suite l'a prouvé. Mais les faits contemporains n'attiraient l'attention de ce côté ni dans le cours du dix-huitième siècle, ni même en 1816. Au contraire, comme le rapport de l'or à l'argent s'était élevé de 12 à 15 environ, depuis la découverte du nouveau monde, et qu'ainsi la dépréciation résultant de ce grand événement avait été moindre pour l'or que pour l'argent, certaines personnes étaient portées à en conclure (bien à tort) que la stabilité de valeur est moindre pour l'argent que pour l'or.

107. — En France où la mobilité des systèmes n'exclut pas la persistance des habitudes, et où l'on attend

tout du Gouvernement en se méfiant beaucoup du Gouvernement, les choses avaient dû tourner d'une tout autre manière. L'Etat, les Compagnies et même les particuliers avaient relativement peu de crédit; on ne se fiait guère à la monnaie de papier, et l'on avait assez d'industrie et de commerce pour éprouver le besoin de beaucoup de numéraire, assez de richesses naturelles ou acquises pour payer de la monnaie métallique : la France fut donc le pays où la monnaie métallique s'amassa dans la plus forte proportion. On ne voulait pas se priver de la commodité de l'or pour une foule d'usages, et l'on sentait bien que la monnaie d'or, excellente pour les particuliers qui la possèdent, a pour une nation que son tempérament expose à des crises violentes et fréquentes, presque aussi peu de solidité que la monnaie de papier, tant elle fuit et se cache avec facilité. Le numéraire en or était évalué en France à peu près au tiers de la masse totale du numéraire; et il fut admis que l'on devait tâcher de conserver cette proportion, et en tout cas faire en sorte que la monnaie d'argent restât la base de notre système monétaire. Les variations du cours de l'or relativement à l'argent, très-remarquées des financiers et des économistes spéculatifs, devaient beaucoup moins préoccuper la grande majorité des citoyens, étrangers aux opérations du commerce, tournés vers d'autres travaux et d'autres études, habitués à céder en ces matières aux dépositaires de la puissance publique. Telles étaient à cet égard les dispositions des esprits, lorsque éclata la Révolution française dont les auteurs s'imposèrent la tâche de réaliser, en fait de monnaies comme en tant d'autres choses, les conceptions philosophiques du dix-huitième siècle. Déjà l'on pouvait prévoir que la société réagirait contre les novateurs, et que plus d'une concession serait faite à la coutume et à la tradition nationale, aux dépens de la théorie.

108. — Fidèle en cela aux exemples paternels, Mirabeau se piquait d'être économiste avant que les événements ne lui eussent donné un grand rôle politique : il lui appartenait donc d'entamer la question de la réforme monétaire, ce qu'il fit dans le rapport et le projet de loi présentés par lui à l'Assemblée Constituante, le 12 décembre 1790. Cependant les réformes qu'il y propose ont plutôt trait au régime de la fabrication des monnaies qu'à la constitution du système monétaire : elles sont plutôt du ressort de la science des Finances et de l'Administration que de la *chrématistique* (16). Il prend la livre tournois telle qu'il la trouve, et se contente d'exprimer le vœu qu'on puisse plus tard « admettre une parfaite conformité de division dans les poids et mesures, et décréter la division décimale, suivant la méthode des Chinois. » Sur le choix de l'étalon monétaire il est plus explicite. Il admet une *monnaie constitutionnelle* d'argent et ce qu'il nomme des *signes additionnels* en or et en cuivre. « Vous aurez ainsi, disait le grand tribun, des pièces d'or à un titre et à un poids déterminés, mais sans rapport essentiel avec votre mesure d'argent, et leur valeur dépendra du prix de l'or dans le commerce, quoique vous fixiez préliminairement leurs valeurs (à 10, 20, 50 et 100 livres). »

Bientôt la tempête des assignats (en comparaison de laquelle les temps de Philippe le Bel et de Law pouvaient passer pour des temps de bonace) vint mettre dans l'ombre la théorie de la monnaie constitutionnelle et des signes additionnels. Les assignats étaient censés représenter des livres tournois, et jamais l'usage de la monnaie de compte n'avait été poussé jusqu'à un abus si extravagant. Néanmoins, même au plus fort de la crise, et tout en attaquant ou en se défendant par des moyens terribles, la Révolution ne perdait pas de vue son principe philosophique. Le 1ᵉʳ août 1793, la Convention décrétait une *première édition* du système métrique, meilleure à beaucoup d'égards que l'édition définitive. Le poids du décimètre cube d'eau (notre kilogramme actuel) y était pris avec bon sens pour unité pondérale et recevait le nom de *grave*. L'unité monétaire était *la pièce d'argent pesant la centième partie du grave*, à laquelle on imposait le nom de *franc d'argent*, sans rien spécifier sur le titre, ce qui laissait encore cette unité indéterminée.

Le décret du 7 octobre suivant concernait spécialeles monnaies et décidait que le titre serait de *neuf dixièmes* de fin pour la monnaie d'argent et d'or; que] l'unité principale des nouvelles monnaies, soit d'argent, soit d'or, serait la centième partie du *grave;* que la pièce d'argent pesant un centième du *grave* (notre pièce de 2 francs d'aujourd'hui) s'appellerait *républicaine;* que l'on frapperait en outre, en monnaies d'argent, des pièces de *cinq républicains;* que la pièce d'or au nouveau titre et du centième du *grave* prendrait le nom de *franc d'or*. On ne statuait rien sur le rapport légal de l'or à l'argent ou sur l'indépendance légale des deux métaux; et cela importait peu, puisque ni l'or ni l'argent ne pouvaient se montrer sous ce redoutable régime. Bien loin que l'on songeât à abolir immédiatement la livre de compte, un décret postérieur (à la date du 7 décembre 1793) portait que les marchés et les comptes de la république seraient stipulés et rendus en *livres*, décimes et centimes.

On était sorti du régime de la terreur, mais non du régime des assignats, lorsque la Convention, par son décret du 7 août 1795, revisa le système métrique. Sous le nom de *gramme*, le poids d'un centimètre cube d'eau devint l'unité pondérale. A l'égard des monnaies, le décret portait simplement : « L'unité des monnaies prendra le nom de *franc*, pour remplacer celui de *livre* usité jusqu'à présent. » Ce fut seulement le 15 août de la même année, que la Convention rendit deux décrets relatifs, le premier à la fabrication des pièces d'or, le second à la fabrication des monnaies d'argent et de cuivre. Les pièces d'or devaient être au titre de neuf dixièmes et à la taille de dix grammes. Le second décret arrêtait définitivement que l'unité monétaire porterait désormais le nom de *franc* et serait subdivisée en décimes et en centimes; que la monnaie d'argent aurait le titre de neuf dixièmes; qu'il serait fabriqué des pièce d'*un*, de *deux* et de *cinq* francs, aux tailles de *cinq* grammes, de *dix* grammes et de *vingt-cinq* grammes.

109. — Jusqu'ici nous ne voyons percer bien clairement que l'intention d'ajuster au nouveau système métrique la taille des monnaies d'or et d'argent, et celle de modifier tant soit peu (d'un quatre-vingtième environ) la livre de compte, la livre tournois, afin de l'accommoder à la taille des monnaies d'argent. Ces novateurs si hardis en d'autres choses, sentent qu'il faut ici transiger avec les habitudes, tant pour les choses que pour les mots; et au terme officiel de livre, ils se

contentent de substituer un terme depuis longtemps
admis comme synonyme dans le langage de la conversation[1]. Du reste, les décrets de 1795 ne reçurent
d'exécution qu'en ce qui concernait la fabrication des
pièces de cinq francs. En effet, la pièce de cinq francs
était destinée à devenir, par la force des choses, la
pierre angulaire du nouveau système monétaire, et rien
ne pressait de fabriquer, soit des pièces d'or, soit de la
menue monnaie d'argent.

Cependant il fallait bien aborder tôt ou tard les
questions laissées indécises, et notamment celle de savoir quelle serait au juste la fonction de la pièce d'or
dans le nouveau système monétaire. La question fut
agitée de nouveau, en 1798, par les Conseils législatifs,
sans que l'on parvînt à se mettre d'accord. Dans le
projet de résolution soumis au Conseil des Cinq-Cents
il était dit que la pièce d'or de dix grammes circulerait
de gré à gré entre les citoyens, mais qu'elle aurait un
cours légal et obligatoire pour tous les préposés au
recouvrement des contributions et pour tous les agents
des services publics; que ce cours légal serait déclaré
tous les six mois par la trésorerie nationale, conformément à la moyenne du prix commercial de la pièce d'or
à Paris dans les six mois précédents. Ces dispositions
ne satisfirent, ni le Conseil des Cinq-Cents, qui les
retrancha du projet en attendant qu'on eût trouvé

---

[1] Le *Misanthrope* disait déjà de son temps :
    Ce sont *vingt mille francs* qu'il m'en pourra coûter :
    Mais, pour *vingt mille francs*, j'aurai droit de pester
    Contre l'iniquité de la nature humaine,
    Et de nourrir pour elle une immortelle haine.

mieux, ni le Conseil des Anciens, qui ne voulait pas laisser décréter l'émission des pièces d'or de dix grammes sans que l'on consacrât le principe de la tarification légale de l'or et celui de l'intervention du pouvoir législatif dans la révision périodique du tarif.

« Voudrait-on (disait le citoyen Cretet, rapporteur des Anciens) rester dans cette indétermination, et ne considérer la pièce d'or que comme une marchandise d'un poids et d'un titre certifiés par l'empreinte nationale? Mais alors elle ne serait plus une véritable monnaie. Privée d'une valeur légale, comment pourrait-on contraindre à la recevoir? Ne voit-on pas que tout achat soldé en pièces d'or serait l'origine d'un double débat, celui pour le règlement du prix de la marchandise et celui pour le règlement du prix de la monnaie? Enfin, destinera-t-on les citoyens français, les habitants des campagnes, à se dépouiller de leur caractère libéral pour se livrer à ces calculs subtils qui ont entraîné dans une corruption incurable les Juifs et les Chinois? » En conséquence, le projet du gouvernement directorial n'aboutit pas.

110. — Le gouvernement consulaire se trouva donc chargé de résoudre les questions laissées pendantes. A la rigueur, il aurait suffi de rejeter à la fonte moins de vingt millions de pièces de cinq francs, pour faire table rase du système monétaire républicain, et pour revenir au passé ou pour éditer un système tout nouveau : mais le Gouvernement n'entendait pas ainsi son rôle d'arbitre entre l'esprit de retour aux vieilles traditions du pays et l'esprit d'innovation philosophique. L'un se trouva représenté par M. Gaudin, ministre des finances, l'autre par M. Bérenger, en qualité de rappor-

teur de la section des finances du Conseil d'Etat [1].

M. Gaudin était un financier, un administrateur très-honnête et très-habile, mais il n'était ni législateur, ni économiste, à en juger par l'étrange rédaction de quelques-uns des articles de son projet de loi, tels que celui-ci : « La valeur intrinsèque du franc sera égale en argent fin, sans compter l'alliage, à sa valeur numérique. » Le système de la fixité de poids et de la mobilité de valeur de la pièce d'or lui paraissait bon dans la spéculation, mais hérissé de difficultés dans la pratique. Comment la trésorerie arrêterait-elle sa comptabilité et composerait-elle ses bordereaux avec une monnaie sujette à des fluctuations continuelles de valeur ou à des secousses périodiques? Si le caprice des cours déprécie la monnaie d'or, la trésorerie pourra-t-elle la retenir dans ses caisses jusqu'à ce que les besoins de la circulation la réclament, en lui restituant sa juste valeur? Quoi de plus incommode pour les particuliers que de ne pouvoir faire aucune somme ronde avec des pièces d'or, et d'être obligés de recourir

---

[1] On trouvera les rapports de MM. Gaudin et Bérenger, avec d'autres pièces intéressantes, dans l'ouvrage que M. MICHEL CHEVALIER a publié en 1859 sous ce titre : *De la baisse probable de l'or*, ouvrage que l'importance des questions traitées, la force des preuves et la haute position de l'auteur devraient si fort recommander non-seulement à l'attention du public, mais encore à celle du Gouvernement. M. Michel Chevalier y rend à la mémoire de M. Bérenger un hommage mérité. J'ai eu aussi l'honneur de connaître dans ma jeunesse M. Bérenger. Esprit pénétrant et fin, logicien subtil avec quelque affectation de singularité dans les doctrines, soutien du pouvoir établi et contradicteur des opinions en faveur (soit auprès du pouvoir, soit auprès de l'opposition), fortement imbu de la philosophie du dix-huitième siècle et méprisant la pure spéculation, M. Bérenger (qu'il ne faut pas confondre avec ses homonymes) a rempli des postes élevés et traité de grandes affaires, en ne recherchant pas plus la célébrité que la faveur, au point qu'il est resté ignoré du gros du public.

au crayon ou à la plume pour le calcul des appoints ? Si la valeur commerciale de l'or, rapportée à l'argent, changeait d'une manière sensible et durable, on en serait quitte pour les frais de refonte de la monnaie d'or, frais modiques en comparaison des avantages attachés à l'adoption d'un tarif légal. D'après cela, le ministre proposait de fixer à quinze et demi le rapport de valeur de l'or à l'argent, et de frapper des pièces d'or de 20 *francs*, à la taille de 155 au kilogramme.

De son côté, M. Bérenger soutenait avec autant de subtilité que de nerf la pure doctrine de l'argent-marchandise et du lingot estampillé. Il faisait ressortir l'absurdité du système où l'on voudrait maintenir en présence l'un de l'autre deux étalons métalliques, et prétendait que le projet du ministre entraînerait une refonte perpétuelle de la monnaie d'or. Il démêlait avec beaucoup de sagacité la cause première de toutes les confusions dans lesquelles on tombait encore. « Il est fâcheux, disait-il, que les savants qui se sont occupés de nous donner une monnaie plus parfaite que celles des autres peuples, aient été les premiers à sacrifier le principe fondamental de leur doctrine, en substituant les cinq grammes et le nom de *franc* au gramme qui devrait être en même temps l'unité de poids et l'unité monétaire : avec ce changement de plus, ils auraient eu dans la pratique une immense supériorité, et la plupart des objections qui nous font hésiter seraient levées par l'expérience. » Effectivement, M. Gaudin n'aurait pas pu proposer d'inscrire sur une pièce d'or ces mots : *hectogramme d'argent*, comme il proposait d'y inscrire ces mots : *vingt francs*.

Telle est la puissance des mots sur les idées et des idées sur les faits : mais, à leur tour, les faits provoquent la génération des idées, et les idées influent sur la formation du langage. Le fait de l'institution de la monnaie avait enraciné l'idée d'une monnaie de compte, d'une unité fixe de valeur au moyen de laquelle on pourrait corriger, même les inégalités de l'étalon métallique. Cette idée persistait en dépit de tous les abus, malgré l'empire des systèmes, et maintenait des mots en désaccord avec les systèmes.

Que firent le Conseil d'Etat et le Gouvernement? Car alors le Gouvernement décidait de tout. Ils adoptèrent la pièce de 20 francs proposée par le ministre, et pour fiche de consolation, donnée à la section des finances, ils inscrivirent en tête de la loi organique du 7 avril 1803 (à titre de disposition fondamentale, en dehors du numérotage des articles ou, comme on dit, *en vedette*) cette définition logiquement irréprochable : « Cinq grammes d'argent, au titre de neuf dixièmes de fin, constituent l'unité monétaire qui conserve le nom de franc. » Par la raison déjà indiquée (108), les autres détails n'ont pas d'importance pour nous.

Qu'a décidé plus tard la marche des événements ? Elle n'a que trop donné raison à M. Bérenger, d'abord en assurant pendant longtemps une prime à l'or, puis en en déprimant la valeur de manière à montrer que le plus grand péril pour notre système monétaire et, qui pis est, pour notre système économique, vient de la tarification légale de l'or : mais elle n'a pas précisément donné tort à M. Gaudin, puisque celui-ci admettait parfaitement la nécessité de reviser le tarif et de refondre la monnaie d'or s'il survenait un écart sensible et durable entre le cours du commerce et le tarif légal, et qu'il avait insisté sur le peu de frais qu'occasionnerait l'opération de la refonte.

111. — Nous venons de décrire le travail d'enfantement de notre système monétaire, dont les phases diverses méritent d'être connues mieux qu'on les connaît généralement. Il est facile, mais non tout à fait inutile, de dire après coup ce qu'il aurait fallu faire pour arriver mieux et plus vite au but.

Evidemment, puisque l'on regardait comme un progrès de revenir au point de départ des peuples anciens, il fallait reprendre leurs errements. Pour eux, le sicle, le talent, la mine, la drachme, la livre, avaient été des poids en même temps que des monnaies ou des unités monétaires. Puisque les savants avaient fait adopter le gramme comme unité pondérale (unité en effet très convenable pour des physiciens et des chimistes), et puisque les arithméticiens imposaient l'échelle décimale des multiples et sous-multiples, il fallait que le gramme d'argent, au titre décimal convenu, ou un multiple décimal du gramme devînt, sans changer de nom, l'unité monétaire. Le gramme d'argent (l'ancien sesterce, ou notre pièce de 20 centimes) était déjà une unité incommode par sa petitesse au temps de Cicéron, lorsque l'argent valait cinq fois plus qu'à présent : de là l'obligation de prendre le décagramme (ainsi que l'avait décidé le décret du 1er août 1793), unité fort rapprochée du *gulden* ou *florin* rhénan et hollandais, de même que le double décagramme aurait été fort rapproché du *thaler*. On aurait frappé des décagrammes et des doubles décagrammes, des pièces d'un, de deux et de cinq grammes en argent et des centimes en bronze. Le peuple, dans son bon sens, a corrigé le pédantisme scientifique ; il a raccourci le nom de kilogramme et en a fait le *kilo* : il aurait raccourci de même le nom de décagramme d'argent, pour en faire le *déca*. Le choix de la dénomination de *franc*, qui ne vient pas du nom de la France, comme on pourrait le croire (104), mais qui a l'air d'en venir, allait directement contre une des prétentions des auteurs du système, qui était d'offrir au monde civilisé une nomenclature dont toutes les nationalités pussent s'accommoder.

Si l'on faisait tant que de choisir une coupure en dehors des multiples décimaux du gramme, et de lui donner un nom auquel les oreilles françaises fussent accoutumées, il ne fallait pas choisir une coupure qui appartînt à ce que l'on nomme menue monnaie ou monnaie d'appoint, à celle qui s'use rapidement par une circulation continuelle. On reçoit à l'étranger nos pièces de cinq francs : on n'y reçoit pas les pièces d'un franc. La valeur commerciale des traites que l'étranger fournit sur nous se règle d'après le poids moyen de la pièce de cinq francs en circulation chez nous, et non d'après le poids moyen des pièces d'un franc. Cette coupure de vingt-cinq grammes, qui est devenue notre pièce de cinq francs, et qui est si voisine de la *piastre* espagnole, du *scudo* romain et du *dollar* américain, remplit en effet dans la circulation du monde commercial, depuis la découverte de l'Amérique, la même fonction que le sicle, la drachme ou le denier remplissaient dans l'antiquité. La pièce d'argent s'est grossie d'elle-même par suite de la diminution de valeur de l'argent, comme la pièce d'or se grossira d'elle-même, si l'or diminue considérablement de valeur et qu'il continue d'être employé à l'état de monnaie. En prenant pour unité la coupure de 25 grammes, il était naturel de lui donner en français le nom d'*écu* ou celui de *pièce* tout court, si l'on trouvait que l'écu rappelait trop les temps féodaux. L'écu français se serait divisé en *décimes* et en *centimes,* comme l'écu romain se divise en dix *pauls* et le paul en dix *baïoques,* de la manière la plus commode pour tous les besoins de la petite circulation : on aurait frappé en argent des pièces d'un, de deux et de cinq décimes. Le centime, identique avec le *cent* américain et le baïoque romain, se serait pareillement identifié avec notre ancien *sou* dont les fractions sont devenues négligeables dans les comptes faits à la plume : si bien que dans tous les comptes, depuis ceux de la ménagère jusqu'à ceux du ministre des finances, la moitié des sommes d'argent auraient été exprimées avec un chiffre de moins, ce qui n'est pas un médiocre avantage en chose si usuelle. Cet avantage valait bien la peine que l'on dérogeât un peu à la rigueur formaliste, en frappant des pièces d'un demi-centime si le besoin s'en faisait sentir. Tout le reste marchait avec une régularité parfaite.

Restait la grosse question de la pièce d'or. Ici un heureux hasard venait en aide. En fixant à quinze et demi le rapport de l'or à l'argent, 8 grammes d'or vaudraient 124 grammes d'argent, c'est-à-dire cinq pièces de cinq francs, à un gramme près ou à un 124e près. Mais on ne peut prétendre à assigner, à un 124e près, la valeur du rapport de l'or à l'argent. Lorsque le ministre Gaudin proposait le nombre quinze et demi, il ne le proposait que comme une approximation. Il fallait donc devancer d'une quinzaine d'années l'invention du *souverain* anglais et frapper des pièces d'or de *huit grammes*, en décrétant qu'elles vaudraient légalement, jusqu'à révision légale, *cinq* des pièces d'argent dont chacune représentait l'unité légale des valeurs. Il n'y avait aucun inconvénient à ce que le poids constant de la pièce d'or fût pris en dehors de l'échelle décimale. Au contraire, on exprimait mieux de cette manière ce qui avait toujours été dans la pensée des législateurs français depuis Mirabeau, à savoir que le rôle monétaire de l'or serait subordonné à celui de l'argent. Plus tard, la valeur de l'or venant à changer ou à menacer de changer notablement, on aurait eu le choix, ou de démonétiser l'or, ou d'attribuer aux pièces de huit grammes une autre valeur en argent, ou de les refondre pour en fabriquer d'autres d'un poids différent et d'un appoint plus commode. A chaque jour suffit sa peine.

112. — Résumons ce qui a fait l'objet de ces deux derniers chapitres, et d'abord reconnaissons que l'invention de la monnaie frappée (ou comme nous dirions maintenant, du numéraire) est un des produits du génie grec, plus tard notablement modifié sous l'influence du génie romain, et l'un des traits caractéristiques de la civilisation des peuples de l'antiquité classique, communiquée par eux aux vieilles nations de l'Asie ainsi qu'aux peuples encore barbares de la jeune Europe. La notion de l'échange d'un objet matériel contre un autre, d'un poids de riz ou de blé contre un poids d'or ou d'argent, est une notion toute concrète et sensible (*do ut des*) : tandis que la fonction du numéraire ou des espèces monnayées conduit, par la vertu du langage et par le mouvement naturel de l'esprit humain, à une idée de la valeur, plus élevée dans l'ordre de l'abstraction, mieux accommodée aux principes de

la raison et du droit (89). Il doit donc paraître tout simple que les peuples qui ont eu pour mission de fonder ou d'élever l'édifice des sciences et de la jurisprudence, aient été aussi les instituteurs du rôle de la monnaie dans le système économique. En même temps ils ont forgé une arme nouvelle, au service du génie du mal ; l'histoire est là pour l'attester : mais il en est de même pour tous les progrès, pour toutes les conquêtes de l'esprit humain. Lorsque les économistes de la seconde moitié du dix-huitième siècle, dans un esprit de réaction contre les abus et les erreurs des temps passés, se sont évertués à prouver qu'une pièce de monnaie n'est qu'une marchandise tout comme une autre, un petit lingot dûment essayé et poinçonné, ils ont, de leur aveu, tâché de nous ramener, dans les choses de leur compétence, à la civilisation égyptienne ou chinoise. En cette occasion comme en bien d'autres, on a été frappé de l'abus que les hommes avaient fait de la subtilité et de la quintessenciation des idées, et l'on s'est pris à glorifier la sensation dans son état primitif et grossier, avant l'élaboration à laquelle l'entendement la soumet. Toutes ces phases sont transitoires et ne peuvent empêcher la raison de poursuivre sa tâche, qui consiste à épurer progressivement les notions sensibles, sans perdre de vue le point de départ, et en se gardant d'un faux raffinement.

L'institution de la monnaie proprement dite et par suite l'idée de la monnaie de compte ont eu pour résultat de faire participer à toutes les vicissitudes de la politique et à la rapidité du mouvement politique ce qui, sans cette association, et à moins de circonstances tout à fait extraordinaires, ne comporterait que des variations très-lentes. Les unités de longueur et de poids sont elles-mêmes sujettes à des altérations séculaires, mais qui s'expliquent par la fraude des uns, par la négligence des autres, ou par le mécanisme même de la reproduction successive des exemplaires d'un même type, et point du tout par la politique. La politique n'a rien à voir à la hausse progressive du *diapason* des théâtres. Lorsque les Gouvernements jugent à propos d'intervenir pour réformer l'unité de poids ou d'autres semblables, ils font et entendent faire acte d'administration désintéressée, non de politique : tandis qu'ils ont presque toujours entendu faire de la politique quand ils ont agi sur le système monétaire. De là les altérations dont nous voyons que la monnaie a été si fréquemment l'objet chez la plupart des peuples de l'Occident, tant que les intérêts de la politique l'ont emporté de beaucoup dans la pensée des Gouvernements sur les soins de l'administration.

113. — Par toutes ces causes, l'histoire monétaire est devenue, dans le monde occidental, un appendice de l'histoire de l'art, de l'histoire politique et religieuse. On voit dans cette histoire comment un type se perfectionne, s'altère, disparaît, pour être remplacé par un autre qui traverse des phases analogues. Les changements de types, de figures, de légendes, traduisent les changements survenus dans l'ordre des idées religieuses, indiquent les déplacements de la souveraineté, ou même les changements survenus dans l'ordre des idées politiques. De là l'intérêt qui s'attache à la numismatique, indépendamment du parti qu'on en peut tirer pour fixer certains points d'économie publique,

de chronologie ou d'histoire générale. Or, croit-on que les monnaies qui se frappent aujourd'hui, avec plus de profusion (Dieu merci) qu'à aucune des époques antérieures, offriront à nos successeurs le même intérêt historique? Nullement : car, si nous retenons, malgré les théoriciens du dernier siècle, une idée de la mesure des valeurs, supérieure à celle qu'on en pouvait avoir avant l'institution de la monnaie, il faut reconnaître que ces théoriciens ont gagné leur procès, en ce sens que la monnaie tend effectivement à redevenir de nos jours, par suite des progrès de la civilisation générale, ce qu'elle était dans la haute antiquité, ce qu'elle est restée à la Chine par arrêt de développement, une chose purement matérielle, un simple lingot d'or ou d'argent, dont le poids et le titre sont connus et soigneusement enseignés à tous les petits enfants, pour mieux ôter aux chefs de la société l'envie de la tromper. Ce qui était un droit régalien, de *seigneuriage*, est devenu une affaire d'administration publique, un *service* public. La précision du procédé industriel est mise bien au-dessus de la beauté de l'œuvre d'art. Nous admirons dans les médailliers ces beaux tétradrachmes de Syracuse, tout en préférant de beaucoup pour notre usage ces monnaies si plates, mais si parfaitement cylindriques, si exactement pesées et titrées, si économiquement fabriquées. La commodité attrayante d'un système uniforme l'emporte chaque jour sur la jalousie des traditions nationales : la Belgique, la Suisse, l'Italie adoptent notre système monétaire; l'Allemagne marie comme elle peut, sur les mêmes monnaies, le Nord et le Midi, le *thaler* et le *gulden*. Quand on en est à ce point, il est bien permis de dire que l'histoire de la monnaie est finie : tout au plus pourrait-on continuer d'en donner le bulletin ou la gazette. Ces lois si apparentes dans l'histoire spéciale de la monnaie sont justement, suivant que nous avons tâché de l'établir ailleurs[1], les lois générales de l'histoire. On dirait un organe spécial qui apparaît plus tard, et qui cesse de vivre quand le système général de l'organisme vit encore, mais dont les destinées font présager celles du système général.

---

[1] *Traité de l'enchaînement des idées fondamentales*, Tome II, *passim*, et notamment le chap. 4 du livre V.

CHAPITRE IV.

DE LA PRODUCTION ET DE LA DEMANDE DES MÉTAUX PRÉCIEUX.

114. — L'or se rencontre toujours dans la Nature à l'état de métal, pur ou le plus souvent allié à une petite quantité d'argent. Il se trouve *en place* (comme on dit) dans des filons de quartz, où il revêt les formes de petits cristaux diversement groupés, de filaments, de lames, de paillettes, et enfin de gros grains ou pépites qui parfois acquièrent un volume considérable. Indépendamment des filons, certaines roches quartzeuses, réputées d'origine éruptive, et qui forment des couches très-étendues dans les terrains de cristallisation, renferment de l'or disséminé. Cependant, malgré la grande valeur de l'or, la plupart des mines d'or en roche seraient d'une exploitation trop coûteuse, au moins tant qu'on n'aura pas trouvé le moyen d'y appliquer économiquement les puissances de la mécanique moderne, et elles ont dû être abandonnées. C'est le cas de l'unique mine d'or que nous possédions en France, celle de la Gardette, dans les Alpes dauphinoises. La presque totalité de l'or fourni au commerce s'extrait des sables aurifères ou des terrains de transport où la Nature s'est elle-même chargée, pour ainsi dire, des plus rudes travaux du mineur, de ceux qui consistent à concasser la gangue et à concentrer le métal précieux en le dégageant, par le lavage, des matières moins denses au sein desquelles il est épars. Les notables changements dans la valeur de l'or ont toujours été la suite de la découverte de nouveaux sables aurifères, de nouveaux terrains de transport; et l'on a remarqué que tous ces dépôts d'alluvion ou de transport viennent de roches d'une composition analogue et ont les mêmes relations géologiques avec les terrains environnants.

Les sables aurifères recouvrent au Brésil un espace immense : on les retrouve au Chili, au Pérou, dans la Colombie, dans la Nouvelle-Grenade, au Mexique, aux Etats-Unis, enfin dans les contrées livrées de préférence aux chercheurs d'or de notre siècle : les pentes de l'Oural, la Sibérie, la Nouvelle-Californie et l'Australie. C'est probablement dans des sables aurifères que s'exploite l'or extrait de la partie méridionale de l'Asie, de l'archipel indien et de l'intérieur de l'Afrique, à en juger par le commerce de poudre d'or que les Européens font avec les nègres des côtes. C'est aussi de dépôts sableux aurifères que viennent les paillettes d'or cherchées par les orpailleurs dans les lits de certains fleuves, comme le Rhin, le Rhône, l'Ariége.

115. — L'argent existe à l'état natif, en petits cristaux cubiques ou octaédriques comme ceux de l'or, en lamelles foliacées ou bien encore en filaments déliés et entrelacés. On l'a quelquefois rencontré en masses de 20 à 60 et même de 100 kilogrammes. A cause de la facile réduction du métal, on peut croire que la présence de l'argent natif dans des masses d'argent minéralisé par le soufre et le chlore est l'effet d'une première réduction dont la Nature a fait les frais, en soumettant jadis à de hautes températures ou à d'autres réactions

chimiques les roches qui contenaient les dépôts métallifères, et en facilitant ainsi comme pour l'or (mais cette fois par des moyens chimiques et non plus mécaniques) la découverte du métal et son exploitation par l'homme. Toutefois elle n'a pris soin d'en réduire ainsi que la moindre partie. L'argent livré au commerce se tire principalement du sulfure d'argent en Europe, du sulfure et du chlorure d'argent au Mexique et au Pérou. Les gîtes argentifères se trouvent en filons, à travers les terrains stratifiés les plus anciens. Des roches massives ou d'éruption, telles que la syénite, la diorite, les trachytes et les conglomérats trachytiques, renferment aussi des dépôts argentifères de grande importance, en Europe et en Amérique.

Depuis la découverte du nouveau monde, les mines d'argent les plus importantes ont été exploitées par le procédé de l'amalgamation, où l'on met à profit la fluidité du mercure et son affinité pour l'argent, afin de recueillir et de concentrer les moindres parcelles du métal précieux. Dès lors le principal usage industriel du mercure a été de servir à l'extraction de l'argent : et il en est résulté (33) qu'une découverte de mercure équivaut à une découverte d'argent, en ce sens que tout ce qui facilite la production du mercure et en abaisse le prix, agit indirectement de la même manière sur la production et sur la valeur de l'argent.

116. — Aujourd'hui, l'on n'évalue qu'à 1000 ou 1100 kilogrammes d'or la production annuelle de la Hongrie et de la Transylvanie, les seuls pays de l'Europe où l'exploitation de l'or ait quelque importance (et qui, par parenthèse, n'en sont pas moins soumis au régime du papier-monnaie). Au commencement du

siècle, quelques-uns évaluaient à 20 000 kilogrammes la production de l'Amérique et à 36 000 kilogrammes celle du monde entier; ces évaluations ont paru trop fortes à Alexandre de Humboldt qui donne le chiffre de 15 800 pour la production de l'Amérique, de l'Europe et de la Russie asiatique. En adoptant ce chiffre et en tenant compte de l'or puisé à d'autres sources par le commerce des nations chrétiennes, M. Michel Chevalier [1] suppose un total de 18 000 kilogrammes. Mettons en nombres plus ronds encore (car on ne saurait prétendre en pareille matière à une véritable précision) 20 000 kilogrammes ou *un mètre cube* d'or. Quelques années plus tard, ce chiffre a été triplé par le développement donné à l'exploitation des mines de l'Oural et de la Sibérie ; et enfin, à partir de 1848, la découverte des *placers* de la Californie, de l'Australie (sans parler d'autres que les journaux nous annoncent tous les jours) a porté, suivant le même auteur, la production annuelle à plus de 275 000 kilogrammes, soit *quatorze mètres cubes.* Ces quatorze mètres cubes menacent de bouleverser l'économie de nos sociétés : et, en attendant, ils donnent à l'émigration européenne un élan nouveau ; ils activent la colonisation du continent australien et de l'Amérique occidentale où la rencontre de l'émigration européenne et de l'émigration chinoise doit offrir au monde un nouveau et curieux spectacle.

Les plus importantes mines d'argent exploitées maintenant en Europe se trouvent en Hongrie, en Saxe, dans le Hartz, en Prusse, en Norwége, en Angleterre.

---

[1] *De la baisse probable de l'or*, section III, chap. 1. — 1859.

Toute la production de l'Europe n'était évaluée dans ces derniers temps qu'à 60 000 kilogrammes, tandis que l'on portait celle du Mexique seul à plus de 500 000 kilogrammes, celle de l'Amérique entière à 900 000 kilogammes, et enfin la production totale du globe à un million de kilogrammes. M. Michel Chevalier admet que la production était, au commencement du siècle, de 900 000 kilogrammes, et que présentement elle excède peu un million de kilogrammes.

On ne peut avoir que des données extrêmement vagues sur les quantités d'or et d'argent actuellement en usage, par suite d'une accumulation séculaire. Avant les dernières découvertes, on évaluait à quarante milliards de francs la valeur des quantités d'or et d'argent versées dans le commerce depuis le commencement de l'exploitation des mines de l'Amérique, et à sept ou huit milliards de francs la valeur qu'absorbait la circulation commerciale des pays chrétiens.

117. — Les nombres cités approximativement indiquent déjà la cause principale de ce flux continu d'argent, où l'activité des Européens intervient comme force motrice, et en vertu duquel une partie des richesses métalliques arrachées aux flancs des Cordillères va s'enfouir ou du moins se soustraire à nos yeux chez les vieilles nations du monde asiatique. Celles-ci doivent rechercher notre argent, c'est-à-dire l'argent de l'Amérique, beaucoup plus que notre or, parce qu'elles sont ou que du moins elles étaient avant les dernières découvertes, beaucoup plus pauvres en argent qu'en or, relativement à nous. Déjà, selon Pline, la quantité d'argent qui soldait le commerce de l'empire romain avec l'Asie orientale, s'élevait à 100 millions de sesterces, soit

100 000 kilogrammes, ce qui paraît fort exagéré. Suivant les premières recherches de M. de Humboldt, l'on aurait pu évaluer, pour le commencement du siècle, à 600 000 kilogrammes, la quantité d'argent qui sortait annuellement du marché des nations chrétiennes pour passer dans l'Asie musulmane ou païenne : mais l'auteur anglais d'un traité spécial sur la production et la consommation des métaux précieux, M. Jacob, a cru devoir réduire cette évaluation à moitié. Il paraît que les changements continuels des relations commerciales avaient progressivement diminué cette exportation d'argent jusqu'à l'abaisser, vers 1830, au chiffre de 100 000 kilogrammes. Puis, à partir de 1852 ou 1853, s'est manifestée une sorte de crise qui a poussé l'exportation annuelle, en 1856 et 1857, jusqu'au chiffre énorme de deux millions ou deux millions et demi de kilogrammes, c'est-à-dire à plus du double de la production annuelle [1]. Tant que l'exportation de l'argent n'aura pas pris un cours plus régulier, il sera évidemment impossible de se risquer dans des spéculations sur les conséquences qu'elle doit amener.

118. — Dans laquelle de nos catégories économiques devrons-nous ranger les producteurs de métaux précieux? Tantôt dans l'une, tantôt dans l'autre, selon la variété des cas. Le chef despotique d'un grand Etat, sous la domination ou même dans le domaine duquel se trouve l'un des principaux gîtes d'un métal précieux, exerce ou peut exercer un véritable monopole, en concurrence toutefois avec d'autres monopoleurs ou avec une multitude de petits producteurs placés eux-

---

[1] Michel Chevalier, ouvrage cité, section III, chap. 3.

mêmes hors des conditions du monopole, en ce sens que la production de chacun d'eux, comparée à la production totale, est trop petite pour que la manière dont chacun d'eux règle sa production ait une influence sensible sur la valeur du métal (63). Au contraire, le souverain auquel nous faisons allusion et de qui il dépend de régler l'exploitation des gîtes aurifères de l'Oural et de la Sibérie, est de taille, comme producteur d'or, à influer d'une manière sensible sur le prix de l'or. On peut dire que, sans la découverte des *placers* de la Californie et de l'Australie, qui a suivi de si près le mouvement imprimé à l'exploitation des gîtes de la Russie asiatique, le souverain de ce grand empire aurait exercé sur le cours de l'or toute l'influence qui peut être imputable au développement ou à la restriction volontaire de la production. C'eût été alors le cas d'appliquer les principes de la théorie du monopole, tels que nous les avons exposés dans un précédent chapitre. Seulement, tandis que pour les marchandises ordinaires, le monopoleur s'aperçoit, à la diminution de son revenu évalué en numéraire, qu'il a trop étendu ou trop resserré sa production, ici il s'apercevrait à la hausse nominale de toutes les denrées, de tous les services à l'achat desquels il lui plairait d'appliquer son revenu, qu'il a réglé sa production d'une manière moins avantageuse pour lui et qu'il y a lieu de la restreindre. En un mot, ses calculs auraient pour bases, non-seulement le *quantum* du revenu net évalué en numéraire, mais encore l'appréciation de la valeur que prend le numéraire, par suite de l'extension ou de la restriction de la production dont il dispose.

Le travail du nègre ou du sauvage qui ramasse de l'or pour l'échanger contre les verroteries, les tissus, les armes, le tabac que lui apportera le premier navire européen, n'est pas sans doute une industrie du genre de celles auxquelles peuvent précisément s'appliquer nos formules techniques : il faut plutôt comparer ce travail de l'homme enfant à celui par lequel, dans les temps géologiques, la Nature a préparé les voies à l'industrie des nations civilisées (114). Mais, l'industrie de l'armateur qui envoie un bâtiment pour faire la *troque* de l'or sur les côtes de Guinée, est bien une industrie régulière, organisée, à laquelle s'applique tout ce que nous avons dit des effets du monopole et de la concurrence; et, en ce sens économique ou commercial, il sera permis de considérer l'armateur comme le producteur de la quantité d'or qu'il fournit au commerce du monde civilisé. S'il a le monopole d'une telle entreprise, elle lui vaudra une rente proprement dite : sinon, la concurrence tendra à réduire ses profits au taux ordinaire du commerce maritime; car les peuplades grossières, à qui l'on demandera l'or en plus grande quantité, se montreront plus exigeantes, et les déboursés de l'armateur s'élèveront en raison de leurs exigences.

Souvent, dans les premiers temps de la découverte d'un nouveau gîte, il n'y a en quelque sorte qu'à se baisser pour ramasser le précieux métal : il en est alors du gîte métallifère comme de cette source (63) d'où l'on peut tirer et d'où l'on tire (en l'absence du monopole) tout ce qu'elle peut donner. La trouvaille enrichit l'heureux aventurier, et le prix du métal est sans relation aucune avec la dépense de travail ou de capital qu'a exigée la trouvaille. Quant à la part qui représenterait la rente d'un fonds productif, il n'en peut être encore question. Au besoin, et si la trouvaille est de quelque importance comparativement à la masse métallique déjà mise dans la circulation, la valeur du métal baissera un peu, jusqu'à ce que la quantité nouvellement recueillie trouve son placement. Ce n'est là, à vrai dire, qu'une phase transitoire durant laquelle le fonds de réserve métallique s'accroît, et l'on ne peut compter sur de telles trouvailles pour l'alimentation régulière et permanente du marché, correspondant à des besoins réguliers et permanents. Mais, bientôt après l'épuisement de cette exploitation pour ainsi dire fortuite et sporadique, s'organise chez les peuples civilisés une exploitation technique et régulière, qui (dans les conditions les plus habituelles, à savoir celles de la concurrence indéfinie) produit annuellement tout ce qui peut être produit avec quelque profit : de manière que la valeur d'un surcroît de production ne compenserait pas le surcroît de frais nécessaire pour l'obtenir. L'échelle des frais de production est croissante (68) : car, pour produire davantage, il faut transporter plus loin les vivres et les outils, attirer par des salaires plus élevés des ouvriers en plus grand nombre, qui doivent vivre dans de plus rudes conditions ou se livrer à des travaux plus malsains ; il faut pousser le travail des mines à de plus grandes profondeurs, attaquer des filons plus pauvres, étancher des galeries inondées, employer des machines plus puissantes, multiplier les ouvrages d'art et les constructions dispendieuses. Les frais croissant beaucoup et la valeur du produit diminuant un peu à mesure que la production s'étend, il doit venir un moment où la production s'arrête, parce que l'on ne pourrait sans perte l'étendre davantage. Et, grâce aussi à ce que l'échelle des frais est croissante, une mine pourra devenir un fonds productif de rente, même dans le cas où la production est affranchie de tout monopole proprement dit.

119. — Après avoir parlé de la production, occupons-nous de la demande ou de l'emploi et de la consommation des métaux précieux.

L'or et l'argent, comme le fer, le plomb, l'étain, le cuivre, le platine, ont des usages industriels qui tiennent à leurs propriétés physiques et chimiques : ils ont de plus un emploi spécial, dans un but d'ostentation, de thésaurisation et de circulation commerciale, emploi que le monnayage a facilité et régularisé (surtout en ce qui concerne la circulation), mais qui a précédé et déterminé l'institution de la monnaie, et qui subsisterait encore, lors même que les peuples civilisés renonceraient à cette institution.

Un bijou, un vase, un ustensile d'or ou d'argent, celui-là même dont on fait le plus habituellement usage, n'est en réalité qu'un lingot dont les couches les plus superficielles éprouvent de l'usure ou du *frai*, précisément en raison des services qu'elles rendent. Le surplus constitue une richesse d'ostentation ou une richesse thésaurisée que l'on retrouvera au moment du besoin. Le progrès des arts tend à diminuer la part faite à la richesse d'ostentation, de thésaurisation, et à augmenter celle qui se consomme effectivement par l'usage, parce que c'est celle qui rend effectivement des services à l'homme ou qui contribue à ses jouissances sensuelles. Les procédés de dorure et de placage se perfectionnent : le plus vil métal, recouvert d'une couche infinitésimale d'or ou d'argent par les procédés de la galvanoplastie, simulera l'or ou l'argent et rendra effectivement les mêmes services; il suffira de renvoyer en temps convenable la pièce au doreur; l'ostentation seule n'y trouvera pas son compte, si le curieux ou le convive s'avise de constater l'absence de la marque à laquelle on reconnaît que l'objet est d'or ou d'argent massif. D'un autre côté, la facilité d'avoir à bon marché des pièces qui ont le même éclat, le même agrément et le même genre d'utilité que des pièces massives, doit en répandre l'usage et par conséquent augmenter la consommation effective ou le frai du métal précieux.

Outre leurs usages physiques, les métaux précieux sont employés (ordinairement à l'état de sels, et à titre de substances ou de réactifs chimiques) dans les laboratoires, dans la pharmacie et dans les arts. De là une nouvelle consommation effective, dont il faut tenir compte malgré sa petitesse, et que doit sans cesse réparer une nouvelle production.

120. — Pour ce qui concerne l'or en particulier, sa ductilité vraiment prodigieuse en restreint singulièrement la consommation pour les besoins de l'industrie de la dorure. Dans le livre auquel nous empruntons plusieurs renseignements, M. Michel Chevalier nous apprend que le battage d'or à Paris n'opère pas sur plus de 1200 kilogrammes, et que l'industrie de la dorure sur métaux, industrie éminemment française, n'emploie pas en France plus de 450 kilogrammes du même métal. M. de Humboldt évaluait à 9000 kilogrammes la quantité d'or qu'employaient la bijouterie et l'orfévrerie pour la consommation de l'Europe entière. Ces nombres pouvaient être mis en regard d'une production annuelle de 20000 kilogrammes : ils de-

viennent insignifiants en face d'une production annuelle quatorze fois plus considérable; et quoiqu'une baisse de valeur doive toujours augmenter la consommation, on ne peut raisonnablement supposer l'accroissement de consommation aussi rapide, à beaucoup près, que la baisse de valeur. Certaines convenances règlent l'application de telle matière à tel usage. Quoique l'or vaille aujourd'hui environ quinze fois son poids d'argent, l'horloger n'emploie pas quinze boîtes d'argent pour une d'or; tandis que l'orfévre qui tient une quantité de *nécessaires* d'argent à la disposition des acheteurs, n'a pas un seul *nécessaire* d'or. Il faudrait fabriquer en surcroît un million de boîtes de montres, au poids de 20 grammes, pour absorber un de ces treize mètres cubes d'or produits annuellement en surcroît (116), et quand ce million de boîtes aurait été fabriqué, il y en aurait pour bien longtemps. A moins de supposer que la valeur de l'or baissât des trois quarts, on ne devrait pas compter que la fabrication des ustensiles d'or s'accrût dans une proportion notable; et si une telle baisse se produisait, la production de l'or cesserait aussitôt, ce qui ramènerait un mouvement de hausse. D'ailleurs, bien avant ce terme, l'or prendrait la place de l'argent dans le courant de métal précieux qui a lieu des pays de civilisation chrétienne vers les contrées asiatiques. Il en résulte que, dans les conditions actuelles, la circulation monétaire est le seul débouché qui soit en proportion avec la production annuelle de l'or.

L'argent comporte un régime bien plus régulier, aussi bien pour la consommation que pour la production. Sa ductilité bien moindre exige une plus grande dépense de matière pour recouvrir les mêmes surfaces.

Son bas prix relatif met les ustensiles massifs à la portée des fortunes moyennes que le mouvement de la civilisation multiplie : de sorte qu'une baisse notable de valeur permettrait de compter sur un accroissement considérable de demande, en dehors de l'emploi monétaire. Enfin, dans les circonstances actuelles, si une rupture d'équilibre est à craindre, le danger vient plutôt d'un excès de demande que d'un défaut d'emploi.

121. — Tout imparfaites qu'elles sont, les indications numériques qui précèdent montrent suffisamment qu'il n'y a pour les métaux précieux (comme pour les autres métaux et comme pour les denrées en général) pas de liaison nécessaire entre leur abondance relative et leur prix relatif. Si l'hectolitre de froment vaut autant que trois hectolitres d'avoine, cela ne signifie point du tout que l'on récolte annuellement trois fois autant d'avoine que de froment. Si le kilogramme de cuivre vaut autant que deux kilogrammes de plomb, cela ne veut pas dire qu'il y a actuellement en réserve métallique deux fois autant de plomb que de cuivre, ni que la production annuelle des mines de plomb est double en poids de la production annuelle des mines de cuivre. Le rapport de valeur de l'or à l'argent oscille depuis des milliers d'années entre 12 et 16, et l'on vient de voir qu'au commencement du siècle la production annuelle de l'argent était égale à 40 ou 50 fois celle de l'or : tandis que depuis quelques années elle est descendue à moins du quadruple, sans que le rapport de valeur de l'or à l'argent ait encore subi une altération d'un quinzième.

Il ne faudrait pas conclure de là (ce qui serait absurde) que le hasard ou la fantaisie, ou une sorte de préjugé routinier fixent à leur gré les valeurs relatives et absolues des métaux précieux : la raison n'est au contraire satisfaite que lorsqu'elle parvient à se rendre compte de l'enchaînement des causes d'où cette fixation résulte par une conséquence nécessaire; et elle peut y parvenir, même en l'absence des données indispensables pour déterminer numériquement ou quantitativement les effets compliqués de ces causes diverses, ainsi que nous tâcherons de le faire voir dans le chapitre qui va suivre.

CHAPITRE V.

DE LA DÉTERMINATION DE LA VALEUR DES MÉTAUX PRÉCIEUX.

122. — Raisonnons d'abord dans l'hypothèse d'un seul métal monétaire : ce serait l'argent si toutes les nations commerçantes s'accordaient à démonétiser l'or; ce serait l'or si toutes convenaient d'adopter le système anglais, dans lequel la monnaie d'argent n'est qu'une monnaie d'appoint, dont la valeur légale ne suit point les variations de la valeur intrinsèque du métal.

Pour que le métal soit recherché dans des vues de thésaurisation et d'échange, et pour que l'on songe plus tard à lui imprimer la forme de monnaie, il faut d'abord qu'il soit recherché pour des qualités intrinsèques, en vue de l'application à d'autres usages. Telle est l'origine de la valeur qu'il a dans le commerce. Mais, il vient un moment où cette primitive destination du métal n'a plus qu'une importance accessoire; et alors on peut isoler par la pensée la part de la production annuelle qui va se consommer dans l'industrie ou accroître la masse métallique fixée sous forme de bijoux, d'ustensiles; on en peut distraire encore ce qui s'écoule vers des contrées en dehors du grand mouvement commercial des nations civilisées : le reste servira à réparer ou à accroître la masse du numéraire en circulation.

Considérons donc à part et comme ayant en propre son approvisionnement, son marché, ses débouchés, le numéraire ou la portion monnayée et circulante du métal. Si la valeur du métal baisse, si la population et les richesses s'accroissent, la consommation industrielle augmentera, et une moindre part de la production annuelle servira à l'approvisionnement de numéraire : ce sera, quant au numéraire, comme si les sources de la production annuelle avaient diminué d'abondance. Si la valeur du métal hausse, si les richesses diminuent, la consommation industrielle diminuera, on fondra de la vaisselle et des bijoux pour les convertir en monnaie : ce sera, quant au numéraire, comme si les sources de la production annuelle s'étaient accrues de tout ce que procure la fonte des bijoux et de la vaisselle ; et l'on sait d'ailleurs que cet accroissement, résultat de quelques circonstances locales et passagères, n'a nulle importance économique.

123. — Afin de résoudre la question qui nous occupe, examinons ce qui arrive dans une ville, dans un pays que les circonstances obligent de se servir d'un numéraire fictif, d'une monnaie conventionnelle qui consistera, par exemple, en *jetons* métalliques de divers modules, afin de s'accommoder aux divers besoins de la circulation. Selon l'état actuel de la population, de l'industrie, de la richesse, des relations de commerce et des procédés du mécanisme commercial, il faudra que la masse de ces jetons représente fictivement une certaine valeur, convenablement subdivisée et répartie entre les différents modules, afin de suffire à tous les besoins, sans les excéder : comme il faut à la Banque de France tant de billets des diverses coupures pour assurer son service, tout en se prêtant le mieux possible aux commodités de la circulation. Maintenant, qu'arrivera-t-il, si l'on embrasse dans son ensemble la circulation

du monde commercial, et si l'on veut que la monnaie fictive, la provision de jetons se transforme en une monnaie composée du même nombre de pièces, pareillement échelonnées, rendant exactement les mêmes services, mais qui possèdent effectivement et intrinsèquement les valeurs pour lesquelles elles sont admises dans la circulation? Il faudra d'abord que les poids des pièces de divers modules, si elles ont toutes le même degré de *fin*, ou (dans le cas contraire) les poids de métal fin qu'elles contiennent, soient précisément *en raison directe* des valeurs pour lesquelles elles circulent. Il faudra ensuite que la valeur de l'unité pondérale du métal précieux, quand la totalité de la masse circulante vient à varier (l'état du système économique et les besoins de la circulation ne changeant pas), varie précisément *en raison inverse* de la masse circulante; et la formule mathématique dont nous avons déjà proposé un autre exemple (54) trouvera ici son application rigoureuse. Que les jetons, devenus de vraies monnaies, pèsent un peu plus ou un peu moins, leur office dans la circulation sera le même. Le service que rend maintenant notre pièce de cinq francs était aussi bien rendu autrefois (111) par une pièce d'argent qui n'avait que le poids de notre pièce actuelle d'un franc, ou environ. Une révolution inverse aurait lieu maintenant, que le commerce et les affaires (après le temps de crise dont nous parlerons tout à l'heure) n'en iraient, ni mieux, ni plus mal. Seulement, les garçons de caisse s'en trouveraient soulagés, et la manutention des gros payements en espèces d'argent serait sujette à moins d'incommodités. Si le poids de la pièce d'or de vingt francs se trouvait un jour doublé (supposition qui n'a aujourd'hui plus rien d'étrange), il deviendrait un peu moins aisé d'emporter avec soi de grosses sommes en or : mais, ce n'est pas là ce qui apporterait du trouble dans les opérations du négoce et dans les transactions ordinaires, ni ce qui pourrait diminuer l'exactitude de la loi mathématique qu'on vient d'énoncer.

124. — Pour en rendre en quelque sorte la vérité palpable, nous avons eu recours à un petit artifice didactique : nous avons admis que la circulation dont les besoins sont censés ne pas changer, se faisait avec le même nombre de pièces, toutes rendues proportionnellement plus lourdes ou plus légères, selon que la masse métallique absorbée par la circulation venait à augmenter ou à diminuer. En réalité, les choses ne se passent pas ainsi : il faut beaucoup de temps avant que l'abondance ou la raréfaction du métal n'amène quelque réforme monétaire, qui mette le poids de la pièce dans un rapport plus convenable ou mieux assorti à la fonction qu'elle remplit, en conséquence de la valeur que lui assigne la demande de métal pour les besoins permanents de la circulation. Mais, cette circonstance n'a rien qui affecte le fond des choses, ni par conséquent la vérité du principe. Le même payement se fera toujours avec deux cents pièces comme avec cent pièces d'un poids double, sauf un peu plus d'incommodité et de perte de temps dans l'opération du compte, et sauf aussi à la longue un peu plus de perte de métal, résultant d'un frai plus considérable.

Ainsi donc, pour que la valeur du métal précieux restât constante, dans l'hypothèse admise d'un état invariable de la richesse publique et de la circulation commerciale, il faudrait et il suffirait que les sources métalliques fournissent annuellement juste de quoi réparer le frai annuel, c'est-à-dire (d'après les observations recueillies) quelque chose comme un ou deux millièmes de la masse métallique en circulation (soit quinze millions pour dix milliards), toute déduction faite de ce qui alimente la consommation industrielle du métal, de ce qui remplace le numéraire accidentellement perdu ou détruit, et de ce qui va annuellement s'engloutir ou s'enfouir, après plus ou moins de détours, dans des contrées qui ne le rendent plus à la circulation générale.

125. — Il n'y aurait nulle opportunité à discuter le cas d'une hausse progressive de valeur du métal précieux, causée par un tel appauvrissement des sources métalliques, qu'elles ne suffiraient plus à réparer le numéraire en circulation, non plus que celui d'un mouvement de baisse soutenue, causée par un amoindrissement durable des besoins de la circulation : il suffirait d'ailleurs de renverser les raisonnements que nous allons faire sur les cas inverses, les seuls qui répondent à la situation actuelle.

Admettons donc que, par suite d'un progrès notable dans les procédés d'exploitation, ou (ce qui doit arriver plus ordinairement) par suite de la découverte de nouveaux gîtes, la production annuelle augmente d'une manière considérable : une baisse dans la valeur du métal en sera la conséquence nécessaire. Comment cette baisse s'opérera-t-elle? Voilà ce qui mérite attention.

La baisse, si elle est rapide, sera accompagnée de tous les phénomènes qui caractérisent ce qu'on appelle une crise commerciale : car les détenteurs du métal en surcroît chercheront à s'en défaire, à l'utiliser ou (comme on dit) à le placer, ce qui ne pourra se faire qu'en élevant par la concurrence le niveau général des prix, et en provoquant un surcroît de production, là où un surcroît de production est possible à la faveur de la hausse des prix. Les salaires, les profits, les prix des denrées, des immeubles, des actions industrielles, de tous les fonds productifs, à l'exception des rentes en argent, s'élèveront de proche en proche. Cependant, comme il n'y a réellement rien de changé dans l'ensemble des ressources naturelles et des forces productrices, si ce n'est en ce qui regarde la production du métal précieux, il faudra bien que tout se réduise en définitive à une baisse réelle du métal, le surplus du système économique restant en réalité ce qu'il était auparavant : donc, le surcroît de production dans les autres branches d'industrie deviendra une cause d'encombrement ; il y aura une réaction ; des pertes succéderont aux bénéfices inusités, jusqu'à ce qu'un nouvel équilibre se soit établi. Cependant il n'est pas impossible qu'à la faveur de l'excitation momentanée, des efforts heureux aient été tentés, que quelques progrès se soient accomplis qui laisseront des traces durables et dédommageront dans une certaine mesure des maux inséparables de toute crise commerciale.

Si l'afflux du métal précieux n'accroît qu'avec lenteur la masse du numéraire circulant, il n'y aura pas de crise : le métal pourra baisser lentement de valeur, sans trouble pour les fortunes privées, si ce n'est en ce qui concerne les rentes perpétuelles en argent ou les créances à long terme, mais aussi sans profit réel pour la fortune publique.

126. — Rien ne changeant dans les conditions de la production du métal précieux, il haussera de valeur si un accroissement de population, de richesse, d'industrie, d'affaires, tenant aux progrès de la civilisation gé-

nérale, exige qu'il y ait dans la circulation un plus grand nombre de pièces ou de jetons circulant avec la même valeur, ou (ce qui revient au même avec un peu moins de commodité) qu'une plus grande valeur soit attachée aux pièces qui circulent en même nombre (123). De là, lorsqu'il y a tout à la fois accroissement de production et accroissement dans les besoins de la circulation, un conflit entre deux forces contraires qui peuvent s'équilibrer ou dont l'une peut surmonter l'autre, selon les circonstances. On s'est beaucoup préoccupé dans ces derniers temps, et avec raison, de l'issue probable d'un tel conflit. On a montré par l'exemple frappant de l'Angleterre et de la ville de Londres en particulier, qu'un accroissement énorme dans le chiffre des affaires peut avoir lieu sans augmenter notablement l'émission et la circulation des billets de Banque, à plus forte raison sans augmenter l'émission et la circulation de la monnaie métallique : tant le mécanisme commercial est susceptible de se simplifier et de se perfectionner à l'aide des virements de compte, des *maisons de liquidation*, des *chèques* et d'autres ingénieux artifices imaginés pour dispenser de la manutention du numéraire métallique et même du numéraire en papier! Toutefois, il ne faut pas juger des effets produits dans l'ensemble du monde civilisé par ce qui se passe dans un pays où le génie du commerce règne comme en Angleterre, et dans une ville immense, organisée pour être le comptoir central, la métropole commerciale du monde entier. La France n'est pas un pays d'idiots et de barbares, et jusqu'ici il lui a fallu une masse de numéraire métallique, sans proportion aucune avec ce qu'exigerait de l'autre côté du détroit un pareil mouvement d'affaires. Peut-on admettre que de vastes continents, tels que l'Amérique septentrionale et l'Australie, se peuplent (comme ils se peupleront peut-être avant un siècle) de quelques centaines de millions d'hommes de race européenne, participant au mouvement de notre civilisation et en hâtant la marche, sans que les besoins seuls de l'approvisionnement domestique, de la menue thésaurisation, du petit commerce intérieur, auquel ne saurait s'appliquer le mécanisme d'une circulation commerciale centralisée, absorbent de grandes quantités de métal précieux? Supposons que la Chine soit décidément ouverte au commerce européen, et que son immense population se convertisse, jusqu'à un certain point, à la civilisation européenne : il faudra que la masse du numéraire métallique subvienne à des besoins tout nouveaux ; et ce mouvement peut se produire bien avant que l'on ne songe à établir à Pékin ou même à Canton des chèques et des *Clearing-houses* pour en modérer les effets. Avec un accroissement considérable de population et de richesses s'accroîtra considérablement la demande de métal précieux, non-seulement pour la fabrication de la monnaie, mais encore pour les usages industriels, pour la vaisselle, pour les bijoux. Ainsi donc, eu égard aux progrès actuels et présumés de la population et de l'activité commerciale dans le monde entier, sous l'influence du génie des races européennes, il y a lieu de croire que pendant longtemps encore la valeur des métaux précieux pourra regagner par des accroissements séculaires ce que lui aurait fait perdre temporairement soit le progrès du mécanisme commercial chez les nations les plus avancées en fait de commerce, soit une accumulation inouïe de découvertes en fait de gîtes métalliques : accumulation due elle-même au déploiement de l'activité humaine dans tous les sens, mais dont les effets sont de nature à cesser longtemps avant la cessation des causes qui poussent à l'accroissement et à la diffusion des populations civilisées sur toute la surface du globe. Nos successeurs sauront un jour avec certitude ce qu'il faut penser de ces graves questions dont notre esprit impatient voudrait pressentir les solutions.

127. — Considérons maintenant le cas où deux métaux A et B remplissent concurremment l'office de métal monétaire, tout en ayant chacun des qualités qui les font rechercher pour d'autres usages, sans quoi les hommes n'auraient pas songé à s'en servir à titre d'instruments de commerce. Comment se détermineront pour chacun d'eux les valeurs de l'unité pondérale, telles qu'on pourrait les conclure (89) d'une comparaison soigneuse avec l'ensemble des faits économiques, et comment se déterminera le rapport de ces valeurs, rapport tout à fait apparent et susceptible d'une constatation immédiate ?

Il faut, comme ci-dessus, que, pour un état donné de la circulation, la masse totale du numéraire circulant, tant en monnaie A qu'en monnaie B, ait une valeur fixe. De là une condition ou, comme disent les géomètres, une équation à laquelle doivent satisfaire les inconnues que nous cherchons, à savoir la valeur de l'unité pondérale du métal A et celle de l'unité pondérale du métal B. Mais, une seule équation ne suffit point pour déterminer deux inconnues. Les besoins de la circulation restant les mêmes, la quantité du métal A pourrait doubler sans que la valeur en baissât de moitié, si le résultat d'une plus grande abondance était de faire employer la monnaie A dans des branches de la circulation où jusque-là on employait la monnaie B, ou de reculer la *frontière* qui sépare le domaine de la monnaie A du domaine de la monnaie B. Il ne faut pas dire non plus que les valeurs des unités pondérales de A et de B seront en raison de ce que coûtent à produire et à apporter sur le marché les quantités de l'un et de l'autre métal qui se produisent et se transportent dans les conditions les plus coûteuses. Sans doute la production s'arrêtera dès que le producteur ne fera plus ses frais; et il faudra attendre qu'une raréfaction du métal, causée à la longue par le frai et les pertes de toute sorte, rende au métal un prix qui permette d'en reprendre l'exploitation au point où on l'a laissée et de la pousser davantage, ou que l'on vienne à découvrir des richesses métalliques d'une exploitation moins coûteuse, ou bien enfin que l'état de la circulation change et exige une masse plus grande de numéraire; mais la cessation ou la reprise de la production sont réglées par la valeur du métal et ne sont pas ce qui règle cette valeur.

Il faut donc qu'une liaison *empirique* (56), du genre de celles que l'observation seule peut faire connaître, et dont la formule ne saurait être assignée rationnellement ni mathématiquement exprimée, vienne s'adjoindre à la liaison tout à fait rationnelle et mathématique que le premier examen de la question a rendue manifeste, de manière à déterminer complétement ce qui ne saurait en fait rester dans l'indétermination, et ce dont on ne pourrait sans absurdité attribuer la détermination au hasard. Admettons en effet que le métal A soit tout à la fois le plus rare et le plus digne d'être recherché pour ses qualités intrinsèques : il ne pourra manquer d'avoir dès l'origine une supériorité de valeur sur le métal B; et lorsque l'on s'avisera de donner à tous deux la forme de monnaie, une notable supériorité de valeur suffira pour que la monnaie A soit plus propre que la monnaie B à certains usages, à la thésaurisation, aux voyages, aux gros payements, et plus recherchée à ce titre. De là un nouvel accroissement de valeur relative pour le métal A, mais qui doit avoir sa limite comme toutes choses, quoique l'observation seule nous puisse faire connaître cette limite : car, à mesure qu'un surcroît de production annuelle, causé par la hausse de valeur, rendra la monnaie A plus abondante dans la circulation, les occasions de la rechercher et de la demander avec prime sur la monnaie B diminueront, jusqu'à ce que chacun des deux métaux se soit, pour ainsi dire, constitué un domaine, une frontière. La valeur de chacun des deux métaux, dans son domaine, sera ainsi complétement déterminée, comme l'était celle du métal unique quand il embrassait dans son domaine la circulation tout entière.

Vienne maintenant un changement dans les conditions de la production du métal A et un afflux extraordinaire de ce métal : la monnaie A, plus habituellement offerte, baissera de valeur et en même temps empiétera sur l'ancien domaine de la monnaie B, sans qu'on puisse connaître, autrement que par l'expérience, jusqu'où elle portera sa frontière. Le domaine de la monnaie B se trouvant resserré, la valeur du métal B devra baisser pour s'adapter aux besoins d'une circulation plus restreinte; ce qui en restreindra immédiatement la production annuelle, et ce qui à la longue restreindrait aussi la quantité du métal B en circulation, jusqu'à ce que l'équilibre se fût rétabli entre le déchet annuel et la production annuelle. Il y aura donc une baisse générale du numéraire métallique, le métal A réagissant sur le métal B et l'entraînant dans le mouvement de baisse qui lui est propre. Pour assigner d'avance le résultat final, il faudrait connaître ce que nous ne connaissons pas, à savoir la liaison qui existe entre le changement du rapport de valeur des deux métaux et le déplacement de la ligne de frontière des deux circulations métalliques : seulement il est naturel d'admettre que le mouvement de baisse du métal A (sur lequel les causes de baisse pèsent directement) l'emportera sur le mouvement de baisse du métal B (qui n'a lieu que par contre-coup), et qu'ainsi le rapport de valeur du métal A au métal B baissera, quoiqu'il puisse baisser beaucoup moins que si le métal B ne participait pas au mouvement de baisse.

128. — Appelons maintenant les choses par leur nom. L'or est ce métal que son éclat, son inaltérabilité, sa prodigieuse ductilité feraient préférer à l'argent, lors même qu'il n'aurait pas plus de rareté, à plus forte raison dans les conditions de rareté relative où l'or s'est trouvé jusqu'à présent. En raison de la grande cherté relative de l'or, la monnaie d'or a acquis une mobilité relative qui la rend préférable pour beaucoup d'usages à la monnaie d'argent, et qui l'a fait rechercher de manière à augmenter encore la valeur relative de l'or. Un énorme et subit accroissement dans la production annuelle de l'or doit tout à la fois causer la baisse de valeur du métal, et faire que la monnaie d'or empiète

sur l'ancien domaine de la monnaie d'argent, d'où par contre-coup une baisse dans la valeur de l'argent, capable d'atténuer notablement la baisse dans la valeur du rapport de l'or à l'argent, et qui pourrait aller jusqu'à la rendre à peine sensible, si la valeur de la totalité du numéraire métallique baissait presque proportionnellement à la valeur de l'or.

Dans l'excellent ouvrage que nous avons déjà plusieurs fois cité, M. Michel Chevalier dit que la France a servi de *parachute* à l'or, par l'énorme quantité d'or qu'elle a monnayée dans ces dernières années, afin de remplacer la monnaie d'argent chassée du marché français, par suite de l'écart entre la valeur légale et la valeur commerciale du rapport de l'or à l'argent. Mais nous pensons que l'argent a surtout servi de parachute à l'or en partageant son mouvement de baisse, de manière à atténuer considérablement, non-seulement le mouvement de baisse relative, mais encore le mouvement de baisse absolue, tel qu'aurait dû l'imprimer à la masse d'or seule l'invasion d'un véritable déluge d'or. L'argent sorti de France n'a pu entrer dans la circulation monétaire des autres pays civilisés, dont le commerce est plus ou moins solidaire avec le nôtre, sans y causer une dépréciation de la monnaie d'argent et du numéraire en général. Si, par l'effet d'un singulier concours de circonstances, l'argent sorti de France, au lieu d'entrer dans la circulation monétaire des pays soumis à la civilisation européenne, est allé s'enfouir dans l'extrême Orient, l'afflux extraordinaire d'or n'a fait en grande partie que prévenir la hausse de valeur du numéraire métallique, de l'or comme de l'argent, qui aurait été la conséquence d'une demande extraordinaire d'argent pour les contrées ultra-orientales. Le maintien en France de l'ancien rapport légal entre l'or et l'argent, tel qu'il avait été arbitré au commencement du siècle par le ministre Gaudin, n'a fait que déterminer à se porter sur la France, de préférence à d'autres contrées, cet afflux extraordinaire d'or, arrivant si à point pour combler le déficit qu'aurait causé sans cela dans la circulation monétaire l'émigration de l'argent vers l'extrême Orient. Soit que les causes d'émigration de l'argent persistent ou ne persistent pas, l'afflux d'or pourrait continuer sans amener une baisse extraordinaire dans le rapport de la valeur de l'or à celle de l'argent. Au premier cas, la monnaie d'or remplacerait peu à peu dans tous les pays civilisés la monnaie d'argent, et les valeurs des unités pondérales de l'un et de l'autre métal changeraient peu : dans le second cas, les deux monnaies continueraient de fonctionner côte à côte, mais de manière que le domaine de la monnaie d'or empiétât sans cesse sur celui de la monnaie d'argent, et de manière aussi que la valeur de l'unité pondérale diminuât sans cesse pour l'un et pour l'autre métal, pendant que la masse du numéraire métallique augmenterait sans cesse.

129. — On peut trouver que le Gouvernement français a manqué de décision et d'à-propos, en ne baissant pas la valeur légale de l'or, de manière à prévenir l'émigration de la monnaie d'argent : car il s'agissait d'empêcher le pays de s'appauvrir pour procurer des bénéfices à quelques spéculateurs. Aujourd'hui, la perte est en grande partie consommée, et il ne s'agit plus que de savoir si le pays s'imposera un sacrifice pour rappeler la monnaie d'argent, soit en démonétisant l'or, soit

en soumettant à une révision actuelle, et plus tard à des révisions périodiques le tarif légal de l'or. Quant aux inconvénients bien plus graves résultant de la dépréciation simultanée des deux métaux monétaires, le remède qu'on y pourrait apporter est d'une tout autre nature. Il ne pourrait consister que dans la résurrection de la monnaie de compte, ou dans des mesures équivalant à la résurrection de la monnaie de compte (91). Telle serait la mesure qui démonétiserait ou *billonnerait* l'argent, en laissant au législateur le soin de fixer et de reviser, chaque fois que le besoin s'en ferait sentir, le rapport du gramme d'or au franc, devenu une pure monnaie de compte.

On pourrait démonétiser l'or, en vue de la baisse prolongée à laquelle il paraît devoir être encore pendant longtemps soumis; et d'autres Etats ont donné l'exemple de cette mesure énergique. Mais alors, outre qu'on se priverait de toutes les commodités qu'offre la monnaie d'or pour une foule d'usages, on s'exposerait à d'autres accidents, comme celui d'une demande extraordinaire d'argent pour le commerce avec l'Asie orientale (dont nous venons d'avoir un exemple si frappant). De même que l'argent sert en ce moment de parachute à l'or, dans d'autres circonstances l'or pourra jouer le rôle de modérateur par rapport à l'argent. Cette solidarité entre deux métaux précieux, dont chacun a son histoire plus ou moins semée d'incidents fortuits, est de nature à diviser les chances, à en atténuer quelquefois les suites ; et généralement elle doit contribuer à modérer utilement les perturbations du système économique : tandis que le pire de tous les partis serait de passer alternativement d'une monnaie à l'autre, de manière à augmenter l'amplitude des perturbations économiques à chaque changement de monnaie.

D'ailleurs il est clair que, si la démonétisation de l'un des métaux précieux prive le pays des avantages de la solidarité et de l'influence modératrice dont nous parlons, l'inconvénient n'est pas moindre lorsque le Gouvernement persiste à maintenir entre les valeurs des deux métaux un rapport légal trop en désaccord avec celui du commerce libre; puisque cela revient à chasser de la circulation, à renvoyer à l'étranger, c'est-à-dire au fond à démonétiser le métal que la loi tarife trop défavorablement.

CHAPITRE VI.

DU FLUX DES MÉTAUX PRÉCIEUX ET DE LA DÉTERMINATION DU CHANGE.

130. Quand rien ne gêne le commerce, les marchandises de toute sorte doivent aller directement, par la voie la moins coûteuse, du lieu de production au lieu de consommation. Cette voie la moins coûteuse, toute appréciation faite des conditions de sûreté et de célérité, ou des primes d'assurances et de l'intérêt des capitaux engagés, peut être fort différente de la voie la plus directe, géométriquement parlant, ou même de celle qui exige la moindre dépense de force mécanique. Si, par exemple, le vaisseau qui transporte directement la marchandise de M en N est obligé de revenir sur lest, tandis que ceux qui la transportent, d'abord de M en P, puis de P en N, trouvent à faire des chargements de retour, la route de M en N, en faisant escale en P, sera la route préférable comme étant la moins coûteuse, et c'est ce que nous entendrons quand nous parlerons de la voie la plus directe dans le cours de ce chapitre.

Pour l'or et l'argent, les lieux de consommation sont partout, et au contraire les lieux de production vraiment importants sont très-circonscrits. Afin de rendre le langage plus simple et l'exposé plus clair, il nous sera permis de réduire fictivement tous les centres de production à un seul, ou de n'en considérer qu'un seul.

Si donc l'or et l'argent n'avaient que des usages industriels, il s'établirait, en raison de la demande de chaque marché, un flux permanent et direct de métaux précieux, du centre de production vers chaque marché ou lieu de consommation. Ce serait comme une pluie de Danaé, mais une pluie dont les filets, inégaux de grosseur et de longueur, s'épanouiraient à partir d'un orifice commun, à la manière des gerbes de nos fontaines ornementales ou de celles qu'un jardinier produit avec un instrument plus vulgaire. Les écoulements indirects, passagers et accidentels, d'un marché où la denrée surabonde momentanément, vers un autre marché où l'on éprouve une pénurie momentanée, pourraient être considérés comme des fluctuations qui se compensent dans un court laps de temps, et qu'on est autorisé à négliger, lorsqu'on n'a en vue qu'un régime habituel, permanent, ou sujet seulement à des variations séculaires.

Il en faudrait encore dire autant, si le flux permanent de métaux précieux n'avait que le degré d'abondance requis pour pourvoir (en sus des services industriels) à la réparation continuelle de la masse de numéraire dont chaque marché a besoin pour les besoins de la circulation. Le flux de chaque filet serait constant, si l'abondance de la source métallique et les besoins de la circulation ne changeaient pas : et s'il survenait, soit dans l'abondance de la source, soit dans les besoins de la circulation, des variations lentes, le régime de tous les filets dont le grand courant se compose, éprouverait aussi des variations séculaires.

131. — On le voit : nous raisonnons dans l'hypothèse où le flux des métaux précieux se ferait avec la

même régularité, la même économie que la distribution du gaz destiné à l'éclairage d'une cité. Les besoins de chaque consommateur sont réguliers, permanents, et la conduite de gaz qui l'approvisionne a un *débit* réglé en conséquence ; ou, si les besoins changent, ils ne changent pas avec tant de brusquerie, que le consommateur soit obligé d'emprunter du gaz à son voisin, et qu'il n'ait pas le temps de s'adresser directement à la source, pour que l'on modifie en conséquence les dispositions de l'appareil distributeur. En réalité, les choses ne se passent pas ainsi : dans les conditions ordinaires de la production métallique, le flux continuel venu de la source est faible en comparaison des masses de numéraire ramenées d'un pays à l'autre par les agitations du commerce comme par autant de vagues. Néanmoins, puisqu'un pays étranger à la production des métaux précieux ne peut pas en exporter indéfiniment, il est clair qu'à la longue tout changement durable dans la balance des comptes d'un pays à l'autre, doit aboutir à un changement dans le régime des flux métalliques venus constamment de la source commune, pour les alimenter l'un et l'autre.

Considérons deux *places* M et N qui correspondraient entre elles et avec la source commune, mais qui n'auraient point de relations commerciales avec d'autres places. S'il arrive que, par suite des envois mutuels de marchandises, de revenus et de capitaux, la place M doive envoyer tous les ans, et pendant une longue suite d'années, du numéraire métallique à la place N, il faudra bien qu'à la longue le régime des canaux de distribution des métaux précieux se modifie de manière que la source envoie annuellement moins de métal précieux à la place M, et en envoie davantage à la place N. Si les remises de M en N et de N en M ne sont causées que par des envois respectifs de marchandises, on dira que la *balance commerciale* est *au désavantage* de la place M et *à l'avantage* de la place N.

Mais, en général, la place M ne commerce pas exclusivement avec N, pas plus que N ne commerce exclusivement avec M : il faut considérer deux à deux toutes les places liées par des relations de commerce pour savoir si, en fin de compte, le flux métallique dirigé de la source vers l'une de ces places (M par exemple), doit éprouver un déchet ou un accroissement. Y a-t-il déchet, c'est la preuve que quand on embrasse (pour la place M) l'ensemble du *commerce extérieur*, la totalité des exportations et des importations, la balance commerciale est au désavantage de M. Au cas contraire, la balance commerciale est à l'avantage de cette place.

132. — De là se tire la justification très-simple d'une proposition qui semble d'abord très-paradoxale, à savoir que la balance commerciale peut être en même temps à l'avantage de toutes les nations qui sont liées entre elles par des rapports de commerce, et qui produisent le bilan de leur commerce extérieur. Ce cas, en apparence si singulier, doit même être le cas habituel. Car supposons que la production métallique soit en voie d'accroissement et qu'il en résulte une baisse réelle dans la valeur des métaux précieux : cette baisse déterminera partout un surcroît de demande du métal et augmentera en quantité pondérale tous les flux, sans exception, qui viennent de la source commune alimenter chaque marché. Chaque nation payera ce surcroît de métal avec des marchandises : donc partout

(excepté, bien entendu, à la source même de la production) les bilans et les calculs, s'ils sont justes et complets, établiront que la balance commerciale est favorable.

Supposons encore qu'une nation gagne en population, en activité, en industrie, en prospérité commerciale : il faudra qu'à l'accroissement de circulation monétaire corresponde un accroissement dans le flux métallique qui l'alimente. Mais, aujourd'hui, toutes les parties du monde civilisé sont, quant à la prospérité commerciale, plus ou moins solidaires; le même mouvement ascensionnel se fait sentir partout, quoique inégalement : il faudra donc qu'une hausse réelle dans la valeur du métal détermine à la source un surcroît de production; que partout les flux métalliques augmentent; que partout le surcroît d'or et d'argent soit acheté avec des marchandises; ou que partout la balance commerciale soit à l'avantage de la nation qui dresse le bilan de son commerce extérieur.

A la vérité, s'il fallait s'en rapporter aux chiffres fournis ordinairement par les documents de ce genre, il suffirait d'un petit nombre d'années pour que chaque pays regorgeât de métaux précieux et ne sût qu'en faire, à moins d'un avilissement de la monnaie bien plus rapide que celui qu'on observe. Il faut donc qu'il y ait quelque causes générales d'erreurs ou d'exagérations dans le même sens. Effectivement, en vertu même des principes ou des préjugés les plus accrédités, les taxes frappent sur les importations plutôt que sur les exportations : il faut donc que la contrebande s'exerce de préférence sur les importations et en diminue la valeur sur les relevés de la douane, en même temps que l'on atténue la valeur des marchandises déclarées, en vue de l'atténuation des droits d'entrée. Il faudrait aussi tenir compte de la différence de valeur des métaux précieux sur chaque marché, ou des compensations qui s'opèrent par le seul effet du *change*, et dont nous allons parler.

133. — Occupons-nous donc de ces fluctuations qui n'ont pas assez de lenteur et de persistance pour que le contre-coup s'en fasse sentir à la source même : car ce sont principalement des fluctuations de cette sorte qui impriment au cours du change ses variations quotidiennes. Axiomatiquement, les frais de change (ou ce que l'on donne pour que l'unité pondérale du métal précieux, livrable sur une place, soit acceptée en payement sur une autre place) ne peuvent excéder les frais du transport effectif d'une place à l'autre, quand le commerce des métaux précieux est libre entre les deux places, ou les frais de transport augmentés de la prime de contrebande, quand ce commerce est gêné par des lois prohibitives. Nous admettrons d'abord que les frais de change sont inférieurs aux frais de transport, en sorte que le change peut s'opérer par de simples virements de comptes, sans que la distribution physique des métaux précieux en soit affectée.

Nous appellerons *coefficient du change* ou simplement *change* d'une place à l'autre, le rapport entre les valeurs de l'unité pondérale du métal précieux (ramené au même titre) selon qu'elle est livrable en des lieux différents. Si l'on donne 1000 kilogrammes d'argent fin sur la place M pour avoir une lettre de change de 999 kilogrammes d'argent fin sur la place N où l'argent a plus de valeur, le coefficient du change de la place

M à la place N sera exprimé par la fraction $\frac{999}{1000}$, et celui de la place N à la place M par le rapport inverse $\frac{1000}{999}$.

Les frais de monnayage (accrus ou non d'un droit de *seigneuriage*) élèvent, dans l'étendue du territoire national, la valeur de l'unité pondérale du métal monnayé, au-dessus de la valeur du métal en barres. Cette valeur ajoutée disparaît quand la monnaie passe à l'étranger : c'est comme si les frais du transport matériel de l'unité pondérale (y compris les primes d'assurances, la perte d'intérêt, etc.) se trouvaient accrus de toute la perte de valeur que l'exportation fait éprouver à la monnaie nationale. Bien plus, tandis que la monnaie usée, mais non décriée, continue d'avoir sur le marché national la valeur qu'elle aurait si elle était neuve, l'étranger ne tient compte que de son poids actuel, et frappe du même discrédit la monnaie neuve, par cela seul qu'il pourrait se trouver contraint de recevoir et d'exporter de la monnaie usée.

Il faut que le *cambiste* praticien se rende compte du titre et du poids des monnaies ayant cours dans chaque pays, des rapports de la monnaie métallique à la monnaie de compte et aux papiers-monnaies, de la valeur de l'or et de l'argent, suivant qu'ils sont monnayés ou en barres. Il faut qu'il ait à sa disposition des *tables* qui expriment les rapports constants, et des *bulletins* qui annoncent les cotes variables d'un jour à l'autre. Mais tous ces détails techniques sont étrangers à l'objet que nous avons en vue. Nous pouvons et nous devons, pour la netteté de la théorie, raisonner sur l'unité pondérale du métal précieux, ramenée au même titre, et vierge de toute empreinte.

134. — Admettons de plus, pour commencer, que deux places M et N n'aient de communication qu'entre elles. Prenons le rapport des nombres 1000 et 999 pour celui des sommes totales dont les deux places contractent respectivement la dette l'une envers l'autre dans un temps donné (l'année par exemple) : M devant 1000 à N, tandis que N ne doit à M que 999. On renoncera bien vite au procédé grossier de voiturer 1000 kilogrammes d'argent de M en N, tandis qu'on en voiturerait 999 de M en N. On ne voiturera même pas d'argent du tout, si l'on trouve plus économique d'annuler simultanément les deux dettes par voie de compensation : auquel cas 1000 kilogrammes d'argent, livrés ou payables en M, vaudront juste 999 kilogrammes livrés ou payables en N; le change de M en N sera exprimé (comme ci-dessus) par la fraction $\frac{999}{1000}$. Ce cours pourra varier dans la durée de la période annuelle, selon les irrégularités du mouvement des affaires et le besoin de rapprocher les payements pour éviter des pertes d'intérêt, mais il oscillera autour d'une moyenne déterminée par le rapport des nombres 999 et 1000.

Ce dernier rapport n'est pas uniquement réglé par les valeurs comparatives des marchandises transportées de M en N et de N en M : car il peut y avoir et il y a ordinairement des personnes qui, tout en restant étrangères aux opérations du commerce, veulent transporter leurs revenus ou leurs capitaux de M en N ou de N en M. Nous ne connaissons plus guère aujourd'hui ces tributs annuels qu'un peuple soumis payait au peuple dominant, dans des temps déjà loin de nous : mais, en revanche, les spéculations sur les fonds publics, sur les grandes entreprises industrielles, donnent lieu de nos jours à de grands déplacements de capitaux et de revenus, d'un pays à l'autre; et ce phénomène social que les anciens ne connaissaient guère, et pour lequel les modernes ont créé le mot barbare d'*absentéisme*, fait que de grands revenus sont consommés loin des contrées où ils ont été recueillis. Dans un vaste empire, les services publics exigent que l'Etat dépense sur une place les valeurs qu'il a prélevées sur une autre à titre d'impôt; et il recourra pour cela aux négociations de banque ou il se fera banquier lui-même, quand ce mode sera plus économique que le transport réel d'argent.

Enfin, l'on doit tenir compte de la rétribution due au banquier pour sa commission, c'est-à-dire pour son industrie, pour l'intérêt de ses capitaux, pour le remboursement de ses frais généraux et particuliers, timbres, ports de lettres, etc. La concurrence des maisons de banque réduira à leur *minimum* ces frais accessoires dont on peut d'abord faire abstraction dans un calcul théorique, pour mieux saisir les effets des causes principales.

135. — Considérons maintenant un nombre quelconque de places M, N, P, Q, etc., en communication entre elles. Autant l'on pourra faire de combinaisons deux à deux (par exemple 45, si le nombre des places est de 10), autant il y aura de coefficients du change; ou plutôt de couples de coefficients, inverses l'un de l'autre : car si $\frac{999}{1000}$ est le coefficient du change de M en N, le rapport inverse $\frac{1000}{999}$ doit être le coefficient du change de N en M; et de même pour toutes les places considérées deux à deux. En outre, ces rapports ou

coefficients du change ne sauraient être indépendants les uns des autres. Il faut, par exemple, que le coefficient du change de M en P soit précisément égal au rapport composé qu'on obtient en multipliant le coefficient du change de M en N par le coefficient du change de N en P. Car, s'il était plus petit, et que la perte résultant du change direct de M en P fût plus considérable, celui qui aurait à faire passer des fonds de M en P, au lieu de prendre une remise de M en P, trouverait mieux son compte à en prendre une de M en N, qu'il négocierait contre une autre de N en P, par une de ces opérations auxquelles on donne le nom d'*arbitrages*. Si, au contraire, le coefficient du change de M en P était plus grand que le produit indiqué, ceux qui auraient à envoyer des fonds de M en N, trouveraient de l'avantage à prendre des remises de M en P pour les négocier contre des remises de P en N, jusqu'à ce que la concurrence ou l'arbitrage eussent rétabli l'égalité. Donc l'égalité en question (abstraction faite de la commission du banquier) doit être généralement satisfaite; ou du moins, si elle est momentanément troublée, les négociations de banque tendent sans cesse à la rétablir.

136. — De cela même il résulte qu'il suffit de connaître les coefficients du change de l'une des places à toutes les autres, pour en déduire les changes de ces dernières places entre elles. En vertu de cette remarque, on voit que le nombre des inconnues du problème (qu'il faudrait déterminer au moyen d'autant de conditions données) est en réalité inférieur d'une unité au nombre des places. Mais, ces conditions résultent de l'hypothèse même : pour qu'il n'y ait

pas de transport d'espèces d'une place à l'autre, il faut que ce qu'une place doit à toutes les autres, par suite du mouvement annuel d'affaires et des déplacements de fonds, ait sur la première place, quand on tient compte du change, précisément la même valeur que ce que toutes les autres places lui doivent. Cela semble fournir autant de conditions ou (comme disent les algébristes) autant d'équations que de places, et par conséquent une de trop. Afin de lever ce petit embarras, considérons seulement quatre places M, N, P, Q : quand la condition sera satisfaite pour M, pour N et pour P, il faut qu'elle le soit aussi pour Q ; puisqu'il répugnerait que les trois places M, N, P, eussent exactement balancé leurs comptes, et que néanmoins la quatrième place Q eût encore à recevoir ou à payer un solde créditeur ou débiteur sur une ou plusieurs des places M, N, P. Ainsi l'on ne doit avoir et l'on n'a en effet que le nombre de conditions ou d'équations distinctes, justement égal à celui des rapports inconnus qu'il s'agit de déterminer ; et nulle part la théorie du commerce ne comporte une plus grande précision mathématique : ce qui doit être, puisqu'il n'y a pas de commerce plus dégagé de la réalité physique et concrète que le commerce de banque. De même que, dans une Faculté des Sciences, le professeur de mathématiques se distingue de ses collègues les professeurs de physique, de chimie, d'histoire naturelle, en ce qu'il ne lui faut qu'une planche noire et de la craie, le banquier se distingue des autres commerçants, en ce qu'il n'a besoin que d'encre, de papier et d'un peu d'or et d'argent pour les appoints.

Il serait bien aisé d'écrire algébriquement les conditions que l'on vient d'indiquer, si nous ne nous étions interdit dans cet ouvrage tout recours à l'appareil algébrique [1]. On n'en a pas besoin pour comprendre que la liaison des places doit singulièrement atténuer les variations du change d'une place à l'autre. Les accidents soudains qui amèneraient de grandes perturbations dans le cours du change entre deux places, si elles n'avaient de liaison avec aucune autre, n'en produisent souvent que de légères par suite de la solidarité de tous les éléments du système : ce qui recule beaucoup les limites entre lesquelles s'applique notre hypothèse actuelle, celle de la liquidation de tous les comptes sans transport réel de métaux précieux.

137. — Quand, au contraire, les frais de change, calculés de la manière qui vient d'être dite, excèdent pour quelques-unes des places les frais du transport réel, le calcul admet quelques modifications. Il faudra encore écrire que les comptes se balancent, ici par le seul effet des compensations provenant du change, là par des envois réels d'argent ; et s'il se fait un envoi réel de M en N, au lieu d'avoir à déterminer le cours du change de M en N, on aura à déterminer la somme exportée de M en N : le nombre des inconnues se trouvera toujours exactement le même que celui des conditions déterminantes, sans que la complication du calcul en devienne plus grande.

Il y a pour ce cas un principe à admettre, tout semblable à celui qui a été établi dans l'avant-dernier numéro. Considérons les trois places M, N, P, et

---

[1] Voyez nos *Principes mathématiques de la Théorie des richesses*, chap. 3, n° 45, et l'avertissement placé en tête du présent ouvrage.

supposons qu'il se fasse un transport réel d'espèces de M en N et de M en P : les frais de change de M en N et de M en P auront atteint leurs valeurs extrêmes, à savoir celles qui correspondent aux frais du transport réel. Cependant, à cette limite comme dans l'hypothèse traitée plus haut, le coefficient du change de M en P devra être justement égal au produit qu'on obtient en multipliant le coefficient du change de M en N par le coefficient du change de N en P. Car supposons-le plus petit : alors, celui qui voudrait faire passer des fonds de N en P, au lieu de payer les frais du transport, ferait voiturer les fonds de M en N pour y acheter une traite de N sur P ; et si au contraire le coefficient du change de M en P excédait le produit indiqué, il arriverait qu'au lieu de voiturer des fonds de M en N, on les voiturerait de M en P pour y acheter une traite de P sur N. En conséquence, à supposer que l'égalité en question fût troublée momentanément, les opérations de banque tendraient sans cesse à la rétablir.

138. — On tire de là une autre conséquence singulière et pourtant théoriquement rigoureuse. Entre trois places de banque M, N, P, il y en a toujours au moins deux (N et P par exemple) qui ne communiquent point entre elles par des envois réels de fonds, ou entre lesquelles la compensation s'effectue par de simples écritures. En effet, s'il pouvait y avoir transport réel de fonds, tout à la fois de M en N, de M en P et de N en P, comme les causes qui fixent le prix du transport réel de M en N sont indépendantes de celles qui fixent le prix du transport de M en P, et que les unes et les autres ne dépendent point de celles qui fixent le prix du transport de N en P, il serait *infiniment peu probable* ou *physique-*

ment impossible[1] que ces prix s'ajustassent, précisément de manière à remplir la condition indiquée ci-dessus. Et si par hasard un tel accord s'établissait, comme cela voudrait dire qu'il en coûte présisément autant pour voiturer directement une somme d'argent de M en P, que pour la voiturer d'abord de M en N et ensuite de N en P, il n'y aurait plus moyen, d'après les données de la question, de déterminer complétement quelles sont les sommes transportées de l'une de ces places à l'autre. Aussi l'algèbre (qui doit toujours s'accorder avec le bon sens) nous montre-t-elle que l'on aurait dans ce cas plus d'inconnues à déterminer que de conditions déterminantes, et que le problème deviendrait du genre de ceux qu'on appelle indéterminés. Au surplus, l'on conçoit bien que, dans l'ordre des faits réels, l'indétermination est toujours levée, parce que le cours du change n'est jamais fixé avec une précision mathématique, et aussi parce que l'on peut avoir des raisons de préférer une route à une autre, à frais égaux, ou même de faire un envoi en espèces, lorsque le coût du transport n'excède pas trop ce qu'on perdrait par la négociation d'une traite. Dans cette question comme dans tant d'autres, les principes théoriques gouvernent l'ensemble des applications, bien qu'il ne faille pas les appliquer dans chaque cas particulier, avec une rigueur qui n'est de mise que dans la sphère des idées purement abstraites.

Ce que nous venons de dire pour trois places s'étend à un nombre quelconque de places. Supposons-en 10 pour fixer les idées, de sorte qu'il y ait 45 manières de les combiner deux à deux. Parmi ces combinaisons,

---

[1] *Exposition de la théorie des chances et des probabilités*. . *passim*.

il y en aura au plus 9 (autant que de places moins une) auxquelles correspondront des mouvements réels de fonds : pour les 36 autres groupes binaires, le solde se fera par de simples écritures. Le cas le plus simple est celui que nous avons considéré en tête de ce chapitre, celui où une même place, regardée comme la source de la production métallique, approvisionne directement toutes les autres, et envoie à chaque place précisément ce que requiert sa consommation annuelle, plutôt que d'y envoyer un excédant qui devrait ensuite, non sans perte, refluer sur d'autres places. Le principe d'économie ou *de la moindre action* trouve donc son application dans la banque comme dans la mécanique; et dans l'un et l'autre ordre de faits ou de phénomènes, l'application se fait de la même manière, sans préméditation, spontanément, et par la vertu seule des rapports mathématiques. Le propre des institutions de banque est de faire prendre aux métaux précieux la voie la plus directe ou la plus économique, de manière à supprimer les détours, c'est-à-dire les frais inutiles, ou à ne tolérer passagèrement que ceux qui ont au moins une utilité temporaire.

CHAPITRE VII.

DES MONNAIES FIDUCIAIRES.

139. — Si les métaux précieux ne se distinguaient des autres denrées que par des qualités purement physiques (telles que la grande mobilité, la facile divisibilité), le progrès des arts et des institutions sociales permettrait de recourir sans trop de peine à d'autres moyens d'échange et de commerce. Des *bons* pour un, dix, cent hectolitres de blé, livrables au gré du porteur dans des magasins publics, donneraient au blé, par un artifice très-simple, la même mobilité, la même aptitude à la division et à l'accumulation que l'or et l'argent possèdent en vertu de leurs qualités naturelles. Mais cela n'empêcherait pas le blé de subir dans sa valeur absolue des variations fréquentes et rapides que l'or et l'argent ne comportent pas; cela ne déterminerait pas non plus à vivre de blé les peuples habitués à vivre de riz, et pour qui l'or et l'argent ont le même attrait que pour les Européens. La constance et l'ubiquité de valeur (par comparaison du moins), voilà les qualités économiques que rien ne peut remplacer et qu'il ne faut pas précisément identifier avec les qualités physiques, quoique les unes dérivent des autres. En conséquence, on ne se déciderait à user d'une monnaie de blé (de la manière qui vient d'être indiquée) que dans le cas où la monnaie métallique aurait disparu de la circulation, et se trouverait remplacée par un signe discrédité, ou dont le cours

serait sujet à des perturbations encore plus grandes que celles qui affectent ordinairement le cours du blé. C'est ainsi qu'en France, lors des assignats, l'usage s'était introduit de stipuler dans les contrats un prix consistant en telle somme, monnaie de compte, ou en tant de myriagrammes de blé, au choix du créancier.

Quand le prix d'une denrée est fixé en numéraire par le Gouvernement qui en a le monopole, l'obstacle que l'incertitude de valeur mettait à la circulation comme monnaie disparaît. Rien ne s'opposerait donc chez nous à ce que le Gouvernement émît des *bons* pour un, deux, dix kilogrammes de tabac, livrables par le premier débitant venu, comme il émet des pièces d'or de dix, de vingt, de cent francs, qui, au tarif actuel de la régie, ont précisément les mêmes valeurs. Selon toute apparence, ces bons circuleraient sans difficulté, aussi bien entre les mains de ceux qui ne consomment pas de tabac, qu'entre les mains de ceux qui en consomment. L'Etat pourrait en émettre pour une valeur fort supérieure à celle de la consommation annuelle du tabac, et se dispenser ainsi d'émettre, jusqu'à concurrence de pareille somme, des *bons du trésor* dont il lui faut payer l'intérêt. Les choses iraient ainsi tant que la confiance publique ne serait pas ébranlée; tant qu'on ne soupçonnerait pas le Gouvernement d'abuser de ce mode d'anticipation sur ses revenus, et d'émettre des *bons de tabac* pour une quantité supérieure aux besoins de la circulation, et telle que l'excédant sur les besoins de la circulation ne pourrait pas être promptement amorti par la consommation de tabac. Alors cesserait la fonction monétaire du signe ou de la *monnaie fiduciaire* dont il s'agit.

Le *timbre-poste* (58) inventé dans ces derniers temps

commence déjà, par le libre choix des populations, à jouer le rôle de menue monnaie. Que cet usage se répande davantage, et le Gouvernement pourra, s'il le juge bon, émettre des timbres-poste en quantité plus grande que ne le requiert le service habituel de la poste : en se dispensant par là d'émettre de la monnaie de bronze, beaucoup plus solide à la vérité, mais beaucoup plus lourde et plus encombrante; qui lui coûte d'ailleurs beaucoup plus cher et qui n'est non plus qu'une monnaie fiduciaire, en ce sens qu'elle circule pour une valeur fort supérieure à sa valeur intrinsèque.

140. — Le *billet de Banque* va plus droit au fait, puisqu'il représente directement une somme d'argent, payable au gré du porteur de billet dans une caisse toujours ouverte au public. L'expérience apprend quel rapport il faut maintenir, *en temps ordinaire*, entre la somme mise en circulation sous forme de billets, et l'*encaisse* de la Banque, ou la somme mise en réserve, sous forme d'espèces métalliques, pour subvenir au remboursement des billets, et maintenir la confiance du public à qui cet encaisse est périodiquement notifié. L'excédant de valeur des billets circulants sur la réserve métallique de la Banque est un capital économisé sans inconvénient et même avec un surcroît de commodité pour la circulation commerciale : le papier imprimé (qui ne coûte rien où presque rien) tenant lieu d'une matière coûteuse dont la valeur peut être appliquée à d'autres usages productifs. L'intérêt de ce capital économisé constitue (en partie du moins) le bénéfice de la Banque ou les dividendes de ses actionnaires. Nous disons en partie, parce que la Banque *de circulation* se livre en même temps à d'autres opérations, escompte

les effets de commerce, fait des avances à l'Etat, aux Compagnies, et trouve dans ces opérations mêmes (qu'il faut par conséquent considérer comme des opérations *auxiliaires* plutôt que comme des opérations *accessoires*) le moyen d'utiliser ses billets et de les faire pénétrer dans la circulation. Sans la faculté qu'elle a d'émettre des billets, il lui faudrait pour ces opérations auxiliaires acheter des lingots, les faire convertir en monnaies et élever le taux de son escompte au préjudice des négociants dont elle escompte le papier, ou retrancher du bénéfice que ces opérations lui procurent, l'intérêt du capital employé à l'acquisition des lingots. Si l'Etat ne se réserve pas le privilége d'émettre des billets, c'est parce qu'il sent que les opérations à l'aide desquelles les billets s'introduisent dans la circulation ne sont point de son ressort, et que l'institution risquerait de se dénaturer en perdant son caractère d'institution purement sociale pour recevoir l'empreinte du sceau politique (13). Lorsque l'Etat s'est réservé le droit d'autoriser l'établissement d'une Banque de circulation, il stipule ordinairement, en retour du privilége qu'il accorde, des conditions qu'il répute avantageuses, soit à la société, soit à l'Etat lui-même dans l'exercice de ses attributions politiques. En tout cas, outre le profit que les actionnaires tirent du privilége qui les dispense de l'achat d'un capital en lingots, il faut tenir compte de l'épargne faite sur le frai et la réparation annuelle de la monnaie métallique que les billets remplacent. Les espèces mêmes renfermées dans les coffres et dans les caves de la Banque, et sur lesquelles les actionnaires subissent une perte d'intérêt, ne s'usent pas tant qu'on les y laisse comme un gage destiné à entretenir la sécurité des porteurs de billets. Or, la perte résultant du frai de la monnaie métallique finit toujours par être supportée par le public : soit que le Gouvernement décrie la monnaie usée et ne la reçoive plus que pour sa valeur intrinsèque, soit qu'il la retire en supportant le déchet et en s'en remboursant sur les contribuables.

141. — Smith a fait une comparaison ingénieuse et bien souvent reproduite. Substituer le billet de Banque au numéraire métallique, c'est, dit-il, substituer à une route ordinaire, solide, mais qui enlève du terrain à la culture et à la production de la nourriture de l'homme, une route dans les airs, un peu périlleuse, mais qui n'exige point le sacrifice d'une portion du sol productif. Toute séduisante qu'elle est, la comparaison pèche en un point : car la mise en culture du sol de la route n'altère pas les forces productives du surplus des terres (ce qui nuirait à la société), et même habituellement a trop peu d'importance pour en diminuer la valeur commerciale (ce qui nuirait aux autres propriétaires) ; tandis que la masse du numéraire métallique se déprécie et diminue effectivement d'utilité par suite de la concurrence que lui fait le billet de Banque. Les actionnaires d'une Compagnie pour l'exploitation des *placers* d'or s'enrichiraient par la découverte d'un nouveau *placer*, mais s'enrichiraient aux dépens de tous les détenteurs d'or, dont la propriété se déprécierait, de manière qu'en somme la société n'y gagnerait rien et subirait même l'inconvénient d'une monnaie plus lourde (123). C'est à peu près le cas pour les actionnaires d'une Banque de circulation, sauf les avantages qui résultent effectivement pour le public de l'usage d'un signe plus commode et de la suppression

du frai, c'est-à-dire d'une cause de réparation annuelle qui exigeait l'emploi de forces productrices auxquelles on peut donner maintenant une autre destination. Quant à ce qui constitue proprement le profit des actionnaires par suite de l'économie d'un capital en lingots, de deux choses l'une : ou rien ne nécessitait, dans l'état de la circulation et d'après la valeur actuelle des métaux, un surcroît de numéraire, lorsque le billet de Banque a été institué; ou bien les besoins nouveaux de la circulation appelaient un surcroît de numéraire. Dans le premier cas, l'institution du billet de Banque a fait baisser la valeur du métal, puisque la même masse métallique doit s'accommoder aux besoins d'une circulation réduite par l'empiétement des billets ; dans le second cas, elle empêche la valeur du métal de monter autant qu'il le faudrait pour que la même masse métallique s'accommodât aux besoins d'une circulation plus étendue (126). Dans l'un et l'autre cas, il y a un dommage pour les détenteurs de monnaie métallique, soit nationaux, soit étrangers. Peut-être le pays où le billet de Banque a été institué y gagne-t-il, mais au détriment d'autres pays. Ce sera une question à débattre au point de vue des intérêts nationaux, ou dans le sens d'une philosophie cosmopolite. Par cette raison, nous serions tenté de comparer le billet de Banque, non plus à la route dans les airs, qui ne cause à personne le moindre préjudice, mais à un sentier de défruitement, dont un propriétaire vigilant a soin de détourner la direction sur le pré du voisin, en entourant de clôtures son propre pré.

142. — Au reste, la grosse question n'est pas là. Puisque, par hypothèse, le public ne met aucune dif-

férence entre le billet de Banque et le numéraire métallique, un surcroît d'émission de billets a justement les mêmes effets qu'un surcroît de production de métal : la Banque peut user de ce pouvoir pour stimuler, accroître la production générale ou le mouvement des entreprises et des affaires, sauf à amener une baisse de valeur du numéraire (tant métallique qu'en papier), et sauf à provoquer une crise commerciale si le mouvement qu'elle imprime est trop brusque (125). Dire que les billets émis par elle, sans que les besoins de la circulation actuelle l'exigent, lui rentreront, c'est supposer que déjà la confiance dans le billet de Banque est ébranlée : car autrement, pourquoi rapporterait-on des billets à la Banque plutôt que du numéraire métallique ? On lui rapporterait sans doute les gros billets (tels que ceux de 1000 francs), s'ils étaient émis en proportion trop forte, mais on les échangerait aussi volontiers contre des billets de moindres coupures que contre du numéraire métallique : et voilà pourquoi un préservatif contre l'abus du pouvoir de la Banque consiste à lui interdire les coupures au-dessous d'un certain chiffre. La fixation du *minimum* des coupures tend à affecter de préférence le billet de Banque à la liquidation des comptes, des affaires réglées, en le mettant le moins possible en contact ou en rapport direct avec la marchandise dans l'acte même du contrat ou du marché, c'est-à-dire à la naissance même de l'entreprise, et quand l'offre d'un numéraire devenu plus abondant en pourrait amener la dépréciation. En l'absence d'un tel préservatif, et tant que le crédit de la Banque reste intact, elle ne sera limitée dans ses émissions que par la solidarité du commerce intérieur avec le commerce extérieur pour lequel le billet de Banque ne trouve pas d'emploi. Toutes les denrées renchérissant à l'intérieur par suite de l'avilissement du numéraire que cause une émission trop abondante de papier, on ne pourra solder qu'en numéraire métallique les achats à l'étranger : le numéraire métallique sera donc assez recherché pour obtenir une prime sur le billet de Banque; c'est-à-dire que le billet de Banque aura déjà commencé d'échanger son rôle de papier convertible contre celui de papier-monnaie proprement dit.

Là où le législateur a entouré des plus grandes précautions l'établissement d'une Banque nationale, et confié l'administration d'un si puissant établissement aux hommes les plus éclairés et les plus honorables, on ne saurait supposer que les administrateurs abusent de leur pouvoir pour exciter sans prudence l'activité industrielle, encourager les spéculations hasardées et préparer le fléau d'une crise commerciale. Mais quand, indépendamment de tout concours de leur part, la fièvre de spéculation a été excitée, quand la crise dont ils sont innocents approche ou a éclaté, les règles que le législateur a prescrites à la Banque en temps ordinaire suffisent-elles? faut-il recourir à des mesures exceptionnelles, et dans quel sens? Questions d'une haute gravité, qui ont été, en Angleterre surtout, l'objet de discussions brûlantes, parce que le mal qu'il s'agit de conjurer ou de guérir y peut prendre de colossales proportions. Il faut, pour traiter utilement des questions de ce genre, une compétence pratique que nous sommes loin d'avoir, et d'ailleurs notre cadre n'admet pas de semblables détails.

Parmi les plus importantes fonctions d'une Banque de

circulation il faut placer celle de centraliser les grands mouvements de flux et de reflux des métaux précieux. Quand le commerce national a besoin par une cause quelconque (par exemple pour solder des achats de grains à l'étranger) de disposer tout à coup d'une grosse masse de numéraire métallique, il ne va pas le recueillir lentement et péniblement dans les bourses et dans les coffres-forts des particuliers : il la puise dans la réserve métallique de la Banque; et réciproquement il y porte les approvisionnements métalliques qui de là pénétreront dans tous les canaux de la circulation intérieure. Grâce à cette centralisation, le double mouvement, collecteur et distributeur, s'accomplira avec plus d'ordre, avec moins de gêne et de frottements fâcheux.

143. — Lors même que la confiance générale est ébranlée à la suite de quelque crise politique ou commerciale, il faut bien que les billets de Banque se maintiennent au pair tant que la Banque les rembourse à bureaux ouverts. Un embarras, une suspension dans les payements de la Banque motiveront seuls une dépréciation; et comme il n'y a pas de ligne de démarcation entre ces deux phénomènes moraux qu'on appelle la crainte et la panique, la dépréciation pourrait aller jusqu'à l'avilissement complet de la monnaie fiduciaire si le Gouvernement en pareil cas n'avait ordinairement recours à deux mesures : l'une qui consiste à admettre les billets pour toute leur valeur nominale en payement des impôts, ou même généralement de toutes les créances de l'Etat; l'autre plus énergique, qui consiste à décréter le cours forcé des billets pour toute leur valeur nominale.

Il est clair que bien des personnes auront intérêt à racheter des billets au-dessous du pair, pour les employer, au pair, à acquitter leurs impôts ou d'autres dettes envers l'Etat; et que la concurrence des acheteurs doit tendre à en relever le cours ou à l'empêcher de tomber davantage. Mais alors les espèces métalliques se détourneront entièrement des coffres de l'Etat, et il faudra bientôt que l'Etat élève le chiffre nominal de l'impôt, la mise à prix de ses fermages, de ses coupes de bois, de ses revenus de toute sorte, en raison inverse du rapport entre la valeur effective du billet et sa valeur nominale, afin de maintenir l'équilibre entre ses recettes effectives et ses dépenses effectives. Pour peu que cela durât, on entrerait sous le pur régime du papier-monnaie, dont il sera question plus loin.

Le cours forcé est un expédient bien plus propre à faire traverser rapidement et heureusement une époque de crise : car dans le commerce, dans les affaires, chacun a des engagements à solder comme des valeurs à toucher, et l'on n'éprouve pas grand'peine à prendre au pair la monnaie dont on va trouver l'emploi au pair. Les difficultés ne viennent que quand il s'agit, non plus de la liquidation des créances d'ancienne date, mais de transactions nouvelles, sur lesquelles peut influer la dépréciation de la monnaie ou de l'une des monnaies courantes. N'oublions pas que le billet de Banque devient un papier-monnaie, dès qu'il influe sur des opérations de ce genre, au lieu de n'être qu'un instrument commode pour la liquidation de créances et de dettes contractées comme si cet instrument n'existait pas. Voilà pourquoi le cours forcé ne doit être qu'une mesure passagère et peut très-bien atteindre le but, comme mesure passagère ; et voilà aussi pourquoi l'admission des billets au pair en payement des impôts est rarement une mesure efficace : car le Gouvernement peut, bien moins qu'un industriel ou un négociant ordinaire, suspendre ou ralentir ses affaires pour n'aviser durant un temps qu'à la liquidation du passé. Il ne saurait éviter d'être sans cesse en contact avec tous les fournisseurs de denrées et de services, tous inquiets, tous disposés à élever leurs prétentions en raison du discrédit qui frappe ou qui menace le papier circulant, et concourant de la sorte à en précipiter la ruine.

144. — A côté d'une Banque de circulation, considérons une autre Banque dont les opérations consistent à emprunter *en comptes courants*, à un taux nécessairement plus faible que l'intérêt ordinaire (par exemple à deux pour cent), puis à employer le capital emprunté à faire l'escompte, à prêter sur hypothèque ou sur gages, ou même dans des spéculations quelconques : toujours déduction faite d'un encaisse ou d'une réserve métallique qui doit, pour le maintien de la confiance, excéder notablement ce qui suffirait à la rigueur aux demandes journalières de remboursement. Cette dernière Banque est aussi une machine qui agit sur la circulation monétaire. En effet, celui qui se contente de la modique bonification du compte courant, renonce apparemment à engager actuellement ses capitaux, dans l'attente d'un moment plus favorable, ou bien son capital est trop mince pour trouver un autre placement: de sorte qu'il l'aurait gardé sous la forme improductive d'espèces métalliques et soustrait à la circulation. Le bénéfice annuel, résultant de l'activité imprimée

à ce capital, se partage entre la Banque et les prêteurs en compte courant à qui elle alloue une bonification. Comparée à la Banque de circulation, celle dont il s'agit en ce moment est une machine plus compliquée, plus délicate, plus sujette aux détraquements; puisque d'une part les demandes de remboursement pourront éprouver de grandes fluctuations, non-seulement par suite d'un ébranlement de confiance (comme pour la Banque de circulation), mais encore par suite du ralentissement ou de l'accélération des affaires; et que d'autre part les charges plus lourdes qui pèsent sur cette Banque la pousseront à chercher les moyens d'élever ses bénéfices en se livrant à des opérations plus hasardeuses.

Si maintenant cette Banque délivre aux déposants ses reconnaissances par coupures transmissibles de 100, de 200 francs, etc., elle pourra créer une nouvelle sorte de monnaie fiduciaire, et cela de deux manières différentes. Ou bien la coupure portera le nom du prêteur originaire, qui sera débité à la Banque le jour où le papier lui sera présenté à remboursement : auquel cas le prêteur originaire profitera de la bonification, soit que la coupure dorme dans son portefeuille ou passe d'un portefeuille à l'autre. Tel est le principe du *chèque*. Ou bien la coupure portera simplement une date d'émission ou de *jouissance*, et elle pourra circuler comme une monnaie qui gagne un peu tous les jours, et qui fructifie encore, quoique faiblement, même quand elle ne circule pas. On sera revenu, à force de raffinements financiers, à ces temps primitifs où une mère-brebis servait de monnaie. Car, quoi qu'en aient dit quelques auteurs, il n'est point de l'essence d'une monnaie de ne rien produire quand elle dort : il suffit qu'elle produise moins dans les périodes de sommeil que dans les périodes d'activité, puisqu'autrement rien ne la tirerait de son sommeil.

Cela n'explique-t-il pas suffisamment comment des gens fort habiles ont pu persuader aux autres et peut-être se persuader à eux-mêmes qu'ils viendraient à bout de fonder une monnaie de crédit, préférable et préférée à la monnaie métallique ? Théoriquement, la chose est très-possible : dans l'exécution, elle entraîne de grandes difficultés et de grands risques. Quand on aura bien saisi un type très-simple, comme celui que nous présentons, on démêlera mieux ce qu'il peut y avoir de vérité ou de charlatanisme dans les plans par lesquels on sollicite la confiance et la bourse du public, et dont la complication n'est le plus souvent qu'un moyen de dérouter l'analyse.

145. — Disons enfin quelques mots des papiers-monnaies proprement dits, dont le cours est forcé, qui ne sont point convertibles à bureau ouvert, et dont l'usage est ordinairement le symptôme de la pauvreté d'un pays ou de la gêne d'un Gouvernement, bien loin d'être amené par les progrès de la richesse et de l'activité commerciale.

La société ne peut se passer d'un instrument de commerce et d'échange. Une ville assiégée où la monnaie manque, et qui ne peut pas en tirer du dehors, fabrique une monnaie dite *obsidionale*, à laquelle la force des choses donnerait cours pendant la durée du siége, lors même que l'autorité n'interviendrait pas. Si un pays a été épuisé d'or et d'argent par la levée d'une contribution de guerre, par la nécessité d'acheter à l'étranger une grande quantité de denrées de première nécessité, et qu'il n'ait pas assez d'industrie pour rappeler par son commerce d'exportation la masse d'or et d'argent que réclamerait la circulation monétaire, il faudra bien qu'il ait recours à une monnaie fictive. L'intervention du Gouvernement ne fera que régulariser l'usage de cet expédient nécessaire : elle sera aussi légitime alors qu'elle devient tyrannique lorsqu'elle a pour objet de subvenir à des prodigalités, à des guerres entreprises inconsidérément, ou (qui pis est) de favoriser des projets de subversion et de spoliation.

Inutile de revenir sur la remarque déjà faite (143) que le Gouvernement ne peut, ni prévenir, ni limiter la dépréciation d'un papier-monnaie, par cela seul qu'il l'admet au pair en payement des impôts, ou qu'il prétend lui affecter pour gage des biens dont il dispose et qu'il met en vente. Il n'était pas nécessaire qu'une terrible expérience vînt confirmer ce qui résulte d'un raisonnement si simple : à savoir que le gage devient absolument illusoire, quand le prix nominal des enchères peut indéfiniment s'élever en raison de la dépréciation illimitée du papier. Il faudrait donc que le papier donnât droit à la délivrance de tant d'ares de terre, de bois, de prairies, de vignes : mais, de quelle qualité et dans quelle situation? Comment pratiquer un pareil morcellement, et comment associer les détenteurs de papier pour recomposer la valeur de la chose qui n'est pas physiquement divisible?

146. — Avec une grande sagesse dans l'émission d'un papier-monnaie, en réglant toujours cette émission sur les besoins vrais de la circulation, le Gouvernement peut balancer les choses de manière à maintenir à peu

près stable le cours du papier : pourvu que de leur côté les populations soient préservées par leur bon sens naturel, aussi bien des excès de la panique que de ceux de l'engouement. Il ne faut donc s'étonner, ni de la faiblesse des oscillations du cours d'un papier-monnaie dans des circonstances propices, ni de son avilissement indéfini dans des circonstances différentes.

Selon les usages admis, le papier-monnaie a reçu dans l'origine une valeur nominale qui le rattache directement à la monnaie métallique, et qui semble impliquer que le Gouvernement (ou la société par l'organe du Gouvernement) promet d'en fournir un jour la valeur *au pair*, quand les circonstances permettront de renoncer à un expédient temporaire et de revenir au métal qui reste toujours en principe l'étalon des valeurs : mais, il y aurait plus d'injustice pour les contribuables d'un pays que de justice pour les détenteurs de papier, à exiger que l'Etat, mis en mesure de rembourser le papier-monnaie, le remboursât au pair, sans égard à sa dépréciation effective. A proprement parler, il ne le remboursera pas, mais il l'amortira ou le supprimera au fur et à mesure de ses recettes, de même qu'il l'a émis au fur et à mesure de ses dépenses ; et le vide que cet amortissement causera dans ses revenus, sera comblé par des économies ou par le produit d'un emprunt. Un amortissement partiel agira comme agirait un accroissement survenu dans les besoins de la circulation : il relèvera le cours du papier qui se rapprochera graduellement du pair. A la rigueur, le papier pourrait se maintenir au pair, comme le billet convertible, si la quantité de papier émise ne pouvait qu'à cette condition (seule ou concurremment avec la monnaie métallique) satisfaire aux besoins de la circulation intérieure.

Comme les besoins extraordinaires qui ont déterminé l'émission et les charges permanentes qui exigent le maintien du papier-monnaie empêchent presque toujours que cette condition ne soit satisfaite, il arrive que le cours du papier-monnaie, rapporté à la monnaie métallique, reste notablement au-dessous de sa valeur nominale. Et si la moyenne de l'écart varie peu, tandis que les oscillations journalières autour de la moyenne sont peu considérables, l'esprit se fait bien vite à rapporter directement à la monnaie de papier les valeurs de toutes choses. Les impôts, les tarifs de douane, les places de chemins de fer, de spectacles, etc., et à côté des tarifs réglementaires ceux que l'usage établit pour la rémunération de tous les genres de services, sont fixés en papier. Les espèces métalliques que les étrangers apportent et que les changeurs recueillent pour les réexporter, ou qui circulent en petit nombre, sont cotées comme des marchandises sujettes à un cours journalier; et ce sont elles qui sont réputées changer de valeur, non le papier. En un mot, l'unité monétaire en papier ou *de convention* remplit l'office de monnaie de compte dans le pays où le papier circule, et le métal est rapporté à cette monnaie de compte, non plus la monnaie de compte au métal. Nous avons déjà remarqué (3) que cette situation n'a rien qui mette essentiellement obstacle au commerce international, quoique le commerce s'accommode encore mieux d'un étalon métallique commun à tout le monde civilisé.

LIVRE III.

LE SYSTÈME ÉCONOMIQUE.

CHAPITRE PREMIER.

DE LA SOLIDARITÉ DU SYSTÈME ÉCONOMIQUE. — DE LA TOTALISATION DES REVENUS. — DE LA DISTINCTION ENTRE LA VALEUR NOMINALE ET LA VALEUR RÉELLE DES REVENUS.

147. — L'on a vu aux chapitres VI et VII du premier livre, comment la loi de la consommation ou de la demande, pour chaque article en particulier, combinée avec les conditions économiques de la production de cet article, en détermine le prix, lequel doit subvénir aux revenus des propriétaires et des capitalistes qui ont fourni les forces naturelles, les matières premières et les instruments pour les mettre en œuvre ; aux profits et aux salaires des divers agents industrieux qui ont concouru à produire l'article et à le livrer à la consommation. Nous regardions alors comme des quantités données et indépendantes du prix de l'article en question, les prix des autres articles et les revenus des autres producteurs : mais, en réalité, le système économique est un tout solidaire, dont les parties se tiennent et réagissent les unes sur les autres. S'il y a diminution dans la valeur d'inventaire (7) ou dans le chiffre qu'on obtient en multipliant deux facteurs, dont l'un est le prix d'un article déterminé et l'autre le nombre d'unités absorbées par la demande, il y aura de ce chef une diminution de revenu, qui se répartira diversement selon les cas entre les divers producteurs ou agents qui concourent, par la prestation de leurs fonds productifs ou par leur travail personnel, à créer l'article et à le livrer à la consommation. Par cela même qu'ils ont moins de revenus ou de ressources, ils disposent de moins de fonds pour leurs propres consommations, ce qui peut influer sur la demande des autres articles, diminuer les revenus de plusieurs autres catégories de producteurs, et entraîner par contre-coup une nouvelle réduction dans les revenus des producteurs du premier article. Une primitive augmentation de revenus sur un certain article entraînerait une suite de réactions analogues. De telles réactions doivent certainement avoir des effets déterminés et limités : seulement un algébriste en conclurait que, pour la solution complète et rigoureuse des problèmes qui concernent telle ou telle partie du système économique, on ne peut généralement se dispenser d'embrasser le système tout entier. Or, ceci surpasserait les forces du calcul et la portée de nos méthodes de raisonnement, lors même que la statistique aurait accompli sa tâche (56), et que toutes les tables, toutes les données numériques que pourra fournir à la longue une observation patiente, faite dans des conditions propices, seraient dès à présent à notre disposition. L'objet de ce chapitre et des suivants est de montrer jusqu'à quel point l'on peut, en se tenant dans un certain ordre d'approximation, éluder cette difficulté, tourner cet obstacle qui ne serait pas directement surmontable, et répandre quelque jour sur des questions d'économie sociale, au nombre des plus générales et des plus importantes.

148. — Il faut nous faire une langue appropriée au genre d'analyses et de raisonnements que nous avons en vue; et déjà l'on peut s'apercevoir qu'il conviendra de donner au mot de *revenu* une acception très-large : car l'ouvrier avec ses salaires, le commerçant avec ses profits, le commis avec ses appointements, subviennent à leurs dépenses, à leurs consommations, aussi bien que le capitaliste avec l'intérêt de son capital ou le propriétaire avec ses fermages. Si, à propos d'un article à la production duquel ils concourent, les uns gagnent ce que les autres perdent, le même fonds annuel sera disponible pour la demande collective des autres articles. En n'employant pas le même mot pour désigner ce qui doit figurer au même titre dans toute la suite de nos déductions, nous serions jetés dans des énumérations prolixes, dans des répétitions fastidieuses : nous serions donc entravés dès le début et nous aurions peine à retenir le fil conducteur du raisonnement.

D'un autre côté, comme nous devons mettre perpétuellement en regard la production et la consommation, la recette et la dépense, nous qualifierons de *producteurs* d'un article tous ceux qui concourent par les fonds dont ils disposent, par leur industrie, par leur travail, à en préparer les matériaux, à le façonner, à le voiturer, à l'emmagasiner, à le livrer à la consommation. — Nous entendrons par *consommateurs* ceux qui emploient définitivement une denrée, un article, soit dans l'intention de dépenser leurs revenus pour la satisfaction de leurs besoins ou de leurs goûts, soit dans l'intention d'épargner et de capitaliser une portion de leurs revenus par la création de nouveaux fonds productifs. Il faudra seulement (et ceci exigera un soin particulier) s'arranger de manière à éviter les doubles emplois qui mettraient les raisonnements en défaut.

Enfin, bien que nous fassions un usage continuel des mots d'*article*, de *denrée* (22), il ne faut pas perdre de vue que nous assimilons aux choses corporelles, aux denrées ou articles proprement dits, les prestations de services qui ont pareillement pour but de satisfaire à des besoins, de procurer des jouissances actuelles ou de créer des sources de revenus. Ainsi, quand nous dirons que des fonds sont détournés de la demande d'un article A pour être appliqués à la demande de l'article B, on pourra entendre par là que des fonds détournés de la demande d'un article proprement dit sont employés à salarier des services, ou réciproquement. Quand le peuple d'une grande ville perd le goût des cabarets et prend celui des spectacles, des fonds qui étaient employés à la demande de liqueurs alcooliques vont payer des acteurs, des décorateurs, des musiciens, des auteurs dont les gains annuels (d'après notre définition que l'enchaînement même des propositions devra justifier) figurent sur le bilan des revenus, non à la même place, mais au même titre que la rente du propriétaire de vignes, le salaire du vigneron et le profit du cabaretier. Il est vrai qu'un billet de loge ne peut guère circuler à la manière d'une futaille de vin, à titre d'échange, de nantissement ou de dépôt, en attendant la consommation effective : mais, d'un autre côté, le vin bu au cabaret est l'objet d'une consommation au moins aussi improductive que le plaisir du spectacle (31).

149. — Notre analyse doit reposer sur l'idée d'un fonds disponible pour les demandes, pour les consommations, pour les dépenses, et qui provient de tous les genres de recettes ou de *rentrées* annuelles (*reditus*), c'est-à-dire, selon notre vocabulaire, de tous les genres de revenus. En d'autres termes, elle se fondera sur l'idée d'une récapitulation ou *totalisation* des revenus. Dans quel cercle faudra-t-il renfermer cette totalisation? Évidemment dans le cercle qui comprend le système dont on se propose d'étudier les réactions solidaires. Mais, ainsi qu'il arrive dans tant d'autres rencontres, les liens de solidarité peuvent être inégalement relâchés ou tendus, l'unité systématique peut être inégalement accusée, et les groupements systématiques peuvent différer selon le point de vue où l'on se place, et l'ordre d'intérêts que l'on veut étudier. Les provinces éloignées d'un grand empire n'ont quelquefois que peu de liaisons entre elles, quant à leurs intérêts économiques; et deux Etats politiquement distincts ont souvent des intérêts économiques fort étroitement entrelacés. Nous réservons pour le dernier livre de cet ouvrage les questions qui portent sur la constitution de l'unité économique ou sociale, et sur ses rapports avec l'unité politique ou nationale : quant à présent, comme il ne s'agit point de passer à des applications particulières et à des résultats numériques, mais seulement de nous aider d'une conception abstraite dans une suite de raisonnements généraux, il suffit que nous concevions qu'on a étendu la totalisation (les géomètres diraient la *sommation* ou l'*intégration*) dans les limites requises par la nature des applications particulières. Le revenu *total* pourra prendre ainsi, selon les cas, la dénomination de

revenu *social* ou de revenu *national*, et dans l'exposé des généralités de notre sujet, nous ne nous ferons point scrupule d'employer à peu près indifféremment l'une ou l'autre de ces dénominations qui ne sont que des étiquettes provisoires.

150. — Chacun compte ses revenus et ses dépenses à sa manière : tel n'inscrivant au chapitre du revenu que le revenu net, et ne regardant point les charges du revenu brut comme des dépenses; tel autre partant du revenu brut et portant en dépense les charges ou les non-valeurs. Un propriétaire foncier qui jouit de 10 000 fr. de revenu, et qui sert un intérêt annuel de 2 000 fr. pour un capital de 40 000 fr. qu'il a été obligé d'emprunter, peut (si cela lui convient) continuer de se donner pour un homme qui a 10 000 fr. de revenu ; mais, au point de vue de la composition du revenu social (20), l'exactitude veut qu'on lui assigne seulement une quote-part de 8 000 fr., en mettant au compte de son créancier le capitaliste le revenu de 2 000 fr. qui ne fait que passer par les mains du propriétaire foncier, tant qu'il ne s'est pas libéré du principal de la dette. A l'égard du créancier, et jusqu'à concurrence des arrérages qu'il sert, le propriétaire foncier n'est en quelque sorte que le gérant, l'homme d'affaires du capitaliste, chargé de la perception de son revenu : tandis que, si son état de santé l'oblige de dépenser 2 000 fr. par an en honoraires de médecins, quelque peu agréable que soit cette manière de dépenser, il n'en doit pas moins être réputé possesseur d'un revenu de 10 000 fr., en même temps que les 2 000 fr. d'honoraires compteront parmi les revenus des médecins.

Des distinctions de ce genre se présentent à chaque pas, et dans les cas douteux on ne pourrait mieux faire que de suivre les indications de l'usage et de la langue commune, expression du bon sens public. On ne défalquera pas du revenu du chef de famille ce qu'il dépense pour l'entretien de ses enfants, pour la nourriture de ses domestiques, ce qu'il donne en aumônes. On n'attribuera pas au mendiant, à titre de revenu, ce qu'il arrache au passant par ses importunités, et la plaie qu'il étale ne sera pas mise au nombre des capitaux productifs (43). Mais le gage du domestique est un revenu comme le salaire du manœuvre, ou comme l'étaient la pension du courtisan et celle du poëte, quand il y avait des courtisans et des poëtes de cour. Si l'aumône se convertit en taxe directe, affectée à la dotation d'un établissement charitable, le revenu du propriétaire imposé doit subir la défalcation de la taxe, et la dotation de l'établissement deviendra comparable à tout autre revenu.

151. — Dans les conditions de notre civilisation moderne, l'Etat est souvent un grand propriétaire, un grand producteur, mais plus souvent encore un grand consommateur de richesses. Dans la demande de chaque article on ne peut donc se dispenser de tenir compte de la demande que fait l'Etat pour les différents services publics; et d'un autre côté, les traitements et les salaires payés par l'Etat, ou par les autres corporations publiques doivent figurer parmi les sources de revenus privés et dans la composition du revenu total, au même titre que les gages et les salaires payés par des particuliers. L'Etat prélève par l'impôt sur le produit annuel de la terre, du capital, de l'industrie et du tra-

vail, une part qui ne s'accumule plus de nos jours dans les coffres de la république ou du prince, mais qui, soit qu'elle serve à acquitter les intérêts de la dette publique, soit qu'elle se dépense en dotations, en pensions, en traitements ou en salaires, soit qu'on l'emploie à l'achat de matières consommées pour les services publics, va créer des revenus à de nombreuses catégories de particuliers. Nous parlerons ailleurs de l'influence que l'Etat exerce de cette manière sur la direction des forces productrices et sur la distribution de la richesse du pays : ici, il ne s'agit encore que de la totalisation des revenus.

Il est clair que l'on ne pourrait sans double emploi imputer au revenu du prince (sous le régime qu'on appelle *constitutionnel*) la somme qu'il reçoit du Trésor public sous la dénomination de *liste civile*, après qu'on l'aurait déjà imputée au revenu de l'Etat dont les agents n'interviennent que pour recueillir la somme et la verser dans les coffres du prince. C'est une *charge*, plutôt qu'une *dépense* de l'Etat. Il faut dire la même chose au sujet des traitements, des pensions de tous les fonctionnaires publics, et mieux encore à propos du service des intérêts de la dette publique. Mais, quand l'Etat fait exécuter des travaux publics, d'utilité ou d'embellissement, lorsqu'il achète ou fait fabriquer de la poudre, des armes, des vêtements, du pain pour les troupes, il dépense effectivement son revenu et il intervient (à l'échelle près) dans le jeu de la machine économique comme un particulier pourrait le faire. Si donc on doit tenir compte à la fois du revenu d'un propriétaire, et du revenu que ce propriétaire crée par ses commandes aux ouvriers qu'il emploie, aux fournisseurs qu'il fait gagner, on ne voit point pourquoi l'on ne compterait pas de même quand il s'agit de l'Etat. Au surplus, l'essentiel est de raisonner conséquemment à la définition ou à la convention admise, en vue de faits réels, susceptibles de constatation positive, et qui se produisent et se constatent indépendamment de toute définition et de toute théorie. Le mode de supputation qui tiendra compte le plus simplement (s'il s'agit de théorie), le plus commodément (s'il s'agit de pratique), sera le mode de supputation préférable, soit qu'il s'agisse des particuliers, soit qu'il s'agisse de l'Etat et des corporations (religieuses, municipales, hospitalières, enseignantes ou autres) qui ont, comme l'Etat, des revenus, des charges et des dépenses.

152. — En second lieu, nous devons signaler ici l'idée d'une distinction à faire entre la *valeur réelle* et la *valeur nominale* des revenus. Supposons que, dans notre colonie (65), le prix du bois ait augmenté (parce que les forêts les plus voisines du centre de consommation ont été défrichées) et que les consommateurs aient cent mille francs de plus à dépenser par suite de la hausse de prix : il y aura donc de ce chef une augmentation de cent mille francs dans la somme des revenus des propriétaires et des ouvriers employés pour l'exploitation forestière et pour le transport du bois sur le marché. Cette augmentation doit se retrouver quand on totalise les revenus des colons ; et pourtant l'augmentation, très-réelle pour les producteurs de bois, n'est que nominale pour la société des colons prise dans son ensemble : car, les consommateurs de bois se trouvent exactement dans le même cas que si la hausse n'eût pas eu lieu, et qu'on eût retranché de leurs revenus (en raison de leurs consommations respectives) de

quoi parfaire la somme de cent mille francs qui va profiter aux producteurs de bois. Ce que les uns ont réellement gagné, les autres l'ont réellement perdu, quoique leur revenu soit nominalement resté le même. Compensation faite des pertes et des gains réels, la totalité des revenus est restée la même, quoiqu'il y ait eu accroissement dans la valeur nominale ou dans le chiffre qui l'exprime.

Il ne faut pourtant pas confondre, dans le cas qui nous occupe, le résultat que nous appelons *nominal* avec un résultat *fictif*. La vraie distinction entre l'impôt *direct* et l'impôt *indirect* (qui tous deux créent des revenus à l'Etat, aux créanciers de l'Etat, ou bien encore aux établissements et aux particuliers que l'Etat dote, rétribue, pensionne), c'est que l'impôt direct constitue pour le contribuable une charge à laquelle il ne peut se soustraire, et qui vient en défalcation de son revenu, même nominal : au lieu que l'impôt indirect constitue plutôt une dépense qui, lorsqu'on la fait, équivaut à une diminution réelle de revenu, mais qu'on peut ne pas faire, et qui en ce sens laisse intact ce que nous appelons le revenu nominal. Pour évaluer le revenu d'une ferme et par suite le revenu du propriétaire, on ne manque pas de tenir compte de l'impôt foncier, qui même le plus souvent est mis par le bail à la charge du fermier : et au contraire personne ne songe à réduire le revenu du consommateur de ce qu'il paye à l'Etat en mangeant du sucre ou en fumant des cigares. Il lui plaît de consommer telle denrée et il la paye plus cher en raison de la taxe de consommation qui la frappe, comme telle autre est payée plus cher à cause du monopole dont elle est l'objet, telle autre à cause de la mauvaise récolte. A beaucoup d'égards, cela équivaut à une diminution réelle de revenu, et nous ne manquerons pas, dans toutes nos explications, de tenir compte de cette diminution réelle : mais enfin, le revenu nominal n'a pas changé pour cela, et cette invariabilité du revenu nominal a elle-même un sens, ainsi qu'on vient de l'expliquer. Elle laisse subsister sinon la jouissance, du moins la puissance attachée à la libre disposition de ce revenu (4).

153. — Revenons aux termes de notre exemple. Le bois qui maintenant est cher dans la colonie, n'y valait autrefois que la peine de l'abattre, comme l'eau n'y vaut encore que le salaire de l'homme qui va la quérir à la source. Aujourd'hui le prix du bois donne de fort belles rentes aux propriétaires de forêts, et fait vivre les voituriers qui l'amènent d'une grande distance : il semble donc que la colonie deviendrait plus riche si les choses se passaient pour l'eau comme pour le bois ; si les substances utiles dont la Nature avait à l'origine libéralement gratifié la colonie, en quantité supérieure à ses besoins, devenaient rares ou exigeaient des frais de production, d'extraction, de transport ; si les agents naturels dont chacun dispose gratuitement, tels que la force motrice du vent, devenaient susceptibles d'appropriation, de monopole, et qu'il en fallût payer la rente au propriétaire. Il pourrait en effet, selon les circonstances, en résulter un accroissement dans le total des revenus des colons : mais en tout cas cet accroissement ne saurait être que nominal (l'accroissement réel de revenu accordé aux uns ne faisant que compenser la perte réelle infligée aux autres par un surcroît de dépense) ; à moins que les mêmes causes qui ont donné

une valeur vénale à la chose utile qui n'en avait pas, ne fussent aussi de nature à en améliorer l'aménagement, à en procurer la conservation, à en accroître les produits. Ainsi se résolvent très-simplement des difficultés ou des paradoxes signalés dès le commencement du présent ouvrage, et dont on n'a pas toujours nettement indiqué le principe de solution.

154. — Reportons-nous notamment à ce qui a été dit (7) des fluctuations d'inventaire, et prenons un exemple. Il y a des monnaies anciennes si communes qu'elles ne valent guère que le poids du métal, c'est-à-dire presque rien quand il s'agit de monnaies de bronze. D'autres monnaies de bronze sont au contraire si rares qu'elles montent dans les ventes à des prix très-élevés. Quelquefois il suffit d'une trouvaille pour que la médaille rare devienne commune, au point de diminuer la richesse d'inventaire contenue dans les collections numismatiques, telle qu'elle résulterait de la prisée d'un expert. A l'inverse, on peut imaginer des accidents qui feraient d'une médaille déjà rare une médaille si rare, que le peu d'exemplaires conservés vaudraient plus, dans les inventaires, que ne valaient tous les exemplaires avant la destruction partielle. Ce que nous disons des médailles, on le dirait des tableaux des anciens maîtres, des vieux livres, des autographes, de tous les objets d'art et de curiosité, des raretés naturelles, et en général de toutes les choses que notre industrie ne parvient point à soumettre à une extraction ou à une fabrication régulière.

On peut même le dire des choses de fabrique et d'industrie. Plus d'une fois il est arrivé qu'un libraire, ayant en magasin un ouvrage de fond, ouvrage utile et recherché des connaisseurs, mais dont il aurait fallu avilir le prix pour écouler toute l'édition, a mieux aimé (en négociant intelligent et en éditeur qui se respecte) maintenir le prix et mettre au pilon les deux tiers de l'édition. Il a agi en cela, d'une manière accidentelle, comme agirait d'une manière suivie le propriétaire d'une source minérale qui en laisserait perdre une partie plutôt que de consentir à une trop grande baisse de prix (61), ou comme agissait, dit-on, la Compagnie hollandaise en détruisant une partie de ses épiceries des Moluques. Cette destruction matérielle ne diminue pas la richesse d'inventaire : loin de là, elle a pour but de la conserver ou de l'augmenter; mais, au point de vue de l'utilité, il aurait mieux valu pour le public qu'on pût se procurer à bon marché un bon livre, une eau salutaire, ou qu'on payât le poivre moins cher.

Au contraire, lorsque les Chambres ont voté chez nous, il y a quelques années, une somme de quarante mille francs pour subvenir à la réimpression des œuvres de Laplace, elles ont honoré la mémoire d'un géomètre illustre et encouragé de hautes études : mais, financièrement parlant, l'opération était mauvaise, aussi bien pour le public que pour l'Etat. Car, en mettant même de côté les quarante mille francs dépensés, le prix modique des exemplaires de l'édition nouvelle et le prix avili des exemplaires de l'ancienne édition ne compensaient pas, comme richesse d'inventaire, la valeur des anciens exemplaires au prix où ils se soutenaient dans les ventes.

155. — Or, les distinctions faites dans le présent chapitre lèvent aisément toutes ces apparentes antinomies. Le hasard fait trouver une médaille dont

le prix courant est de 50 fr. : voilà la richesse de l'inventeur grossie d'une valeur de 50 fr. ; et l'amateur qui aura payé 50 fr. pour la mettre dans son médaillier n'en sera point appauvri, puisqu'il pourra toujours recouvrer les 50 fr. en la remettant en vente. Il est vrai que, pendant qu'il conserve la médaille, il ne peut appliquer à autre chose les 50 fr. qui ont passé de ses mains dans celles de l'auteur de la trouvaille; mais celui-ci a acquis la faculté d'en disposer en son lieu et place, de sorte que tout le reste du système économique peut fonctionner comme auparavant. Il n'y a, au point de vue de la réalité physique, qu'une médaille de plus dans les collections, pour la plus grande satisfaction des curieux ; et ce fait réel cadre bien avec le nouveau chiffre d'inventaire qui accuse 50 fr. de plus dans la richesse inventoriée.

Si la médaille était parfaitement connue, classée, appréciée d'après ses autres exemplaires, l'auteur de l'accroissement de richesse est ce manœuvre qui a trouvé la médaille en bêchant la terre : mais il se peut aussi qu'elle n'acquière la valeur de 50 fr. que postérieurement à la découverte physique qui en a été faite, par suite des études d'un antiquaire, dont la sagacité restituera une légende fruste, signalera des rapports inaperçus, et déterminera ainsi la date précise de la médaille, le nom du prince dont elle porte l'effigie, l'événement à l'occasion duquel elle a été frappée. En ce cas l'accroissement de valeur n'en sera pas moins réel, quoique la médaille n'ait subi aucun changement matériel, quoiqu'elle contienne physiquement la même place dans le médaillier de l'amateur. Le surcroît de valeur commerciale n'est que l'expression commerciale du surcroît de valeur ou d'importance *numismatique*, laquelle vient s'ajouter à la valeur *économique* ou industrielle (33), uniquement représentée ici par le poids du métal ; et l'on peut raisonner dans ce cas exactement comme dans le cas précédent.

Supposons maintenant que, la médaille étant déjà parfaitement connue, classée, appréciée quant à son importance numismatique ou (qu'on nous permette cette expression) quant à sa valeur réelle, le surcroît de valeur commerciale soit la conséquence d'un événement qui en a fait disparaître la plupart des exemplaires, et qui a porté dans les ventes, de 50 fr. à 500 fr., le prix des exemplaires conservés. Ce sera, pour le vendeur, un gain très-réel de 450 fr., tout à fait comparable à celui de l'auteur d'une trouvaille ; ce ne sera pas pour l'acheteur une perte dans sa richesse d'inventaire, puisque la médaille y figurera comme représentant, au cours nouveau, les 500 fr. qu'il a donnés. Il n'y a aucun motif d'admettre que le passage des 500 fr. d'une main à l'autre influera sur le surplus du système économique et sur les autres inventaires. Donc il y aura de ce chef un accroissement dans le total de la richesse inventoriable, et l'on sera fondé à accroître l'inventaire général des 450 fr. dont s'est accru l'inventaire du vendeur de la médaille. Mais d'autre part, à moins que l'acheteur ne soit un de ces riches comme il n'y en a plus guère (qui veulent par pure ostentation mettre cent mille fr. dans un cabinet de médailles, n'importe comment, ou pour qui, en d'autres termes, les médailles n'ont qu'une valeur commerciale et point de valeur numismatique), le changement de cours a causé à l'acheteur un dommage réel, en ce sens que, sans le changement de cours, il aurait pu se procurer avec les 500 fr., d'abord la médaille dont il s'agit, puis d'autres médailles jusqu'à concurrence de 450 fr. Ce dommage réel compense exactement le gain réel du vendeur; et, pour la société qui n'a nul motif de s'intéresser à ce que la médaille appartienne à Pierre plutôt qu'à Paul, il n'y a nul fait réel qui corresponde à l'accroissement de 450 fr. dans la richesse inventoriable. Voilà ce qu'on exprime en disant que, toute compensation faite entre Pierre et Paul, la richesse réelle est restée la même qu'auparavant. Ce qu'on dit pour un exemplaire de la médaille, on le dirait pour les autres exemplaires conservés, qui participent à la hausse de prix; de manière qu'aucun gain réel ne compenserait la perte réelle résultant de la destruction du surplus des exemplaires.

Au lieu de raisonner sur des médailles, destinées seulement à la satisfaction d'un goût délicat, supposons que nous ayons à raisonner sur des choses qui ont une grande importance économique et industrielle, et dont par conséquent la production et l'abondance intéressent à un haut degré la généralité des hommes : ce qui pouvait ne paraître dans notre exemple qu'une pointillerie scolastique deviendra le légitime objet des discussions les plus sérieuses, et quelquefois des discussions les plus ardentes. Si pourtant l'on veut résoudre logiquement la difficulté, il faudra recourir au même principe logique de solution. Voilà ce que nous tâcherons de faire en abordant à notre tour, par un côté nouveau, un sujet déjà tant de fois traité.

CHAPITRE II.

DU PRINCIPE DE LA COMPENSATION DES DEMANDES. — DU PRINCIPE DE
L'ENCOURAGEMENT. — DE LA JUSTE DÉTERMINATION DU POINT DE
SCISSION DES DIVERSES DOCTRINES ÉCONOMIQUES.

156. — Arrivons au principe de la *compensation des demandes*, et pour prendre un exemple plus facile à saisir, supposons que dans notre colonie où il n'y avait point encore d'imprimerie, une imprimerie vienne à s'établir, et que, grâce à cette industrie nouvelle, il se fabrique et se débite annuellement dans la colonie pour cent mille francs de petits livres usuels. Voilà une nouvelle valeur créée et mise en circulation, sans que la création et la circulation de cette valeur fasse nécessairement obstacle à aucune industrie antérieurement établie, tarisse nécessairement ou rende moins abondante aucune des sources de richesse précédemment ouvertes. Car les acheteurs de livrets auront cent mille francs de moins à mettre à l'acquisition de tous les autres articles : mais les producteurs de livrets (écrivains, papetiers, typographes, brocheurs, à la rémunération desquels on joindra, le cas échéant, les profits de l'éditeur et du libraire détaillant) pourront affecter à la demande de la même totalité d'articles cent mille francs qu'ils n'avaient pas. Cent mille francs en moins d'une part, cent mille francs en plus de l'autre, voilà une balance qui sans doute n'amènera pas une compensation exacte pour chacun des autres articles en particulier,

puisque les besoins et les goûts des uns ne peuvent si exactement se substituer aux besoins et aux goûts des autres : mais on conçoit au moins que la compensation pourra s'opérer dans l'ensemble, sinon exactement, du moins à fort peu près, de manière qu'en totalisant les revenus de tous les colons, et en défalquant les pertes effectives des gains effectifs, on puisse dire que le revenu total a été augmenté, à très-peu près, de la somme de cent mille francs, à laquelle montent les revenus des producteurs de livrets.

A supposer même qu'il y ait une différence notable dans le total des revenus (gros ou petits) des autres producteurs, comme on ne voit pas de raison pour que l'action se fasse sentir dans un sens plutôt que dans l'autre, il serait encore permis d'admettre que la compensation a lieu, dès l'instant qu'on n'applique pas les raisonnements à telle sorte d'articles, à tel fait économique particulier, mais que l'on embrasse par la pensée un grand nombre de faits du même genre, en vue de certains résultats moyens et de certaines lois générales. Ainsi, en même temps que l'industrie typographique s'introduira dans la colonie, il s'y introduira probablement beaucoup d'autres industries nouvelles; et la conclusion qui ne serait pas suffisamment exacte pour l'industrie typographique en particulier, le deviendra si on l'étend à l'ensemble des industries qu'a suscitées le progrès de la société coloniale.

Peut-être qu'avant l'établissement de l'imprimerie locale, la colonie tirait du dehors ses alphabets, ses catéchismes, ses almanachs : il lui fallait livrer pour cela une valeur de cent mille francs en marchandises quelconques, qui, maintenant, peuvent être consommées dans la colonie même et payées avec cette valeur de cent mille francs créée par la nouvelle industrie. Cette circonstance n'empêche pas qu'il n'y ait de même un accroissement de cent mille francs dans le total des revenus des habitants de la colonie.

157. — Pendant que de nouvelles industries s'implantent dans la colonie, d'autres industries peuvent disparaître. Par exemple, il s'y faisait un commerce de pelleteries qui cesse forcément après qu'on a détruit les espèces sauvages dont la robe était un objet de commerce. Mettons que la production annuelle d'une valeur de cent mille francs se trouve ainsi supprimée. Si elle était pour la colonie l'objet d'un commerce d'exportation, il faudra trouver d'autres denrées pour payer les marchandises de retour, au préjudice de la consommation intérieure. Si les fourrures se débitaient et s'usaient dans la colonie même, les consommateurs de fourrures feront de ce chef l'épargne d'une somme de cent mille francs, d'abord contre leur gré, puis sans y songer, lorsque l'habitude sera prise de s'en passer; et cette épargne compensera, pour la demande d'autres articles, le retranchement de pareille somme dans les revenus des producteurs ou fournisseurs de fourrures : de sorte que la suppression de cette branche d'industrie, due à l'épuisement de l'une des ressources naturelles du pays, n'aura pour conséquence *immédiate* qu'une réduction de cent mille francs dans le total des revenus coloniaux.

Cela ne veut pas dire que la privation des fourrures, comme objets de commodité ou de luxe, n'influera pas sur l'apparition ou le développement de diverses branches de l'industrie des tissus, qui peuvent procurer la satisfaction des mêmes goûts ou des mêmes besoins : mais un tel résultat est indirect; et il conviendrait toujours, pour l'ordre du raisonnement, de considérer d'abord l'effet immédiat produit par l'épuisement d'un genre de ressources naturelles, par l'extinction d'un genre d'industrie, puis l'effet consécutif et de sens contraire produit par la naissance d'une industrie nouvelle qui tend à se substituer à l'industrie éteinte.

158. — Il ne suffirait pas que le génie d'un homme découvrît une industrie nouvelle, que des goûts nouveaux se répandissent parmi les populations, qu'une autre distribution de la richesse tendît à donner aux demandes une autre direction : il faut encore que la production qui satisferait au nouvel état des demandes ne soit pas rendue impossible par l'insuffisance des bras ou des capitaux, par la limitation des ressources naturelles. Il ne suffit pas d'avoir établi qu'il peut y avoir dans la somme des revenus de quoi payer à la fois le produit nouveau et les anciens produits : il faut encore que la production de l'article nouvellement demandé n'enlève pas aux autres articles les moyens indispensables de production, en bras, en capitaux, en ressources naturelles ; sans quoi tous nos raisonnements se trouveraient en défaut et notre principe de compensation ne s'appliquerait plus. Si, par exemple, l'ouvrier embauché pour la nouvelle imprimerie, parce qu'il a profité mieux qu'un autre des leçons de l'instituteur, gagnait auparavant sa vie au métier de menuisier ou à celui de tisserand, il faut qu'en quittant son ancienne profession, il ait fait place à un nouvel ouvrier qui n'y pouvait trouver place; ou bien il faut que ses anciens camarades aient pu suffire à la beso-

gne en travaillant davantage et en gagnant un meilleur salaire. Sinon, le total des revenus coloniaux, au lieu d'être accru de la totalité du salaire de l'ouvrier typographe, ne serait accru que de l'excédant du salaire actuel sur le salaire de son ancienne profession, et ainsi de suite.

Tout s'arrête devant le refus absolu de la Nature de mettre à la disposition de l'homme les ressources, c'est-à-dire les forces et les matériaux nécessaires : cela est d'une parfaite évidence et n'exige point de commentaires. On n'en peut dire autant des forces que l'homme déploie par sa propre activité, ni des provisions et des instruments de travail produits par un travail antérieur, conservés par la prévoyance, c'est-à-dire des capitaux. Lors donc que l'on entreprend l'analyse des changements qu'éprouve le système économique, faut-il raisonner comme si ces changements n'influaient que sur la *direction* des forces productrices qui émanent de l'homme, et n'avaient point la vertu d'accroître l'*intensité* même de ces forces productrices, en suscitant des inventions, des bras et des capitaux, là où les inventions, les bras et les capitaux deviennent nécessaires ? Nous abordons ainsi la question vraiment majeure, question susceptible en effet, selon les circonstances, de deux solutions différentes, dont chacune peut être affirmée d'une manière absolue et par forme de théorème, sans égard aux circonstances : de manière à ranger les économistes en deux écoles, en deux sectes, en deux camps opposés. Les uns font de l'économie sociale une sorte de *mécanique physique* dans laquelle on ne considère que des forces inorganiques, sur l'intensité desquelles l'homme n'a aucune prise et dont il ne peut que changer la direction par ses engins : les autres sont des *dynamistes* ou plutôt des *vitalistes*, qui tiennent compte des circonstances extérieures, surtout comme de moyens d'excitation pour faire arriver à leur *summum* d'énergie des forces dont le principe est interne et n'est autre que le principe même de la vie. La divergence sera plus marquée, à mesure que l'intérêt plus vif des conséquences pratiques animera davantage la controverse; et il n'en est que plus essentiel de bien saisir le point précis où la scission commence, alors qu'elle attire à peine l'attention des écrivains spéculatifs, et beaucoup moins celle des hommes pratiques, parce qu'elle ne se montre pas encore grosse de conséquences pratiques. Il est d'ailleurs intéressant pour le philosophe de faire le rapprochement entre la raison principale des divergences économiques et la raison des divergences qu'offrent les théories que nous pouvons nous faire des plus importants phénomènes de la Nature [1]. Il existe dans l'esprit humain un petit nombre de conceptions et d'oppositions fondamentales qu'il reproduit partout.

159. — En général, l'accroissement de la population suit de près l'accroissement dans la demande de travail; et en attendant, le même chiffre de population subvient (ou à peu près) à une demande de travail plus considérable : car, pour l'ordinaire, le travail de l'homme n'est pas (Dieu merci) un travail servile que la verge d'un maître impitoyable pousse à sa dernière limite. Les heures de travail sont augmentées; des malheureux qui n'avaient que le pain de l'aumône trou-

---

[1] *Traité de l'enchaînement des idées fondamentales*, livre III, chap. 4 et 9.

vent à vivre d'un salaire; une occupation sédentaire remplit les temps de loisir que laissent les travaux des champs; les femmes, les enfants sont appelés à prendre leur part des travaux de l'atelier. La perspective d'un débouché, d'un placement, d'une rémunération immédiate ou prochaine, excite l'esprit d'entreprise, de recherche, stimule le travail de l'intelligence aussi bien que le travail des bras. La jeunesse entre avec plus d'ardeur dans une voie nouvelle. Sans doute on ne trouvera pas du premier coup des bras exercés, des contre-maîtres intelligents, des directeurs habiles : mais rien de tout cela ne se fera longtemps attendre, si l'excitation extérieure ne tient pas à un engouement passager, si elle dépend de causes durables, capables de produire des modifications persistantes.

Il faut dire du capital tout ce que nous venons de dire du travail de l'homme. L'invention de nouveaux produits, l'ouverture de nouveaux débouchés, l'acquisition de nouveaux moyens d'échange, en modifiant la demande, ne modifient pas seulement le genre d'emploi des capitaux existants : elles opèrent surtout comme stimulants pour provoquer la formation de nouveaux capitaux. Non-seulement elles opèrent d'une manière générale (46), en augmentant le taux de l'intérêt ou en en prévenant la baisse, ce qui doit encourager l'épargne chez celui qui ne fait pas valoir par lui-même ses capitaux et qui se soucie fort peu du mode d'emploi, pourvu que l'intérêt soit servi, mais elle détermine, chez ceux qui mettent les capitaux en œuvre, la formation du capital sous la forme spécifique et concrète, accommodée à la nouvelle industrie. Il est naturel d'épargner sur les premiers profits d'une industrie qui commence à prospérer, et dont on attend des profits plus grands encore, tout ce qui peut servir à étendre, à développer, à fortifier cette industrie naissante. Cela est bien plus commode que de dégager avec perte les capitaux engagés dans les industries stationnaires ou en voie de déclin. Il y aura donc plutôt accession d'un capital nouveau que simple remuement de l'ancien capital. Il faudra du temps pour cela; mais, sans aller jusqu'à dire que le temps ne fait rien à l'affaire, on peut dire qu'il ne change pas essentiellement les conclusions théoriques : car des théories du genre de celles qui nous occupent n'impliquent pas l'accomplissement instantané des transformations économiques, et ne peuvent être poussées au point de suivre avec quelque exactitude toutes les phases transitoires du période de transformation.

En même temps il faut bien admettre que ces explications ne valent que tout autant qu'on se renferme dans des limites convenables. Il y a des capitaux qui se forment vite dès qu'un emploi leur est offert ; il y en a qui se régénèrent vite après que des malheurs publics les ont détruits ; et il y en a qui ne se forment qu'à la longue, chez les nations puissantes dans l'industrie, au point de rendre très-difficile, sinon impossible, la concurrence des nations qui se sont laissé devancer. Enfin, il y a des entreprises gigantesques pour lesquelles la réunion des capitaux nécessaires constitue la principale difficulté de l'entreprise. Il était plus aisé de concevoir l'idée de percer l'isthme de Suez et même d'en établir la possibilité sur des nivellements et des devis d'ingénieurs, que de trouver les capitaux nécessaires au percement de l'isthme de Suez.

160. — Nous avons déjà remarqué (35 *et suiv.*). l'erreur où tombait l'école physiocratique, lorsqu'elle voyait dans la vertu productive de la *terre* (c'est-à-dire dans l'ensemble des ressources et des forces naturelles) la source unique de l'accroissement de la richesse *des nations* ou de la richesse du genre humain considéré comme une seule famille. L'erreur devient plus grave en théorie, et plus dangereuse en ce qu'elle peut plus facilement descendre du domaine de la théorie dans celui de la pratique, s'il s'agit de la richesse d'*une* nation en particulier. Car enfin il est bien clair que les produits de la terre (à quelque règne de la Nature qu'ils appartiennent) ne sont pas physiquement susceptibles d'un accroissement indéfini ; et que même (l'échelle des frais de production étant croissante) on atteint vite une phase où le surcroît de production, physiquement possible, est impossible économiquement (33) : de sorte que, par ce côté, la richesse réelle d'une nation, la valeur réelle du revenu social, doivent nécessairement rencontrer des limites. Au contraire, rien ne limite nécessairement (pour chaque nation en particulier) les richesses et les revenus qui ont leur source principale dans le travail et l'industrie : les produits de nouvelle création peuvent *indéfiniment* s'échanger les uns contre les autres, pourvu qu'une direction convenable soit donnée aux diverses branches de la production, et pourvu que l'on trouve, dans l'immensité du monde commercial, d'une part des débouchés toujours ouverts à l'industrie nationale, d'autre part des moyens d'alimenter, par des achats de matières premières et de subsistances faits à l'étranger, l'activité industrielle et le surcroît de population industrieuse qu'elle fait naître. La nation placée dans de

pareilles conditions n'agit pas seulement sur les forces et les ressources naturelles situées dans son domaine direct : elle utilise à son profit la fécondité des terres, l'énergie productive des forces naturelles disséminées dans le monde entier : elle n'en a ni la propriété, ni le monopole, mais elle prélève sur toutes une véritable dîme. C'est ce qu'on a quelquefois exprimé en disant qu'elle exerce un commerce *actif* : tandis que les nations qui ne savent trafiquer qu'en se dépouillant d'une partie des biens que la Nature leur avait donnés gratuitement ou presque gratuitement, pratiquent un commerce que l'on a qualifié de *passif*.

Cependant, même dans l'hypothèse où nous nous plaçons, il ne faut (bien entendu) prendre les termes d'*infini* et d'*indéfini* que dans un sens relatif, seul compatible avec les conditions essentielles des phénomènes qui s'accomplissent au sein du monde réel[1]. Puis, on ne doit pas perdre de vue tout ce qu'exige d'activité et d'efforts incessants une situation comme celle que nous indiquons ici, ni ce qu'elle offre de contrastes, par ses agitations et ses périls, avec celle des peuples qui, en vertu de leur constitution économique moins artificielle et moins tendue, ne font pour ainsi dire qu'aider la Nature dans la production des choses qui se trouvent plus immédiatement appropriées aux besoins essentiels de l'homme (26).

161. — De là vient (abstraction faite des cas extrêmes) la distinction entre les peuples pauvres et les peuples riches, entre les populations agricoles et les populations

---

[1] *Traité de l'enchaînement des idées fondamentales*, livre I, chap. 3, n° 22.

industrieuses ou commerçantes (25). Chez celles-là, la valeur réelle du revenu, à partager entre les propriétaires et les travailleurs, quoique susceptible d'améliorations progressives, finit par rencontrer des barrières qui demeurent, au moins pour un temps, physiquement ou économiquement infranchissables : tandis qu'au sein des populations industrieuses et commerçantes la demande de capital et de main-d'œuvre, la valeur réelle des profits et des salaires peuvent, par comparaison, augmenter d'une manière indéfinie, quoique non sans des chances d'instabilité qui croissent en raison du rétrécissement relatif de la base de sustentation.

Ce que l'on dit pour la culture, on le dirait pour l'exploitation de toutes les branches de la richesse foncière, parce que le principe essentiel de distinction n'est pas dans la nature spéciale des procédés de l'agriculture, mais dans la limitation nécessaire des produits du sol ou du sous-sol. Une population de mineurs et de propriétaires de mines (après que l'heure des premières récoltes est passée) devient une population d'ouvriers pauvres et de propriétaires embarrassés, absolument comme une population de cultivateurs et de propriétaires ruraux dans un pays dépourvu d'industrie, et par les mêmes causes. Qu'il s'agisse de mines de cuivre, de plomb, ou de mines d'or et d'argent, le fait sera le même, pourvu qu'on ait égard aux valeurs relatives des métaux précieux et à la valeur (non pas nominale, mais réelle) du revenu social. Si le contraire s'observe dans les pays qui produisent la houille et le fer, c'est que l'abondance des matières premières de cette sorte, et leur bon marché relatif aux environs des lieux d'extraction, provoquent l'établissement d'usines, de manufactures, et les développements de l'activité industrielle.

Quand la population afflue vers un continent inexploré, où l'ensemble des ressources naturelles et notamment la terre cultivable s'offrent à l'homme avec une abondance indéfinie, cette population jouit à la fois (grâce à un concours de circonstances exceptionnelles) des avantages que possèdent les peuples riches au sein du vieux monde civilisé, et de ceux qui sont le partage des peuples adonnés principalement à la culture de la terre, et réputés plus arriérés. Les salaires y sont élevés, et les capitaux passagèrement confiés au sol ou incorporés dans le sol, y procurent au fermier à titre de profits, ou au propriétaire à titre de rente foncière un revenu considérable.

162. — En même temps que notre siècle répudiait l'exagération des doctrines du siècle précédent sur le rôle économique de la *terre*, il répudiait aussi l'exagération de ses craintes au sujet d'un prétendu décroissement de population, imputable aux mauvaises institutions de la société. De nos jours, les économistes, bien loin de se préoccuper des obstacles que le manque de bras pourrait mettre au développement de la richesse, n'ont songé qu'aux moyens d'empêcher qu'une population surabondante ne devînt une cause d'appauvrissement. Envisagée sous cet aspect, la question de la population reviendra plus loin : il s'agit seulement ici de comprendre comment, en fin de compte, le rôle du *capital* a dû, dans les théories des économistes modernes, acquérir à peu près la même prépondérance qu'avait eue le rôle de la *terre* pour les physiocrates. L'école anglaise surtout a donné dans cet excès : ce

qui se conçoit sans peine, puisque nulle part la puissance du capital n'apparaît mieux que dans les merveilleux développements de l'industrie britannique. Ajoutons que, par un contraste piquant, les écrivains de cette école, dans leurs discussions théoriques, aiment à considérer le capital à son état le plus rudimentaire, et en quelque sorte sous sa forme la plus humble. Il s'agit de provisions pour faire vivre le cultivateur ou l'artisan en attendant la récolte ou la vente des produits ; il s'agit des outils qui servent à une industrie dans l'enfance. Ce tour didactique peut être favorable à la clarté, et nous l'avons nous-même imité dans plus d'une rencontre : l'inconvénient serait de s'en prévaloir comme d'une sorte de scolastique ou d'algèbre, pour ériger en théorèmes géométriques et absolus, des propositions qui ne sont vraies que d'une vérité relative et limitée, et pour appliquer de pareils théorèmes à des conditions économiques qui ne ressemblent pas plus à celles de l'industrie embryonnaire des peuples enfants, qu'à celles de l'industrie colossale qui exploite le monde à l'aide de ses immenses capitaux. Les extrêmes se touchent. Quand l'homme n'a pour capital qu'un sac de pommes de terre et une pioche, il lui importe peu de manger ses pommes de terre en faisant ceci ou cela, de se servir de sa pioche pour façonner une vigne, pour creuser un fossé ou pour aplanir une route. De même il se peut qu'à la faveur d'institutions qui donnent aux capitaux une grande mobilité, poussé par un amour du gain qui fait bon marché des habitudes acquises, le possesseur de capitaux anglais ou américains soit disposé à se faire indifféremment et tour à tour fermier, manufacturier, armateur ; à aller chercher le thé en Chine ou la baleine parmi les banquises, suivant qu'il y trouvera pour son capital un plus grand profit. D'où la théorie qu'il ne faut s'occuper que d'accroître le capital, et qu'il trouvera de lui-même l'emploi le plus avantageux; qu'on ne peut attirer les capitaux dans une industrie sans les enlever à d'autres industries, etc. : théorie évidemment inapplicable au cas où la prospérité même d'une industrie est la cause déterminante de la génération des capitaux ou d'une partie des capitaux qu'elle réclame. Nous verrons les conséquences de toutes ces remarques à mesure que nous avancerons dans la suite de nos études.

CHAPITRE III.

DE L'INFLUENCE DES CHANGEMENTS DE PRIX SUR LA VALEUR NOMINALE ET SUR LA VALEUR RÉELLE DES REVENUS.

163. — En général, et pour les choses susceptibles d'aménagement, de reproduction ou de fabrication régulière, c'est-à-dire pour celles qui intéressent principalement l'économie sociale, les causes de la hausse de prix rentrent dans deux catégories. Elles tiennent à une plus grande difficulté ou à une plus grande cherté de production, par suite des conditions naturelles, des exigences légales ou des prétentions que peuvent élever les propriétaires, les capitalistes, les ouvriers : auquel cas elles restreignent la production et diminuent l'abondance de la chose en même temps qu'elles en élèvent le prix, de manière à être pour la société une cause de diminution réelle de richesse, lors même qu'elles accroissent la richesse d'inventaire, la valeur commerciale créée annuellement, et les revenus que cette valeur procure aux producteurs entre les mains desquels elle se distribue. Ou bien les causes d'augmentation de valeur tiennent à ce que les consommateurs se sont créé de nouvelles ressources, de nouveaux moyens d'échange, par un surcroît de travail et d'industrie : auquel cas l'abondance de la production augmente avec le prix, la richesse réelle croît avec la richesse d'inventaire (quoique dans une proportion très-différente et généralement beaucoup moindre), et la société jouit de

cet accroissement réel de richesse, en même temps qu'augmente le revenu des producteurs.

Inversement, les causes qui font diminuer la valeur d'échange sont de deux sortes. Elles peuvent tenir à l'état de langueur où se trouvent le travail et l'industrie, à l'influence des saisons, aux perturbations sociales qui ferment des débouchés, suppriment des moyens d'échange, réduisent les ressources des acheteurs : et alors il y a déchet dans la production, perte réelle de richesse, en même temps que diminution plus grande encore dans la richesse d'inventaire qui subvient aux revenus des producteurs. Ou bien la chose baisse de prix, parce qu'il y a moins de difficultés naturelles, une meilleure application du travail, une économie mieux entendue dans la production ; parce que des monopoles ou des priviléges abusifs ont fait place à l'émulation et à la concurrence : auquel cas il y a pour la société accroissement réel de richesse, quel que puisse être le sens des variations dans la richesse d'inventaire, où se puisent annuellement les revenus de tous ceux qui concourent à la production.

Pour employer les expressions techniques avec lesquelles nous devons supposer que notre lecteur est maintenant familiarisé, nous dirons que la variation de prix peut provenir, ou d'un changement dans la *loi de la demande*, ou d'un changement dans l'*échelle des frais de production*, échelle croissante ou décroissante selon la nature des articles, ainsi qu'on a eu déjà l'occasion de l'expliquer (68). La production augmente ou diminue en même temps que le prix, si le changement porte sur la loi de la demande : au contraire, elle diminue quand le prix augmente ou réciproquement, si le changement porte sur l'échelle des frais de production.

164. — Lorsqu'on multiplie le prix de l'unité produite par le chiffre de la production, on obtient un troisième chiffre appelé *produit brut* (61), qui varie avec le prix et la demande, et qui comporte en général une valeur *maximum* pour un prix qui se trouve déterminé en conséquence de la forme trouvée pour cette table, pour cette *fonction empirique* que nous nommons la loi de la demande (55). Le produit brut qui se répartit entre tous ceux auxquels nous donnons collectivement le nom de producteurs (148), exprime la part pour laquelle l'article figure dans la composition du total des revenus. Selon que la variation survenue dans le prix rapproche ou éloigne la valeur du produit brut de la valeur *maximum* qu'il comporte, cette variation aura certainement pour effet d'augmenter ou de diminuer le total des revenus, au moins dans sa valeur nominale. Cela résulte immédiatement des définitions et des explications données dans l'avant-dernier chapitre.

Dès l'instant qu'un article, soumis d'ailleurs à des frais de production, est en monopole, on peut être certain que tout accroissement de frais, en faisant hausser le prix et réduire la consommation de l'article, fera subir au total des revenus, non-seulement une diminution réelle, mais encore une diminution nominale. Pour l'établir, il faut montrer que le produit brut éprouve nécessairement une diminution. Or, supposons que ce soit, non par suite d'un accroissement de frais, mais par suite d'une méprise sur son véritable intérêt, que le monopoleur renchérisse l'article : son produit net sera diminué, puisque (par hypothèse) l'ancien prix était celui qui rendait le produit net un *maximum*. Les frais seront cependant moindres, absolument parlant, puisqu'une moindre quantité est produite et que, selon l'hypothèse, rien n'est changé aux conditions d'exploitation. Donc il faut que le produit brut soit diminué par le renchérissement ; et comme la réduction de la demande ne dépend que du renchérissement et reste la même, à quelque cause que le renchérissement soit imputable, le raisonnement vaudra, aussi bien pour le cas où le renchérissement est causé par un accroissement de frais, que pour le cas où il est l'effet d'une méprise du monopoleur.

Mais, quand un article soumis à des frais de production est en même temps libre de monopole, une hausse de prix due à un accroissement de frais, en diminuant toujours le total des revenus dans sa valeur réelle, en pourra augmenter ou diminuer la valeur nominale, selon que la valeur initiale tombait au-dessous ou s'élevait au-dessus de la valeur qui rend le produit brut un *maximum*. La raison pour qu'elle tombe au-dessous, c'est l'absence de monopole : la raison pour qu'elle s'élève au-dessus, c'est la condition des frais de production. On conçoit que, selon les cas, l'une ou l'autre de ces tendances contraires doit l'emporter.

En résumé nous dirons que, si rien n'est changé dans les conditions de la demande, et que celles de la production se soient modifiées de manière à déterminer une hausse de prix, il y aura diminution de production et diminution de revenu réel : tandis qu'il pourra y avoir, selon les cas, diminution ou augmentation dans le revenu nominal.

Et de même, les conditions de la demande restant toujours invariables, si un changement dans les conditions de la production détermine une baisse de prix, il y aura accroissement de production et accroissement de revenu réel : tandis qu'il pourra y avoir augmentation ou diminution dans le revenu nominal.

Procédons séparément à la discussion de ces quatre cas distincts. Comme les chiffres n'ont ici d'autre fonction que d'aider l'esprit, à la manière des signes de l'algèbre, dans une suite de raisonnements généraux, nous prendrons des chiffres très-simples et d'ailleurs arbitraires, sans nous préoccuper du soin de les accommoder à telle application concrète et effective.

165. — Ier CAS. *Diminution du revenu réel, diminution du revenu nominal.* Soit donc, pour fixer les idées, 10 fr. le prix ancien et 12 fr. le prix nouveau, 10 000 la demande qui correspondait à l'ancien prix et 8 000 celle qui s'établit dans le nouvel ordre de choses, de manière que le produit brut s'abaisse de 100 000 fr. à 96 000 fr. Par suite du renchérissement de l'article, ceux des consommateurs qui ont continué d'acheter, ont été obligés de distraire de la demande des autres articles, pour l'appliquer à la demande de l'article renchéri, une somme égale à 2 fr. répétés 8 000 fois, ci . . . . . 16 000 f.
Au contraire, ceux des consommateurs que le renchérissement a détournés de demander l'article qu'ils consommaient auparavant, ont pu disposer pour d'autres demandes d'une portion de leurs revenus, égale à 10 fr. répétés 2 000 fois, ci. 20 000

Différence. . . . . 4 000 f.

c'est-à-dire (comme cela doit être) une somme précisément égale à celle dont a diminué le revenu des producteurs de l'article renchéri.

On aurait tort d'objecter que nous venons de distinguer parmi les anciens consommateurs ceux qui continuent d'acheter malgré le renchérissement, et ceux qui cessent d'acheter, sans avoir égard aux consommateurs qui prennent un parti mitoyen et se bornent à réduire leur demande : car, à un tel consommateur on peut toujours par la pensée en substituer deux autres placés, l'un dans la première catégorie, l'autre dans la seconde. La simplification admise pour la commodité du discours ne change donc rien au fond du raisonnement.

Maintenant il faut observer (conformément à la distinction établie aux n°s 152 *et suiv.*) que les consommateurs de la première catégorie qui payent 96 000 fr. pour obtenir ce qui ne leur coûtait précédemment que 80 000 fr., sont au fond dans la même position que si leur revenu eût été diminué de. . . . . 16 000 f.
Si donc on ajoute à cette perte réelle des consommateurs, la perte des producteurs de l'article, savoir. 4 000

la somme. . . . . 20 000 f.

exprimera la diminution réelle survenue dans le total des revenus, le chiffre 4 000 n'exprimant que la diminution nominale.

Remarquons que ce résultat coïncide avec celui qu'on obtiendrait directement, en considérant que la hausse de prix a réduit de 10 000 unités à 8 000 le chiffre de la production annuelle, et par cela même anéanti une valeur égale à l'ancien prix 10 fr. répété 2 000 fois, ou à 20 000 fr.; qu'à la vérité la quantité 8 000 qui continue d'être produite a haussé de 2 fr. par unité, ce qui réduit à 16 000 fr. la perte supportée par les producteurs; mais que cette plus-value, qui vient pour eux en déduction des 20 000 fr. de valeur anéantie, est exactement balancée par le dommage que la hausse fait éprouver aux consommateurs qui la subissent.

166. — Il y a eu jusqu'ici tant de désaccords entre les calculs des économistes théoriciens, que ces calculs ont grand besoin de ce qu'on nomme en arithmétique une *preuve*, ou du contrôle qui résulte de l'accord entre deux manières différentes de calculer. Voilà pourquoi nous attachons quelque importance à une preuve de ce genre, malgré l'extrême simplicité du calcul qu'il s'agit de vérifier. D'ailleurs on a souvent reproché aux économistes de s'occuper trop exclusivement des revenus et de l'intérêt des producteurs : tandis que toute l'utilité des richesses consiste, dit-on, dans la consommation qui s'en fait et dans les satisfactions que cette consommation procure. Or, dans la seconde manière de calculer, on peut, si l'on veut, ne s'attacher qu'à la consommation annuelle. Cette consommation a diminuée de 2 000 unités : telle est effectivement, au sens réel et concret, la perte causée à la société par le renchérissement de l'article; et si l'on veut comparer ce dommage à d'autres du même genre, portant sur d'autres articles, il faut bien adopter une commune mesure de valeur, et partir du prix que, d'après le cours du commerce, on consentait à payer pour se procurer la satisfaction attachée à la consommation de l'article. Et puisque, dans l'hypothèse où l'on s'est placé, il n'y a pour les autres articles que des déplacements de consommation sans que la consommation totale diminue, il faut reconnaître que, de ce chef, l'accroissement de satisfaction pour les uns compense la diminution de satisfaction pour les autres. En préférant ce tour de raisonnement, on n'aura

parlé, ni de revenu, ni de producteurs, et l'on sera arrivé pour la troisième fois à la même conclusion numérique.

Il faut encore observer que les consommateurs de notre seconde catégorie, qui cessent d'acheter l'article renchéri, en reportant sur l'achat d'autres articles les portions de leurs revenus que cette économie laisse disponibles, sont eux-mêmes froissés par le renchérissement, en ce sens qu'ils sont amenés à faire, de ces portions de leurs revenus, un emploi moins à leur convenance que celui qu'ils préféraient dans l'ancien système des prix. Il y a là pour eux un sujet de regrets : mais, s'il s'agit de revenus, des regrets ne s'évaluent pas et ne figurent dans les colonnes, dans les récapitulations ni dans les balances d'aucuns budgets, gros ou petits.

Que si l'on met la question de revenus de côté pour ne s'occuper que de la satisfaction que la consommation procure, l'on vient de voir (par le rapprochement même que nous avons établi) qu'il a déjà été tenu compte de l'amoindrissement de satisfactions causé par la réduction de la consommation annuelle, et qu'on n'y pourrait rien ajouter sans commettre un double emploi.

167. — Après tous ces détails, nous pouvons procéder rapidement à la discussion des trois autres cas que nous avons énumérés.

II° CAS. *Diminution du revenu réel, augmentation du revenu nominal.* Admettons que la demande s'abaisse seulement de 10 000 unités à 9 000, quand le prix de l'unité s'élève de 10 fr. à 12 fr. Les mêmes raisonnements établiront que le total des revenus a augmenté

nominalement, par le fait de l'accroissement du revenu des producteurs, d'une somme de........ 8 000 f.
Mais, d'autre part, la perte des consommateurs est égale à 2 fr. répétés 9 000 fois, ci. 18 000

Différence..... 10 000 f.

laquelle mesure la diminution réelle survenue dans le total des revenus, et se trouve égale (comme dans le premier cas) à autant de fois l'ancien prix, qu'il y a d'unités dont le renchérissement empêche la production.

III° CAS. *Augmentation du revenu réel, augmentation du revenu nominal.* Supposons que la demande s'élève de 10 000 unités à 12 000, par suite d'un abaissement de prix de 10 fr. à 9 fr. Le total des revenus sera encore augmenté nominalement, par le fait de l'accroissement du revenu des producteurs, d'une somme de 8 000 f.
En outre, les consommateurs qui payent sur le pied de 9 fr. les 10 000 unités qu'ils payaient ci-devant sur le pied de 10 fr., sont effectivement dans la même situation que si leur revenu eût été augmenté de........ 10 000

La somme... 18 000 f.

(égale à autant de fois le prix nouveau 9 fr. qu'il y a d'unités dont la baisse de prix détermine la production) mesure donc l'accroissement réel dans le total des revenus, fort supérieur dans ce cas à l'accroissement nominal.

IV° CAS. *Augmentation du revenu réel, diminution du revenu nominal.* Supposons, comme tout à l'heure, que la demande s'élève de 10 000 unités à 12 000, mais en admettant qu'il a fallu pour cela que le prix baissât de 10 fr. à 8 fr. Le total des revenus se trouvera diminué

nominalement, par le fait de la diminution du revenu des producteurs, d'une somme de. . . . . . .   4,000 f.
Mais, d'un autre côté, les consommateurs qui payent, sur le pied de 8 fr. seulement, les 10 000 unités qu'ils payaient ci-devant sur le pied de 10 fr., sont effectivement dans la même situation que si leur revenu eût été augmenté de 20 000

La différence . . .   16 000 f.

(égale à autant de fois le prix nouveau 8 fr., qu'il y a d'unités dont la baisse de prix détermine la production) mesure l'accroissement réel dans le total des revenus.

168. — Nous devons prévenir une objection qui s'adresserait à tous les raisonnements et à tous les calculs qui précèdent, comme à ceux qui suivront et dont le plan est le même. On dira que, lorsque la production d'un article A vient à décroître et descend, par exemple, de 10 000 unités à 8 000, la valeur de la quantité 2 000 n'est pas pour cela anéantie ; que les matières premières qui entraient dans sa fabrication trouvent un autre emploi, sauf à baisser de prix (s'il est nécessaire) pour trouver cet autre emploi ; que les ouvriers attachés à cette fabrication louent leurs bras à d'autres entrepreneurs, sauf à subir une certaine diminution de salaires ; que les capitaux engagés dans l'exploitation s'en dégagent et trouvent à se placer ailleurs, sauf aux capitalistes à subir un déchet de capital et une baisse d'intérêt dans le placement nouveau. Or, il peut sembler au premier coup d'œil que nous avons méconnu ce fait majeur, en raisonnant comme si la réduction dans la production de l'article A anéantissait une valeur précisément égale à

celle de la quantité dont la production a été réduite.

Pour montrer que notre calcul n'est point fautif, supposons qu'un article G joue le rôle de matière première ou d'instrument de production par rapport à plusieurs articles A, B, C, etc., qui sont l'objet d'une consommation immédiate. Dans le nombre de ceux que nous appelons les producteurs A doivent figurer ceux des producteurs G qui livrent l'une des matières premières ou des instruments de production requis pour la production de A, et cela jusqu'à concurrence de la quantité qu'ils livrent effectivement pour cette destination. La même chose peut se dire au sujet des articles B, C, etc. Par conséquent, il y a tel producteur G dont le revenu se décompose en plusieurs parts, pour l'une desquelles on le rangera parmi les producteurs A, pour une autre parmi les producteurs B, et ainsi de suite. Si la réduction dans la consommation de l'article A amène une plus grande consommation de l'article B, le producteur G pourra retrouver dans l'accroissement de demande pour l'article B la compensation de la perte qu'il éprouve par la diminution de demande pour l'article A ; mais, rien n'empêche de substituer par la pensée, et pour la commodité du raisonnement, à ce producteur G deux autres producteurs dont l'un n'aurait de clientèle que parmi les fabricants de l'article A et l'autre parmi les fabricants de l'article B; de sorte que le premier figurerait seulement parmi les producteurs A et l'autre parmi les producteurs B. Or, notre principe de compensation nous permet de tenir compte, dans l'appréciation des résultats moyens, du report des fonds retirés de la demande de l'article A, sur la demande des articles B, C, etc. : nous avons donc implicitement tenu compte des circonstances dont l'oubli motiverait l'objection qu'il s'agit de prévenir.

Cette remarque s'applique également aux salaires des travailleurs (158). Quand un ouvrier travaille d'abord à la fabrication de l'article A, pris à celle de l'article B, après la réduction survenue dans la production de A, il doit être rangé en premier lieu parmi les producteurs A et en second lieu parmi les producteurs B. Le revenu de la masse A (dans lequel figurent les salaires de l'ouvrier) a diminué et celui de la masse B est accru : c'est absolument (quant aux évaluations qui nous occupent et quant au résultat final) comme si la demande de travail augmentait pour les ouvriers B et diminuait pour les ouvriers A, sans qu'il y eût faculté pour un même ouvrier de passer d'une catégorie à l'autre; quoique la présence ou l'absence de cette faculté changent complétement la face de la question aux yeux des gouvernants et à ceux des amis de l'humanité, qui doivent surtout se préoccuper des embarras et des souffrances souvent poignantes que peut entraîner le passage d'un état à l'autre.

169. — D'après les explications mêmes dans lesquelles nous venons d'entrer, l'on voit que tous les raisonnements et les calculs qui précèdent, impliquent la supposition que l'article A, sur lequel portent la hausse ou la baisse dont nous voulons étudier les effets, est un article destiné à une consommation définitive, et non la matière première ou l'instrument d'une production ultérieure. Car, s'il s'agissait de l'article G dont nous parlions tout à l'heure, l'on ne pourrait se rendre compte de l'effet produit sur l'ensemble des revenus par la hausse ou la baisse de l'article, sans

examiner comment la diminution ou l'accroissement de production de l'article G influe sur la diminution ou l'accroissement des productions ultérieures. Il y aurait solidarité entre la production de l'article G et celle des articles A, B, etc., dont il est la matière première ou l'instrument de production : de sorte que notre principe de compensation, s'il restait encore applicable, ne le serait que tout autant que l'on comprendrait dans un seul groupe l'article G et les articles à la production desquels il concourt, en plaçant en regard l'ensemble des autres articles ou groupes d'articles. Le calcul deviendrait plus compliqué et plus pénible à mesure que les groupes d'articles ainsi associés se compliqueraient : mais c'est là un inconvénient inévitable, dans l'application des méthodes vraiment scientifiques.

170. — Considérons maintenant le cas où par suite d'un progrès de l'industrie et des arts, ou bien par suite d'un changement dans les habitudes, les goûts et les besoins des consommateurs, ou encore par suite d'un changement dans le mode de distribution de la richesse sociale, un article B se trouverait *substitué* à l'article A, partiellement ou intégralement : de telle sorte qu'une portion du revenu total fût distraite de la demande de l'article A et appliquée intégralement à la demande de l'article B; tandis que les revenus des producteurs C, D, E, etc., pris en bloc, n'éprouveraient aucune altération ou ne subiraient que des variations négligeables. La totalité des revenus n'aurait donc éprouvé par là ni augmentation, ni diminution dans sa valeur nominale : la répartition seule en aurait été modifiée au préjudice des producteurs A et au profit

des producteurs B. Quant au changement éprouvé par le total des revenus dans sa valeur réelle (ou, ce qui revient au même, quant au changement qui affecte, dans un sens ou dans un autre, la consommation annuelle), il faut, pour l'évaluer selon les principes justifiés ci-dessus, mettre en balance, d'une part la quantité supprimée dans la production de l'article A (estimée au prix qu'elle avait quand la suppression a eu lieu), d'autre part la quantité venue en accroissement de la production de l'article B (estimée ce qu'elle vaut au moment où les circonstances en déterminent la production). La différence, dans un sens ou dans l'autre, mesure la perte ou le gain réel pour la société. Les conditions sont le plus favorables : 1° si l'article A est de telle nature qu'il puisse se produire presque en même quantité qu'auparavant, malgré la baisse de prix; 2° si l'article B est de telle nature à son tour que la somme nouvellement dirigée vers la demande de cet article influe sur la demande sans presque influer sur le prix.

171. — Aisément comprendra-t-on que les articles dits *de luxe*, ceux dont la consommation est réservée aux classes opulentes de la société, sont en général caractérisés dans le système économique par cette propriété, que de légères variations dans la demande ou dans la concurrence des acheteurs peuvent imprimer aux prix des variations considérables (54) : tandis que, pour les objets qui sont de consommation générale, sans être cependant réputés *de première nécessité*, de légères variations dans les prix correspondent à des variations considérables dans les demandes et dans les quantités produites. En conséquence, les causes qui tendent à modérer les inégalités dans la distribution des richesses

tendent à imprimer au système économique des variations dont l'effet moyen et général doit être favorable à la valeur réelle du revenu social, ou à l'effet utile de la production, pour la société prise en bloc.

Il semble que les denrées de première nécessité, comme celles qui font la base de l'alimentation, aient cela de commun avec les articles de luxe, que de grandes, quelquefois d'énormes variations dans les prix correspondent à de faibles différences dans les quantités produites : car le pauvre renoncera à toute autre consommation, engagera même son mince capital et les ressources de l'avenir, pour se procurer les choses de première nécessité. De pareils sacrifices ne pourraient se prolonger sans causer des perturbations violentes dans la constitution du système économique et de la population : aussi, lorsque l'on ne considère que les valeurs moyennes, affranchies des perturbations passagères, et sujettes seulement à des variations séculaires, on trouve que, même pour les denrées de première nécessité, de grandes différences dans les quantités produites correspondent à de faibles variations dans les prix, corrigées (s'il est nécessaire) de la partie de ces variations qui est imputable aux changements absolus de valeur des métaux précieux (84). Il n'y a donc rien, dans la théorie dont nous esquissons les principes, qui ne soit d'accord avec le bon sens et avec les faits observés.

172. — Cependant, derrière cette théorie, qui se fonde sur la notion de la valeur commerciale des choses (quelle que soit l'origine des prix que le commerce leur assigne), il en faut entrevoir une autre dont nous n'avons encore que le germe, et qui entame plus le vif du

sujet. Nous voulons parler de la théorie qui se fonde ou qui se fondera sur la notion des *équivalents économiques* (33 *et* 34) ou de la mesure de la vertu productive. C'est à celle-ci qu'il faut recourir pour mettre un peu de précision dans l'idée, si vague jusqu'ici, du *luxe* et des choses de luxe, par opposition aux choses *de première nécessité* (25), et pour nous rendre philosophiquement compte de ce qu'a voulu ou dû vouloir dire le poëte philosophe en prétendant

> . . . . que le luxe enrichit
> Un grand État, s'il en perd un petit.

Tout ce qui retranchera de la valeur commerciale d'un article ce que l'attrait d'une consommation voluptuaire ou d'une jouissance d'ostentation ajoute à la valeur qu'il aurait en vertu seulement de sa puissance productive, mesurée par son équivalent économique (de manière à reporter le surplus sur la demande d'autres articles affectés à une consommation productive), tendra à augmenter la production annuelle et par conséquent la valeur réelle du revenu annuel. Un tel changement économique pourra être le résultat d'un changement dans les mœurs, sans que rien ait changé dans l'état des fortunes : mais il sera bien plus sûrement encore le résultat d'un changement dans le mode de répartition de la richesse acquise entre les diverses classes de la société, et d'un plus grand nivellement de cette richesse. En ce sens, le luxe ne *perd* pas, mais il *appauvrit*, et la restriction du luxe *enrichit*, sinon les *États*, du moins les *sociétés*, aussi bien les grandes que les petites.

D'un autre côté, les vertus productives des forces et des substances naturelles n'opèrent pas dans un but économique sans l'intervention de l'activité humaine, organisée, disciplinée, soumise à un certain ordre et à une certaine hiérarchie. Il faut donc (car c'est la loi générale des êtres vivants) que quelque chose stimule cette activité à tous ses degrés et pour toutes ses manifestations. Des besoins ou des appétits grossiers, des jouissances vulgaires pourront suffire pour obtenir de l'homme un travail mécanique et en quelque sorte grossier, comme les aiguillons qui l'excitent : il faut l'attrait de plaisirs plus délicats, de jouissances plus raffinées, pour tirer de son indolence celui qui possède déjà de quoi fournir abondamment aux besoins qu'il partage avec le commun des hommes. Supposons une société où tels progrès économiques, telles grandes combinaisons industrielles ou financières exigent la puissante intervention d'un banquier cent fois millionnaire : il faudra apparemment que quelque chose y pousse les hommes, ou quelques hommes, à travailler, à capitaliser, à combiner, à spéculer, même quand ils pourraient se contenter de la modeste aisance que donnent deux ou trois millions ; et ce quelque chose (outre le plaisir de faire du bien et d'exercer de l'influence) exige un progrès dans le luxe, qui corresponde au progrès dans la richesse. Voilà en quel sens et dans quelles limites (31) le luxe peut contribuer a enrichir de grandes sociétés (les seules qui comportent des entreprises faites sur une si grande échelle), par opposition aux petites sociétés dont l'industrie ne réclame pas des agents de cet ordre, ni de tels moyens d'excitation.

L'influence du luxe sur ce corps politique qu'on appelle, non plus la *société*, mais l'*Etat* (13), est d'une tout autre nature. Par son action sur les mœurs et sur les idées régnantes, il peut ruiner ou perdre les institutions politiques, lorsqu'il agit encore d'une manière économiquement avantageuse, en faisant gagner à la production, par l'activité qu'il imprime aux facultés de l'homme, plus qu'il ne lui fait perdre en consommations voluptuaires. Et comme les *petits Etats* ont surtout besoin, pour se soutenir, de force morale et de vigueur dans les institutions politiques, il n'est pas étonnant que les moralistes et les philosophes de tous les âges aient surtout insisté, à propos des petits Etats, sur les dangers du luxe, comme cause de corruption et de perte des institutions politiques. D'ailleurs, quoique la ruine des institutions politiques, la perte même de l'indépendance politique, n'entraînent pas nécessairement la décadence économique d'une cité ou d'une nation, il peut arriver que l'une amène l'autre, lorsque l'activité industrielle n'était qu'une suite de l'élan imprimé par la politique à toutes les forces de la cité ou du pays.

Voilà un commentaire bien long et peut-être bien pédantesque sur quelques mots que le *Mondain* de Voltaire prononce en se jouant : mais, jusque dans leurs jeux, les poëtes ont la prétention fondée d'exprimer les instincts de l'humanité ou la sagesse des nations ; et il y a toujours quelque intérêt à voir comment cette sagesse proverbiale peut être soumise au scalpel de la raison.

CHAPITRE IV.

DE LA COMMUNICATION DES MARCHÉS ET DE L'INFLUENCE DU COMMERCE EXTÉRIEUR SUR LE REVENU NATIONAL ET LA CONSOMMATION INTÉRIEURE.

173. — Le développement de l'activité commerciale, et surtout le perfectionnement des voies et des moyens de transport peuvent mettre en communication des marchés qui étaient auparavant isolés l'un de l'autre, soit d'une manière complète et pour tous les éléments du système économique, soit partiellement et en ce qui regarde des articles ou des produits déterminés. Nous allons étudier l'influence que doit avoir sur la production et sur l'ensemble des revenus l'établissement de communications de ce genre.

Il est clair qu'un article susceptible de transport doit s'écouler, du marché où sa valeur est moindre, au marché où elle possède une plus grande valeur, jusqu'à ce que la différence de valeur, d'un marché à l'autre, ne représente plus que le coût du transport. Dans le calcul de la différence il faut avoir égard, non-seulement aux prix, comptés en grammes d'or ou d'argent, mais au cours du change : et par le coût du transport il faut entendre, non-seulement le prix payé à l'agent du transport mécanique, par exemple à une Compagnie de chemin de fer, mais les primes d'assurances, les commissions de toute sorte, et les bénéfices du spéculateur qui doit retrouver dans son négoce l'intérêt de ses capitaux engagés et des profits proportionnés à ceux des autres industries.

174. — Il convient, au moins pour la théorie, de s'arrêter un moment au cas où l'article qui n'était pas susceptible de transport, et qui le devient, serait l'objet d'un monopole, tant sur le marché d'importation que sur le marché d'exportation. Admettons l'existence de deux sources M, N, comme celle dont il était question au n° 61, et dont les propriétés sont identiques, mais qui ont chacune leurs marchés, isolés l'un de l'autre, en ce sens qu'un obstacle quelconque empêche l'écoulement des produits de la source M sur le marché N et de ceux de la source N sur le marché M. A chacune des deux sources on peut appliquer ce qui a été dit dans le n° cité, comme si l'autre source n'existait pas : la loi de la demande et le prix qui doit s'établir en conséquence de cette loi, différeront en général pour l'une et pour l'autre source, pour l'un et pour l'autre marché ; et il n'importera nullement, quant à la fixation des prix respectifs et des demandes respectives, que les deux sources appartiennent au même propriétaire ou à des propriétaires différents. Supposons-les cependant dans le domaine du même propriétaire, et imaginons que l'obstacle vienne à être levé, que les deux marchés n'en fassent plus qu'un : le propriétaire va changer tous ses calculs ; il rapprochera les deux tables qu'il avait précédemment dressées pour chacun des deux marchés, et elles lui serviront (tout compte fait des frais de transport) à dresser une nouvelle table qui le conduira à l'adoption d'un nouveau prix. D'ordinaire le nouveau prix viendra s'intercaler entre le plus fort et le plus faible des deux prix anciens, de même que le niveau commun à deux tubes qu'on met en communication (45) s'intercale entre les niveaux propres à chacun des deux tubes pendant qu'ils restaient isolés : mais pourtant un résultat contraire peut aussi se produire. Imaginons, par exemple, qu'en M il y ait un grand nombre de consommateurs riches, qui peuvent mettre un haut prix à l'article, et qu'il n'y ait en N que des consommateurs pauvres, ce qui avait engagé le propriétaire des deux sources à baisser beaucoup son prix sur le marché N : maintenant que l'écoulement est possible de N en M, son intérêt lui suggérera la pensée égoïste de clore hermétiquement la source N, plutôt que de voir baisser le revenu qu'il tire de la source M. S'il y a en N, outre un grand nombre de consommateurs pauvres, un petit nombre de consommateurs fort riches, il ne sera pas impossible que le propriétaire des sources trouve maintenant de l'avantage à élever le prix de l'article, même au-dessus du prix qu'il avait précédemment adopté pour les produits de la source M : car, en perdant quelques-uns des consommateurs M, il pourra en trouver en N assez pour obtenir l'avantage recherché.

Si les deux sources appartiennent à des propriétaires différents, les effets de la concurrence viendront se combiner avec ceux qui résultent proprement de la communication des marchés; et si les deux marchés sont placés, quant à la loi de la demande, dans des conditions similaires, le prix baissera, la consommation augmentera sur chacun des deux marchés. En tout cas, la concurrence interviendra comme une cause constante qui pousse à la baisse de prix et qui prévaudra, sinon pour tel article déterminé, du moins pour l'ensemble des articles dont le transport devient possible, d'impossible qu'il était auparavant.

175. — Arrivons au cas le plus important dans l'application, celui où tous les effets du monopole sont éteints, et où la production de l'article sur les deux marchés M et N est régie par les lois de la concurrence indéfinie. Il s'agit, par exemple, de la houille, et, tant en M qu'en N, la propriété houillère se trouve tellement divisée, que la rente des propriétaires tient, non point à un monopole, mais aux conditions mêmes de l'exploitation et du débit, à la loi de la demande, combinée avec l'échelle progressive des frais, à mesure que l'exploitation s'accroît (68). Il est clair que, dans ce cas, la production devant toujours augmenter sur le marché d'exportation, le prix de l'article y sera plus élevé qu'avant l'écoulement; et réciproquement, puisque le prix doit baisser sur le marché d'importation, la quantité produite y sera moindre. La production totale sera-t-elle augmentée? Oui, communément, mais non dans toutes les hypothèses possibles, de manière que la proposition puisse être érigée en axiome, comme on le fait souvent.

Admettons, par exemple, que les quantités produites fussent exprimées, pour l'un et pour l'autre marché, par le nombre 10 000, le prix correspondant étant plus élevé en N qu'en M, de manière à déterminer un écoulement de M en N, après la levée de l'obstacle. Quand un nouvel équilibre se sera établi, l'exploitation en M atteindra (je le suppose) le chiffre 11 000, et de ces 11 000 unités, 2 500 s'écouleront sur le marché N, les 8 500 autres exprimant la consommation en M, diminuée par suite de la hausse de prix. En N, au contraire, la baisse de prix pourra faire tomber l'exploitation à 8 000, de manière qu'il n'y ait que 10 500 unités livrées à la consommation, ou seulement 500 de plus qu'avant la baisse de prix. En somme, le résultat sera de réduire à 19 000 unités les exploitations réunies de M et de N, lesquelles s'élevaient à 20 000 avant la communication des marchés. Ce résultat est, j'en conviens, assez peu probable, puisqu'il implique qu'une baisse de prix, suffisante pour réduire de 10 000 à 8 000 (ou d'un cinquième) l'exploitation dans le ressort du marché N, n'élève la consommation que de 10 000 à 10 500 (ou d'un vingtième) sur le même marché : mais enfin il n'a rien en soi qui implique contradiction; et il était essentiel de remarquer (à l'encontre d'un préjugé d'ailleurs si naturel) qu'un surcroît de facilités de communications n'entraîne pas nécessairement un surcroît de production, et même peut amener (exceptionnellement sans doute) une diminution dans la production matérielle. Si cette diminution persiste pendant une suite d'années, elle équivaudra (ainsi qu'on peut le conclure des calculs déjà présentés dans le précédent chapitre) à une diminution dans la valeur réelle du total des revenus, en supposant que la totalisation s'étende à la fois aux producteurs M et aux producteurs N.

La même observation doit porter sur la valeur totale des quantités produites, et par conséquent sur la valeur nominale du total des revenus. En M, il y a augmentation de valeur de l'unité produite, et accroissement de la production matérielle; l'inverse a lieu en N; et la balance peut accuser, dans l'ensemble, une diminution de valeur produite, même quand il y a, dans l'ensemble, un accroissement de production matérielle; à plus forte raison quand il y a eu, dans l'ensemble, un décroissement de production matérielle.

Cependant aucune singularité de ce genre ne se présenterait, s'il s'agissait de ces articles manufacturés pour lesquels les frais de production diminuent relativement, à mesure que la production s'accroît (68).

176. — On sera disposé à étendre la totalisation à l'ensemble des productions M et N, s'il s'agit d'apprécier les effets d'un commerce *intérieur*, ou d'un commerce entre deux territoires M, N, qui relèvent de la même nationalité. Il y aura intérêt à savoir comment un tel commerce influe sur la totalité des revenus des nationaux, ou sur ce que nous appellerons ici, pour abréger, le *revenu national;* en spécifiant bien que nous n'entendons point désigner par là le revenu que le Gouvernement d'une nation perçoit par l'impôt, et qui sert à payer les dépenses publiques; mais le total des revenus, quand la totalisation (faite conformément aux principes exposés dans le premier chapitre de ce livre III) s'étend à tout le territoire national.

177. — Cela dit, occupons-nous d'un commerce *extérieur* entre deux marchés M, N, qui ne relèvent point de la même nationalité, et de l'influence d'un tel commerce sur le revenu national (tel qu'il vient d'être défini), en ce qui concerne chacune des deux nations commerçantes. Appelons A l'article dont l'établissement des nouvelles voies de communication, la suppression des obstacles naturels ou des barrières factices, détermine l'exportation de M en N. Supposons, pour fixer toujours les idées par des chiffres (164), qu'avant l'exportation les prix fussent 10 fr. et 13 fr. sur les marchés M et N, correspondant respectivement aux demandes 100 000 et 80 000; et que, par suite de la communication, le prix s'élève en M à 11 fr. et la pro-

DU COMMERCE EXTÉRIEUR.   347

duction à 115 000, dont 25 000 pour l'exportation et 90 000 pour la consommation intérieure : pendant que, sur le marché N, le prix descendra à 12 fr. et la production indigène à 70 000 ; de manière à y porter à 95 000 fr. la consommation de l'article A, addition faite de la production indigène et des quantités importées.

Puisque le marché M se dessaisit, par l'exportation, d'une valeur égale à 25 000 fois 11 fr., il reçoit en retour (en quelque nature d'articles et sous quelque forme que ce soit) une valeur égale. Il y a donc, par suite de l'exportation, une valeur de. . . . 275 000 f., détournée de la demande des articles indigènes B, C, D, etc., autres que A, pour être appliquée à la demande d'articles de provenance étrangère (ayant ou non leurs similaires sur le marché M), et qui va former le revenu de producteurs ou d'ouvriers étrangers. En outre, les consommateurs M, qui continuent d'acheter l'article A renchéri d'un franc, détournent de la portion de leurs revenus qui était ci-devant consacrée à la demande des autres articles B, C, D, etc., une valeur de 90 000;

Total. . . 365 000 f.;

dont il faut déduire les fonds que les consommateurs qui cessent d'acheter en M l'article renchéri, peuvent reporter sur la demande de ces mêmes articles B, C, D, etc., à savoir. . . . . . 100 000 ;

Reste. . . 265 000 f.,

c'est-à-dire une somme précisément égale à celle dont a augmenté en M le revenu des producteurs de l'article A. Car ce revenu était ci-devant égal à 100 000 fois 10 fr., ou à . . . . 1 000 000 f.;
il est devenu égal à 115 000 fois 11 fr., ou à 1 265 000;

Différence égale. . . 265 000 f.

Donc, la totalité des fonds disponibles pour la demande des articles B, C, D, etc., sur le marché M, n'a pas varié; et par suite, d'après les principes sur lesquels notre analyse est fondée, le revenu national M a justement augmenté, en vertu de l'exportation de l'article A et de la hausse de prix qui en est la suite, d'une valeur de . . . . 265 000 f.

D'ailleurs ce n'est là qu'un accroissement nominal, puisque les consommateurs nationaux, qui ont payé 90 000 unités au prix de 11 fr. au lieu de 10 fr., sont réellement dans la même situation que si l'article n'eût pas varié de prix et que leurs revenus eussent été réduits de 90 000.

La différence . . 175 000 f.

donne le chiffre auquel doit se réduire, selon nos principes, l'augmentation réelle du revenu national. D'autres données numériques conduiraient à d'autres chiffres; mais il y aurait toujours une augmentation réelle, moindre à la vérité que l'augmentation nominale.

Au reste, on peut retrouver ce résultat par un raisonnement direct et très-simple, que goûteront peut-être mieux ceux qui trouvent que l'attention doit se porter de préférence sur les consommations, puisque

la consommation est le but final de la production (166). La faculté d'exporter l'article A a mis les consommateurs M en possession et en jouissance d'articles de provenance étrangère, jusqu'à concurrence d'une valeur de . . . . 275 000 f.;
il leur a fallu pour cela se priver de consommer 10 000 unités de l'article A, qui représentaient, quand le mouvement d'exportation a commencé, une valeur de 100 000,
Différence, au profit de la consommation sur le marché M. . . . . 175 000 f.
Quant au surcroît de valeur qui a été acquis par la quantité de l'article A, que l'on continue de consommer sur le marché M, s'il en résulte un avantage pour les producteurs nationaux, cet avantage est exactement compensé par le dommage qu'en ressentent les consommateurs nationaux.

178. — On ne pourrait plus raisonner de même (169), si l'article exporté, au lieu d'être un objet de consommation définitive, était la matière première ou (comme le bois, la houille, le fer) l'instrument de la fabrication d'autres articles, dont la production devrait nécessairement être réduite sur le marché national, en conséquence de l'exportation qui se fait de la matière première ou de l'instrument de fabrication. Rien ne pourrait dispenser d'une analyse spécialement appropriée au cas particulier, ou des renseignements de l'expérience, plus sûrs encore que tous les aperçus spéculatifs.

De même, si l'accroissement de production de l'article A ne pouvait avoir lieu sans enlever à d'autres industries les bras, les capitaux dont elles ont besoin, notre analyse générale tomberait encore en défaut par un autre endroit. Il faudrait toujours compter dans l'accroissement du revenu national le profit que trouvent les entrepreneurs à diriger les bras et les capitaux dont ils disposent, plutôt vers un surcroît de production de l'article A que vers la production d'autres articles; mais les capitalistes, les travailleurs ne gagneraient rien à ce déplacement des capitaux et du travail. Pour apprécier la portée de cette observation, il faut se référer à ce que nous avons dit (dans le chapitre II de ce troisième livre) des encouragements en général, et des deux systèmes de déductions économiques qui se rattachent aux deux solutions acceptées, à propos des effets généraux de l'encouragement.

Dans notre manière de calculer, l'augmentation de revenus sur le marché d'exportation (tant réelle que nominale) serait justement égale à la valeur exportée, si l'exportation n'avait pas fait renchérir l'article, ni réduire la consommation sur le marché national : comme cela aurait lieu pour des produits manufacturés, à l'égard desquels les frais de production vont en diminuant relativement à mesure que la production s'accroît, ou dont le coût de production consiste presque uniquement en intérêt de capital et en frais de main-d'œuvre qui ne varient pas, lorsque rien n'empêche la population ouvrière de s'accroître en raison de la demande de travail, ni le capital de s'accroître, de manière à rester proportionnel à la demande d'emploi.

179. — Passons aux effets de l'écoulement de l'article sur le marché d'importation N. Avant l'importation, les producteurs de l'article A sur ce marché jouissaient

DU COMMERCE EXTÉRIEUR.

d'un revenu égal à 80 000 fois 13 fr., ci 1 040 000 f.;
après l'importation, ce revenu est réduit
à 70 000 fois 12 fr., ci . . . . . . 840 000.

Différence. . . 200 000 f.

D'un autre côté, les habitants du territoire N ne se procurent pas, au prix de 12 fr., les 25 000 unités de l'article A, qui font l'objet de l'importation, sans que la contre-partie de cette valeur, sous quelque nature d'articles qu'elle se réalise, sorte du territoire N : ainsi l'on doit considérer qu'un fonds étranger, montant à 25 000 fois 12 fr., ou . . . . . . 300 000 f.,
vient s'ajouter aux fonds déjà consacrés sur le marché national à la demande des articles E, F, G, etc., autres que A. En outre, les consommateurs nationaux de l'article A, qui achetaient déjà avant la baisse, reporteront sur la demande de ces mêmes articles E, F, G, etc., une somme de. 80 000;

Total. . . 380 000;

d'où il y a lieu de déduire les fonds que retirent de la demande de ces mêmes articles ceux des consommateurs nationaux que la baisse détermine à acheter l'article A, lesquels fonds s'élèvent à 15 000 fois 12 fr., ou bien à . . . 180 000.

Reste. . . 200 000 f.,

à savoir une somme égale à celle dont a diminué, sur le territoire N, le revenu des producteurs A. Donc, en vertu de notre principe de compensation, ce chiffre de 200 000 fr. exprime bien la diminution nominale du revenu national N, par le fait de l'importation de l'article A de M en N.

Actuellement, il faut observer que les consommateurs qui achetaient avant la baisse sont, après que l'article a baissé, dans la même position que si leurs revenus eussent augmenté de . . . . . . 80 000 f.; et si l'on retranche cette somme du chiffre trouvé ci-dessus pour la diminution nominale 200 000,

La différence. . . 120 000 f.

donnera le chiffre qui exprime la diminution réelle du revenu national N, par suite de l'importation.

Ce chiffre se retrouve d'ailleurs par un calcul des plus simples, analogue à celui qui a été fait à propos du marché d'importation, et qui porte directement sur les consommations, comme le demandent les économistes les plus récents et les plus accrédités. Remarquons en effet que le marché N entre en jouissance d'un surcroît de 15 000 unités de l'article A, dont la valeur s'élève pour ce marché, au moment où ces quantités y pénètrent (167, 3° *cas*), à . . . . 180 000 f.; mais, d'un autre côté, pour obtenir cet avantage, il se dessaisit ou se prive d'articles indigènes jusqu'à concurrence d'une somme de . . . . 300 000, nécessaire pour payer les 25 000 unités A importées, au moment où elles pénètrent sur le marché d'importation. La différence est encore de . . . . . 120 000 f., au détriment de la consommation indigène. Les autres désavantages supportés par les producteurs A, sur la quantité et sur le prix de leurs produits, trouvent leur compensation dans les avantages que la baisse de prix procure aux consommateurs.

Les éléments du calcul seraient changés et la disposition du calcul ne pourrait plus rester la même, si l'article importé, au lieu d'être l'objet d'une consommation définitive et improductive, devenait l'aliment d'une industrie indigène qui devrait à la baisse de prix, ou son développement, ou son élan. Alors il pourrait se faire que l'importation devînt plus profitable à la nation qui importe qu'à celle qui exporte; mais ce cas échappe à notre procédé général d'analyse et requiert une analyse spéciale pour chaque cas particulier.

180. — Au contraire, deux cas particuliers et extrêmes méritent d'être signalés, qui rentrent dans notre analyse générale : 1° celui où l'importation arrête absolument la production indigène, inhabile à soutenir la concurrence de la production étrangère; 2° celui où il s'agit d'une denrée *exotique*, dont l'importation ne limite pas la production, parce que la production n'est pas et n'a jamais été possible.

Dans le premier cas, le dommage des producteurs A et le déchet nominal de revenu sont considérablement accrus; la compensation au profit des consommateurs n'est pas plus forte, si la baisse de prix n'est pas plus forte : en conséquence, la perte réelle de revenu est dans une proportion plus forte avec la perte nominale.

Dans le second cas, aussi favorable que possible, le revenu national n'éprouve, par suite de l'importation, ni diminution nominale, ni (à plus forte raison) diminution réelle. Les consommateurs nationaux ont acquis, sans dommage pour personne, une jouissance de plus, s'il s'agit d'une consommation improductive, une source nouvelle de richesse, s'il s'agit d'une matière première destinée à alimenter des industries importantes.

Presque à cette limite se placent les articles qu'à la rigueur le pays pourrait produire, ou qu'il produit à titre de singularité, mais à des prix excessifs, comme ce fameux *vin d'Ecosse* d'Adam Smith, dont il n'est plus guère permis de parler, tant on en a parlé d'après lui!

181.—Dans les calculs qui précèdent, nous pouvions nous dispenser d'avoir égard aux frais de transport et aux bénéfices du commerce. En thèse générale, le commerce de transport peut être fait par une nation étrangère aux marchés M et N, et avec des capitaux étrangers. La totalité des frais et des bénéfices du transport (égale dans notre exemple à 25 000 fr., puisqu'il y a 25 000 unités transportées de M en N, et que chaque unité vaut 1 fr. de plus sur le marché N que sur le marché M) devient alors une source de revenus pour une nation tierce, et se distribue entre les agents et les capitalistes qui ont concouru à l'opération du transport. Si l'opération était faite par les agents industriels de la nation M, avec les capitaux de cette nation, il faudrait ajouter 25 000 fr. au chiffre de 265 000 fr. qui exprime l'accroissement nominal du revenu national, provenant du fait seul de l'exportation, et au chiffre de 175 000 fr. qui est celui de l'accroissement réel. Si au contraire l'opération du transport se faisait par les agents industriels et avec les capitaux de la nation N, les 25 000 fr. viendraient en déduction des 200 000 fr. qui expriment le décroissement nominal du revenu national N, ou des 120 000 fr. qui en expriment le décroissement réel.

CHAPITRE V.

SUITE DU MÊME SUJET. — RÉPONSES A DIVERSES OBJECTIONS.

182. — Malgré le soin que nous avons mis, dans le chapitre précédent, à rendre notre analyse aussi simple et aussi claire que possible, il y a des éclaircissements à ajouter, pour prévenir des objections sérieuses.

Il est impossible, dira-t-on, que l'exportation d'un article n'entraîne pas l'importation d'une valeur précisément égale sur le marché qui exporte, et réciproquement. Il faudrait donc considérer chacun des marchés M et N comme exportant et important à la fois ; et dès lors on ne voit pas de raison pour que la richesse du premier soit affectée par la communication qui s'établit, autrement que la richesse du second ne l'est elle-même. Les règles de calcul qu'on a suivies sont donc fautives ou incomplètes, et les conséquences qu'on en déduit sont inexactes.

D'ailleurs il faudrait conclure du prétendu avantage attribué au marché d'exportation, et du prétendu désavantage reconnu au marché d'importation, qu'une nation devrait faire en sorte de toujours exporter et de n'importer jamais, ce qui est visiblement absurde : puisqu'elle ne peut exporter qu'à condition d'importer ; et que même la somme des valeurs exportée (estimées à l'instant où elles sortent du territoire national) doit nécessairement balancer la somme des valeurs importées (estimées à l'instant où elles pénètrent sur le marché national).

Toute cette argumentation disparaît devant quelques considérations, abstraites sans doute, mais qui tiennent viscéralement au sujet, et que nous ne pouvons éviter.

183. — Si l'on supposait deux marchés, d'abord entièrement isolés, et entre lesquels les barrières physiques ou légales vinssent à tomber tout à coup, il arriverait presque toujours que la chute des barrières, en déterminant l'exportation de certains articles A, B, C,..... de M en N, déterminerait l'exportation de certains autres articles E, F, G,..... de N en M. Alors, pour apprécier complétement l'influence de la chute des barrières entre M et N, il faudrait considérer chacune des nations M et N comme jouant à la fois, pour des articles différents, le rôle de nation qui exporte et celui de nation qui importe. Selon toute apparence, et à moins de conditions très-particulières, on trouverait qu'en définitive, pour chacune des deux nations, l'accroissement du revenu national (tant réel que nominal) causé par les exportations, l'emporte sur la baisse de revenu causée par les importations. De là l'avantage habituel du perfectionnement des moyens de communication, pour chacun des marchés communiquants : avantage d'autant plus sensible que, parmi les articles dont ce perfectionnement rend possible le transport d'un territoire à l'autre, il y en a un plus grand nombre (ou de plus importants) que l'un des territoires ne peut pas produire, ou qu'il ne produit qu'à des conditions trop onéreuses.

Telle n'est pas l'hypothèse que nous avons discutée jusqu'ici. On suppose qu'il n'y a rien de changé à la facilité des communications entre les marchés M et N, si ce n'est en ce qui concerne l'article A. Parmi les articles trop lourds ou trop encombrants pour être transportés par les anciennes voies, c'était le seul dont les nouvelles voies de communication rendissent le transport possible; ou bien c'était le seul article dont la loi défendît, soit la sortie du territoire M, soit l'entrée sur le territoire N, et la prohibition vient à être levée : quel sera l'effet de cette chute de barrière qui n'affecte qu'un seul article?

Sans doute une certaine quantité de l'article A ne saurait passer de M en N, sans que (directement ou par détour) une valeur égale ne soit importée de N en M; et cela même prouve que la somme des revenus s'est accrue en M, par suite de l'ouverture d'un nouveau débouché pour l'article A, puisque la demande que les consommateurs M pouvaient faire des articles E, F, G....., produits en N, n'était (d'après l'hypothèse) limitée que par les bornes de leurs ressources ou de leurs revenus. La théorie du change et du flux des métaux précieux, exposée au chapitre VI du livre II, nous fait très-bien comprendre comment le marché N, ayant à s'acquitter envers le marché M pour l'importation de l'article A, offrira ses propres articles, au besoin avec un adoucissement de prix suffisant pour déterminer le surcroît d'exportation que l'importation de A a rendu nécessaire, et pour diriger de ce côté le surcroît de demande que le marché M peut faire, à la faveur d'un surcroît de production de l'article A. Aussi avons-nous eu égard à ce surcroît de demande des produits du marché N de la part de l'étranger; et nous avons reconnu que ce surcroît est plus que compensé par le déchet provenant de l'appauvrissement des producteurs nationaux de l'article A, à la suite de la baisse de prix que l'importation détermine, et par la réduction du fonds total que les nationaux peuvent appliquer à la demande collective des articles E, F, G,.... autres que A. Nous avons pareillement eu égard à la distraction qui se fait sur le marché M, au profit de la demande des articles de provenance étrangère, d'une partie des fonds précédemment consacrés à la demande des articles indigènes, en montrant que cette distraction au profit de l'étranger est plus que compensée par l'enrichissement des producteurs nationaux de l'article A, et par l'accroissement du fonds total que les nationaux peuvent appliquer à la demande des articles indigènes B, C, D,..... autres que A. Nous avons donc tenu compte de toutes les conditions du problème ; et *comme les deux marchés ne se trouvent point placés dans des conditions symétriques* (le défaut de symétrie provenant des conditions propres à l'article A), il n'est pas surprenant que l'on arrive, pour les deux marchés M et N, à des résultats différents, et même à des résultats de sens contraires.

184. — En conséquence, autant il serait absurde qu'une nation prétendît à exporter toujours en n'important jamais, autant cette prétention serait contradictoire dans les termes (puisqu'on importe nécessairement l'équivalent de l'article exporté, en métaux précieux ou autrement, et qu'à cet égard la forme ne fait rien), autant la théorie explique (sous la réserve des remarques déjà faites et de celles qui doivent faire l'objet de la quatrième partie du présent ouvrage) l'acte d'un Gouvernement qui, dans un système donné de communications et de relations commerciales, lève une barrière à l'exportation ou en oppose une à l'importation d'un article déterminé.

La question se compliquerait si l'établissement d'une

barrière au profit des producteurs N devait provoquer par représailles l'établissement d'une autre barrière au profit des producteurs M, ou si, inversement, l'abaissement de la barrière en N était la condition diplomatique de l'abaissement d'une autre barrière en M. Il faudrait alors balancer l'avantage que causera aux nationaux la première mesure avec le désavantage que leur causera la représaille, ou balancer de part et d'autre les avantages et les désavantages du traité. Dans cette balance, les deux marchés devraient être considérés comme jouant chacun le double rôle de marché d'exportation et de marché d'importation ; et l'effet de la balance serait *de replacer les deux marchés dans des conditions symétriques.*

185. — On objecte encore [1] que, dès qu'un article cesse d'être produit sur un territoire, ou est produit en moindre quantité par suite de l'importation, les matières premières de cet article, les capitaux engagés dans le travail de la production, les bras utilisés pour la fabrication de cet article trouvent un autre emploi ; que réciproquement, lorsque l'établissement d'une barrière artificielle développe la production indigène ou permet l'établissement d'une industrie qui, sans la protection de cette barrière, ne pourrait soutenir la concurrence étrangère, l'accroissement de production n'a pas lieu sans enlever à d'autres emplois des bras, des capitaux et des matières premières : toutes circon-

---

[1] Il nous semble que cette dernière objection est ce qui fait le fond de la critique, d'ailleurs très-bienveillante, qu'un auteur allemand, M. HAGEN, a faite de notre théorie dans une brochure intitulée : *Die Nothwendigkeit der Handelsfreiheit für das Nationaleinkommen, mathematisch nachgewiesen.* Kœnigsberg, 1844, in-8°.

stances dont il semble que notre analyse ne tient pas compte. Telles sont les deux faces de l'objection, qui doivent être envisagées séparément. Car, il s'en faut bien que la portée de l'objection soit la même, et qu'elle admette une solution aussi tranchée, selon qu'elle se présente sous une face ou sous l'autre.

A l'objection présentée sous sa première face nous pouvons répondre péremptoirement, en renvoyant aux explications données dans le n° 168, où nous avons fait voir comment nous tenions implicitement compte de cette circonstance. de la substitution d'un emploi à l'autre. Si une même denrée G sert à la fois de matière première ou d'instrument de fabrication pour l'article A et pour les articles E, F,....., la denrée G sera demandée en moindre quantité pour l'article A dont la production diminue, et en quantité plus grande pour les articles E, F,..... dont la production augmente. Le revenu du producteur G sera diminué quant à la portion pour laquelle il figure parmi les producteurs A, et augmenté quant à la portion pour laquelle il figure parmi les producteurs E, F,.... Or, nous avons tenu compte du report des fonds retirés de la demande de l'article A, sur la demande des articles E, F,..... : nous avons donc répondu d'avance à l'objection, en ce qui concerne les matières premières et les instruments de fabrication. On raisonnerait de même pour les ouvriers, quoiqu'il soit beaucoup plus facile de changer l'emploi d'une matière première que de dégager un capital de l'industrie où il est engagé, pour le reporter dans une autre, et bien plus facile encore de dégager un capital que de changer les habitudes de la population ouvrière : mais enfin l'on peut faire abstraction de ces difficultés passagères, lorsqu'il ne s'agit que d'apprécier l'influence du changement de régime sur le revenu national, après que les douleurs inséparables de l'état de passage se sont assoupies. En tout cas, ces difficultés, si l'on voulait en tenir compte, militeraient contre l'objection, bien loin de l'appuyer.

Abordons maintenant l'objection par son autre face. Il ne s'agit plus des effets produits sur le marché d'importation par l'établissement de communications nouvelles : il s'agit de l'effet résultant de la suppression des communications établies et de l'établissement de barrières nouvelles pour le développement ou l'encouragement de l'industrie indigène. La question est de savoir si cet encouragement peut être donné sans décourager d'autres industries indigènes, sans enlever à d'autres industries les capitaux, les bras, les ressources naturelles qui leur sont nécessaires. Dès lors, notre réponse ne peut plus être aussi catégorique que dans le cas précédent. On ne saurait contester qu'il y ait des circonstances où une industrie ne pourra ainsi se développer qu'aux dépens d'une autre, quoiqu'il soit en général de l'essence des forces productrices de se mettre à la hauteur de la demande et d'augmenter d'énergie en raison des encouragements qu'elles reçoivent. Tout ce que nous avons dit sur les effets généraux de l'encouragement retrouvera ici son application. Nous persisterons donc, malgré l'objection, dans les résultats généraux de notre analyse, tout en reconnaissant que l'objection peut être fondée dans des cas particuliers, qui requièrent une analyse particulière.

186. — Au lieu d'une barrière opposée à l'importation d'un article, il peut être question d'un privilége

accordé aux nationaux pour quelque genre de travail où de négoce, privilége qui n'est lui-même qu'une sorte de barrière contre l'importation d'une industrie qui profiterait à des étrangers. La même analyse, les mêmes arguments, les mêmes distinctions s'appliqueront à un cas comme à l'autre. Montrons cela sur un exemple emprunté à un auteur justement célèbre. « Le transport des chanvres de Riga au Havre, dit J.-B. Say [1], revient à un navigateur hollandais à 35 fr. par tonneau. Nul autre ne pourrait les transporter si économiquement; je suppose que le Hollandais peut le faire. Il propose au Gouvernement français, qui est consommateur de chanvre de Riga, de se charger de ce transport pour 40 fr. par tonneau. Il se réserve, comme on voit, un bénéfice de 5 fr. Je suppose encore que le Gouvernement français, voulant favoriser les armateurs de sa nation, préfère d'employer des vaisseaux français auxquels le même transport reviendra à 50 fr., et qui, pour se ménager le même bénéfice, le feront payer 55 fr. Qu'en résultera-t-il? Le Gouvernement aura fait une dépense de 15 fr. par tonneau pour faire gagner 5 fr. à ses compatriotes; et comme ce sont des compatriotes également qui payent les contributions sur lesquelles se prennent les dépenses publiques, cette opération aura coûté 15 fr. à des Français pour faire gagner 5 fr. à d'autres Français..... »

Ce raisonnement serait sans réplique si l'armateur français frétait un navire étranger, par exemple un navire américain, monté par des matelots américains et avitaillé avec des denrées de provenance américaine,

---

[1] *Traité d'économie politique*, liv. I, chap. 9.

pour aller chercher le chanvre de Russie à Riga et l'amener au Havre : alors en effet, pour créer à l'armateur français le bénéfice de 5 fr. par tonneau (bénéfice qui deviendra un revenu si l'opération se répète annuellement), ou pour accroître le revenu national de pareille somme, le pays se dessaisirait, sous une forme ou sous une autre, au profit d'ouvriers et de producteurs étrangers, d'une valeur de 15 fr. par tonneau, en sus de celle dont il se serait dessaisi, si le Gouvernement avait employé l'armateur et l'équipage hollandais, au lieu de traiter avec le spéculateur français qui frête un navire ou du moins embauche un équipage étranger. En réalité, le revenu national aurait diminué d'autant de fois 10 fr. qu'il y a de tonneaux de chanvre ainsi transportés, sans parler du peu de justice qu'il peut y avoir à prendre aux contribuables français de quoi faire un revenu de 5 fr. par tonneau à l'armateur français.

Mais le dommage qu'une telle combinaison causerait au pays est trop manifeste pour que ce soit celle que Say a voulu discuter. Il admet au contraire expressément que l'armateur français emploie des équipages de sa nation ; que le corps et les agrès de son bâtiments sont de fabrication française; que les avitaillements sont en denrées de provenance indigène; et partant de cette hypothèse, il raisonne comme si, en vertu de l'opération dont il s'agit, le revenu national n'était accru que des profits de l'armateur. La question est donc de savoir si le Gouvernement doit accroître sa dépense de 15 fr. par tonneau, pour en faire gagner, non pas 5, mais 55 à des nationaux plutôt que 40 à des étrangers. Ce n'est pas encore ici le lieu de traiter précisément cette question : nous ne nous occupons en ce moment que de l'influence de la mesure sur le revenu national.

187. — Le navigateur hollandais comme le navigateur français doivent être payés en articles de provenance française ou en articles importés (tels que du numéraire métallique) qui ont été payés avec des articles de provenance française et qui les représentent. Dans tous les cas une somme de 40 fr. par tonneau se trouve de ce chef affectée à la demande d'articles ou de travail français. Les 15 fr. en sus qui passent de la main du contribuable français dans celle du navigateur français, n'augmentent ni ne diminuent la somme totale affectée à la demande des articles français : donc la somme des revenus des producteurs et des travailleurs français (le navigateur excepté) peut et doit en moyenne rester la même, soit que le Gouvernement se décide pour le navigateur français ou pour le navigateur étranger. En préférant le premier, il procure au revenu national une augmentation nominale de 55 fr. et une augmentation réelle de 40 fr. par tonneau, déduction faite du préjudice de 15 fr. supporté par le consommateur, c'est-à-dire par la masse des contribuables. Il leur appartiendra de voir s'ils payent trop cher la satisfaction de faire vivre et prospérer des travailleurs et des capitalistes pris parmi leurs compatriotes plutôt que parmi des étrangers.

Maintenant il y a deux cas à considérer, suivant que l'on passe du régime du privilége à celui de la concurrence, ou réciproquement.

Dans le premier cas, les contradicteurs diront que l'armateur français dépouillé de son privilége trouvera à employer autrement ses capitaux; que les hommes d'équipage monteront sur d'autres navires ou que d'autres professions les feront vivre; que d'autres débouchés s'ouvriront pour les denrées qui entraient dans la construction, l'armement, l'avitaillement des navires français que le transport des chanvres de Russie cesse d'employer. Mais l'objection ne vaut rien : car nous avons fait voir que la totalité des fonds affectés à la demande collective des autres articles ne changeait pas. Si l'on continue en France de construire, d'armer et d'avitailler autant de vaisseaux qu'avant l'abolition du prévilége accordé à la marine nationale, la perte sera rejetée sur d'autres catégories d'ouvriers et de producteurs, mais le déchet dans le revenu national sera le même : toujours abstraction faite des réactions consécutives et des perturbations secondaires ou dérivées, qui échappent aux raisonnements généraux.

Dans le second cas, où le privilége vient se substituer au régime de libre concurrence, on peut dire avec plus de fondement que l'encouragement factice donné à la marine nationale n'aura pas la vertu de créer subitement des capitaux, des marins, et qu'ainsi il détournera des capitaux et des bras d'autres emplois naturellement plus avantageux, puisqu'ils étaient naturellement préférés. Vainement un fonds de demande suffisant se trouvera-t-il là pour soutenir les industries délaissées : l'insuffisance d'instruments d'exploitation, de capitaux et de bras, obligera de les délaisser. L'objection serait sans réplique, si l'encouragement n'avait pas d'autre vertu que celle de diriger les forces productrices de tel côté plutôt que de tel autre, et si ces forces n'étaient pas capables (en vertu d'une énergie qui leur est propre, comme elle est propre aux diverses puissances de la vie) de s'accommoder d'elles-mêmes, au bout d'un temps suffisant, à l'exigence des emplois qui leur sont offerts (158).

188. — Le lecteur a pu remarquer que, dans l'exposé de la théorie qui fait l'objet du chapitre précédent et de celui-ci, il n'a pas été question de la fonction spéciale des métaux précieux, et que la théorie serait la même s'il s'agissait de relations commerciales entre des nations qui se passent les unes et les autres d'or et d'argent, et qui se contentent de papiers-monnaies ou de tous autres signes conventionnels propres à représenter ou à exprimer la valeur des choses mises dans le commerce. Nous avons employé le mot de *franc* ou ses initiales : si nous étions assez heureux pour que l'on daignât traduire notre ouvrage à Vienne, le traducteur pourrait y substituer les initiales C. M. (*Conventions-Münze*) si connues en Autriche, et compter en *florins de convention*, qui n'ont d'existence matérielle qu'à l'état de papier. Cela ne changerait aucun des raisonnements ni des calculs. Pour qu'il existe une théorie des richesses, il faut que les hommes aient l'idée et l'habitude d'une mesure de la valeur des choses : il n'est pas nécessaire qu'un métal quelconque soit pris pour étalon des valeurs (3). Nous ne reviendrons par sur ce qui a été si bien dit à ce sujet et sous tant de formes par Smith et par les écrivains de son école. Smith, avec une dialectique admirable de souplesse et de vigueur, a ruiné de fond en comble le système dit *de la balance du commerce*, où tout se résout dans l'importation et l'exportation des métaux précieux, et que personne ne peut plus songer à soutenir.

S'il est inutile de revenir sur des questions jugées, il convient au contraire d'examiner une théorie ingénieuse, toute neuve, et qui se présente appuyée de l'autorité d'écrivains qui se sont acquis dans ces matières un juste renom. Nous voulons parler de la théorie *du troc international*, telle que l'ont donnée J. Mill et Ricardo, et telle que l'a développée plus récemment M. John Stuart Mill dans ses *Principes d'économie politique*. D'une part, cet examen sera une sorte de contre-épreuve de notre propre analyse; et l'on ne saurait trop multiplier, à propos de questions si controversées et si délicates, les moyens de vérifier les raisonnements, de découvrir les paralogismes ou de préciser les points en litige. D'autre part, il est bon que le lecteur puisse se rendre compte de ce que l'on nomme (un peu trop ambitieusement peut-être) l'état de la science, et qu'il puisse juger de ce que sa marche a encore de pénible et d'incertain, dans les compositions les plus sévères des maîtres les plus accrédités, malgré les assertions tranchantes d'une polémique superficielle. Voilà, ce nous semble, des motifs suffisants de déroger à notre méthode habituelle, qui consiste à exposer nos propres idées, dans l'ordre qui nous paraît le plus clair, plutôt que de discuter le plan et les idées d'autrui.

CHAPITRE VI.

SUITE DU MÊME SUJET. — EXAMEN DE LA THÉORIE DU TROC INTERNATIONAL.

189. — Considérons deux marchés M et N, où deux articles A et B soient produits à la fois, mais dans des conditions différentes, de manière que 10 unités de l'article A s'échangent sur le marché M contre 15 unités, et sur le marché N contre 20 unités de l'article B : si les communications deviennent libres et que même on puisse d'abord (pour plus de simplicité) faire abstraction des frais de transport, il y aura lieu à un troc entre les deux marchés, le marché M fournissant l'article A et recevant en contre-échange l'article B. En effet, sur le marché N où l'on ne pouvait obtenir 10 unités de l'article A qu'en cédant 20 unités de l'article B, ou toute autre chose réputée équivalente, on se les procurera maintenant, moyennant l'abandon de 15 unités seulement, ou avec une épargne de 25 pour 100. Et de même, sur le marché M où l'on ne pouvait obtenir 30 unités de l'article B qu'en se dessaisissant de 20 unités de l'article A, ou de tout autre objet de même valeur, on les obtiendra maintenant moyennant la cession de 15 unités seulement, c'est-à-dire encore avec une épargne de 25 pour 100. En d'autres termes, au lieu de fabriquer directement en M les 30 unités B dont on a besoin, on préférera de fabriquer 15 unités A qu'on ira troquer en N contre les 30 unités B ; et pareillement en N, au lieu de fabriquer directement les 10 unités A que la consommation réclame, il y aura avantage à fabriquer en surcroît 15 unités B qui seront troquées en M contre les 10 unités A.

Cependant, le troc ne se poursuivrait pas longtemps sur une grande échelle dans les mêmes conditions. Avant que le troc ne s'établît, la production de l'article A sur le marché N était assortie aux besoins de ce marché : pour que les quantités de cet article, exportées de M, y trouvent leur placement, il faut les offrir à des conditions plus avantageuses, et exiger en retour de 10 unités A, non pas 20 unités B, mais quelque chose de moins. De même, pour que les quantités de l'article B, exportées de N, trouvent leur placement en M, il faut faire aux consommateurs M des conditions meilleures, et leur offrir en retour de 10 unités A, non pas seulement 15 unités B, mais quelque chose de plus. D'ailleurs il est nécessaire que la valeur des quantités A transportées de M en N balance exactement la valeur des quantités B transportées de N en M, sans quoi le marché resté débiteur (M par exemple), qui ne peut par hypothèse s'acquitter qu'en offrant une plus grande quantité de l'article A, en abaisserait la valeur relative, jusqu'à ce que la compensation s'établît. Pour assigner d'avance l'état final d'équilibre, il faudrait que l'expérience eût appris suivant quelles lois les consommations des deux articles, sur chacun des deux marchés, changent avec leur valeur relative; mais on peut assurer d'avance qu'une situation d'équilibre finira par se rencontrer, et qu'un rapport intermédiaire (le même pour les deux marchés tant que les frais de transport sont réputés négligeables) se substituera finalement aux deux rapports primitifs. Ainsi, par exemple, sur les deux marchés, 10 unités A s'échangeront, non plus contre 15, non plus contre 20, mais contre 18 unités B.

Ce raisonnement suppose que rien ne limite la production des deux articles sur les deux marchés. Si les moyens de production font défaut avant qu'on n'ait atteint la situation d'équilibre vers laquelle le système tendrait, sous l'influence seule des lois de la consommation, il faudra bien qu'un autre équilibre s'établisse. Par exemple, le marché M resté débiteur, et qui ne peut pas, pour s'acquitter, produire en plus grande abondance l'article A dont pourtant le marché N s'accommoderait, sera bien obligé de restreindre la demande qu'il faisait de l'article B, ce qui relèvera la valeur relative de A autant qu'il est nécessaire pour que les comptes se balancent.

190. — On a fait à M. John Stuart Mill l'objection que voici. Supposons, comme ci-dessus, la balance établie quand 10 unités A s'échangent contre 18 unités B : un abaissement dans la valeur relative de A, tel que 10 unités A s'échangeassent contre 17 unités B, déterminerait une plus grande exportation de l'article A de M en N, une moins grande importation de l'article B de N en M ; et il ne serait pas impossible que la balance des valeurs exportées et importées subsistât encore, la baisse relative de A étant exactement compensée par l'accroissement d'exportation, et la hausse relative de B exactement compensée par la diminution d'importation. Les lois de la consommation des deux articles sur les deux marchés pourraient donc être ajustées de manière qu'il y eût, non pas un seul, mais plusieurs ou même (dans l'hypothèse la plus singulière de toutes) une infi-

nité d'équilibres possibles, sans qu'on vît de raison, tirée de cette théorie, pour que le système se fixât à l'un de ces équilibres plutôt qu'à l'autre, contrairement au principe qui veut qu'un système déterminé de causes ait toujours un effet déterminé.

Au fond, cette objection n'a rien qui puisse infirmer la théorie. La même difficulté a son analogue en statique, où il s'agit d'équilibre au sens propre du mot, et elle se présente toutes les fois qu'il s'agit d'assigner les conditions d'un équilibre économique. Ainsi, dans le cas d'un monopole (61), le monopoleur doit certainement s'arrêter au prix qui lui donne le plus grand revenu, et s'il s'en écarte, poussé par une cupidité imprudente, il y sera ramené quand il verra son revenu décroître. Or, dira-t-on, la loi de la demande pourrait être telle, que le revenu du monopoleur, après avoir passé par un *maximum*, puis décru lorsque le prix s'élève, reprît une marche ascendante lorsque le prix s'élève encore davantage, de manière à passer par une autre valeur *maximum*, et ainsi successivement.

A cela il faut répondre : 1° que les théories générales ne sont pas faites pour ces cas exceptionnels et singuliers, qui peuvent n'avoir qu'une existence idéale, et auxquels s'appliquerait une discussion pareillement exceptionnelle, s'ils venaient à se présenter dans l'ordre des faits réels; 2° que les variations du système économique, pour l'explication desquelles les théories sont construites, restent d'ordinaire contenues entre des limites trop resserrées pour qu'il y ait lieu d'admettre la possibilité de plusieurs *maxima* ou de plusieurs situations d'équilibre, dans l'intervalle de ces limites.

Quoi qu'il en soit, au lieu de répondre dans ce sens

à l'objection qui lui est faite, M. Stuart Mill reconnaît une *lacune* dans sa théorie et propose de la *compléter* par un principe qu'il formule ainsi : « les quantités de marchandises que les deux pays peuvent fabriquer pour l'exportation, *avec les capitaux privés d'emploi par l'importation*, s'échangeront l'une contre l'autre. »

191. — Pour rendre la discussion plus simple, prenons un cas extrême. Supposons l'article A de telle nature, qu'une baisse notable dans sa valeur relative n'en accroisse pas sensiblement la consommation sur le marché N. Il suffira que la valeur relative de A (commune aux deux marchés après la communication) tombe tant soit peu au-dessous du rapport de 10 à 15, pour déterminer l'exportation de cet article de M en N, et pour qu'il cesse absolument d'être produit en N. Le marché N fabriquera d'abord la quantité de l'article B qu'il fabriquait auparavant, puis la quantité du même article B qui est nécessaire pour acheter les quantités de l'article A dont il a besoin. Il y trouvera une forte économie dans le coût de production; et pour le marché M le coût de production ne changera pas, soit qu'il s'agisse de fabriquer 10 unités A ou 15 unités B.

Cela posé, le coût de fabrication sera ou ne sera pas proportionnel au capital employé. S'il est proportionnel, le marché M emploiera le même capital qu'auparavant, et en ce sens on pourra dire que la quantité de marchandise qu'il fabrique pour l'exportation, avec le capital privé d'emploi par l'importation, s'échange contre la quantité de marchandise importée : mais, sur le marché N les choses se passent autrement; il y a en effet une économie de capital, ou un capital privé d'emploi en ce qui concerne la fabrication de l'ensemble des articles A et B. Le reflux de ce capital et des autres instruments de production restés disponibles, sur d'autres articles de la production intérieure, est précisément l'un des avantages que le troc international procure au marché N, quoique d'ailleurs ce reflux puisse entraîner en général une baisse dans le loyer du capital et dans la valeur des autres instruments de la production.

Si l'on n'admet pas que le coût de production soit proportionnel au capital employé, alors, pas plus sur un marché que sur l'autre, l'égalité de valeur entre les marchandises échangées (dont la nécessité est évidente) n'entraînera l'égalité entre les capitaux privés d'emploi par l'importation et les capitaux affectés à la fabrication de marchandises pour l'exportation.

Sans doute, la production ne peut avoir lieu sans capital, comme elle ne peut en général avoir lieu sans bras ou, selon les cas, sans terres, sans eau, sans fer, sans bois, sans charbon. Si donc le capital manquait absolument sur l'un des marchés ou sur l'autre, pour qu'il pût suffire à la demande, et pour que le système atteignît ainsi à la situation d'équilibre indiquée par la théorie, dans le cas d'une faculté illimitée de production, ce serait le cas de l'exception que nous avons déjà signalée comme tenant d'une manière quelconque à la limitation possible des forces productrices Une pareille exception pourrait en effet être la conséquence de la limitation du nombre des bras, ou de la limitation des ressources naturelles, tout aussi bien qu'une conséquence de la limitation des capitaux disponibles. Il faudrait donc aussi poser ce principe : « les quantités de marchandises que les deux pays peuvent fabriquer pour l'exportation, avec les bras privés d'emploi par l'importation, s'échangeront l'une contre l'autre; » et l'on aurait autant de principes de ce genre qu'il peut y avoir de causes de limitation des facultés productrices. Mais c'est le caractère de l'école anglaise que d'attacher au capital une importance qui efface ou domine celle de tous les autres instruments de la production (162).

192. — Quels avantages le troc procure-t-il aux deux marchés dans les conditions finales d'équilibre? Les auteurs de la théorie répondent ainsi[1].

Le marché M obtient pour 10 unités A, 18 unités B au lieu de 15; c'est un avantage de 3 pour 15 ou de 20 pour 100 : le marché N obtient 40 unités A en donnant 18 unités B au lieu de 20; c'est une économie de 2 pour 20 ou de 10 pour 100. Par conséquent, dans l'hypothèse déjà indiquée, où l'effet du troc serait de maintenir sur le marché M, en l'étendant au marché N, le rapport de 10 à 15, tout l'avantage du troc serait pour le marché N : seulement, le marché M qui n'y gagne ni n'y perd, aurait mauvaise grâce de ne pas se prêter à procurer cet avantage à des voisins ou à des amis.

L'avantage deviendrait énorme pour le marché N, si l'article A n'y pouvait être produit qu'à très-grands frais, comme le vin d'Ecosse d'Adam Smith (180), et qu'il s'échangeât en conséquence, avant la communication des marchés M et N, non plus contre 20, mais contre 100, 200, 1 000 unités B. L'avantage deviendrait *infini* (au sens mathématique du mot), s'il s'agis-

---

[1] *Principes d'économie politique*, par M. J. Stuart Mill, t. II, p. 175 de la traduction française.

sait pour le marché N d'un article absolument exotique ; et si le corollaire même, par son exorbitance, ne nous avertissait assez qu'il faut se méfier du théorème.

En effet, l'on aurait pu dire avec autant de fondement, quoiqu'en employant (à cause du choix de l'exemple) des nombres fractionnaires et partant moins commodes : Le marché N obtient pour 20 unités B $11\frac{1}{9}$ unités A au lieu de 10 ; c'est un avantage de $1\frac{1}{9}$ pour 10 ou de $11\frac{1}{9}$ pour 100 : le marché M obtient 20 unités B en donnant $11\frac{1}{9}$ unités A au lieu de $13\frac{1}{3}$; c'est une économie de $2\frac{2}{9}$ pour $13\frac{1}{3}$ ou de $16\frac{2}{3}$ pour 100. Dans cette seconde manière de calculer, tout aussi plausible que l'autre, le troc profite moins au marché M et profite plus au marché N. Or, les questions mathématiques n'admettent pas de telles ambiguïtés. C'est qu'à vrai dire, ni l'une, ni l'autre manière de compter, ni toutes celles qu'on pourrait proposer en partant des mêmes principes, ne rendent convenablement compte des changements que le troc amène dans la situation des deux marchés.

« D'après la doctrine du troc international[1], tous les avantages directs du commerce étranger résultent des importations, contrairement à la théorie vulgaire où l'on estime que tout l'avantage du commerce consiste dans les exportations, comme si les bénéfices d'une nation résultaient, non de ce qu'elle reçoit du commerce extérieur, mais de ce qu'elle donne. » — Nous ne savons pas au juste ce que M. Stuart Mill entend par la *théorie vulgaire;* c'est une affaire entre lui et les autres économistes les plus accrédités : mais nous avons montré

---

[1] Ouvrage cité, t. II, p. 168 de la traduction française.

ci-dessus (177 *et* 179) que les résultats numériques de nos calculs ne changent pas, soit qu'on ait en vue la composition de la *richesse* ou du *revenu*, soit qu'on ait en vue les *consommations* et les satisfactions qu'elles procurent ; et il nous a paru que ce genre de *preuve* ou de vérification (166) milite singulièrement en faveur de nos principes; tout comme (qu'on nous permette de le dire dans l'intérêt de la vérité) le désaccord des résultats numériques obtenus tout à l'heure, en appliquant de deux manières, évidemment tout aussi légitimes l'une que l'autre, les principes de M. Stuart Mill, est une *preuve* de l'imperfection de ces principes.

M. Stuart Mill entend-il par *théorie vulgaire* le système de la protection ou de la direction gouvernementale en fait de commerce extérieur, tel qu'on l'entend vulgairement, et quelle que soit la construction théorique dont on veuille l'étayer ? Soit : il s'ensuivra peut-être que l'une des théories conseille d'encourager ce que l'autre conseille de décourager, et *vice versa;* mais il ne s'ensuivra pas (au moins d'une manière générale) que l'une des deux théories conseille la neutralité, là où l'autre théorie conseillerait d'intervenir.

193. — En effet, la théorie du troc international ne peut rester à cet état primordial où l'on ne suppose que deux articles A et B en présence, hypothèse visiblement imaginée (que l'on s'en rendît compte ou non) en vue de réaliser, dans une certaine mesure, les conditions de symétrie dont nous avons plus haut remarqué l'importance (183). Il faut considérer le cas du *troc indirect*, tel qu'il se présente lorsque la nation N, n'ayant rien à donner à la nation M en échange de l'article A qui lui fait défaut, trouve à échanger chez une nation tierce

l'article B contre un troisième article C, non qu'elle ait besoin de ce dernier article, mais parce qu'elle trouvera à l'échanger sur le marché M contre l'article A. Enfin, l'on rentre tout à fait dans les conditions de la réalité, en considérant un nombre quelconque de marchés M, N, P, Q, etc., et un nombre quelconque d'articles A, B, C, D, etc., directement ou indirectement échangeables. L'on comprend bien que l'activité du troc se portera d'abord sur les articles dont les valeurs relatives offrent d'un marché à l'autre le plus notable écart, pour attaquer ensuite les autres articles graduellement, jusqu'à ce qu'un nivellement général se soit établi pour tous les articles et pour tous les marchés en communication, sauf les inégalités ineffaçables qui tiennent aux frais de transport, et sauf la marge qu'il faut bien laisser aux bénéfices du commerce.

Mais de cela même on peut conclure que la théorie du troc international n'a point par elle-même la vertu de renverser le système de la protection ou de la direction en fait de commerce international. Car, nous venons de voir que les auteurs de la théorie reconnaissent que les avantages du troc international se partagent très-inégalement entre les nations qui font le troc; que même il peut arriver que tout l'avantage soit pour l'une des deux nations. Cependant il peut arriver aussi que ce troc entre les marchés M et N des articles A et B, dont tout l'avantage est pour le marché N, soit précisément celui qui tente le plus la spéculation, parce qu'il offre initialement le plus notable écart entre les valeurs relatives des deux articles sur un marché et sur l'autre. Donc l'on concevrait dans cas l'intervention d'une force protectrice qui contraindrait la spéculation commerciale à se porter sur d'autres articles, qui fussent de nature à procurer à la nation protégée une part plus équitable dans les avantages du troc international, tels que les comprennent les auteurs de la théorie. Donc il faut recourir à des considérations d'un autre ordre pour renverser ou pour étayer le système de la protection, ainsi que nous essayerons de le faire au livre IV du présent ouvrage.

194. — Tant que le théoricien se livre à ses hypothèses abstraites, où il réduit autant que possible le nombre des articles sur lesquels le troc international peut porter, il n'a nul besoin de faire intervenir l'idée d'une mesure commune des valeurs, pour tous les articles et pour tous les marchés. Ainsi, les marchés M et N échangent entre eux les articles A et B, parce qu'il y a sur les deux marchés des différences de valeur relatives entre A et B, quelles que puissent être, relativement à l'ensemble du système économique, la valeur de A sur le marché M et la valeur de B sur le marché N. En ce sens et dans cette hypothèse, il est vrai de dire avec les auteurs de la théorie : « Ce n'est pas la différence qui existe dans le coût absolu de production qui détermine l'échange, c'est la différence du coût relatif. » Mais du moment que, par rapport à un grand nombre d'autres articles D, E, F....., parmi lesquels il y en a beaucoup dont l'exportation devient possible, l'article A est plus cher sur le marché M que sur le marché N, ce n'est plus l'article A qu'on exportera pour se procurer l'article B : le commerce d'exportation portera de préférence sur un ou plusieurs des articles D, E, F..... Ainsi donc, à supposer même que les besoins du commerce intérieur n'eussent pas déjà

depuis longtemps suggéré l'idée d'une mesure commune des valeurs, ceux du commerce extérieur, du moment qu'il peut porter sur un grand nombre d'articles, exigeraient que l'on construisît, par rapport à chacun des marchés, une table ou une échelle des valeurs relatives, table ou échelle dont la construction équivaudrait parfaitement à l'introduction d'une monnaie de compte, propre à chaque marché. La comparaison entre la monnaie de compte de l'un des marchés et celle de l'autre, serait pareillement la conséquence nécessaire de la marche et des besoins du commerce extérieur ; et il y aurait de même des changeurs ou des banquiers qui donneraient une assignation de tant d'unités de compte propres au marché M et payables sur ce marché, contre une assignation ou une traite de tant d'autres unités de compte, propres au marché N et payables sur cet autre marché. Les marchés qui n'auraient ni or, ni argent, seraient bien obligés de solder par des marchandises leurs comptes respectifs. Donc, la théorie du commerce international, sur quelque principe qu'elle se fonde, serait essentiellement la même, soit que les nations qui commercent entre elles fissent ou non usage de la monnaie métallique : nous accordons cela sans difficulté aux auteurs de la théorie du troc international, et nous réclamons le bénéfice de cette observation pour notre propre théorie (188).

195. — Mais voici la différence essentielle entre notre méthode et celle des auteurs de la théorie du troc international. Ils sont partis du principe de logique, vrai en général, qu'il faut aller du simple au composé, et il leur a semblé évident qu'en traitant d'abord le cas où le troc ne peut porter que sur deux articles,

entre deux marchés, ils traitaient effectivement le cas le plus simple. En cela ils se sont trompés : car le troc, même quand il porte uniquement sur deux articles, ne peut avoir lieu sans influer par réaction sur l'ensemble du système économique, dans l'un et dans l'autre marché. Or, il serait impossible d'apprécier les effets de ces réactions, si l'on ne recourait pas à un principe de compensation, qui suppose que l'on embrasse dans son ensemble le système économique, pour s'attacher aux résultats moyens et généraux, non à tel résultat particulier. En outre, il serait impossible de faire l'application de ce principe de compensation et d'en rendre l'application intelligible par des exemples, si l'on ne supposait l'adoption préalable d'une mesure commune des valeurs ou d'une monnaie de compte, c'est-à-dire si l'on n'admettait que le prétendu troc s'est déjà converti en un commerce, tel que le pratiquent toutes les nations civilisées.

Même dans les sciences physiques, il y a des problèmes qui surpassent les forces de l'analyse lorsque l'on ne considère qu'un petit nombre de corps ou de molécules (trois par exemple, comme dans le fameux problème *des trois corps*), et que l'analyse attaque avec succès lorsque le nombre immense des molécules disséminées en tous sens permet d'admettre que toutes les réactions secondaires se compensent sensiblement les unes les autres. A plus forte raison doit-il en être de même dans une science dont l'idée génératrice (9) procède elle-même de la notion des compensations et des moyennes.

CHAPITRE VII.

CONSIDÉRATIONS GÉNÉRALES SUR LES IMPÔTS, LES DÉPENSES ET LES EMPRUNTS PUBLICS.

196. — L'assiette de l'impôt et (comme nous dirions dans notre langage moderne) la nature de la *matière imposable* correspondent aux formes diverses qu'ont prises successivement les sociétés humaines : d'ailleurs, comme il n'y a rien de si difficile à déraciner que l'impôt, et que les impôts s'ajoutent les uns aux autres, plutôt qu'ils ne se supplantent les uns les autres, il en résulte que, dans la complication du système fiscal des nations modernes, on retrouve des traces de tous les régimes sous lesquels les sociétés ont vécu, aux époques antérieures [1].

Avant que les hordes, les clans, les tribus ne se soient définitivement fixés au sol, l'impôt ne peut être qu'une *capitation*, réglée quelquefois sur le nombre d'esclaves, sur la quantité de bétail que possède le chef de famille : nous appellerions cela aujourd'hui une *contribution personnelle et mobilière*.

Quand la population est devenue essentiellement agricole, et que la seigneurie territoriale a remplacé l'autorité du chef de clan, c'est la terre même qui doit la redevance, soit que cette redevance consiste

---

[1] *Traité de l'enchaînement des idées fondamentales*, liv. IV, chap. 10.

dans une *dîme* ou une part des récoltes, dans une prestation de services ou dans une somme d'argent : voilà le type de l'*impôt foncier*.

Enfin, quand le progrès du commerce et des arts a rassemblé les hommes dans des cités, l'idée vient de profiter de la porte d'une ville, de la passe d'un port, de la herse d'un pont, pour lever une taxe sur les marchandises, à l'entrée ou à la sortie : voilà le type de ce que nous connaissons aujourd'hui sous les dénominations d'*octrois*, de *douanes*, de *péages* et d'*impôts de consommation*.

197. — Il ne suffit pas de trouver à l'impôt un corps ou une matière imposable, il faut que quelque principe, quelque idée l'explique et le justifie dans l'esprit des hommes; et à cet égard l'on observe encore une transformation très-remarquable dans le passage d'un état social à un autre. L'homme primitif n'aborde point les dieux que son imagination s'est formés, ni ces dieux plus charnels qui lui inspirent également le respect et la crainte, sans avoir les mains garnies de présents assortis à son humble condition. Le même usage s'est perpétué chez les nations les plus civilisées de la vieille Asie. Partout l'impôt a été d'abord considéré comme une marque de subordination, de sujétion, de dépendance chez ceux qui l'acquittent. Il était si naturel en effet que le maître pour prix de la liberté, le propriétaire pour prix de la concession d'un terrain, le vainqueur pour prix de sa modération dans la victoire, se réservassent une redevance comme le signe permanent de leur supériorité et des circonstances originelles où ils avaient fait acte de générosité ou de clémence. Au contraire, la franchise d'impôt était la

marque qu'on appartenait à la race des vainqueurs, à la caste des nobles, à la religion dominante : quoique, même dans ce cas, une *aide*, un *subside*, réputé librement consenti, dans les nécessités pressantes du chef, du seigneur ou du suzerain, ou pour fêter son joyeux avénement, fût encore regardé comme la suite naturelle de l'hérédité du pouvoir, de la supériorité seigneuriale, ou du lien de vassalité et d'hommage. Tant que les sociétés sont gouvernées par de telles idées, cèdent à de tels sentiments où la fierté a plus de part encore que la cupidité, on ne songe guère à une théorie de l'impôt au point de vue économique : toutes les questions qui s'y rattachent sont bien plutôt des questions juridiques, en prenant ce mot, non dans son acception savante, mais comme il faut l'entendre lorsqu'il s'agit des premières phases de la vie des peuples, et des temps non raffinés où le sentiment naturel du droit conserve toute sa rude et primitive énergie.

Si le maître, si la caste dominante, au lieu de jouir d'un droit, exerce un despotisme sans frein; si la classe inférieure n'est plus qu'un troupeau d'esclaves, un bétail humain; si le malheureux serf est taillable et corvéable à merci et miséricorde, il n'y a plus de place pour la notion de l'impôt : mais les sociétés ne débutent point par ce triste état; il est l'exagération et la corruption d'un état antérieur où prévalait l'idée du droit, telle que des hommes, même grossiers, la saisissent d'abord.

198. — A côté de la notion de l'impôt ou du subside, qui implique celle de sujétion, vient aussi se placer, dans un état plus avancé de civilisation, l'idée de cotisation ou de *contribution*, par suite de la com-

munauté d'intérêts. Quoi de plus naturel, pour des propriétaires qui ont un intérêt commun, tel que celui de se défendre contre les irruptions d'un torrent, que de se cotiser pour la construction et l'entretien des digues, et de régler la part contributive de chacun en raison de l'avantage qu'il doit retirer de la dépense commune? Les habitants d'une ville en feront autant lorsqu'il s'agira d'une dépense à faire pour la commodité, la sûreté ou le profit commun des habitants. Donc les peuples qui ont agrandi l'idée de la *cité* (c'est-à-dire de la ville), en fondant l'organisation politique de l'*Etat* sur l'idée d'une *chose publique* à laquelle tous les *citoyens* sont directement intéressés, ont dû, dans les temps modernes, revenir par le canal du droit philosophique à l'idée d'une contribution aux charges publiques, telle qu'elle prévalait déjà dans la démocratie athénienne sous le nom, étrange pour nous, de *liturgie* (λειτουργία). Alors on a dû être particulièrement frappé de ce principe de droit commun ou d'équité naturelle, qui veut que les charges d'une association soient proportionnées aux bénéfices que chacun en retire. En conséquence les théoriciens, les administrateurs, les législateurs se sont évertués à chercher des combinaisons qui satisfissent le mieux ou le moins mal possible à cette condition d'équité; et l'on n'a pas encore tout à fait abandonné la recherche de cette pierre philosophale, quoiqu'elle ait déjà beaucoup perdu de son crédit auprès des hommes pratiques.

199. — C'est que le côté économique de la question devait nécessairement l'emporter sur le côté juridique (8). On a compris qu'il n'est pas en économie publique de problème plus épineux que celui de dé-

terminer sur qui tombe effectivement la charge d'un impôt, et dans quelle proportion. La terre est achetée sur le pied du revenu net, déduction faite de l'impôt qui la frappe de temps immémorial, comme on l'achèterait, déduction faite de ce qu'a retranché jadis à la culture l'invasion d'un torrent : dans un cas comme dans l'autre, le dommage qui a douloureusement affecté les possesseurs originaires n'est plus senti des possesseurs actuels. L'industriel comprend l'impôt qui l'atteint comme industriel, dans les frais généraux de son industrie, dont il faut qu'il se rembourse, ou sur l'ouvrier en abaissant ses salaires, ou sur le consommateur en élevant le prix de l'article fabriqué, afin de tirer de ses capitaux le profit courant : sinon, il cherchera un autre emploi à ses capitaux, au préjudice du consommateur ou de l'ouvrier. En se plaçant à ce point de vue, le financier regarde comme le meilleur impôt celui dont le recouvrement souffre le moins d'obstacles, non que l'on soit frappé de l'équité de la répartition, mais parce que l'on serait fort empêché de dire qui sont en réalité ceux à qui l'assiette et la perception de l'impôt portent dommage, et dans quelle mesure. Quant à l'économiste, dont la science se place à côté de celle du financier (16), tout en en restant distincte, et qui, au rebours du financier, se préoccupe plus des conditions de bien-être des populations que des ressources fiscales des Gouvernements, il préférera, en fait d'assiette d'impôts, celle qui gêne le moins possible la production et la consommation : dans l'opinion où il est qu'une fois ce problème résolu par les tâtonnements de la pratique, le cours naturel des choses corrigera les inégalités de répartition, autant qu'elles peuvent être corrigées.

Ces considérations expliquent comment l'impôt a pu aller presque toujours en augmentant, tout compte fait de la baisse progressive de valeur des métaux précieux, quoiqu'il ait paru à toutes les époques, aux hommes le moins enclins à l'hyperbole déclamatoire, que l'impôt avait atteint ses dernières limites. Il ne fallait que donner aux impôts déjà établis le temps de *s'asseoir*, de manière que personne ne fût plus trop bien renseigné, par le sentiment de son propre malaise, sur l'effort qu'il avait à faire pour supporter sa part du fardeau, et par suite de manière qu'il y eût encore de la marge, au prix d'un malaise passager, pour l'établissement d'un impôt nouveau. D'autre part, il faut bien reconnaître que toute cette théorie philosophique de la contribution volontaire ou de l'impôt librement consenti par les contribuables (en opposition à l'impôt qui n'a de limites que celles qu'y apporte la modération du souverain), est une théorie complétement démentie par la pratique. Peu importent à cet égard l'origine des Gouvernements, les principes sur lesquels ils prétendent fonder la souveraineté, les ressorts ou les rouages qu'ils mettent en jeu. Tous (à moins de circonstances exceptionnelles et dès lors passagères) sont entraînés à élever leurs dépenses au moins au niveau des ressources que peut leur offrir la situation du pays ; aucun n'est sérieusement arrêté dans cette marche ascensionnelle par un autre obstacle que par celui qui naît des conditions économiques, c'est-à-dire par l'impossibilité d'aggraver l'impôt sans compromettre la production et sans tuer, ou du moins sans rendre malade la poule aux œufs d'or. Donc l'idée et la théorie de l'impôt doivent finalement rentrer dans la doctrine économique, après avoir été longtemps plus spécialement envisagées dans leurs rapports avec les traditions juridiques de chaque peuple et avec les règles générales de l'équité.

200. — Les dépenses qu'une nation s'impose ou qu'on lui impose, peuvent avoir pour but de faciliter, d'activer la production et la circulation des richesses. Ce sont des dépenses de ce genre que goûtent le plus les économistes, et qu'ils qualifient par excellence de *dépenses productives*. D'autres dépenses ont pour but d'assurer la police, le bon ordre dans la société, de protéger les personnes et les propriétés, de procurer à tous une bonne justice, de répandre les bienfaits de l'instruction, de satisfaire aux besoins religieux des populations, de veiller à la morale publique, à la santé publique et (dans une certaine mesure) aux plaisirs mêmes qui adoucissent ou charment la vie. Tout cela ne dépend point de la forme politique (13), de la grandeur de l'Etat, de son action ou de son influence au dehors. On doit à cet égard avoir les mêmes objets en vue dans une république et dans une monarchie, dans un puissant empire que gardent de nombreuses armées, et dans un petit canton qui ne compte, pour sauvegarder son autonomie, que sur les jalousies de ses puissants voisins, ou mieux encore sur le droit public des peuples civilisés.

Enfin d'autres dépenses (et certainement les plus fortes de toutes) ont pour objet le maintien d'une constitution politique, la représentation d'une cour, l'entretien d'une diplomatie, d'une armée, d'une flotte, des places de guerre, des arsenaux ; l'établissement d'une Eglise, en tant qu'un tel établissement fait partie de la constitution de l'Etat; tous les sacrifices qu'exige la conservation des alliances, la protection des clients ; tout ce qui concourt à donner aux nationaux et aux étrangers une haute idée de la puissance de l'Etat, du prince, ou de la nation. Ce sont là des dépenses improductives au premier chef, quand on se place au point de vue de l'économiste : tandis qu'aux yeux du politique, toute cette production de richesses, dont l'économiste fait si grand cas, n'a de prix qu'autant qu'elle permet au corps politique de déployer habituellement, ou du moins dans les circonstances décisives, plus d'énergie et de grandeur. En un mot, la richesse publique n'est pour lui que l'aliment qui soutient la vie politique, et il dirait volontiers avec l'avare ou l'ascète (31), *qu'il faut manger pour vivre et non pas vivre pour manger*. Nous ne discuterons pas la valeur de ce principe, et nous reconnaîtrons seulement que la marche des sociétés tend à faire prévaloir, au moins dans la doctrine, les idées de l'économiste, sans que, dans la pratique, le fardeau imposé par les nécessités de l'ordre politique paraisse s'alléger.

Lorsqu'une nation, outre ses dépenses courantes, doit songer au service d'un emprunt et à l'amortissement d'une dette contractée par suite de dépenses antérieures, il y a pareillement lieu de distinguer, dans ce legs fait par le passé au présent et à l'avenir, la part qui revient à des dépenses faites dans un but économique, celle des dépenses faites pour l'amélioration de la vie sociale, et enfin la part afférente aux dépenses imposées par une nécessité politique où causées par une fantaisie politique. Les nations modernes ont surtout la ressource des emprunts pour payer leur gloire, leurs revers, leurs révolutions, leurs passions et leurs caprices.

201. — Les emprunts publics ont commencé par affecter, comme l'impôt, des formes très-variées, parce

qu'il fallait varier les moyens d'intéresser la vanité des uns par des distinctions, de tenter la cupidité des autres par des combinaisons aléatoires, et presque toujours de dissimuler la fragilité du gage. D'abord (par une suite des coutumes féodales, sous l'empire desquelles tout emploi devenait un fief) on a vendu des charges, des offices de création nouvelle, en y attachant des prérogatives honorifiques, des exemptions d'impôt, et en attribuant au titulaire de l'office, comme revenu du capital aliéné, des taxes à percevoir sur certaines catégories de justiciables, d'administrés, de producteurs, de marchands, d'acheteurs. On a eu des émissions de papiers de crédit, des emprunts viagers sur une ou plusieurs têtes, des tontines, des billets remboursables par la voie du sort, avec des primes diversement échelonnées. Mais, tandis qu'on n'a jamais pu se passer de la variété dans les impôts (malgré les spéculations des théoriciens, et quels que fussent les progrès de la richesse générale), l'affermissement du crédit public chez les nations en voie de s'enrichir et passablement gouvernées (affermissement de crédit qui résulte lui-même du besoin de placer les épargnes quotidiennes) a permis de simplifier les formes de l'emprunt et de les ramener à deux types en quelque sorte normaux : 1° l'emprunt en billets à courte échéance, dont la masse a reçu le nom de *dette flottante* ; 2° l'emprunt en rentes perpétuelles ou la *dette consolidée*. Les Gouvernements ont ainsi devancé les grandes Compagnies industrielles dans l'établissement de ces fonds publics dont nous avons étudié, au chapitre VIII du livre Ier, l'influence sur le système économique. Nous n'avons que peu de remarques à y ajouter ici.

202. — Si les Gouvernements n'empruntaient que

pour exécuter quelques-uns de ces grands travaux, très-profitables à la richesse publique (quoique non susceptibles de donner un revenu qui puisse indemniser, sans subvention de l'Etat, le particulier ou la Compagnie qui les entreprendrait), il leur serait toujours possible de disposer d'une partie de l'accroissement annuel de la richesse publique, pour l'appliquer, d'abord au service des arrérages, puis à l'amortissement de l'emprunt. Quand le Gouvernement, qui est chez nous le tuteur de toutes les corporations provinciales ou municipales, autorise un département, une ville, à faire un emprunt pour des causes de ce genre, il entend bien que cet emprunt sera effectivement remboursé dans un temps plus ou moins long, mais bien défini. Il se fait rendre un compte minutieux des ressources, tant pour le service des intérêts que pour l'amortissement du capital; au besoin il autorise l'intervention d'une grande Compagnie financière, qui, par un calcul habile de l'intérêt composé, se charge d'amortir la dette, pendant la durée de la vie d'une génération, moyennant un surcroît modique ajouté au fardeau de l'intérêt annuel. Ce que les Gouvernements savent si bien prescrire à d'autres, ils le pratiqueraient sans doute pour leur propre compte dans des circonstances semblables.

S'il s'agit de travaux qui, sans accroître la richesse publique, augmentent le bien-être physique ou moral des populations, et dont une longue suite de générations doivent profiter, on ne manque pas de dire qu'il est juste qu'une génération ne s'épuise pas, et que le fardeau se répartisse sur toute la suite des générations appelées à jouir des fruits du capital dépensé. Cependant, l'argument serait valable pour une province, pour une cité, comme pour une nation ; et nous voyons que lorsqu'il est question d'autoriser l'emprunt d'un département ou d'une ville, le Gouvernement ne l'admet pas. Il imite en cela la Nature, qui a sagement voulu que, dans la vie de famille, la plupart des pères eussent un autre plan de conduite. Il serait en effet bien à craindre, ou que l'intérêt des novateurs et des promoteurs de dépenses n'eût trop beau jeu, à la faveur de ce legs fait aux générations futures, ou que celles-ci ne fussent tentées de répudier le legs à elles fait par leurs devancières, plutôt que de se refuser les moyens de les imiter dans leurs anticipations sur l'avenir (41).

203. — Restent les nécessités de la politique, subordonnées (quoi qu'on en puisse dire) à d'autres règles que celles qui dominent les rapports civils et sociaux. Alors les questions que nous venons d'indiquer ne se posent même point. Une nation sent ses forces et elle en veut user ; la passion politique est excitée, l'honneur national est en jeu. Il faut faire la guerre et il faut emprunter pour la faire, après quoi il faudra peut-être emprunter pour acheter la paix. L'emprunt a pour lui le suprême argument, *minima de malis*.

Aussi a-t-on vu trop souvent qu'après qu'une nation a acheté, au prix des désastres d'une révolution ou de la honte d'une banqueroute, l'anéantissement des dettes occasionnées par la politique, elle rentre bien vite dans la voie des emprunts. Ainsi ferait-elle à plus forte raison, si l'ancienne dette était éteinte à la faveur d'un mécanisme régulier. D'où cette première question : est-il bon qu'une nation paye d'anciennes dettes, uniquement pour se donner la facilité d'en contracter d'autres ?

• Cette question une fois résolue dans le sens le plus favorable aux progrès de la sagesse des nations (car on ne doit jamais perdre de vue que la sagesse des Gouvernements n'est que l'expression de la sagesse des nations), il s'agit de savoir à quel mode de remboursement l'on aura recours. Le mode de remboursement par titres ou obligations tirées au sort ne saurait convenir pour un emprunt de l'Etat, causé par la politique, comme il convient, par exemple, pour l'emprunt fait par une ville : par la raison toute simple que la ville, soumise à la sage tutelle de l'Etat, ne peut emprunter que dans un but d'utilité économique ou sociale, en raison de ses ressources actuelles et dans des temps prospères. Il en résulte que la charge du remboursement peut être répartie sur une durée de vingt, trente, cinquante ans, sans excéder les forces de la génération qui emprunte. Il en résulte encore que l'écart entre la dette nominale qui doit être effectivement remboursée et la somme effectivement reçue par l'emprunteur, est un écart tolérable : tandis qu'il serait excessif lorsque l'Etat, comme il arrive si souvent, a été contraint d'emprunter dans des temps de détresse et d'inquiétude générale.

204. — Ordinairement, les administrateurs de la fortune publique ont préféré le mécanisme déjà expliqué (77) d'une Caisse ou d'un fonds spécial d'amortissement. Mais alors reviennent sous une autre forme les observations déjà faites. Comment persuader à une nation qui doit 200 millions de rentes, dont il y en a déjà 100 qui appartiennent à la Caisse d'amortissement, qu'elle doit continuer de payer pendant longtemps encore 100 millions de plus d'impôts, plutôt que d'an-

nuler les 100 millions de rentes qui appartiennent à la Caisse d'amortissement? Que sera-ce donc si, bien loin de songer à réduire les impôts anciennement établis, il est question d'en établir de nouveaux ou de contracter de nouveaux emprunts pour faire face à des nécessités nouvelles? Ne choisira-t-on pas d'abord, avant que de se mettre en frais de nouveaux expédients, l'expédient qui s'offre de lui-même et qui consiste à annuler les rentes rachetées ou même à suspendre, c'est-à-dire à supprimer la dotation primitive de l'amortissement?

Que peut conclure la froide raison de toutes ces remarques, devenues d'une application familière, sinon que (par la nature même des forces politiques et dans les conditions où sont placées la plupart des nations modernes) le remboursement effectif de la dette publique doit figurer parmi les utopies, et que l'exonération de ce fardeau ne peut avoir lieu que de deux manières : ou par des mesures révolutionnaires et violentes, ou par la lente dépréciation des métaux monétaires? En multipliant leurs emprunts pour multiplier leurs moyens d'action et d'influence, pour vivre en quelque sorte d'une vie plus intense pendant le temps que la Destinée leur assigne, les Gouvernements ne feraient donc qu'escompter ce grand bénéfice que l'avenir tient probablement en réserve pour les débiteurs de toute sorte et de tout rang.

Est-ce à dire qu'il faille absolument renoncer à plaider une cause perdue d'avance, à lutter contre des tendances irrésistibles? A ce compte, tous les prédicateurs et les moralistes se retireraient découragés, tandis qu'ils s'estiment heureux s'ils ont réussi à diminuer tant soit peu les maux qu'ils ne peuvent détruire. On ne saurait combattre des forces vives qu'avec d'autres forces vives. Puisque tant de passions diverses poussent les nations et leurs chefs à anticiper le plus possible sur les ressources de l'avenir, il faut bien qu'une passion contraire, celle qui fait prendre avec chaleur la défense des absents et des faibles, celle qui s'indigne des injustices par lesquelles se payera tôt ou tard la jouissance présente, vienne un peu en aide au froid raisonnement et à l'apathie scientifique ou philosophique. Nous ne devons pas disserter sur ce qui intéresse si sensiblement nos concitoyens et nos neveux comme nous disserterions sur des phénomènes qui se passent dans les mondes de Jupiter ou de Saturne, ou comme nous disserterions sur les convulsions géologiques qui ont précédé l'apparition de notre race. Le jour viendra peut-être où la pure raison gouvernera et décrira les choses humaines, mais ce jour n'est pas encore venu.

CHAPITRE VIII.

DES DIVERSES NATURES D'IMPÔTS ET DE LEURS EFFETS.

205. — L'impôt peut frapper directement sur le revenu, sur le fonds ou le capital productif de revenu (en y comprenant les bras de l'ouvrier), ou bien il peut consister dans une taxe assise sur les objets de consommation, de manière à n'affecter qu'indirectement le revenu des producteurs, s'il est une cause de réduction dans la demande, ou celui des consommateurs en leur faisant payer plus cher l'objet taxé, et en diminuant d'autant la portion de leurs revenus qui reste disponible pour d'autres usages (152). En France, la législation financière, remaniée par notre grande révolution, a consacré et rendu technique cette distinction des impôts *directs* et des impôts *indirects* : mais la pratique a pu introduire, dans l'application légale du principe de classification, des irrégularités dont nous ne nous occuperons pas, n'ayant en vue que la théorie.

Le plus simple (théoriquement parlant) de tous les impôts directs, le plus conforme à l'équité naturelle et à l'idée philosophique d'une contribution proportionnée aux facultés de chaque contribuable, est celui que l'on a appelé par excellence *l'impôt sur le revenu*, la *dîme royale*, comme l'appelait notre illustre utopiste Vauban, ou l'*income-tax*, comme disent les Anglais. Notre vieil impôt de la *taille* était une sorte d'*income-tax*, grevant plus spécialement le vilain ou le paysan. Donnez au mot de *revenu* l'acception que nous lui avons donnée dans les chapitres précédents, comprenez-y les fruits de l'industrie, du travail (même manuel), aussi bien que les intérêts des capitaux et les rentes des propriétés foncières; dispensez de la taxe, si vous le jugez bon, l'ouvrier le plus pauvre dont le salaire ne pourrait être entamé sans qu'il en résultât un état de souffrance qui nuirait à la reproduction de cette classe de la population ouvrière, ou qui rendrait nécessaire une hausse de salaire égale au montant de la taxe; et ensuite imposez chacun proportionnellement à la totalité de son revenu : n'aura-t-on pas résolu le problème et trouvé ce que nous appelions tout à l'heure une pierre philosophale ?

On fait à cette solution si simple des objections très-sérieuses : la difficulté d'évaluer le revenu, l'arbitraire de l'assiette ou l'odieux des mesures inquisitoriales auxquelles il faudrait recourir pour diminuer l'arbitraire : mais le vif de la question n'est pas là. Ce qui fait l'équité de l'*income-tax* et sa conformité à un type philosophique, est justement ce qui fait que la plaie produite par un tel impôt ne se cicatrise point et qu'elle reste sensible tant que l'impôt dure. Chacun sait trop bien qu'il paye et sait trop au juste ce qu'il paye. Il en résulte qu'au taux où sont portées nécessairement les dépenses publiques, sous l'empire de la civilisation moderne, l'*income-tax* comme impôt unique, comme charge permanente, est impossible, et qu'il ne peut être présenté que comme un expédient temporaire, comme un impôt ajouté à d'autres impôts, afin de combler le déficit causé par des circonstances passagères.

206. — L'impôt foncier, quand il a acquis la fixité

qu'on lui connaît en certains pays, comme en Angleterre, est justement le rebours de l'*income-tax*. Au bout d'un certain temps, il ne pèse plus sur le propriétaire dont la rente est moindre sans doute que si l'impôt n'existait pas, mais qui n'a acheté que sur le pied du revenu net de la terre, défalcation faite de l'impôt. L'effet est tout autre lorsque l'impôt foncier doit subir des remaniements : soit à titre d'*impôt de quotité*, pour faire profiter le fisc des améliorations, naturelles ou factices, que la terre a reçues, ou pour tenir compte au propriétaire des détériorations qu'elle a subies, soit à titre d'*impôt de répartition*, afin d'opérer, comme on dit, la *péréquation* de l'impôt et de corriger les imperfections d'une première assiette, ou d'effacer les inégalités amenées par le cours du temps, qui a changé les bases de l'assiette primitive. Une telle opération peut devenir nécessaire au point de vue économique, afin que, sur aucun point du territoire, la proportion de l'impôt foncier à la rente foncière n'excède certaines limites indiquées par l'expérience, pour l'encouragement et le libre jeu de l'agriculture. Il ne faudrait point, par exemple, que les variations dans l'abondance des récoltes et dans les prix des denrées, combinées avec la fixité de l'impôt, amenassent dans les mauvaises années la ruine du propriétaire ou celle du fermier. Mais, en stricte équité et sauf ces cas extrêmes, on peut dire que la péréquation fait aux propriétaires dégrevés un don gratuit au préjudice des propriétaires surimposés, jusqu'à ce que le laps du temps ait fait disparaître l'avantage et le dommage, pour les successeurs à titre onéreux des uns et des autres.

Il est clair que si l'impôt foncier reste un impôt de

quotité, la menace d'un accroissement d'impôt décourage le propriétaire d'entrer dans la voie des améliorations, en lui interdisant celles dont le profit serait absorbé par l'augmentation d'impôt. A ce point de vue seul, ou lorsque la proportion de l'impôt est de nature à décourager des cultures dont les produits sont variables, ainsi qu'on vient de l'expliquer, l'impôt foncier pourra influer sur le prix des denrées que la culture produit, et agira ainsi comme un impôt indirect ou de consommation : mais ces cas sont accidentels et l'on doit les écarter, si l'on admet que l'impôt foncier est convenablement assis.

L'impôt foncier en nature (ou la dîme) a vis-à-vis de l'impôt foncier en argent l'avantage de suivre le revenu annuel dans sa variabilité et le désavantage de détourner plus des améliorations en ce qu'il se proportionne au produit brut et non pas au produit net : mais ce mode d'impôt est trop peu conforme aux conditions de la civilisation moderne, pour qu'il en faille parler plus longuement.

207. — L'impôt sur les bâtiments agit comme l'accroissement d'impôt foncier, provoqué par l'amélioration du sol productif. Le propriétaire qui veut bâtir en tient compte dans la comparaison qu'il établit entre les dépenses de construction et le revenu que produira la propriété bâtie. Si les besoins croissants de la population exigent absolument de nouvelles constructions, les loyers s'élèveront en raison de l'impôt foncier qui pèse sur la propriété bâtie, et cet impôt atteindra en réalité les locataires des bâtiments. Au cas contraire, il grèvera le propriétaire qui a fait une mauvaise affaire en bâtissant : mais, comme d'autres achèteront

de lui sur le pied du revenu net, il se trouvera qu'à la longue l'impôt foncier ne pèsera plus sur personne, sauf à faire de nouveau sentir sa lourdeur, lorsque la lente dégradation des propriétés bâties imposera de nouveaux sacrifices au propriétaire, s'il veut conserver le revenu que produisent des propriétés de cette sorte.

Malgré la diversité de nom et d'assiette, il faut, quant aux effets, assimiler à l'impôt foncier, supporté par le propriétaire des bâtiments, l'impôt assis sur le locataire et tarifé, soit d'après le prix de location, soit d'après le nombre des ouvertures ou des feux. Il pèse habituellement sur le propriétaire, à qui la suppression de l'impôt laisserait de la marge pour élever les loyers ; mais il porte aussi dommage au locataire, en ce sens qu'il décourage la spéculation sur les constructions. Lorsqu'on affranchit de l'impôt les petites locations, on ne soulage en réalité le locataire que par voie indirecte, en encourageant la construction des petits logements ou l'appropriation des bâtiments existants à de petites locations.

208. — L'impôt de *mutation*, par succession ou par contrat, n'offre au théoricien aucun embarras. Il pèse sur celui qui hérite, il pèse sur celui qui aliène; et lorsque cet impôt est devenu excessif comme en France, il dévore, non le revenu, mais le capital avec une effrayante rapidité. Nos instincts démocratiques, notre jalousie d'égalité s'en accommodent ; et à chaque remaniement financier, on a pu accroître ce genre d'impôt sans provoquer de réclamations bien vives. On plaint peu l'héritier qui se voit forcé de payer le dixième de la valeur d'une riche succession ; le commerçant atteint par une faillite s'y résigne comme à un accident inévitable

dans le cours des affaires, et ne s'inquiète que médiocrement si la perte qu'il éprouve est portée, par suite des droits et des frais de justice, à 90 au lieu de 80 pour 100; le propriétaire qui revend au bout de quinze ans une propriété plus cher qu'elle ne lui a coûté, soit à cause des progrès de la richesse publique et du mouvement croissant des affaires, soit à cause de la dépréciation de l'or et de l'argent, se résigne à laisser au fisc une part de son bénéfice apparent ou réel.

Mais renversez la situation : supposez que le capital national, au lieu de s'accroître, aille en décroissant; qu'il faille aliéner à bas prix une partie des immeubles de la succession pour acquitter les droits; et bientôt l'on s'apercevra qu'un impôt exagéré sur les mutations équivaut à une confiscation de la propriété, graduellement accomplie dans un assez court laps de temps; et qu'il n'y en a pas qui pousse plus énergiquement à la destruction du capital national ou de l'instrument du travail national.

Ajoutez que, si le rendement d'un tel impôt est accru par la subtilité des interprétations juridiques, il pousse les contractants et les officiers ministériels chargés de la rédaction des contrats à déguiser les conventions, à imaginer des voies obliques pour arriver à moins de frais au but que les parties se proposent : non sans un préjudice notable pour la bonne foi publique et pour la sûreté des engagements.

209. — Les *monopoles* que l'Etat s'attribue, et qui figurent, dans notre classification financière, tantôt parmi les impôts directs, tantôt parmi les impôts indirects, appartiennent au fond à la même catégorie, et ressemblent aux taxes sur les consommations plus qu'à

tout autre genre d'impôts, en ce qu'ils influent sur la consommation par l'élévation factice des prix, plutôt qu'ils n'atteignent le propriétaire ou le producteur dans son capital ou dans son revenu. Que la marchandise dont l'Etat se réserve le monopole soit du tabac, du sel, du papier, peu importe. L'administration pourra affranchir du monopole le sel destiné à l'agriculture ou aux arts chimiques, sous la condition que ce sel aura été *dénaturé*, c'est-à-dire aura subi une préparation qui le rende impropre aux usages domestiques : de même elle pourra ne faire porter le monopole du papier que sur le papier destiné aux écritures juridiques, aux affiches, aux journaux, et qui aura reçu à cet effet une marque spéciale ou un *timbre* particulier. On le voit, le principe est le même, quoique les moyens matériels d'exécution diffèrent suivant la nature de la marchandise. Nous disons qu'un semblable monopole n'affecte pas le producteur autrement que ne le ferait une taxe ordinaire de consommation : car, si l'impôt sur le tabac, de quelque manière qu'il soit assis, en doit porter le prix à 10 fr. par kilogramme, ce prix déterminera implicitement, en vertu de la loi de la demande, le montant de la consommation et de la production, soit que l'Administration abandonne les producteurs à leur libre concurrence, soit qu'elle procède par voie d'adjudication, ou même qu'elle accorde des *licences* selon son bon plaisir. Dans ce dernier cas, tels ou tels producteurs pourront être favorisés de préférence à d'autres, sans que cela influe sur la somme des revenus des producteurs de cette classe, autrement que ne le ferait une taxe ordinaire, destinée à élever, sans monopole, le prix du tabac à 10 fr. par kilogramme, et à réduire en conséquence la consommation, et dès lors la production.

210. — Les taxes que l'on appelle *somptuaires* méritent encore d'être distinguées des autres taxes de consommation, en ce qu'elles frappent directement sur celui qui fait usage de la chose, plutôt que sur la chose même dont en général elles n'élèvent point le prix : Une taxe somptuaire sur celui qui a des chevaux, des chiens, des voitures, n'élève pas le prix des chevaux, des chiens, des voitures, comme le ferait un taxe perçue chez le carrossier pour chaque voiture qu'il confectionne, ou chez l'éleveur pour chaque cheval qu'il élève. Le surcroît de prix occasionné dans ce dernier cas par la taxe suit l'objet taxé dans quelques mains qu'il passe, tandis que la taxe payée pendant le temps de sa jouissance par l'amateur de chevaux ou de voitures, n'entrera pour rien dans le débat du prix, s'il veut les revendre. Il est donc vrai de dire que les taxes somptuaires ne frappent directement que ceux qui veulent se procurer la jouissance des objets taxés. Elles auraient bien aussi pour effet de décourager les producteurs, les fabricants de ces objets de luxe ou des choses qui entrent dans leur confection, si elles en diminuaient sensiblement la demande. D'ailleurs, le même motif qui fait sans cesse mettre en avant de pareilles taxes, à savoir qu'elles ne pèsent que sur un petit nombre de riches, est ce qui fait qu'elles produisent peu et qu'elles sont dès lors peu goûtées des vrais connaisseurs en finances. On peut dire qu'on ne les remet de temps en temps sur le tapis que pour servir de passeport à d'autres mesures financières plus productives et moins populaires.

211. — Les taxes qui frappent immédiatement sur

les articles, au fur et à mesure de leur production, de leur fabrication ou de leur introduction sur le marché, constituent des frais, pour ainsi dire, artificiels, réglés d'après des vues plus ou moins systématiques, dont il est toujours au pouvoir du législateur de fixer, sinon la quotité, du moins la répartition : et comme le système adopté a la plus grande influence sur la demande et la production des articles taxés, on conçoit que la théorie de pareils impôts soit en grande partie le but des recherches de l'économiste.

Ordinairement, l'impôt consiste en une somme fixe, pour chaque unité produite ou livrée à la consommation. Mais des choses congénères peuvent avoir des qualités et par suite des valeurs si différentes, qu'il y aura lieu de tarifer diversement les qualités diverses. De là, par l'impossibilité où l'on est souvent de définir ou de caractériser précisément les diverses qualités, l'impôt dit *ad valorem*, fixé en raison de la valeur que le commerce attribue à l'objet taxé, avant que la taxe ne vienne le frapper.

Dans le prix payé par le consommateur doivent se retrouver, non-seulement la taxe, mais l'intérêt de la somme déboursée pour payer la taxe, pendant tout le temps qui s'écoule entre la perception de l'impôt et l'achat de l'article par le consommateur. Il importe donc, afin d'éviter un acroissement de charge, que l'acquit de la taxe ait lieu tardivement, et, s'il est possible, par le fait des consommateurs eux-mêmes : quoique, d'un autre côté, la perception de l'impôt devienne plus coûteuse, souvent plus vexatoire, en devenant plus détaillée; qu'elle se prête davantage à la fraude et qu'elle froisse bien plus le gros des consommateurs qu'elle ne froisserait les agents intermédiaires, en bien plus petit nombre, qui ne voient dans l'impôt qu'une avance dont ils se rembourseront tôt ou tard.

La *prime*, invention des temps modernes, est l'opposé de la taxe : c'est, pour employer le langage des algébristes, une *taxe négative;* de sorte qu'il sera toujours facile de renverser les formules, pour passer de la théorie de la taxe à celle de la prime.

212. — Le financier a surtout pour but que la taxe rende le plus possible : il est à cet égard dans des conditions analogues à celles du monopoleur qui sait qu'il peut perdre par la réduction de la demande plus qu'il ne gagnerait par la hausse de prix. De là cet adage devenu vulgaire, *qu'en fait d'impôts deux et deux ne font pas quatre;* et de là ces essais, si souvent conseillés aux Gouvernements par les parties intéressées, quelquefois tentés par eux avec succès, et qui consistent à provoquer par une forte réduction de la taxe un tel accroissement dans la demande, que l'opération se trouve être financièremem t bonne, indépendamment des autres avantages économiques qu'elle peut avoir. Le bon sens indique et l'expérience montre que les avantages financiers et économiques ne peuvent pas se prononcer brusquement, puisqu'il faut du temps pour que les populations passent d'un régime économique à un autre, perdent d'anciennes habitudes et en contractent de nouvelles : mais l'expérience montre aussi qu'il suffit ordinairement d'un petit nombre d'années pour trouver la nouvelle position d'équilibre, et pour manifester le résultat final de la réforme financière.

Lorsque la production de l'article taxé est affranchie de tout monopole, la portion du prix de l'article qui revient aux producteurs est assimilable (au point de vue du financier) aux frais d'exploitation qu'a à supporter le propriétaire monopoleur. Si les frais de production, pour chaque unité produite, sont indépendants du chiffre de la production totale, la détermination du *maximum* de rendement, pour le Gouvernement taxateur comme pour le propriétaire monopoleur, résultera d'un calcul plus simple et ne dépendra que de la loi de la demande : sinon, il faudra tenir compte à la fois, et de cette loi, et du changement que la variation du chiffre de la production totale amène dans les frais de production pour chaque unité produite (64).

Si la taxe porte sur des produits manufacturés, dont le prix de revient s'abaisse quand la production se fait plus en grand, l'assiette de la taxe, qui a pour effet d'élever le prix de l'article et d'en réduire la demande et la production, élève en même temps le prix de revient pour chaque unité produite : la hausse totale de l'article doit donc dépasser le montant de la taxe.

Le cas inverse est celui où la taxe porterait sur des denrées dans le prix naturel desquels une rente foncière entre comme élément principal, ou en général sur des articles dont les frais de production vont en croissant quand la production augmente pour suffire à la demande. Reprenons notre exemple habituel (65), et supposons que dans la colonie où la consommation de bois atteignait un certain chiffre avant l'établissement d'aucun impôt, on vienne à frapper cette denrée de la taxe d'un franc par stère : le bois renchérira, la consommation diminuera; on abandonnera donc, jusqu'à due concurrence, l'exploitation des forêts les plus éloignées du lieu de consommation, qui ne rapportaient pas de rente foncière, parce que le prix du stère de bois sur le marché ne faisait que payer les frais d'exploitation et de transport; et d'autres cantons plus rapprochés, tout en continuant d'être exploités, ne donneront plus de rente foncière. Il en résulte que le prix du stère ne haussera pas d'une somme égale au montant de la taxe.

Arrivons à la limite (67), et supposons que notre colonie soit une île où toutes les forêts ont fini par être soumises à une appropriation et à une exploitation régulière, où toutes donnent une rente foncière, représentée par une somme au moins égale à un franc dans le prix du stère : l'impôt d'un franc ne fera pas hausser ce prix pour le consommateur, puisqu'il faut que la même quantité de bois soit absorbée par la consommation, après comme avant l'établissement de l'impôt, à savoir celle que l'île fournit annuellement par une exploitation régulière, mais il supprimera une partie de la rente foncière et pèsera uniquement sur les propriétaires de forêts. La taxe sur la denrée agira, dans ce cas, exactement comme aurait agi l'impôt foncier.

Quand on raisonne dans l'hypothèse d'un article soumis à un monopole, on trouve encore que la hausse de prix peut être, selon les cas, tantôt plus forte, tantôt plus faible que la taxe; et si les conditions sont telles que le monopoleur n'ait jamais intérêt à restreindre sa production, il supportera tout le poids de la taxe, comme il aurait supporté celui de l'impôt foncier.

213. — L'on voit par ce qui précède comment il se peut qu'une taxe sur la consommation accroisse nominalement le total des revenus, tout en en diminuant la valeur réelle. Lorsque l'établissement d'une taxe, en

renchérissant l'article taxé, élève le chiffre qu'on obtient en multipliant le prix de l'unité par le nombre d'unités produites, la part que le fisc prélève dans la valeur que ce chiffre représente (154) sert à acquitter les intérêts de la dette publique, ou bien elle se dépense en salaires, en traitements, en achats de matières consommées pour les services publics, de manière à subvenir aux dépenses et à composer le revenu d'une foule d'individus et de familles : tandis que le surplus crée des revenus à tous les propriétaires, capitalistes, chefs d'industries, ouvriers, commerçants, dont les forces productrices concourent à la production et à la circulation de l'article taxé. La taxe n'en occasionne pas moins dans le total des revenus, conformément aux principes établis au chapitre III du présent livre, une diminution de valeur réelle, accusée par le chiffre qu'on obtient en évaluant (au prix qu'elle avait avant la taxe) la quantité dont se trouve réduite la production de l'article taxé.

A l'égard des impôts assis directement sur la rente ou le travail, et qui n'influent point sur la production, le fisc (en supposant qu'il n'ait point de tributs à payer à l'étranger) n'agit que comme une machine intermédiaire destinée à changer (fort mal au gré des uns, fort bien au gré des autres) la répartition du revenu national, sans en altérer *immédiatement* la valeur totale. On est allé plus loin, et l'on a dit que les impôts de cette sorte, pourvu qu'ils soient modérés, aiguillonnent les forces productrices; que le propriétaire s'occupe d'améliorations auxquelles il n'aurait pas songé sans l'impôt qui vient réduire son revenu; que l'ouvrier, assujetti à une capitation, travaille un peu plus et ne s'en porte pas plus mal ; qu'ainsi les producteurs recouvrent en tout ou en partie leurs anciens revenus auxquels s'ajoute, dans la composition du revenu national, l'accroissement de revenu de tous ceux qui profitent de l'augmentation des dépenses publiques. Mais, ceci rappelle un peu trop le coup de fouet du maître, et nous ne voudrions pas suivre jusque-là les partisans de la théorie de l'*encouragement,* sans nier ce qu'elle a de vrai, même dans ce cas. De même qu'un climat plus rude, en provoquant chez l'homme une lutte plus énergique, lui donne souvent une industrie et par suite une richesse à laquelle il n'aurait jamais atteint sous un climat plus doux, ainsi l'obligation de vivre dans un pays soumis à de grosses charges publiques, dans un milieu qui a acquis artificiellement la dureté donnée par la Nature elle-même à d'autres milieux, peut retremper les courages, réveiller des énergies assoupies, et en ce sens concourir aux progrès de la richesse publique, pourvu toutefois que l'excès des charges et des obstacles naturels ou factices n'aille pas jusqu'à causer l'épuisement ou l'affaissement. Il ne faut pas en effet, de peur que la mollesse du ciel d'Ionie ne nous énerve, nous donner le climat des Samoyèdes.

214. — Les taxes à l'importation ont ordinairement le double but, de procurer au Gouvernement une ressource financière, et d'offrir, sur quelques points réputés plus vulnérables, une protection à la production et à l'industrie nationale. En général (car nous raisonnons sur l'hypothèse d'un article affranchi de monopole) l'effet de la taxe sera d'élever le prix de l'article taxé, mais d'une quantité moindre que le montant de la taxe. Les producteurs nationaux pourront accroî-

tre leur production, puisque le prix s'élèvera : il faut donc bien que les producteurs étrangers restreignent la leur, sans quoi la consommation sur le territoire national resterait la même malgré la hausse de prix, contrairement à notre principe fondamental ou à notre postulat théorique. Or, il n'y aurait aucune raison pour que la production étrangère et l'importation se restreignissent, si le prix avait haussé de tout le montant de la taxe.

L'un de cas extrêmes est celui où le prix et l'importation ne varieraient pas du tout : les producteurs étrangers prenant la taxe tout entière à leur charge, et préférant supporter pour cela une baisse dans les fermages, dans les profits ou dans les salaires. Alors la taxe cesserait d'avoir un effet de protection pour les producteurs nationaux : elle ne consisterait plus qu'en un tribut payé au Gouvernement par des producteurs étrangers; et c'est ainsi que les taxes de cette nature ont été considérées dans l'origine.

L'autre cas extrême est celui où la taxe interdirait absolument aux producteurs étrangers l'accès du marché national : alors son effet fiscal s'évanouirait et elle équivaudrait à une prohibition absolue.

Prenons un cas intermédiaire, et pour fixer les idées par des nombres, supposons qu'avant la taxe il y eût 100 000 unités consommées sur le marché national, au prix de 10 fr. par unité, dont 60 000 venant de la production indigène et 40 000 fournies par l'importation. On frappe à l'importation l'article d'une taxe de 3 fr. par unité, ce qui porte le prix à 12 fr. sur le marché national, et ce qui réduit la consommation sur ce marché à 90 000 unités, dont 70 000 fournies par la production indigène et 20 000 par l'importation.

Les producteurs nationaux auront profité de la différence entre 70 000 fois 12 fr. et 60 000 fois 10 fr., soit. . . . . 240 000 f., à quoi l'on doit ajouter le produit de la taxe qui arrivera au trésor public et sera dépensée (on le suppose) de manière à accroître d'autant le revenu national : soit 20 000 fois 3 fr. ou. 60 000

Total. . . . 300 000 f.,

dont on répute accrue la valeur nominale du revenu national. Mais, pour passer à la valeur réelle, il faut (selon les principes déjà abondamment justifiés) défalquer de ce total la perte subie par les consommateurs nationaux qui achètent au prix de 12 fr., au lieu de 10 fr., 90 000 unités de l'article taxé, soit. 180 000

La différence. . . 120 000 f.

est tout ce qui reste pour l'accroissement réel du revenu national. On pourrait varier les données numériques, mais un calcul assez simple montre qu'il y a toujours un accroissement nominal, pourvu que l'on tienne compte du produit de la taxe, et qu'on le suppose dépensé par l'Etat de manière à augmenter de pareille somme les revenus des nationaux.

Le genre de *preuve* ou de *contre-épreuve* auquel nous attachons une juste impotance (166, 177, 179, 192), ne nous fait pas défaut dans ce cas. Considérons en effet que le marché national ne dispose plus pour sa consommation que de 90 000 unités de l'article taxé, au lieu de 100 000. Différence, 10 000 unités qui représen-

taient, au moment de l'assiette de la taxe, une valeur
de. . . . . 100 000 f.

Mais à cette perte réelle, à cette réduction de consommation et de jouissance, il faut opposer :

1° Que le marché national ne se dessaisit plus d'articles indigènes, à l'effet de payer les quantités importées de l'article soumis à la taxe, que jusqu'à concurrence d'une somme de 240 000 f. au lieu de 400 000 f. — Différence. . . . . 160 000 f. ⎫
⎬ 220 000
2° Que le même marché national sera crédité à l'étranger ou recevra sous une forme quelconque en articles étrangers, une valeur de 60 000 f. destinée à acquitter la taxe des 20 000 unités importées, soit.. . . . . 60 000 . ⎭

Différence au profit de la consommation
sur le marché national. . . . . . . 120 000 f.,
c'est-à-dire précisément le même chiffre obtenu en combinant des éléments différents, et en se plaçant à un point de vue différent, celui de la composition du revenu national. Voilà donc bien la *production* et la *consommation* réconciliées, quoique cela ne fasse pas cesser le conflit entre les *producteurs* et les *consommateurs*.

215. — Les taxes à l'exportation ont été longtemps en faveur : car, en même temps qu'elles offraient une ressource financière, elles avaient un côté populaire, en ce qu'elles semblaient protéger les intérêts des consommateurs nationaux. Depuis, les idées ont changé : les Gouvernements se sont préoccupés davantage des intérêts des producteurs, les libéraux de la liberté ; et l'on

n'a plus admis les taxes à l'exportation que dans les cas rares où il s'agit d'un article réputé indispensable à la défense du pays, à la nourriture de ses habitants ou au développement de ses forces productrices. Supposons qu'avant la taxe il y eût 100 000 unités produites sur le marché national, au prix courant de 10 fr. par unité, dont 60 000 pour la consommation intérieure et 40 000 pour l'exportation. Par suite d'une taxe de 3 fr. par unité à l'exportation, le chiffre de 40 000 sera réduit à 20 000; l'article taxé baissera de prix sur le territoire national; la production intérieure diminuera; la consommation intérieure augmentera : mettons que la baisse de prix soit d'un franc, et que la quantité produite sur le marché national s'abaisse à 90 000 unités, dont 70 000 pour la consommation intérieure.

Les producteurs nationaux auront perdu la différence entre 100 000 fois 10 fr. et 90 000 fois 9 fr., soit . . . . 190 000 f.
et le produit de la taxe, dont le Gouvernment usera pour l'appliquer intégralement (nous l'admettons) à l'accroissement du total des revenus dont jouissent les nationaux, est de 60 000,
de manière qu'il reste encore un déchet de 130 000 f.
dans sa valeur nominale. Pour passer à la valeur réelle, il faut tenir compte de l'avantage résultant de la baisse de prix, pour ceux des consommateurs nationaux qui achetaient au prix de 10 fr., 60 000 unités qu'ils ne payent plus que sur le pied de 9 fr., soit 60 000
ce qui réduit le déchet réel à . . . . . 70 000 f.

La contre-épreuve ne nous manque pas plus dans ce cas que dans les autres. Il suffit de remarquer que la consommation intérieure de l'article taxé s'élève de 60 000 unités à 70 000 : différence 10 000 unités, à l'avantage de la consommation nationale; et pour évaluer cet avantage, il faut partir (179) du nouveau prix de 9 fr. qui détermine les consommateurs à faire ce surcroît de consommation, dont l'avantage pour le marché national sera évalué en conséquence à.   90 000 f.

Mais, à ce gain réel, il faut opposer la privation des articles étrangers que l'amoindrissement de l'exportation ne permet plus de se procurer en même quantité qu'auparavant. Le marché national s'en procurait pour une valeur de 400 000 fr. : il ne s'en procure plus que pour une valeur de 240 000 fr., dont 180 000 servant à payer aux producteurs nationaux, sur le pied de 9 fr., les 20 000 unités exportées après l'établissement de la taxe, et 60 000 fr. servant à acquitter la taxe. La différence est de. 160 000;
et en définitive, la différence au préjudice de la consommation nationale est de. .   70 000 f.;
ce qui cadre avec le résultat obtenu quand on raisonnait sur la composition des revenus nationaux.

216. — Nous disions plus haut que la *prime* peut être considérée comme un *impôt négatif* : aussi les primes à l'exportation font-elles partie, ainsi que les taxes à l'importation, de ce qu'on appelle le système protecteur; tandis qu'il ne peut être question aujourd'hui de primes à l'importation ou de taxes à l'exportation, que

dans des cas exceptionnels. Occupons-nous donc uniquement des primes à l'exportation.

Supposons qu'avant la prime il y eût 100 000 unités produites et consommées sur le marché national, au prix de 10 fr. Le Gouvernement fait le sacrifice d'une prime d'un franc par unité exportée, apparemment en prévision que ce sacrifice permettra d'augmenter notablement la production nationale sans trop élever le prix de revient, et par conséquent sans trop diminuer la consommation intérieure. Admettons donc que le prix ne s'élève qu'à 10 fr. 50 c. sur le marché national, et que la consommation intérieure ne descende qu'à 90 000 unités, l'exportation montant à 30 000 unités. Le revenu des producteurs nationaux était avant la prime de 100 000 fois 10 fr., ou de . . 1 000 000 f., et comme il faut que la somme payée par l'étranger, plus la prime, représente le prix sur le marché intérieur, ce revenu devient après la prime égal à 120 000 fois 10 fr. 50 c., soit. . . . . 1 260 000.

Différence dans la somme des revenus des producteurs nationaux . . . . . . 260 000 f.

Il en faut déduire :
1° La somme payée en primes par l'Etat et prélevée sur la généralité des contribuables.. . . . . 30 000 f.; ⎫
2° La perte supportée par les consommateurs nationaux à cause du renchérissement de l'article. . . . . 45 000 ⎬ 75 000
  ⎭

Différence exprimant l'accroissement réel des revenus nationaux. . . . . . 185 000 f.

On arrive au même résultat en raisonnant sur les consommations réelles. Il y a un déchet de 10 000 unités sur la consommation intérieure de l'article favorisé d'une prime; et cette perte, évaluée d'après le prix qu'avait l'unité de l'article quand la consommation a été forcée de se réduire, monte à. . . . . . 100 000 f.
Mais en même temps le marché national acquiert en articles étrangers la contrepartie des 30 000 unités exportées, et cela jusqu'à concurrence de. . . . . 285 000, puisque chaque unité exportée est payée par l'étranger sur le pied de 9 fr. 50. La différence est, comme ci-dessus, de. . . 185 000 f.
Quant à la prime payée aux producteurs par la masse des contribuables, elle opère bien un déplacement de richesse et par suite de consommations, au profit des uns, au préjudice des autres : mais dans ses effets immédiats et indirects, elle n'élève ni ne diminue le chiffre total des consommations.

D'autres hypothèses numériques conduiraient à des résultats bien moins favorables : nous ne donnons la nôtre que comme un type de calcul (164).

CHAPITRE IX.

DE LA POPULATION ET DU TRAVAIL.

217. — Le phénomène de la population, placé dans la dépendance physique du tempérament des races, du climat et des moyens de subsistance, tient encore plus aux mœurs, à la religion et aux lois, en tant qu'elles influent sur les mœurs ou qu'elles sont le produit des mœurs. Par là l'homme se distingue (même dans l'état social le plus grossier) de l'animal qui cède à son instinct, dans la juste mesure primitivement voulue par la Nature pour l'entretien de l'espèce : mesure d'ailleurs très-irrégulièrement et même (à ce qu'il semble) assez capricieusement variable d'une espèce à l'autre. Ce n'est pas que l'homme, sous l'influence du milieu social, devienne moins accessible aux sollicitations de l'instinct physique : au contraire, le genre de vie artificiel qu'il se crée excite ses sens, en même temps que sa raison plus cultivée lui montre plus de motifs de ne pas céder aveuglément à leur impulsion. Rien n'est plus propre que ce conflit à lui suggérer l'idée, tantôt de deux principes qui le poussent, comme ils poussent toutes choses, dans des directions contraires, tantôt d'un désordre primitif dans sa propre nature, qui contraste avec l'harmonie générale, et qui le rend un objet de contradiction pour lui-même.

Il ne se pouvait pas qu'un fait si considérable dans la constitution de l'homme individuel et dans les rapports sociaux n'eût une grande influence sur les croyances religieuses. Les religions fondées sur le culte des forces de la Nature ont eu leurs fables lascives, leurs rites obscènes : tandis que des systèmes plus monstrueux attaquaient la population dans sa source, en réprouvant, non la débauche, mais la propagation de l'espèce ; et tandis que les religions les plus pures poussaient la pureté jusqu'à mettre la perfection du mérite dans la continence absolue, et à condamner toute concession faite aux sens pour la seule satisfaction des sens.

Or, il faut remarquer, d'une part que les religions pures ou corrompues n'ont jamais eu la puissance d'amener les mœurs publiques au degré de pureté ou de corruption qui semblait devoir être la conséquence forcée des principes religieux admis sans constestation ; et d'autre part que les mœurs n'ont pu tellement s'écarter des principes religieux, que l'on ne reconnût en cette matière l'influence des principes religieux sur ce que l'on pourrait appeler les bienséances sociales, même aux époques d'affaiblissement de la foi religieuse.

Rome païenne, dans ses beaux siècles, conservait une chasteté de mœurs que nous ne savons trop comment concilier avec sa mythologie lubrique, et elle se plongeait dans les plus honteuses débauches à l'époque où ses grands personnages, nourris dans la philosophie des écoles socratiques, parlaient en souriant des croyances populaires. Peut-être même y a-t-il eu des moments où, quant à la pratique, les mœurs de la Rome moderne, centre de la catholicité, ne valaient pas celles de la Rome des Régulus et des Cincinnatus : mais pourtant les nations chrétiennes, même aux époques du plus grand relâchement des mœurs, ont eu sur la virginité, sur la chasteté dans le mariage, sur la dignité de la femme, sur l'indissolubilité du lien conjugal, des idées qui tenaient à leur éducation chrétienne, des délicatesses de langage, une recherche de bienséances inconnues aux nations païennes dont les mœurs sont réputées le plus pures. Autre chose est l'idée que les hommes se font de la règle morale, autre chose est la pratique de la vie, avec ses faiblesses et ses misères.

218. — Ces réflexions ne sont point déplacées dans un livre consacré à l'examen des principes des économistes : car, voici ce qui est arrivé. Tandis qu'au dernier siècle encore, les philosophes se préoccupaient d'un décroissement supposé de la population, et, dans leurs sentiments malveillants pour les institutions chrétiennes, imputaient ce décroissement à de fausses idées propagées par l'ascétisme chrétien, le siècle actuel commençait à peine, que, malgré d'effroyables guerres, on s'apercevait d'une tendance marquée de la population à augmenter rapidement dans toutes les contrées de l'Europe. En même temps, l'attention des économistes était portée sur les progrès du paupérisme chez les nations placées à la tête du mouvement industriel et commercial; et l'on devait naturellement se demander si l'unique moyen de prévenir le débordement du paupérisme et de la misère n'était pas de résister, d'une manière ou d'une autre, aux instincts qui poussent à l'accroissement de la population. L'école de Malthus s'est donc mise à recommander aux classes laborieuses, comme leur planche de salut, la restriction de la fécondité des mariages ou ce qu'elle a appelé la *contrainte*

morale : toutefois, malgré les précautions de langage, chacun a compris qu'il s'agissait de changer ce que l'on s'était habitué à regarder, sous l'autorité du christianisme, comme une de ces règles morales dont l'infraction ne cesse point de passer pour une faute, si fréquente que soit la faute; et malgré l'affaiblissement des croyances chrétiennes, les disciples de Malthus n'ont pu discuter qu'avec embarras ce qu'il eût été si facile de discuter dans un cercle de philosophes grecs, romains ou chinois. La rigidité chrétienne s'est alarmée de l'apparition d'une casuistique relâchée; et les nouveaux patrons des classes laborieuses, qui ne se piquent point d'une soumission aveugle à la doctrine de l'Eglise, n'ont pas eu assez de sarcasmes, sinon d'anathèmes, pour les préceptes ou les conseils de ce qu'ils ont appelé le *malthusianisme.*

Il n'appartient à personne de lire dans l'avenir, mais on peut bien affirmer que, si les conditions futures de l'humanité exigeaient le changement de quelques-unes des idées morales qui ont gouverné la société à d'autres époques, le décret providentiel se manifesterait avec assez de clarté pour dissiper tous les troubles de conscience : et tant que les faits ne parlent pas avec une force irrésistible, il serait bien imprudent d'attaquer magistralement des idées reçues et qui se lient à tout un corps de doctrines dont l'influence salutaire, sur tant de générations d'hommes, ne saurait être équitablement méconnue.

Déjà, depuis un certain nombre d'années, l'accroissement annuel de la population s'est très-sensiblement ralenti chez nous, quoique la richesse publique n'ait pas cessé de croître, quoique le sort des classes laborieuses n'ait point empiré; et à coup sûr ce fait n'est point imputable à la publication des livres de Malthus et de son école. On peut donc croire pour son compte à la solidité des principes de Malthus et ne pas se croire obligé d'en être le propagateur. En ce genre, le monde fait ses affaires lui-même, ou cède sans le savoir à l'action de principes supérieurs, action encore obscure, même pour les plus doctes.

219. — Incontestablement aussi, les sources de la population générale se trouvent dans les couches inférieures de la société, parmi les classes laborieuses; et en ce sens l'homme n'échappe jamais aux suites de l'arrêt originel : il doit gagner son pain à la sueur de son front. Les classes lettrées, pour lesquelles les soucis de la pensée et l'application des yeux remplacent le travail manuel, et à plus forte raison celles qui comprennent ces hommes que les passions tourmentent ou que l'ennui obsède en l'absence de tout travail, ne composent qu'une bien faible partie de la population totale, et (ce qu'il faut surtout remarquer ici) elles disparaîtraient vite si elles ne se recrutaient sans cesse dans celles qui vivent du travail manuel. Toutes les familles qui s'élèvent progressivement à des hauteurs diverses pour former ce que l'on nomme la riche bourgeoisie, la noblesse, l'aristocratie, s'éteignent les unes après les autres, en raison même des soins qu'elles prennent pour se perpétuer : une force supérieure se joue de leurs efforts et de leurs projets d'avenir. La même loi règne encore dans les rangs moyens de la société, quoiqu'elle attire moins l'attention, parce que les élévations y sont moins étourdissantes et les chutes moins lourdes. On doit donc, quand on s'occupe des lois de la population,

s'attacher aux classes laborieuses qui l'emportent si fort par le nombre, par la vertu prolifique, et d'où toutes les autres sortent.

220. — Il n'y a pas d'espèce vivante dont la multiplication sur le globe puisse être illimitée : l'espèce humaine ne saurait faire exception à cette règle, malgré les prodigieuses ressources qu'elle trouve dans son industrie. La limitation des ressources naturelles oppose à la multiplication indéfinie de l'espèce humaine une barrière que l'énergie du travail, l'activité de l'industrie peuvent bien refouler, mais non supprimer. Un perfectionnement d'industrie est cause qu'avec une même somme de travail on tire un plus grand parti des ressources naturelles et qu'on produit davantage, de manière à entretenir dans le même état d'aisance une population plus nombreuse, ou qu'on obtient le même produit en échange d'une moindre somme de travail, et qu'ainsi la même population peut, avec un soulagement de travail, être entretenue dans le même état d'aisance. Cependant on ne saurait compter que les perfectionnements d'industrie, les découvertes de ressources naturelles suivront toujours et encore moins devanceront toujours les accroissements de population, dus aux sollicitations d'un instinct toujours actif : il faudra donc qu'un jour ou l'autre la somme de travail augmente avec la population et même qu'elle augmente plus rapidement que la population, de façon à augmenter la moyenne de travail, si l'on veut que l'aisance ou la consommation moyenne reste la même, ou à diminuer la consommation moyenne, si l'on ne se résout pas à augmenter la moyenne de travail, ou si elle ne peut pas être augmentée.

221. — Voilà, par exemple, une chute d'eau (34) dont la force motrice économise une certaine quantité de travail humain. Après qu'on aura épuisé les perfectionnements de la mécanique pour tirer de cette force naturelle (par des moyens économiquement praticables) le plus grand effet utile, il viendra un moment où le surcroît de production, exigé par un surcroît de population, exigera à son tour un surcroît de travail mécanique. Il faudra donc que des bras d'hommes fassent ce que la Nature refuse de faire. Mettons que l'effet s'opère en grand : il fallait ci-devant (je prends les nombres au hasard), pour une population de 10 millions d'hommes, 10 milliards d'unités de travail mécanique, dont 5 empruntés à des forces naturelles et 5 fournis par les bras. La population augmente d'un cinquième et cet accroissement exige (toutes les autres circonstances restant les mêmes) un accroissement d'un cinquième dans la dépense de travail mécanique. Donc il y aura 7 milliards d'unités de travail à demander aux bras, et ces 7 milliards devront se répartir sur une population de 12 millions d'hommes. C'est le rapport de 7 à 12 substitué au rapport de 5 à 10, ou c'est une augmentation d'un sixième dans la moyenne de travail mécanique demandée à chaque travailleur.

On pourrait trouver l'exemple assez mal choisi dans un temps où, grâce à l'emploi de la houille, on fait si bon marché de la force motrice d'une chute d'eau. Mais la houille est aussi une ressource naturelle qui s'épuisera ; et en attendant, chaque gîte de houille en particulier est une ressource naturelle qui s'épuise ; dont l'extraction sur les lieux mêmes, dont le transport sur les lieux de consommation exigent une dépense de travail humain toujours croissante, à mesure que la population et la consommation augmentent, et croissant (comme dans l'exemple précédent) plus rapidement que la consommation, par conséquent plus rapidement aussi que la population. Donc il faut que la consommation moyenne de houille et de tout ce qui se produit avec la houille diminue quand la population s'accroît; ou bien il faut que, du chef de la production de la houille, la moyenne de travail augmente avec le chiffre de la population.

222. — L'homme peut encore moins se passer de pain que de houille et de tout ce qui se produit avec la houille. Or, la nécessité d'une dépense de travail plus rapidement croissante que la population est (s'il se peut) encore plus évidente pour le blé et pour tout ce qui sert à la nourriture de l'homme, que pour la houille et pour les autres ressources naturelles dont l'exploitation alimente l'industrie proprement dite. L'étendue des terres cultivables est essentiellement limitée. Avec plus de travail on obtient plus de produits agricoles de la même terre, ce qui équivaut à une augmentation de la superficie des terres cultivables (66). Toutefois les produits croissent beaucoup moins rapidement que les quantités de travail nécessaires pour les obtenir; ce qui est un des traits caractéristiques de l'exploitation agricole et l'une des causes du phénomène économique de la rente foncière (68). Quand les produits de la culture indigène ne suffisent plus à alimenter la population, il faut que celle-ci achète à l'étranger, avec les produits de son industrie manufacturière, les denrées alimentaires dont elle a besoin (160). Plus ses besoins augmentent, plus il lui faut aller chercher loin ces denrées; plus le transport en devient coûteux, plus il lui faut baisser le prix des produits de sa propre industrie, pour en trouver l'écoulement à la faveur du bon marché. Tout cela se résout dans une plus grande dépense de travail, dans un accroissement incessant du travail moyen, à mesure que la population augmente, ou dans une privation (c'est-à-dire dans un amoindrissement de la consommation moyenne, soit en quantité, soit en qualité), si la population n'a pas l'énergie requise pour suffire à une dépense croissante de travail, ou si un tel accroissement de travail surpasse ses forces physiques. *Dura lex, sed lex.*

223. — Les perfectionnements de l'industrie de l'homme agissent en sens inverse de la restriction des ressources naturelles. Le propre des perfectionnements de ce genre est, avons-nous dit, de mettre à la disposition des sociétés humaines des produits plus abondants au prix d'un moindre travail : de telle sorte que la même population puisse vivre dans la même aisance avec moins de peine, ou qu'on puisse, avec la même dépense de travail, entretenir dans la même aisance une population plus dense. Ainsi, pour reprendre l'exemple du n° 221, ce qui exigeait 10 milliards d'unités de travail mécanique n'en demandera plus que 8, dont 5 continuant d'être empruntés aux forces naturelles, les bras n'en auront plus que 3 à fournir, si la population reste la même. Le travail moyen se trouvera réduit dans le rapport de 5 à 3. Et si, au contraire, la population continue de fournir 5 milliards d'unités de travail, à joindre aux 5 milliards qui se tirent des forces naturelles, cette population pourra s'élever de 10 millions d'hommes à 12 millions et demi, en maintenant la même consommation moyenne de produits, et en diminuant le travail moyen dans le rapport de 5 à 4.

On a un exemple bien sensible des perfectionnements dont nous parlons, dans le fait de la substitution des moulins mécaniques aux moulins à bras. Sans cette bienfaisante invention, le travail si nécessaire et si pénible de la mouture, jadis imposé à des esclaves par le fouet du maître, aurait continué, depuis l'abolition de l'esclavage, d'être arraché par la misère ; ou bien il aurait nui sensiblement à tous les autres développements du travail libre (36 *et* 37), ainsi qu'aux progrès de la population, s'il avait fallu modérer et diviser la tâche, au point de la rendre compatible avec le bien-être des ouvriers et la liberté du travail. Nous avons vu de nos jours le battoir mécanique remplacer le fléau pour le battage des gerbes, ce qui n'a probablement pas contribué à augmenter la population, mais ce qui a sensiblement soulagé dans leurs fatigues les ouvriers des campagnes. Une révolution du même genre, mais bien plus profonde, s'opérerait dans notre système économique, si les personnes en quête d'inventions mécaniques pour les labours, pour les semailles, pour les moissons, atteignaient le but qu'elles se proposent.

Si le perfectionnement industriel, en diminuant la demande de travail, raréfie la population, il est clair qu'on ne peut l'imputer qu'au mécanisme des institutions sociales, qui fait que quelques classes profitent de l'avantage obtenu à l'exclusion des autres. Je ne dis pas aux dépens des autres : ce qui impliquerait l'idée d'une injustice dont il faut se garder de flétrir les institutions sociales, par cela seul qu'elles ne parviendraient pas à réaliser un type qui ne comporte peut-être qu'une existence idéale.

224. Nous avons mis en regard les ressources naturelles et le travail humain, sans parler du capital qui est une des conditions organiques de la production, aussi bien que les ressources naturelles et le travail proprement dit. Cette omission ne serait une faute que s'il s'agissait de savoir comment, sous l'empire de nos institutions sociales, la richesse produite se répartit entre les diverses classes de la population : ouvriers, capitalistes, propriétaires. Or, nous avons voulu dans ce qui précède signaler des lois générales, fondamentales, applicables à l'état de société le plus grossier comme au plus raffiné, et qui se feraient encore sentir, même après qu'on aurait supprimé, si c'était possible, les distinctions d'ouvriers, de propriétaires et de capitalistes (12, *note*). A ce point de vue, il en est des produits réservés pour servir d'instruments à une production ultérieure, comme des produits destinés à la consommation actuelle. Pour les uns comme pour les autres, l'accroissement de population et de besoins exige que le travail de l'homme concoure dans une proportion plus forte à la création des produits. Pour les uns comme pour les autres, les perfectionnements de l'industrie diminuent la part contributive du travail de l'homme. S'il faut que la population travaille davantage pour obtenir le surcroît de produits exigé pour les besoins de la consommation immédiate, il faudra qu'elle travaille et se prive davantage encore pour créer et mettre en réserve les produits destinés à être les instruments de ce surcroît de production.

Il s'agit donc de pénétrer plus avant dans l'étude du phénomène social, en tenant compte de la distribution des rôles créés par nos institutions : ce sera l'objet du chapitre suivant.

CHAPITRE X.

DES SALAIRES.

225. — Rigoureusement parlant, le prix du travail n'est pas la même chose que le taux des salaires. La distinction est sensible pour le travail qui se paye à la tâche : et pour celui qui se paye à la journée, l'entrepreneur saura bien faire la distinction entre ouvriers et ouvriers, selon que leur âge, leur sexe, leurs forces physiques, leur activité, leur adresse leur permettent de faire dans le même temps une plus grande quantité de travail utile. Mais, pour la commodité du discours, nous raisonnerons sur les salaires comme si les variations de salaires correspondaient exactement aux variations dans le prix du travail.

Quand on dit que le salaire de l'ouvrier ne peut tomber au-dessous du taux strictement nécessaire pour assurer la vie, l'entretien de l'ouvrier et de sa famille, on a en vue le salaire proprement dit, celui qu'un chef d'industrie donne aux ouvriers qu'il emploie : mais le paysan propriétaire d'un morceau de terre qu'il cultive à la bêche, est un ouvrier qui vit à la fois de sa propriété et de son salaire. L'artisan proprement dit (bien différent en cela de l'ouvrier des manufactures) a des outils, un approvisionnement de matières premières ; il tire à la fois sa subsistance des produits de son modique capital et de la rétribution de son travail (30). C'est, si l'on veut, l'enfance de l'art, mais une enfance exempte de bien des douleurs qui assiégent les sociétés parvenues à une plus savante organisation de l'industrie.

226. — Un perfectionnement industriel, une restriction de débouchés, qui diminuent la demande de travail, peuvent causer la baisse des salaires : mais, parmi les causes habituelles, figurent en première ligne l'offre plus grande de travail, résultant de la multiplication des bras, du surcroît de fatigue que s'imposent les travailleurs, de l'application des femmes et des enfants à des travaux auxquels ils restaient précédemment étrangers, et en seconde ligne la raréfaction des capitaux. Si l'offre de travail augmente (toutes les autres circonstances égales d'ailleurs), il faudra bien que le salaire baisse pour que les exploitations puissent s'étendre de manière à épuiser l'offre ; et qu'il baisse, non-seulement dans la proportion requise pour que la baisse de prix de l'article en détermine l'écoulement, mais assez pour qu'une meilleure rémunération du capital en stimule l'accroissement au point de le mettre au niveau des besoins d'une production plus abondante. Si les capitaux se raréfient sans qu'il y ait de variation dans l'offre du travail, il faudra bien encore que le salaire baisse jusqu'au point voulu pour qu'une même production n'exige qu'un moindre capital, ou pour qu'une meilleure rémunération du capital, en en stimulant l'accroissement, balance l'influence des causes qui tendent à le diminuer. Quand ni l'un ni l'autre résultat ne peuvent être obtenus, la raréfaction du capital occasionne dans la demande de travail un vide que la baisse du salaire ne saurait combler.

227. — A l'inverse, la hausse des salaires, qui ré-

suite habituellement de l'ouverture de nouveaux débouchés et d'un surcroît d'activité industrielle, peut être la suite d'une raréfaction dans l'offre du travail, ou d'une plus grande accumulation de capitaux qui cherchent emploi. Quand l'offre de travail diminue (toutes les autres circonstances égales d'ailleurs), il y a concurrence pour offrir aux travailleurs de meilleures conditions, sauf à élever le prix des articles produits, dans la proportion requise pour que la production s'arrête au niveau correspondant à la réduction du travail. S'agit-il d'une industrie particulière? Le salaire ne pourra hausser qu'à la condition de laisser au capital engagé dans la production ainsi réduite une rémunération qui ne s'écarte pas trop de celle que le capital trouve dans les autres industries. S'agit-il de causes générales qui affectent solidairement toutes les branches d'industrie? Il faudra que l'abaissement de la rémunération du capital décourage assez les instincts d'accumulation qui l'entretiennent, pour que le capital se réduise à ce que comporte une production restreinte par la raréfaction de l'offre de travail; mais il ne faudra pas que le découragement soit poussé plus loin; et cette dernière condition est celle qui arrêtera le mouvement ascensionnel du salaire. Si le mouvement ascensionnel résulte de l'accroissement du capital, que ne peut suivre la multiplication du nombre des bras, il s'arrêtera dès que, moyennant la hausse des salaires, la masse de capital offerte se trouvera absorbée par les besoins de la production, à moins qu'il ne s'arrête plus tôt encore, parce que l'abaissement de la rémunération du capital suffira pour prévenir une plus grande accumulation de capitaux.

228. — La restriction des ressources naturelles agira comme la raréfaction des capitaux pour provoquer la baisse des salaires. Si la pêche de la baleine est moins fructueuse que par le passé, attendu que les baleines deviennent plus rares, il faudra bien que les marins employés dans cette pêche consentent à une réduction de leurs salaires, pour que les capitalistes consentent à employer leurs fonds dans l'armement des navires baleiniers. On conçoit, sans qu'il soit nécessaire de l'expliquer en détail, comment la perte se répartira entre les travailleurs et les capitalistes, selon les rapports de cette industrie particulière avec les conditions du marché général des capitaux et du travail.

Que s'il s'agissait d'une pêche côtière, susceptible d'être affermée, le propriétaire interviendrait pour supporter sa part de la perte causée par la restriction des ressources naturelles; et le plus ordinairement, ce ne serait qu'après l'absorption complète de son fermage, qu'il y aurait lieu à une lutte entre le capitaliste et le travailleur, lutte capable d'entraîner une réduction de salaire. Ceux-là donc se sont trompés, qui ont voulu mettre la rente ou le fermage hors de cause, pour ne s'occuper que du conflit entre l'intérêt du capitaliste et celui du travailleur.

Dans les cas auxquels s'applique avec le plus de netteté la théorie de Ricardo sur la rente, il se peut que la hausse de la rente soit une conséquence de la hausse du salaire. S'il faut payer plus cher le voiturier ou le manœuvre qui apporte au marché le bois coupé dans un canton plus éloigné (65), le propriétaire d'un canton plus rapproché, qui n'a point cette charge à supporter, verra s'augmenter sa rente. La rente attachée à la possession de la terre la plus fertile, qui n'exige presque point de main-d'œuvre, s'élèvera d'autant plus que les frais de main-d'œuvre s'accroîtront : tandis que la même cause diminuera les rentes foncières des propriétaires de terres moins favorisées. Aussi la plupart des propriétaires fonciers savent-ils fort bien que le renchérissement de la main-d'œuvre ne les aide pas à obtenir, lors d'un renouvellement de bail, une augmentation de fermage. Les origines de la rente (comme nous l'avons reconnu au chapitre VII du premier livre) sont trop complexes pour que, à propos de l'influence du salaire sur la rente, nous puissions comprendre tous les cas dans une formule générale.

229. — Pourquoi, dans l'exemple choisi plus haut, le possesseur du droit de pêche court-il le risque de voir son fermage s'évanouir ? Parce que, s'il ne consentait pas à l'abaissement graduel du fermage, les bras, les capitaux trouveraient dans d'autres industries une application plus productive, et qu'on peut se passer de son poisson. Supposez au contraire une population ichthyophage qui ne trouverait plus d'aliments en quantité suffisante, au cas que l'on renonçât à cette pêche pour laquelle il faut obtenir le consentement du propriétaire : alors, pour qu'une diminution de force productrice aille jusqu'à faire évanouir la rente, il faudra que le poisson pêché suffise à peine à nourrir les pêcheurs, les constructeurs de barques, les fabricants d'engins de pêche, etc. (36). Tant que cette limite ne sera pas atteinte, une part du poisson pêché reviendra au propriétaire qui aura le pouvoir, et qui ne manquera pas d'avoir la volonté de l'exiger. Cette part constituera le fermage en nature et, pour évaluer le fermage en

argent, il faudra tenir compte à la fois de la quantité du fermage en nature et de la valeur du poisson : de sorte que, selon les circonstances, la restriction des forces productrices du fonds possédé pourra, tout en réduisant le fermage en nature, élever ou abaisser le taux du fermage en argent.

Ne nous occupons plus de la restriction des forces productrices, et suivons la marche ascensionnelle de la population chez nos ichthyophages. Quand la population était rare, il fallait que le maître de la pêche, pour mettre en mouvement les pêcheurs, les ouvriers occupés à fabriquer les barques et les engins de pêche, leur abandonnât une plus forte part du produit de la pêche, et les mît à même de se nourrir mieux, de se procurer par des échanges les denrées de seconde nécessité, tout en s'épargnant de trop grandes fatigues. A mesure que la population augmente, ces pêcheurs, ces ouvriers sont forcés d'offrir plus de travail pour obtenir une moindre part du produit de la pêche. La part retenue par le maître de la pêche, ou le fermage en nature, a pour limite supérieure tout ce qui dépasse la portion strictement nécessaire à l'alimentation des pêcheurs et des ouvriers sans le concours desquels l'opération de la pêche serait impossible. Et comme la valeur du poisson, comparée à celle des autres denrées, va nécessairement en augmentant dans de telles circonstances, il en résulte que la hausse du fermage en argent suit une progression encore plus rapide que celle du fermage en nature.

On ne fait guère de théories économiques pour des ichthyophages; et les Eskimaux, qui probablement pratiquent peu le fermage en nature, n'ont jamais ouï parler du fermage en argent; mais ce qui vient d'être dit à propos de poisson (parce que la pêche est une industrie beaucoup moins compliquée que l'agriculture, et que cette plus grande simplicité rend l'explication plus commode) peut se dire des choses qui font la base de l'alimentation chez les peuples civilisés. La restriction de la fécondité de la terre, en diminuant la récompense des travailleurs, pourra, selon les cas, élever ou abaisser le niveau moyen de la rente foncière. D'un autre côté, l'accroissement de la population aura en général le double effet, de provoquer la baisse réelle du salaire en nature, lors même qu'elle élèverait le salaire en argent, et d'élever la rente du propriétaire foncier ou le revenu de la terre à laquelle il faut demander, par un surcroît de travail et de capital, un surcroît de produits dont la valeur plus élevée, élève en même temps celle du produit qu'on obtenait déjà sans ce surcroît de capital et de travail.

230. — Les variations de salaires, dont nous venons de tâcher d'indiquer les lois, cesseront d'avoir lieu si l'offre de travail s'ajuste d'elle-même à la demande, c'est-à-dire si la population ouvrière consent à se restreindre, en raison des diminutions survenues dans la demande de travail. C'est ainsi que la population ouvrière supportera, soit en se raréfiant d'elle-même, soit en se prêtant à une réduction de salaires, les conséquences d'un fait, tel qu'un perfectionnement industriel, qui augmente d'ailleurs les consommations, l'aisance, les jouissances des autres classes de la société (223). Bien des personnes cependant regardent comme un principe aujourd'hui acquis à la doctrine, que chaque perfectionnement industriel, en diminuant

le prix de revient de l'article produit, en augmente la consommation, au point d'accroître de ce chef la demande de travail, bien plus que le perfectionnement industriel ne tend à la diminuer. Telle serait la commode solution de ce que l'on a appelé *la question des machines*. Malheureusement, il n'y a rien de moins évident qu'un pareil principe, et quant aux preuves expérimentales qu'on en apporte, il est facile de découvrir la cause d'illusion.

Une nation qui se regarde comme la pourvoyeuse du monde entier en fait d'articles manufacturés, ne peut craindre que les perfectionnements de l'industrie manufacturière soient pour elle une cause de suppression de travail et de moindre densité dans la population. Tous ces perfectionnements tendent à amener, à l'aide d'un accroissement de capital, de fortes réductions dans les prix : et de pareilles réductions qui étendent et consolident de plus en plus la suprématie industrielle de la nation dominante, déterminent chez elle un tel surcroît de production, que la demande de travail y est beaucoup augmentée et entretient une population croissante, quoique la production des mêmes quantités requière moins de travail et occupe moins d'ouvriers (161).

Les conditions sont tout autres s'il s'agit de matières premières qui doivent pour la plupart se consommer sur place, ou d'articles fabriqués qu'une nation ne peut produire que pour la consommation intérieure, et auxquels par conséquent ne s'ouvre pas un marché dont l'étendue puisse être considérée comme illimitée. Ainsi, des tissus de cotons sont à l'usage et peuvent aller à l'adresse du monde entier : tandis que des livres français ne sont à l'usage que des populations qui parlent le français, et de cette minime fraction des populations étrangères que les recherches de son éducation ont mise à même de lire couramment le français.

231. — Représentons-nous ce monde antique où le travail servile étouffait en quelque sorte le travail libre : l'esclave était une machine dont le propriétaire usait, mais avec laquelle il ne contractait pas; des quatre contrats fondamentaux (1), le contrat *do ut des* devait se présenter plus fréquemment que tout autre entre personnes libres; et l'on n'en aurait pas connu d'autres s'il n'y avait eu absolument que du travail servile. C'eût été la perfection, selon les grands philosophes du temps, de même qu'à notre point de vue moderne, la perfection serait que tout le travail pût être fait par les machines à l'aide desquelles nous parvenons à utiliser les agents naturels. Qu'arriverait-il donc ou que pourrait-il arriver si nos machines remplaçaient plus complétement encore les esclaves d'autrefois, en se chargeant d'une plus grande partie du travail laissé aujourd'hui aux ouvriers libres, et que la constitution de la société ne se conciliât pas avec une égale répartition des avantages de l'économie de travail, entre toutes les classes de la société ? Il faudrait bien qu'il y eût raréfaction de la population ouvrière; que le contrat *do ut des*, en d'autres termes que la propriété et le capital acquissent plus d'importance relativement au travail ; et il n'est pas difficile de concevoir comment les sociétés humaines pourraient s'accommoder de ces nouvelles conditions. On bâtirait moins de cabanes, tandis que les classes favorisées se construiraient des habitations plus somptueuses et plus commodes. La laine épargnée sur les vêtements des pauvres s'appréterait en tapis

moelleux, jadis réservés aux riches, devenus accessibles aux fortunes médiocres. Le combustible que les ouvriers ne consommeraient plus, servirait à chauffer des vestibules et des serres. Plus de terres seraient affectées à l'élève des chevaux de luxe, à la nourriture des bestiaux de premier choix, et moins à la culture des pommes de terre et des céréales communes. Les résultats de cette transformation seraient d'autant plus choquants pour nous, qu'il subsisterait encore plus d'inégalité dans les conditions sociales : mais ils seraient compatibles avec le nivellement des conditions, pourvu que la tendance à l'accroissement de population fût contenue. A la faveur de l'ilotisme, l'égalité était maintenue à Sparte entre les citoyens : elle aurait pu encore subsister s'ils étaient parvenus à remplacer leurs ilotes par des machines, et ils auraient eu de moins à craindre la révolte des ilotes. Nous ne croyons pas, bien entendu, que le monde tende à devenir une république ou un couvent de Spartiates : nous voulons seulement, dans l'intérêt de la théorie, distinguer ce qui est démontré de ce qui ne l'est pas.

Considérons encore ces contrées tropicales où le travail paraît être interdit aux races européennes. L'esclavage aboli, il est assez probable que les nègres finiront par en chasser les blancs, et que leurs huttes se dresseront un jour sur les ruines de la luxueuse habitation du colon. Si les esclaves pouvaient être remplacés par des machines, on exporterait les nègres, et la population blanche, débarrassée de ses plus graves soucis, serait une population de propriétaires et de capitalistes qui regarderait fonctionner ses machines, avec l'aide de quelques mulâtres.

Sans remonter si haut ou sans aller si loin, nous voyons ce que produit chez nous le morcellement de la terre entre les paysans. Il subvient à la nourriture d'une population plus nombreuse, mais il oppose une barrière à l'introduction des machines et à l'économie du travail. Quoi de plus plausible que d'admettre à l'inverse qu'une économie de travail amènerait une raréfaction de la population? Tout dépend donc du régime sous lequel vit la société.

232. — L'homme, dit-on, aura toujours quelque chose à désirer, qui excitera son industrie : sans doute, mais ce qu'il désirera par surcroît, augmentera la valeur et la quantité des choses susceptibles d'appropriation, à savoir des ressources et des forces naturelles et des instruments de production, plus qu'il n'augmentera la demande de travail, si la puissance de l'homme sur la Nature est effectivement arrivée à ce degré qui fait des agents naturels les esclaves de l'homme.

Les perfectionnements industriels, dit-on encore, ne peuvent augmenter le revenu réel des consommateurs, le revenu réel et le revenu nominal des propriétaires, des capitalistes, des chefs d'industrie, des commerçants, sans provoquer de leur part, soit qu'ils dépensent leurs revenus, leurs profits en consommations improductives, soit qu'ils les capitalisent, un surcroît de demande d'articles ou de services qui procurera bien vite de l'emploi aux bras que les perfectionnements laissaient inoccupés, de manière qu'il y ait en définitive, déplacement, transformation et non réduction du travail. La réponse se tire des principes généraux dont l'exposé a fait l'objet des chapitres précédents. Le défaut de l'objection consiste à ne pas tenir compte de la demande de travail que faisaient, pour leurs propres consommations, les ouvriers qui avaient du travail dans l'ancien ordre de choses et qui maintenant n'en ont plus. Le changement opéré va retirer du travail, d'abord et directement à ces ouvriers eux-mêmes, puis secondairement et par contre-coup, aux laboureurs, aux cordonniers, aux tisserands, aux tailleurs, etc., qui travaillaient pour eux ; en même temps qu'il en résultera un dommage pour les propriétaires et les capitalistes à qui revenait une part du prix des consommations faites par les ouvriers que l'innovation a directement privés d'emploi. De même, par suite du changement opéré, il y aura, outre l'accroissement immédiat de revenu pour les propriétaires et les capitalistes à qui le changement profite directement, un changement indirect et par contre-coup pour les ouvriers qu'emploient en sus les propriétaires et les capitalistes enrichis (soit qu'ils capitalisent, soit qu'ils dépensent le surplus de revenu), ainsi que pour d'autres catégories de propriétaires et de capitalistes, appelés à prélever une part dans le prix des articles qu'ils consommeront ou feront consommer en plus grande abondance. En thèse générale, il y a lieu d'admettre que ces effets dérivés ou de contre-coup se compensent, et dès lors il ne reste plus en ligne de compte que l'effet primitif et direct, à savoir le transport à certaines catégories de propriétaires et de capitalistes, d'une partie du revenu total précédemment affectée à la rémunération du travail de certaines catégories d'ouvriers.

233. — Le chiffre de la population ouvrière ne saurait suivre, dans ses rapides et fréquentes oscillations, la demande de travail. Des chômages, des disettes, des

épidémies, des fléaux de toute sorte reviennent irrégulièrement, mais inévitablement, dans le cours de chaque siècle ; et des maux sporadiques, individuels, comme il en survient constamment au sein d'une population agglomérée, se joignent aux maux endémiques pour constituer ce que l'on peut nommer le *paupérisme flottant*, autre dette flottante de la société, bien suffisante pour donner un aliment à la charité privée, et pour justifier les institutions d'assistance publique là où la religion et les mœurs ont créé de telles institutions. L'art de la charité consiste d'abord à empêcher que les institutions charitables n'augmentent le paupérisme flottant, et il se présente à cela de grande difficultés. Comment empêcher en effet qu'en l'absence d'instincts contraires, tels que ceux que fait naître l'attrait de la propriété, l'insouciance de l'avenir ne l'emporte encore plus sur la prévoyance, quand l'ouvrier sait qu'après tout la société se chargera de pourvoir à ses besoins extrêmes, sans même qu'il soit tenu à beaucoup de gratitude pour un tel service ?

Les difficultés deviennent plus grandes encore, lorsqu'il s'agit, non plus de troubles passagers, mais de modifications durables dans les rapports entre la demande de travail et la population, entre les prix des objets de consommation et le taux des salaires. Laissera-t-on un excédant de population, que les lois économiques condamnent à une extinction graduelle, s'éteindre effectivement dans les étreintes de la faim, dans la tristesse du dénûment ? Et si cela révolte l'humanité, comment empêcher que l'assistance, en se régularisant, en devenant habituelle, ne tende pas à se perpétuer, de manière à remplacer une opération douloureuse par une infirmité permanente? Alors, outre le paupérisme flottant, il y en aurait un autre (pour lequel surtout le mot de *paupérisme* a été créé), et qui imposerait à la société une de ces charges fixes et en quelque sorte *consolidées*, que les générations se transmettent, le plus souvent avec un accroissement d'une génération à l'autre, tant qu'une crise révolutionnaire ne vient pas de fond en comble bouleverser la société. Cependant il faut qu'il y ait une limite au paupérisme, puisqu'il y en a une aux ressources dont la société dispose pour l'entretien d'une population parasite, comme il y en a une à ses facultés imposables ; et quand cette limite est atteinte, tous les raisonnements théoriques sur les rapports nécessaires entre la demande de travail et le chiffre de la population retrouvent leur application rigoureuse, absolument comme si la charité ou l'assistance publique n'intervenaient pas. Les géomètres diraient que le problème n'est modifié que par l'addition d'une *constante*, ce qui n'en change point la forme, et n'en augmente ni n'en diminue les difficultés. A cette limite une réduction permanente dans la demande de travail deviendra une cause de destruction, ou pour les classes ouvrières qui n'ont plus d'ouvrage et qui ne trouveraient plus de place dans les cadres du paupérisme, ou pour ceux qui y figuraient précédemment et qu'elles parviendraient à supplanter. La guérison d'une telle plaie exige le concours de toutes les forces vives de la société ; elle fait appel aux ressources de la religion, de la morale, de la politique. En général la science éclaire, mais c'est l'art qui guérit, quand la Nature ne se charge pas seule de la guérison.

LIVRE IV.

L'OPTIMISME ÉCONOMIQUE.

CHAPITRE PREMIER.

DES IDÉES DE PROGRÈS ET D'AMÉLIORATION OU D'OPTIMISME DANS L'ORDRE ÉCONOMIQUE.

234. — Nous ne nous donnons point la mission de rechercher quels sont, au point de vue de la religion, de la morale, de la philosophie, la fin dernière et partant le souverain bien de l'homme individuel et des sociétés humaines. Depuis les premiers bégayemements de l'humanité ces questions sont agitées, et elles le seront tant que l'homme régnera sur la terre. Nous ne prenons pas un vol si hardi; nous ne voulons dans ce dernier livre (et la tâche est encore assez ardue) qu'essayer d'apprécier la valeur des idées d'optimisme et de liberté dans le sens économique : car, il y a un bien et un mal au point de vue économique, comme au point de vue de la morale et du droit; et il y a aussi des idées de règle et de liberté à l'usage des économistes, comme il y a, sous les mêmes rubriques, des idées analogues à l'usage des théologiens, des philosophes, des jurisconsultes et des publicistes. Parlons d'abord de l'optimisme économique, puisqu'il faut connaître le but avant que

de s'occuper des moyens d'y atteindre, et que la règle ou la liberté économiques ont été surtout préconisées comme les moyens de réaliser le progrès, d'atteindre au bien ou au mieux dans l'ordre économique.

Mettre toutes les forces de la Nature, le plus complétement possible, au service de l'homme, exploiter, pour le plus grand profit de l'homme, la terre, en tant qu'elle est un magasin de produits utiles, d'origine ancienne, et un atelier où s'élaborent sans cesse des produits nouveaux, voilà une idée vaguement saisie, instinctivement poursuivie dès le berceau de la civilisation, dessinée par Bacon avec une mâle vigueur à l'avénement de la civilisation moderne, tombée de nos jours dans la banalité du lieu commun. Voyons comment il faut l'entendre et dans quelles limites on doit en circonscrire l'application.

Il s'agit de l'homme et de l'exploitation des forces et des substances naturelles dans un but utile à l'homme. Mais d'abord l'idée de l'*homme* n'est qu'une idée générique, typique ou abstraite. « J'ai vu, dit quelque part Joseph de Maistre, des Français, des Anglais, des Italiens, des Allemands, des Russes, et je n'ai jamais vu l'*homme*. » Il sera question aux chapitres suivants, des éléments qu'apporte, dans les spéculations sur l'optimisme économique, la diversité des races et des nationalités ; faisons-en pour l'heure abstraction : l'*homme*, c'est-à-dire l'*humanité*, se composera encore d'une suite de générations qui se succèdent dans le temps, et d'une multitude d'êtres individuels, sur lesquels sans doute la Providence fixe son œil paternel, mais que la Nature, et à son instar, l'histoire comme la science semblent négliger. Ces individus sont distribués en classes ou remplissent dans la société des fonctions différentes; et ils offrent des nuances sans nombre d'organisation, de besoins, de goûts, qui tiennent à leur organisation naturelle ou à la place qu'ils occupent dans la hiérarchie sociale.

255. — L'obligation d'embrasser, pour la définition de l'optimisme économique, la suite des générations successives, devient évidente lorsqu'il s'agit de l'utilité à tirer des richesses qui s'épuisent par l'exploitation, ou dont l'épuisement est subordonné au mode d'aménagement. En effet, jusqu'à quel point, dans quelles limites rendra-t-on solidaires les uns des autres les intérêts des générations successives? Un père de famille songe à ses enfants et à ses petits-enfants : mettons que les chefs des nations doivent pousser leur prévoyance plus loin et l'étendre à un siècle ou deux : à coup sûr ils ne pourraient, ils n'oseraient pas (ne fût-ce que par crainte du ridicule) restreindre la construction des chemins de fer, des navires et des forteresses mues par la vapeur, en se fondant sur ce qu'au train dont on y va, les gîtes houillers de l'Europe seront épuisés avant cinq ou six siècles. On ne manquerait pas de répondre qu'il se fera d'ici là des découvertes dont nous n'avons nulle idée; qu'on trouvera de nouveaux gîtes de houille ou des moyens de s'en passer; qu'au besoin les centres de population se déplaceront; et qu'après tout, qui vivra verra. Et pourtant cinq ou six siècles ne sont qu'un laps de temps assez médiocre dans la durée de la vie des nations. Inutile d'ailleurs de remarquer que de pareilles réponses n'ont rien de scientifique. Il est clair que, pour rendre au principe de l'optimisme économique sa valeur idéale et absolue, il faudrait avoir résolu ces pro-

blèmes transcendants, que nous avons entendu dès l'abord mettre hors de discussion, parce qu'il est certain que les philosophes ne les résoudront jamais. Il faudrait savoir quelle est au juste la destinée des espèces vivantes, et quelle la destinée de l'humanité; s'il vaut mieux que le foyer de la civilisation brûle plus longtemps, ou qu'il brûle plus vite avec une ardeur plus intense; qu'il reste fixe ou qu'il se déplace; qu'une plus longue suite de générations se réchauffent et s'éclairent plus ou moins à ses rayons, ou que son action se concentre sur quelques générations privilégiées : toutes questions du genre de celles que chacun peut trancher et même doit trancher à sa guise, quand les besoins de la pratique l'y obligent, en faisant la part du présent et des intérêts spéciaux dont il a la tutelle, et un peu aussi la part de l'avenir et d'une philanthropie plus large, de manière à éluder les conséquences extrêmes que repousserait le bon sens pratique, mais sans règles précises, de la nature de celles qu'exigerait la rigueur d'une construction scientifique.

236. — Laissons de côté ces difficultés, et envisageons un ordre de choses stable, où toutes les forces et les substances naturelles dont l'homme tire parti seraient soumises à un aménagement constant, à une exploitation régulière. Le mode d'exploitation dépendrait encore de la densité de la population et de la quantité de travail qu'elle veut ou qu'elle peut fournir. La nécessité de pourvoir aux besoins d'une population plus nombreuse exige une dépense de travail relativement plus grande, augmente pour chaque membre de la famille humaine la dépense moyenne de travail (220). Or, vaut-il mieux acheter au prix d'un plus rude labeur un accroissement

de population, ou payer par un déchet de la population plus d'aisance, de loisir, d'élégance et même (dans certains cas au moins) plus de moralité dans la vie commune? Si l'on adressait cette question au politique qui ne se soucie que de la puissance de l'Etat, il opterait bien vite pour la combinaison qui donne au souverain plus de soldats robustes et plus d'argent pour les payer. Une autre solution plairait sans doute mieux au pieux pasteur qui ne tient compte des joies et des souffrances de la vie terrestre que comme d'autant de moyens dont la Providence se sert pour préparer l'homme aux destinées qui l'attendent dans un monde surnaturel. L'amélioration dans les conditions *de la vie* serait-elle trop payée par le sacrifice d'un grand nombre *de vies?* La réponse est le secret de Dieu. L'économiste ne sonde point ces mystères, ne s'élève point à cette hauteur; il reste dans les régions terrestres. Il ne subordonne pas l'organisation des sociétés à la vie religieuse, non plus qu'à la vie politique; et il n'envisage au contraire la religion et la politique que dans leurs rapports avec l'accomplissement des fonctions de la vie sociale. En conséquence, pour qu'il répondît dans un sens ou dans l'autre, il lui faudrait des raisons intrinsèques, tirées des entrailles mêmes du problème social. Tant qu'il ne les aura pas trouvées, le problème restera pour lui à l'état d'indétermination.

237. — La décision du procès entre la grande et la petite culture rentre dans ce problème. Celle-ci donne plus de produits, nourrit plus de créatures humaines, mais au prix d'un pénible labeur : l'autre donne, comme on dit, un plus grand produit net pour un moindre produit brut; c'est-à-dire que la somme des

produits, quoique absolument moindre, est plus grande en comparaison du travail qu'elle a coûté, d'où une épargne de fatigues, un surcroît d'aisance dont profiteront à des degrés divers ceux qui composent la population qui subsiste après le changement de culture. Lequel vaut le mieux? Voilà une question sur laquelle la logique, le calcul n'ont aucune prise. Elle pourra être traitée et jusqu'à un certain point résolue au sens politique, religieux, moral, philosophique : elle ne pourrait même pas être nettement posée et définie, au sens scientifique et économique. Il serait déraisonnable de prétendre que la plus légère diminution de produit net compense et au delà, pour le corps de la société, l'avantage résultant d'une grande augmentation de produit brut. Il serait encore plus déraisonnable de soutenir que l'avantage de la société se trouve toujours à forcer le produit brut, sans souci de la dépense de travail par laquelle il est acheté. *Inter utrumque tene :* la difficulté est de trouver dans une règle économique précise la juste détermination de ce milieu si souhaitable.

238. — Il ne suffit pas de considérer la population, les produits et le rapport d'un chiffre à l'autre, ou la part moyenne de produits : il faut tenir grand compte de l'échelle de répartition des produits, si l'on veut apprécier les conditions de l'humanité, même au point de vue économique. En tout genre, les moyennes sont d'une désolante faiblesse. La *taille moyenne*, telle que la donnent des mesures effectives dans les opérations du recrutement militaire, reste bien au-dessous de celle de l'homme que l'on appellerait, dans le style de la conversation, un homme *de moyenne taille*, c'est-à-dire dont la taille diffère à peu près autant de celles qui

nous frappent par leur grandeur et de celles qui nous choquent par leur petitesse. Inutile de dire qu'il y a beaucoup plus de laides que de belles figures, et qu'en ce sens la *beauté moyenne* ne serait qu'une des variétés de la laideur. Otez à un professeur ses *têtes de classes*, et demandez-lui comme il baptise le gros de ses écoliers. Nous ne voulons point faire de sottes plaisanteries, et nous accorderons volontiers que la *vertu-moyenne* est quelque chose de mieux que ce que l'on appelle dans un certain sens une *moyenne vertu* : pourvu qu'on nous accorde en retour qu'en tous sens la moyenne des qualités morales, telle que l'expérience de la vie nous la fait connaître, se place bien au-dessous de ce type moyen de moralité dont s'accommoderait le moraliste le plus indulgent.

Reportons-nous à l'ordre économique : nous trouverons de même que les produits de basse qualité l'emportent par la quantité, au point que les produits de qualité moyenne (dans le sens arithmétique du mot), se rangeraient encore parmi les produits de qualités inférieures ou *de pacotille*. *L'homme aux quarante écus* de Voltaire n'était rien moins qu'un homme riche, il y a cent ans. Si l'on opérait à l'heure qu'il est un égal partage des terres et de la richesse en général, personne ne serait riche, ou plutôt chacun serait pauvre : tout le monde est d'accord sur ce point. On s'accorde aussi (à peu près généralement) à reconnaître que ce nivellement absolu serait incompatible avec le jeu des fonctions sociales. Inutile de dire que l'on n'abaissera aucun des niveaux existants, et qu'*on allongera les vestes sans raccourcir les habits*, s'il faut toujours, pour que la société fonctionne, maintenir une différence entre les habits et les vestes, à supposer même que l'on eût assez de drap pour donner des habits à tout le monde. En admettant donc qu'il y ait encore à cette heure de trop grandes inégalités, et que ce qui les amoindrit soit un bien, il faut admettre aussi qu'un moment viendrait où un plus grand progrès du nivellement cesserait d'être un bien et deviendrait un mal. Mais quand s'opérerait ce *changement de signe?* En d'autres termes, quelle est cette échelle de distribution de la richesse qui satisfait au vœu de l'égalité démocratique ou philanthropique, autant qu'on y peut satisfaire sans nuire essentiellement aux conditions organiques de la production? Personne ne pourrait le dire; personne ne pourrait donner la formule de cette loi idéale, qui certainement n'a pas la simplicité que notre esprit recherche, du moins tant qu'on n'aborde pas franchement l'utopie, et que l'on ne rompt pas avec les principes sur lesquels toutes les sociétés humaines ont vécu jusqu'à présent. Or, si la définition de l'optimisme économique, au point de vue de la production, dépend de la loi de la demande et implique une définition préalable du meilleur mode de distribution de la richesse, et si cette dernière définition est impossible, il s'ensuit qu'il y a impossibilité de définir l'*optimum*, aussi bien au point de vue de la production qu'au point de vue de la distribution des richesses.

239. — Ainsi, le propriétaire de vignes qui donnaient jadis et qui donneraient encore des vins d'une qualité supérieure, à condition de fumer peu et de conserver des plants peu productifs, trouve maintenant de l'avantage à fumer abondamment, à substituer aux plants nobles des plants vulgaires, de manière à augmenter

beaucoup l'abondance de la récolte aux dépens de la qualité. C'est la conséquence du nivellement des fortunes et du grand accroissement d'aisance dans des classes autrefois déshéritées. Beaucoup plus de consommateurs peuvent mettre un prix relativement élevé à des vins de qualité médiocre; et les riches ne le sont plus assez pour que le prix des vins de haute qualité puisse s'élever autant qu'il le faudrait, afin que le propriétaire de vignes trouvât son compte à produire de tels vins de préférence aux vins médiocres, du moins dans les circonstances les plus ordinaires, et quand il ne s'agit pas de crus dont la renommée s'étende au loin. L'on conçoit la possibilité d'une distribution des fortunes si plébéienne, pour ainsi dire, que le luxe du vin et que la production du vin cesseraient absolument, pour faire place à la fabrication de boissons plus factices. La perfection économique consisterait donc alors à ne boire que du vin frelaté.

240. — En général, on peut dire que la valeur vénale a pris cours parmi les hommes, justement pour permettre de comparer numériquement des choses si peu similaires, qu'autrement elles ne pourraient être numériquement comparées (2). Mais la valeur vénale dépend de la loi de la demande, qui dépend elle-même (ainsi qu'on vient de le voir) du mode de distribution de la richesse, et qui dépend en outre des goûts des consommateurs, du moins pour tout ce qui peut être réputé voluptuaire dans la consommation (34). Or, l'on peut bien approuver ou blâmer les goûts, mais l'on ne doit pas disputer des goûts, c'est-à-dire prétendre prouver par raison démonstrative le meilleur et le pire en fait de goûts. Et cependant la définition de l'optimisme

économique en dépendrait. Le bon sens dit que les caprices de la mode et de la vanité, la perversion des goûts dans la multitude ou dans les classes privilégiées, peuvent agir sur les prix du commerce d'une manière aussi contraire à l'ordre naturel des choses, et dans un sens aussi défavorable que les mesures arbitraires ou systématiques prises par les gouvernements, soit dans un but politique et égoïste, soit dans des vues d'administration économique et désintéressée, mais mal éclairée. Il n'y a que les cultivateurs de pavot et les marchands d'opium qui trouvent bon que les Chinois aient le goût de s'empoisonner avec l'opium. Voilà mille hectares de bonnes terres qui étaient cultivées pour la production du froment ou du coton, et que maintenant on affecte à la culture du tabac, à la grande satisfaction des propriétaires qui en deviennent plus riches, et des financiers qui mettent la main sur la meilleure de toutes les matières imposables : est-ce un bien ou un mal au sens économique? Vaut-il mieux manger du pain plus blanc et changer plus souvent de linge, ou ajouter à ses autres jouissances celle que procure la fumée d'une plante narcotique qui, heureusement, n'empoisonne pas comme l'opium? On sent bien qu'il ne faut pas attendre de la théorie des *équivalents économiques* (33) la solution de la question.

On brûle ici du charbon de bois et là de la houille; on cultive l'olivier dans le midi, et dans le nord on récolte des graines oléagineuses; plus au midi encore on cultive le coton, et plus au nord le lin et le chanvre; on consomme ici du vin, ailleurs du cidre ou de la bière; ailleurs encore on convertit la fécule en alcool. Ce qui favorise les propriétaires de houillères pourra nuire aux propriétaires de bois ; ce qui provoque l'extension des houblonnières ou l'établissement des distilleries de grains pourra faire arracher des vignes. Entre la houille et le bois, il y a un élément de comparaison numérique donné par la nature, à savoir le rapport des quantités de chaleur dégagées par la combustion de l'unité pondérale ; et, quoique l'on ne tienne compte ainsi, ni des avantages et des inconvénients attachés à l'emploi de l'un et de l'autre combustible dans les usages domestiques, ni même de beaucoup de qualités et de défauts qui leur sont propres pour les usages industriels, on comprend qu'il ne faudrait que de légères corrections pour convertir le nombre qui mesure exactement l'équivalence physique, dans celui qui serait propre à mesurer (avec une approximation suffisante) l'équivalence économique. On conçoit de même que l'on compare les huiles de diverses origines, tant par leur rendement dans les fabrications industrielles (telles que celle des savons) que par leurs vertus nutritives, en tenant peu de compte de la délicatesse du gourmet qui discerne combien l'on a mis d'huile de sésame dans une huile d'Aix de première qualité : mais, si l'on s'avisait d'assigner aux diverses boissons alcooliques, d'après la proportion d'alcool qu'elles renferment, leurs équivalents économiques, il est clair que le résultat de la comparaison serait par trop défavorable à la bouteille de Chambertin, et par trop favorable au litre d'eau-de-vie de pommes de terre. Il n'y a plus d'autre élément de comparaison numérique que la valeur vénale : ce qui suffit bien pour les opérations du commissaire-priseur et pour toutes les spéculations du propriétaire et du négociant, mais ce qui ne suffit pas pour toutes les spéculations de l'économiste et notamment pour la théorie de l'optimisme économique.

241. — On aurait grand tort d'inférer de toutes les remarques qui précèdent, qu'il n'y a dans l'ordre économique ni bien ni mal, ni amélioration, ni progrès, ni du moins aucun moyen de constater scientifiquement l'amélioration et le progrès. En mathématiques, l'absence d'un *maximum* ou d'un *minimum* absolu n'empêche pas l'existence d'un *maximun* ou d'un *minimum* relatif, obtenu en regardant comme fixes et invariables, dans un cas particulier, quelques-unes des grandeurs dont la variation possible s'opposerait à l'existence du *maximum* ou du *minimum* absolu. De même, dans l'ordre économique, l'absence de définition du bien absolu n'exclut pas la définition du bien relatif. Le défaut d'un terme de comparaison, d'une commune unité de mesure entre des choses hétérogènes, ne nous empêche pas de comparer et de mesurer les choses homogènes, d'y constater un accroissement ou un décroissement. S'il s'opère dans telle partie du système économique un changement qui ne soit pas de nature à avoir son retentissement dans le reste du système, et que ce changement porte sur des choses comparables, on pourra constater un progrès, une amélioration, et l'on sortira de l'indétermination, sauf à y retomber lorsque, par une continuation du même mouvement, les choses en seront venues au point que les changements locaux retentiront dans tout le système et feront varier en sens contraire des choses hétérogènes.

242. — Les perfectionnements apportés à la machine à vapeur qui ramène la houille du fond d'un puits d'extraction à la surface du sol (56), en économisant une

partie du combustible que la machine consomme, profiteront certainement, soit à la génération actuelle, soit aux générations futures. Ils constituent une amélioration économique et *positive*, de quelque manière qu'il plaise d'entendre *philosophiquement* ou *transcendentalement* la solidarité d'intérêt entre les générations successives (235).

On ne contestera pas que ce qui augmente la population sans causer à personne plus de fatigues ou de privations ne soit un bien ; que ce qui retranche des fatigues ou des privations sans nuire à la population ne soit aussi un bien ; et qu'à plus forte raison, ce qui augmente à la fois la population et l'aisance de tout le monde ne soit un bien, dans le sens économique du mot. La difficulté ne peut venir que quand ce qui favorise l'une contrarie l'autre.

Nous savons qu'il vaut mieux pour un propriétaire substituer la culture de la vigne à celle du froment, quand il augmente ainsi son revenu en argent : car ce sera pour lui le moyen d'être mieux pourvu de froment, de vin, et de tout ce qu'il souhaitera. Nous n'en pouvons plus dire autant d'un pays qui ne serait pas à même de combler par l'exportation du superflu de ses vins et l'importation des froments étrangers le vide que le changement de culture aurait causé dans sa récolte de froment ; de sorte qu'il en devrait résulter un changement dans son régime alimentaire ou dans le chiffre de sa population. Mais, si le changement consiste à mieux approprier chaque canton à chaque culture, de manière que le pays récolte à la fois plus de froment et plus de vin, personne n'hésitera à considérer ce changement comme un progrès économique.

En conséquence, s'agit-il d'anéantir des espèces nuisibles ou qui n'ont aucune utilité, et de multiplier des espèces utiles; de défricher un terrain inculte, de dessécher un marais, d'endiguer un torrent; d'augmenter, ici par l'irrigation, là par le drainage, ailleurs encore par de meilleures méthodes de fumure et d'assolement, le rendement du sol en produits utiles? Pas de doute sur l'application de l'idée de progrès, d'amélioration ou d'optimisme économique. Les hommes les plus vulgaires la font tous les jours, guidés par le sens commun, aiguillonnés par l'intérêt privé; et chacun est persuadé qu'en même temps qu'ils travaillent pour leur intérêt particulier, ils contribuent aussi à la satisfaction des intérêts généraux.

Le principe de compensation, dont nous avons fait un si fréquent usage dans le livre précédent, nous vient en aide, en grande partie pour éluder (quand cela est possible) les rapprochements entre des termes pour lesquels on manque d'un moyen terme de comparaison, d'une commune unité de mesure, de manière à permettre de constater par le raisonnement et le calcul, le fait positif d'une amélioration ou d'un progrès économique; mais nous avons vu aussi combien de restrictions il faut apporter à la généralité du principe. De là une imperfection relative de la science économique dont il importe de bien saisir la raison essentielle, et sur laquelle nous reviendrons encore dans notre chapitre final.

243. — Ainsi que nous avons déjà dû le remarquer ailleurs [1], à propos d'études plus générales, il y a une grande analogie entre l'idée de l'optimisme en économie

---

[1] *Traité de l'enchaînement des idées fondamentales*, livre IV, chap. 12.

sociale, et les idées de l'optimisme et de la finalité en philosophie naturelle. L'un et l'autre principe ne comportent que des applications partielles et relatives, dans des circonstances déterminées. Voilà tel détail d'organisation qui certainement est ce qu'il y a de mieux pour que telle fonction s'accomplisse, pour que telle espèce se perpétue; mais élevez-vous plus haut, et demandez pourquoi telle espèce a été appelée à figurer dans la faune ou dans la flore d'une contrée plutôt que telle autre, le principe de l'optimisme et de la finalité, en tant que fil conducteur, nous échappe. Ce qui favorise la multiplication d'une espèce est une cause de destruction ou de restriction pour une autre, sans que l'on soit le moins du monde fondé à juger qu'il est mieux en soi que telle espèce se propage aux dépens de telle autre. Le fil conducteur se retrouve quand nous envisageons la création terrestre dans ses rapports avec l'homme; et tout d'abord nous jugeons qu'il est mieux, dans cet ordre relatif, que telles espèces, telles races soient propagées, et telles autres restreintes ou détruites; qu'à cette fin, tel mode de culture, d'assolement, d'exploitation ou de distribution des cultures et des fabrications, soit adopté de préférence à tel autre. Puis, nous arrivons à comparer entre elles des espèces et des produits diversement utiles, répondant à des besoins et à des goûts divers, en raison de la complexité de l'organisation de l'homme, de la variété dans la constitution des sociétés humaines, de la diversité des tempéraments, des races, des classes, des mœurs, des habitudes, des temps et des lieux; et le fil conducteur nous échappe de rechef : car nous voudrions comparer des choses hétérogènes, qui ne sont pas effectivement comparables, et qui par conséquent ne se prêtent pas à une détermination de *maximum* ou d'*optimum*.

La pente de notre esprit nous porte cependant à rechercher une mesure commune; et comme le jeu des institutions de commerce nous a familiarisés avec l'idée de la valeur vénale, nous sommes enclins à croire que le *maximum* de valeur vénale correspond exactement à l'idée d'optimisme économique : mais c'est là une supposition gratuite et qui, ainsi qu'on l'a vu, ne résiste pas à une critique impartiale.

Ces résultats sont curieux : car on serait tenté d'abord d'admettre que, si le principe d'optimisme nous échappe bientôt comme fil conducteur en philosophie naturelle, cela tient uniquement à l'imperfection de nos connaissances, qui ne nous permet de juger des choses naturelles que dans ce qu'elles ont de relatif à nous, et non dans leur ensemble; tandis que, pour les choses de l'ordre économique, dont l'homme est lui-même le principe et la fin (35), il n'y a rien de pareil à alléguer; et de là il est permis d'induire que, même en philosophie naturelle, l'évanouissement du principe d'optimisme comme fil conducteur, tient à la nature même des choses plutôt qu'à notre manière de les envisager. Peut-être aussi sera-t-on moins porté à combattre, sur le terrain des faits économiques, des doctrines si conformes à celles auxquelles nous conduit l'étude des faits naturels.

CHAPITRE II.

CONSIDÉRATIONS GÉNÉRALES SUR LE PRINCIPE DE LA LIBERTÉ ÉCONOMIQUE.

244. — Il s'agit maintenant du principe de la liberté économique, considérée comme l'unique moyen ou comme l'un des moyens d'atteindre au but de l'optimisme économique : soit que nous ayons de ce but une définition claire et rationnelle, soit que nous en ayons le sentiment confus, dans les cas où une pareille définition nous échappe. Nous avons à examiner s'il est vrai (comme l'ont soutenu beaucoup d'esprits distingués et d'auteurs accrédités) que le plus grand bien de la société doive nécessairement se trouver dans la direction de la résultante des forces mises en jeu par tous les intérêts particuliers.

En premier lieu, remarquons que personne n'a jamais contesté, ni ne contestera la possibilité de vices, de défauts, de travers, de préjugés, d'erreurs qui affectent le plus grand nombre des individus dont une nation se compose, de manière à les rendre sourds à la voix de leur *intérêt bien entendu* (comme disent les moralistes). Tel peuple est voluptueux et indolent, et le travail lui paraît trop pénible; tel autre est batailleur et fier, et il méprise le laboureur, l'artisan, le commerçant. Sans sortir de l'ordre économique, beaucoup d'erreurs, aujourd'hui définitivement jugées, ont été longtemps populaires, ont régné dans les masses, ont servi de fondement aux réclamations des organes de l'opinion publique, aux mesures des Gouvernements. Aussi (comme on l'a plusieurs fois remarqué) les apôtres les plus ardents de la liberté, ceux qui proclament le plus haut les droits de la raison, ne sont pas ceux qui se méfient le moins de l'ignorance du commun des hommes et de leur penchant à la servitude. Personne n'insiste plus qu'eux sur la nécessité de donner aux masses l'instruction qui leur manque, et les autres qualités propres à bien régler leurs volontés et leurs choix. Donc, pour la discussion dans laquelle nous allons entrer, il faut d'abord supposer que l'on parle d'une société dont l'éducation est toute faite, d'une société composée d'hommes laborieux, sobres, industrieux, suffisamment instruits de ce que conseille à chacun d'eux son intérêt particulier. On peut croire, en effet, que les progrès de l'expérience et de la raison générales rendent toujours plus plausible une pareille hypothèse. On peut même accorder que, dans des sociétés telles que les nôtres, des hommes même grossiers ont assez de perspicacité pour démêler ce qui touche à leur propre intérêt, mieux que des hommes bien plus habiles à qui cet intérêt est étranger et qui dispersent leur attention sur une foule d'objets.

245. — Certes, l'esprit de l'homme éprouve toujours un noble plaisir à pénétrer, autant que le lui permet sa faiblesse, dans les plans divins, et à en contempler l'économie avec une admiration d'autant plus vive qu'il les comprend mieux. Les objections, les négations d'une philosophie sceptique n'ont jamais satisfait ces génies vraiment supérieurs, qui de siècle en siècle se sont transmis le sceptre de la pensée. Raison de plus pour se tenir en garde contre des finalités, des har-

monies prétendues que nous décréterions de notre chef, au lieu d'en attendre la manifestation de la patiente étude des faits et des lois. La puissance et la direction du souverain Etre, dans l'ordre des faits purement naturels, s'appelle la *Nature :* dans l'ordre des faits moraux elle s'appelle la *Providence*. Que l'ordre moral ait des harmonies mystérieuses, qui oserait en douter, si ce n'est celui qui a le triste courage de nier l'ordre moral? Mais, il n'y a rien à conclure des harmonies de l'ordre moral pour ou contre les harmonies de l'ordre économique. Il se peut, au contraire, que des dissonances, des antagonismes, des contradictions (comme on les a appelées) dans l'ordre économique, soient au nombre des moyens par lesquels la Providence se plaît à manifester les harmonies de l'ordre moral, de même qu'elle y fait concourir les désordres, les troubles, les maux inévitables, dans le plan des phénomènes physiques et naturels.

Assimilerait-on le principe d'harmonie des phénomènes économiques à celui qui préside aux phénomènes de l'ordre purement naturel? En effet, lorsqu'il s'agit de concourir au bien général par une sorte de *consensus* machinal ou organique, l'intérêt individuel (si éclairé qu'on le suppose) n'intervient plus que comme une force aveugle qui n'a pas conscience du but à atteindre, qui ne peut rendre raison des moyens d'y atteindre. Or, il serait bien difficile d'admettre, et surtout bien difficile de prouver que quelque chose d'analogue au merveilleux instinct de l'animal, au mystérieux principe de l'évolution des fonctions de la vie, opère au sein des sociétés humaines (à civilisation compliquée, vieillie, et de plus en plus artificielle), à l'effet d'y produire dans l'ordre économique, sans monade dirigeante, sans préméditation ni conscience aucune, cette parfaite subordination des parties au tout, des organes élémentaires à l'organisme complet, qui se refuse à nos explications et qui n'en excite que plus notre admiration, lorsque nos yeux et nos études se portent sur les phénomènes de l'organisme vivant. Les sociétés humaines ont en plus grande partie dépouillé les caractères d'un tel organisme, lorsqu'elles sont arrivées aux phases dans lesquelles l'économiste les considère ; et pour donner des bases à ses constructions rationnelles (2), il les en suppose dépouillées plus qu'elles ne le sont actuellement, plus qu'elles ne le seront peut-être jamais.

Il faut donc mettre ici de côté toute idée d'un concert organique, instinctif, mystérieux, pour ne recourir qu'à l'idée d'un accord ou d'un ajustement mécanique, opéré par des lois d'une nécessité mathématique ou rationnelle, comme celles d'où résulte le bel ordre des mouvements astronomiques, ou (s'il est permis de comparer de si petites choses à de si grandes) comme celles que nous indiquions dans une autre partie de cet ouvrage, à propos des transports de valeurs d'une place à l'autre (138). Il faudrait prouver par le raisonnement et le calcul l'existence d'un tel accord : et non-seulement la démonstration n'a pas été fournie, mais on peut être sûr qu'elle n'existe point, puisqu'au contraire il est aisé de combiner des hypothèses ou de citer des cas réels pour lesquels l'accord prétendu n'a pas lieu.

246.—L'homme civilisé se moque du sauvage qui abat l'arbre pour avoir le fruit : mais à cet égard, l'homme le plus civilisé tient encore beaucoup du sauvage. Quand il a découvert les forêts où errait auparavant le sauvage, il les a brûlées, non pour cueillir des fruits, mais pour retirer des cendres quelques quintaux de potasse. Dans ses anciennes demeures, lorsque le bois a acquis une valeur suffisante, il abat la forêt pour vendre à grand prix le produit de la coupe, pour faire ensuite pendant plusieurs années, sur le sol livré à la culture, des récoltes abondantes, sans souci du temps à venir, où le sol appauvri deviendra une lande, où les pluies le ravineront, le dénuderont et transformeront en un roc aride cette montagne boisée qui entretenait dans toute une contrée des pluies fécondantes et la protégeait contre la dévastation des eaux torrentueuses. S'agit-il d'un dépôt fossile récemment découvert? Les premiers exploitateurs gaspilleront la trouvaille plutôt que de s'imposer les frais nécessaires pour en faire profiter des générations éloignées. Le marin harponne la baleine dans les mers polaires, sans s'inquiéter s'il en aura bientôt détruit l'espèce. Quelles que soient les limites auxquelles doivent se restreindre et auxquelles se restreigne en effet la sollicitude des Gouvernements en pareille matière (235), elle ne peut guère manquer de se trouver en conflit avec l'intérêt particulier.

Mettons de côté la circonstance d'un épuisement certain ou possible, et considérons le cas d'un aménagement régulier. Les personnes versées dans l'économie forestière nous paraissent avoir bien établi que l'aménagement d'une forêt, le plus propre à donner le plus grand produit annuel en mètres cubes de bois, et par conséquent le plus utile à la société, le meilleur au point de vue de l'exploitation des forces naturelles et des ressources de l'atmosphère et du sol dans l'intérêt de l'homme, est un aménagement séculaire dont aucun particulier ne pourrait s'arranger : parce que, faisant (comme il doit le faire) la part de l'escompte, son revenu annuel, apprécié en argent, se trouverait de plus en plus réduit, tandis que le produit matériel croîtrait de plus en plus. Rien n'est plus facile que d'expliquer ce paradoxe apparent et l'origine du conflit entre l'intérêt général et l'intérêt privé. Un particulier hérite d'une forêt et il la trouve aménagée en taillis, comme le veut l'intérêt privé, ou en futaie, comme le voudrait l'intérêt général. Si c'est en taillis, le sol est loin de rendre tout le produit annuel qu'il pourrait rendre par un plus long aménagement; mais, pour passer d'un aménagement à l'autre, il faudrait ajourner à long terme la perception d'une grande partie du revenu, et faire un calcul d'intérêt composé pour comparer ce revenu éloigné au revenu actuel : le résultat du calcul est de prouver au propriétaire que, dans l'intérêt de sa descendance comme dans le sien (à supposer que l'intérêt de sa descendance le touche autant que le sien propre), il vaut mieux ne pas changer d'aménagement. Si au contraire la forêt se trouve déjà à cet état d'aménagement qui donne annuellement le plus grand produit en bois, le propriétaire calculera, par la formule de l'intérêt composé, ce que doit valoir à sa descendance le capital qu'il peut actuellement réaliser par une coupe extraordinaire, en abrégeant l'aménagement. De toute manière, l'avantage général devra céder à un avantage particulier; et cet avantage général restera très-distinct de la somme des avantages particuliers de tous les propriétaires, en y comprenant l'Etat lui-même, s'il administre ses propres forêts en propriétaire ou en financier, plutôt qu'en vue de l'économie générale de la société.

Si l'on va au fond de la difficulté, on voit qu'elle tient précisément à ce que le capital réel ne peut suivre, comme le capital fiduciaire, la loi d'accroissement en progression géométrique (50). Si l'économiste pouvait calculer comme le banquier ou le marchand (240), il serait de l'intérêt général, aussi bien que de l'intérêt privé, de faire coupe blanche des futaies : car le produit de la coupe se convertirait en un capital réel, sous forme de fer forgé, de poutres, de bordages, lequel capital réel en produirait un plus grand au bout d'un an, un plus grand encore au bout de deux ans, et ainsi de suite, en progression géométrique. Nous procurerions ainsi à nos arrière-neveux, en abattant actuellement nos futaies, une prospérité fabuleuse. C'est à quoi répugne la nature des choses : le capital réel, pas plus que la population, ne saurait s'accroître en progression géométrique. Ce sou placé à intérêt composé depuis l'origine de l'ère chrétienne et les sommes étourdissantes qu'il produit, sont un jeu d'esprit, bon à laisser dans nos classes de mathématiques.

A l'exemple choisi, si l'on voulait en éplucher et en critiquer les termes, il serait facile d'en substituer d'autres. Que d'entreprises agricoles, industrielles, commerciales, sont arrêtées uniquement par des calculs d'escompte et d'intérêt composé, de la nature de ceux présentés ci-dessus ! Si donc le loyer des capitaux est l'une des conditions nécessaires de notre organisation économique, il a certainement pour résultat possible de mettre en conflit l'intérêt général et l'intérêt particulier.

247. — Il en faut dire autant du rôle économique des métaux précieux. On découvre une mine d'argent, un *placer* d'or, au grand avantage, économiquement

parlant, des auteurs de la découverte ou de ceux qui l'exploitent : mais le bénéfice qu'ils font est compensé par la perte que cause la baisse de valeur de la réserve métallique entre les mains de tous ceux qui en détiennent des parcelles (141). Qu'y a gagné le monde civilisé? Directement, rien du tout. Au contraire, on a l'inconvénient de manier un instrument plus lourd ; et le surcroît de production métallique a consommé du travail, des denrées, des ressources naturelles qui auraient pu être appliqués à des productions réellement utiles. Si le prisme vraiment magique de Kirchhof nous montrait l'or présent partout, et que cet or pût être recueilli avec avantage pour l'industrie privée, il faudrait briser le prisme, ou que les nations s'entendissent pour proscrire cette industrie désastreuse. A la vérité (116), quelques avantages indirects peuvent résulter de tout ce qui stimule l'activité de l'homme, même dans un but mal choisi; en cherchant la pierre philosophale, les alchimistes ont préparé l'avénement de la vraie chimie qui rend aujourd'hui des services incontestables : toutefois, ce n'est pas une raison pour remettre en honneur l'alchimie et la pierre philosophale.

248. — Que le monopole mette souvent en contradiction l'intérêt particulier et l'intérêt général (61, 154), c'est ce qu'on ne nie guère et ce qui rend raison de la défaveur, parfois outrée, dont le monopole et les monopoleurs ont toujours été l'objet : mais on applique souvent (nous l'avons vu) le terme de monopole hors de propos; et les théoriciens qui, sans mauvaise intention, ont baptisé la propriété du nom de *monopole naturel* (63) n'ont pas pris garde que c'était un moyen de jeter sur la propriété et sur le propriétaire la défaveur

qui s'attache au monopole et au monopoleur. En effet, la propriété, la possession de l'*avantage naturel* qui donne lieu au phénomène économique de la rente foncière, peut mettre en contradiction l'intérêt du propriétaire et l'intérêt général, sans que le mode d'exploitation adopté par le propriétaire ait aucune influence sensible sur le prix, et par conséquent sans qu'il se rattache à un véritable monopole.

En général, le propriétaire foncier qui ne cède pas à des inclinations philanthropiques, à des goûts agronomiques, ne s'occupe que du produit net ; il repoussera les innovations les plus propres à augmenter considérablement le produit brut, dès qu'elles doivent avoir pour lui le fâcheux résultat d'entamer tant soit peu le produit net; et pourtant il serait déraisonnable d'affirmer que dans tous les cas ce léger dommage surpasse, pour le corps de la société, l'avantage résultant d'une grande augmentation de produit brut (237). Ce serait reproduire, sous une autre forme, la doctrine insoutenable de l'école physiocratique (35).

Voilà un pays où la population est rare, où la propriété du sol est concentrée dans un petit nombre de mains : les grands propriétaires trouvent que leur intérêt bien entendu consiste à ne pas entreprendre à grands frais des défrichements, des assainissements, des constructions de bâtiments pour l'exploitation rurale, et à se contenter du loyer (relativement modique) que leur payent les propriétaires ou les conducteurs de troupeaux transhumants. Ils peuvent avoir parfaitement raison, même abstraction faite des cas auxquels s'applique le calcul d'escompte dont nous avons déjà parlé (246); et si quelque autre principe d'action, quelque force directrice ou coercitive n'interviennent, le pays restera à tout jamais dans les conditions de désert mal sain où les circonstances l'ont mis, et qui apparemment ne sera pas réputé le meilleur, même au point de vue économique.

Voilà, d'autre part, un pays où (comme dans nos provinces de l'Est) la terre est extrêmement morcelée : de sorte qu'une exploitation agricole (un *domaine*, comme on dit) dont le fermage en grains vaut un millier de francs, comprendra deux cents lambeaux de terres et de prés. Cette dissémination est cause que le charretier, le semeur, le moissonneur font en pure perte une dépense de temps, de travail et de forces vives qui eût pu être utilement appliquée à la même superficie de terres contiguës. Les chances de procès, avec les frais et les pertes de temps qu'ils entraînent, en sont considérablement accrues. Chose plus fâcheuse encore, l'éparpillement met obstacle à la meilleure exploitation, à l'introduction de la plupart des perfectionnements agricoles consistant en fumures, en assolements, en élève de bétail. Or, on attendrait vainement du libre jeu des intérêts individuels le changement de cet état de choses ; quelques adoucissements de droits fiscaux, pour encourager l'échange des parcelles, seraient sans efficacité réelle ; il faudrait, pour changer la situation, plus qu'une de ces lois comme le pouvoir social en fait journellement dans l'organisation actuelle des sociétés.

249. — D'ailleurs, s'il y a dans le *monopole* un principe de désaccord entre l'intérêt particulier et l'intérêt général, il y en a un autre dans la *concurrence*, qui ne frappe guère moins aujourd'hui les yeux de la foule. Quand l'aiguillon de la concurrence pousse à avilir les prix, et notamment le prix du travail, jusqu'à amener le malaise des producteurs et à vicier les organes de la production, il ne nuit pas seulement à ceux qui en souffrent immédiatement; il devient nuisible au corps social tout entier, quelque avantage apparent qu'il donne pour le moment à d'autres classes de la société : de même que le corps vivant tout entier souffre de l'embonpoint d'un organe qui dérobe à d'autres organes les sucs nourriciers. Si de plus la concurrence pousse à altérer les qualités, à séduire les consommateurs par l'apparence d'une économie mal entendue, à produire plus que les débouchés ne peuvent écouler, ce qui ramène périodiquement des crises commerciales, ses inconvénients, pour le corps social comme pour les producteurs eux-mêmes, seront encore plus évidents; et pourtant il ne l'est pas moins que la libre concurrence doit amener de tels résultats. Puisque, sous l'empire de la concurrence indéfinie, chaque producteur en particulier n'a aucune influence sensible sur les prix et sur la production totale, aucun d'eux ne peut conjurer les suites fâcheuses de l'entraînement général; et s'il y voulait résister pour son propre compte, il ne ferait qu'ajouter un dommage particulier et actuel à la part qui lui incombera plus tard dans le dommage général. En présence d'inconvénients si palpables, dus à la libre concurrence, comment ne se produirait-il pas des systèmes d'association, de discipline et de réglementation ? Comment s'étonner des grèves, des coalitions d'ouvriers, des pactes entre les chefs d'industries, qui sont autant de protestations contre l'état d'indépendance et d'isolement, autant de tentatives pour enrégimenter et discipliner les différentes catégories de travailleurs ?

Les avantages et les inconvénients du monopole ont plus d'affinité avec la condition du propriétaire : les avantages et les inconvénients de la concurrence ont plus d'affinité avec la condition du travailleur. Quant au capitaliste qui met ses capitaux au service du propriétaire et du chef d'industrie, il va sans dire qu'il recherche le placement le plus productif et le plus sûr, sans s'inquiéter autrement de l'emploi qu'on en fait, et sans se soucier de savoir si cet emploi (le plus avantageux apparemment à celui qui fait usage du capital) est le plus avantageux au corps de la société. Soyez l'ami d'un banquier puissant, d'un habile agent de change, et ils trouveront bien le moyen de faire rapporter à votre argent beaucoup plus que vous n'en pourriez tirer en le prêtant, sans procédés usuraires, à un propriétaire rural ou à son fermier, Et, quoi qu'on en dise, les risques ne seront pas beaucoup plus grands d'un côté que de l'autre. Cependant, sans vouloir contester les services que peut rendre en temps opportun la spéculation sur les fonds publics, sur le report et le change (72), on ne sera pas tenté de soutenir qu'il est d'un intérêt général que les capitaux ne se portent vers l'agriculture qu'après que la spéculation sur les affaires de Bourse et de Banque en est saturée. La plus grande fluidité des capitaux fiduciaires ou réels, par comparaison avec les autres instruments ou organes de la production, est bien cause qu'ils cèdent plus facilement à la direction que veut leur imprimer l'intérêt particulier, mais ne saurait faire qu'ils aient plus d'aptitude à se diriger d'eux-mêmes là où il serait plus avantageux au corps social qu'ils se dirigeassent.

250. — En voilà assez pour comprendre comment,

sur le terrain de l'économie publique (de même qu'en politique, en philosophie, en religion), se montre un antagonisme perpétuel entre le principe d'autorité et le principe de liberté.

Quand on suit la lutte dans ses phases, on s'explique également pourquoi tel des deux principes contraires obtient à tel moment un avantage que l'on prendrait à tort pour une victoire décisive. Le système économique qui s'était marié à des institutions politiques vieillies, cesse de cadrer avec les exigences d'une situation nouvelle, et alors il est tout simple que les frondeurs ou les démolisseurs de l'ordre ancien invoquent plus volontiers le principe de liberté, en fait d'économie sociale comme en fait d'autres choses, sauf à pousser plus loin leurs succès et à se prendre à leur tour d'amour pour les règlements, lorsqu'ils se croiront en mesure de réglementer la société et de lui imposer leurs systèmes. Les novateurs en religion en font autant de leur côté, et on les voit trop souvent devenir des dominateurs intolérants, après avoir débuté par invoquer le principe de tolérance.

Ainsi, au dernier siècle encore, le système économique des nations européennes portait partout l'empreinte du *privilége*, c'est-à-dire des droits positifs et traditionnels, appartenant à des familles, à des classes, à des corporations, parce que telle était la base de toute l'organisation sociale. De là les maîtrises, les jurandes, les monopoles de corps et de compagnies, contre lesquels on a tant réclamé au nom de la liberté, et en vue d'une meilleure exploitation ou d'une plus équitable distribution de la richesse, des forces et des charges sociales. Puis, quand la victoire a été remportée, quand on a vu qu'un nouvel âge d'or n'en était pas la suite, des gens se sont trouvés pour tourner en dérision les vainqueurs, pour assigner à la théorie d'autres formules, à la société d'autres règlements plus propres, suivant eux, à la mener au but. Il en est résulté ce que l'on a appelé de nos jours le *socialisme*, drapeau d'une secte ou de sectes nouvelles, dont le monde s'est effrayé à bon escient, quand il a sondé ses plaies et vu toutes les passions et toutes les convoitises qu'un tel drapeau pouvait rallier.

251. — En effet, si nous nous reportons à ce qui a été dit dans les deux derniers chapitres du livre précédent, sur les rapports entre les progrès de la population et ceux de l'organisation du travail, nous reconnaîtrons que la question peut être envisagée sous un double aspect. Tantôt une plus grande abondance de travail est la cause qui détermine un accroissement de la population; et tantôt l'accroissement survenu dans la population, en vertu des forces propres qui tendent à la développer, stimule l'activité de l'homme, le pousse à chercher, et souvent parvient à lui faire inventer du travail. Cet effet est surtout sensible dans les classes moyennes de la société. Celui qui se serait borné à jouir doucement de son héritage s'il eût été fils unique ou aîné (dans les pays de droit d'aînesse), emploie sa portion d'héritage ou sa *légitime* à se créer des moyens d'industrie, des instruments de travail; il cherche à arriver à la fortune et souvent il y arrive. A un degré inférieur de l'échelle sociale, le très-petit propriétaire, le très-petit tenancier, quand il verra se rétrécir son lambeau de terre pour faire place à des copartageants, redoublera de travail, prodiguera ses

sueurs pour trouver les moyens de vivre sur le morceau qui lui reste.

Au contraire, dans ces classes ouvrières où l'ouvrier est en quelque sorte transformé en instrument passif, une plus ample demande de travail est habituellement la cause, et l'accroissement de population en est la suite. L'initiative venant ainsi d'en haut, l'activité, le génie d'entreprises, la hardiesse et la constance appartenant aux classes supérieures, il y a par la force des choses (et sans que nous voulions, Dieu nous en garde! attacher à ce mot une acception malveillante) exploitation des classes inférieures à l'avantage des classes supérieures ou dirigeantes.

De là le plus redoutable antagonisme qui puisse, dans l'avenir, menacer le repos des sociétés. Car, d'une part, l'industrie, pour se perfectionner, tend de plus en plus, comme tout organisme naturel, à se systématiser, à se centraliser, de manière à laisser à un petit nombre l'invention, la coordination, la direction, et à dépouiller de l'initiative, de l'activité intellectuelle et morale les classes vouées aux travaux manuels : pendant que, d'autre part, les institutions destinées à maintenir la constitution hiérarchique du corps social vont de plus en plus en s'usant, en s'affaiblissant, au point de ne laisser subsister qu'un seul dogme, celui de la primitive et naturelle égalité entre tous les hommes.

Concilier ce dogme avec des progrès continuels dans la systématisation et la centralisation des fonctions économiques du corps social, est l'objet des utopies qu'on appelle socialistes et que chacun peut varier à son gré ; mais, justement parce que chacun peut les varier à son gré, personne n'a le droit ni le pouvoir de les imposer aux autres, et elles vont directement contre une tendance à l'éparpillement et à l'indépendance individuelle en dehors du cercle des fonctions économiques, tendance qui n'est pas moins marquée dans les sociétés modernes, que la tendance au nivellement des droits et des prétentions. Se figure-t-on un chef de secte, l'inventeur d'une nouvelle règle de couvent, capable de ranger sous cette règle des millions de compatriotes, et, qui plus est, de l'imposer au monde civilisé tout entier? Car apparemment les voyages, le commerce, le mélange continuel des populations de toute origine, ne permettraient pas qu'une règle artificielle, gênante pour beaucoup de gens, subsistât longtemps dans un grand pays, en face de tant d'autres peuples, pourvus aussi de quelques lumières, qui s'en passeraient et qui s'en moqueraient. D'ailleurs l'histoire nous apprend que les liens politiques, les liens de caste, les liens religieux, les liens même de famille et de confraternité sont allés sans cesse en se relâchant et en laissant à l'activité individuelle un plus libre développement. Comment concevoir cette marche séculaire intervertie au point que partout le resserrement progressif des liens de solidarité se substitue au relâchement progressif?

252. — Toutefois, en repoussant les chimères, il ne faut pas se refuser à voir, et le bon sens public aperçoit très-bien ce qu'il y a de réel dans les tendances dont elles sont l'expression indiscrète et exagérée. Plus l'activité sociale se développe, plus elle a besoin d'être régularisée. Lorsqu'il s'agissait de détruire les corporations industrielles, on s'apitoyait sur le sort du pauvre ouvrier qui n'avait pas les moyens de payer sa maîtrise, et sur le tort que faisait au public la restriction de la

concurrence. Mais voici que de gros capitalistes centralisent dans de vastes établissements la confection, l'emmagasinage, la vente des produits de l'industrie, de manière à faire craindre qu'un moment ne vienne où ils auraient tué toute concurrence (68). Alors il faudrait bien que des règlements intervinssent, comme il a bien fallu réglementer l'industrie des transports, lui imposer des conditions et des tarifs, depuis qu'elle est devenue, par la force des choses, le monopole des Compagnies de chemins de fer. Mais si l'on peut prévoir, en raison même des progrès de l'industrie et du commerce, des cas où le commerce et l'industrie auraient besoin d'être réglementés, disciplinés, soumis à un régime plus ou moins strict d'association et de solidarité, pourquoi la culture, l'exploitation du sol ne le seraient-elles pas? Pourquoi le domaine superficiel ne deviendrait-il pas un objet de *concession* conditionnelle, comme l'est déjà la richesse minérale? Pourquoi l'Etat ne saisirait-il pas le haut domaine de toute la propriété forestière et ne mettrait-il pas en syndicat les forêts des particuliers, si c'est le moyen d'empêcher un mode d'usage ou d'aménagement nécessairement imposé à l'intérêt privé par les lois du monde économique, et différent de celui que conseillerait l'intérêt général de la société (246)? Pourquoi n'agirait-il pas de même à l'égard des vignobles, des prairies, des terres arables, si c'est le moyen de les soumettre au régime de culture le plus productif, en évitant à la fois les inconvénients des *latifundia* et ceux qu'entraîne le morcellement excessif des propriétés, quand les grands et les petits propriétaires sont abandonnés à leurs tendances naturelles (248)?

Oui, l'argument est pressant, mais à cette condition que la science aura clairement défini le but et positivement démontré l'efficacité des moyens. Alors il faudra bien qu'à la longue, et à mesure que la lumière descendra des hautes intelligences jusque dans les esprits vulgaires, toutes les résistances s'usent, et que la jalousie même du droit personnel et héréditaire, si naturelle pourtant à l'homme, s'efface devant la perception claire de l'intérêt général. Ce que nous savons de la nature perfectible des sociétés humaines et des perfectionnements déjà opérés nous autorise à porter ce jugement, pourvu (nous le répétons) qu'il s'agisse de choses qui comportent une démonstration scientifique, positive, incontestable. Quand l'expérience aura positivement établi que tel mode d'intervention des pouvoirs publics a des conséquences utiles, les populations le moins disposées à se mettre en tutelle finiront par imiter celles qui ont naturellement le goût de la réglementation. Le temps et le contact des populations de toute origine useront aussi cette jalousie de l'indépendance personnelle à laquelle de puissantes nations doivent en partie leur grandeur, et qu'à d'autres époques les luttes politiques et religieuses avaient singulièrement excitée. Les diversités en tout genre doivent s'effacer et les excès se réprimer les uns les autres.

Sans doute la liberté (outre qu'elle mérite d'être recherchée pour elle-même, pour le sentiment qu'elle donne à l'homme de son indépendance et de sa valeur personnelle) est ce qu'il y a de plus propre à stimuler l'énergie productrice, à favoriser l'esprit d'ordre, de conservation et d'économie : cependant, comme elle porte surtout ces fruits dans les âmes fortement trempées, dans les intelligences d'élite, elle tend à élever davantage ce qui déjà s'élevait; elle figure donc à titre de principe aristocratique dans la constitution de la société, même au point de vue économique. Et en cela encore elle s'allie très-bien au patriotisme ou au vif sentiment de la nationalité, puisqu'il est clair qu'une nation (comme nation) grandit surtout par l'élévation des caractères et des intelligences d'élite qui font son lustre; et qu'un tel avantage mériterait bien d'être mis en balance avec ce qui ne ferait que relever un peu le niveau des classes inférieures, sans rien laisser qui fût digne d'être retenu dans la mémoire des hommes et de parler à leur imagination et à leur cœur (238).

253. — Dans la cause de la liberté économique, on a encore plaidé un autre *moyen*. Mettons qu'elle ne produise pas tous les effets utiles qu'on en attend : au moins réalisera-t-elle l'idéal de la justice, puisque chacun recevra tout ce qu'il peut recevoir en raison de sa capacité, de ses forces, de son travail et de ses veines de fortune, le pouvoir social n'ayant pas d'autre attribution que de laisser chacun user de sa liberté comme il l'entend, sous la seule condition de ne pas entreprendre sur la liberté des autres. Que si les suites d'anciennes injustices pèsent encore sur les générations actuelles et troublent cet ordre si simple, il faut s'attacher à les réparer, à les effacer; après quoi personne ne pourra s'en prendre de ses maux qu'à lui-même ou à sa propre destinée : la responsabilité n'en incombera, ni à la société, ni aux pouvoirs qui la dirigent.

En raisonnant ainsi, l'on fait (nous le craignons bien)

de trop dangereuses concessions à l'ennemi que l'on veut combattre. Le droit positif, le droit humain n'est lui-même qu'un perpétuel compromis entre l'idée de la justice pure et celle de l'intérêt social. De là les prescriptions, les possessions *longi temporis*, les formalités dont l'omission emporte déchéance, en un mot toutes les règles artificielles dont jusqu'ici le droit civil d'aucun peuple n'a pu se passer. Encore moins peut-on fonder le régime économique d'une société sur la pure idée de la justice, puisque toute société suppose des charges sociales, et que personne ne peut calculer dans quelle proportion les charges sociales, celle de l'impôt par exemple (198), pèsent sur chaque membre de la société. Ce que vous appelez une injustice du passé, et ce que l'intérêt social prescrit peut-être de changer, ne pourra l'être que par une autre injustice. Notre première Assemblée Constituante a supprimé la dîme sans indemnité, au déplaisir très-vif du grand novateur Sieyès, qui disait avec amertume : « *Vous voulez être libres, et vous ne savez pas être justes.* » En effet, l'on déchargeait le propriétaire foncier qui avait acheté sachant bien que le champ qu'il achetait payait la dîme, et l'on allait demander au contribuable de quoi payer l'entretien des ministres du culte. Fallait-il donc laisser subsister la dîme? La même Assemblée supprimait sans rachat les redevances féodales; et celles qui lui ont succédé allaient plus loin dans cette voie en supprimant même les redevances qui n'étaient qu'*entachées de féodalité*, comme on disait alors : cependant l'on savait très-bien depuis longtemps capitaliser les redevances féodales et en tenir compte au premier bourgeois venu qui achetait un fief. Fallait-il donc ne pas supprimer les droits féodaux, ou que l'Etat les rachetât en répartissant cette charge sur l'universalité des contribuables, dont un grand nombre ne payaient pas la moindre redevance féodale ? Sans doute, lorsque le bien public paraît imposer de pareilles mesures, le sentiment de l'équité ne doit pas abandonner le législateur, et il doit chercher à atténuer autant qu'il se peut des sacrifices devenus nécessaires : mais il ne saurait procéder que par voie d'approximations grossières, bien loin de pouvoir prétendre à réaliser un idéal juridique.

Dès que l'on aurait accordé aux novateurs cette liquidation du passé (sans songer que, dans la vie sociale comme dans la vie de famille, les générations successives sont plus ou moins solidaires les unes des autres), il resterait à statuer pour l'avenir. Or, qui pourrait contester à ceux qui font dériver d'un prétendu pacte social toute la légitimité des pouvoirs sociaux, le droit de fixer à leur gré, pour le plus grand bien de la société, tel qu'ils le comprennent, le régime social sous lequel ils entendent vivre désormais, l'assurance mutuelle qu'ils entendent se prêter contre les rigueurs du sort et même contre leurs propres imprudences ? Il faut donc toujours en revenir à l'analyse aussi exacte que possible des intérêts sociaux, à savoir ce que comporte la nature humaine et ce qu'elle ne comporte pas, ce que les perfectionnements déjà obtenus permettent d'espérer, et ce qu'une expérience constante, renouvelée dans des circonstances diverses, a définitivement condamné.

CHAPITRE III.

DES DIVERS MODES DE PROTECTION ET D'ENCOURAGEMENT PAR L'ÉTAT.

254. — L'action des Gouvernements sur le régime économique intérieur a deux manières principales de s'exercer : tantôt elle porte directement sur la distribution des richesses entre les diverses classes de la société, et par cela même elle a une influence indirecte sur la demande et sur la production ; tantôt elle porte directement sur la production, par les encouragements qu'elle donne, par les obstacles qu'elle crée ou qu'elle aplanit, ce qui est une manière indirecte d'influer sur la distribution des richesses, soit en donnant aux uns plus qu'elle ne donne à d'autres, soit en ôtant aux uns ce qu'elle donne aux autres. Occupons-nous d'abord de l'influence directe sur la production.

Nous ne parlons pas, bien entendu, de cette action générale qui consiste à maintenir par une bonne police, par une bonne justice, par l'entretien d'une force publique suffisante, la liberté et la fidélité des engagements, la sûreté des personnes et des propriétés. Il ne s'agit pas non plus des institutions qui ont pour objet l'hygiène, la morale, l'instruction publique, quoique toutes assurément concourent d'une manière générale à conserver ou à accroître les forces productrices, au sens économique (31) : il s'agit d'une intervention spéciale, pour un but économique déterminé.

Cette intervention spéciale a trois moyens principaux de se manifester : tantôt l'Etat exécute ou subventionne des travaux destinés à accroître la production, à faciliter le transport et la circulation des produits; tantôt il dispose de la répartition de l'impôt, de manière à encourager certaines productions et à en décourager d'autres qu'il voit d'un œil moins favorable.

255. — Il semble de prime abord que des travaux, des ouvrages dont le but est purement économique, comme des routes, des canaux, des voies ferrées, des ports, des docks, des endiguements de rivières, des fixations de dunes, des desséchements de marais, devraient toujours pouvoir s'exécuter, ou par l'association des particuliers intéressés, ou par des Compagnies de spéculateurs qui retrouveraient dans le produit d'un péage, d'une taxe, d'un tarif, l'intérêt de leurs capitaux consolidés. Si les particuliers intéressés ne s'associent pas, si une Compagnie ne se présente pas pour se charger de l'entreprise sans demander de subvention à l'Etat, c'est apparemment que l'œuvre est une œuvre d'ostentation ou de luxe, non de rapport ou d'utilité économique, du moins en proportion de ce qu'elle coûte : et dès lors ne serait-il pas économiquement préférable de laisser aux contribuables un argent dont ils sauraient bien trouver un emploi plus utile? A moins que l'on ne donne pour excuse de cet emploi improductif ou insuffisamment productif, d'une partie du capital national, le besoin d'occuper des ouvriers en chômage, qui autrement seraient à la charge de la charité publique.

Cependant, il y a une foule de raisons pour ne point admettre cette objection, au moins dans ses termes généraux.

Les mêmes obstacles qui s'opposent à ce que l'on réalise l'idéal de la répartition parfaitement équitable d'un impôt (198), s'opposent à ce que l'on réalise l'idéal de la répartition d'une dépense purement économique entre tous ceux à qui la dépense profite, et dans la juste proportion du profit qu'ils en retirent. Le percement d'une route nouvelle est directement utile aux voyageurs, aux entrepreneurs de transports, aux propriétaires riverains pour le débouché de leurs produits, et utile aussi, quoique d'une manière moins directe, aux consommateurs de denrées dont le prix se trouvera abaissé par suite d'une plus grande facilité de transport, aux industriels qui emploient ces denrées comme matières premières, puis aux consommateurs qui se procurent à prix réduits les articles fabriqués avec ces matières premières, et ainsi indéfiniment. Nous n'avons garde d'en conclure que l'avantage économique procuré au pays par le percement de la route dépasse toute limite : au contraire, nous avons eu recours dans notre livre III à divers principes, à divers artifices de raisonnement, pour évaluer avec une approximation suffisante l'avantage économique procuré, *in globo*, à la société tout entière ; mais le tour même des raisonnements implique l'impossibilité de faire estime des avantages ou des désavantages individuels, résultant d'une série de réactions consécutives, qui vont en s'affaiblissant graduellement suivant une loi qui nous échappe, parce qu'elle ne comporte effectivement pas de définition mathématique et précise.

256. — Il est clair que l'entrepreneur de la route n'a aucun moyen d'atteindre, par un tarif rémunérateur, les avantages indirects, placés à un rang quelconque

dans la série des réactions consécutives; et quelles difficultés n'éprouvera-t-il pas à saisir et à tarifer, dans une juste proportion, même les avantages les plus immédiats? Si l'on établit une taxe de barrières, il faudra d'abord multiplier les barrières sur toute l'étendue du parcours, de manière que le prix du parcours soit à peu près proportionnel à la longueur de route parcourue, ce qui n'entraînera pas une médiocre gêne, de médiocres retards, ni de médiocres frais de perception. Ces premières difficultés pratiques seront levées au prix de la constitution d'un monopole, s'il s'agit d'un chemin de fer que la même Compagnie a établi dans l'origine et exploite après son établissement : mais alors même d'autres difficultés se présentent. En effet, si la route ou la voie ferrée profite aux propriétaires, aux industriels des pays qu'elle traverse, elle ne profite pas également à tous. Quel que soit le tarif kilométrique, il y aura des riverains qui trouveront grand profit à utiliser la voie nouvelle, tandis que des propriétaires ou des industriels moins bien placés devront renoncer à s'en servir. Il faudrait que la Compagnie pût traiter à prix débattu avec tous les intéressés, afin de s'assurer que les conditions qui laissent un avantage à tous les intéressés *de première main*, lui procurent à elle-même un prix rémunérateur. Il y aurait là une difficulté pratique insoluble en ce qui concerne les routes ordinaires : les Compagnies de chemins de fer l'éludent comme elles peuvent, par la grande variété des combinaisons de leurs tarifs. En tout cas, les intéressés *de seconde main* ne peuvent être atteints qu'en leur qualité de contribuables de l'Etat, lorsque l'Etat, reconnaissant les nécessités de la situation, se charge lui-même des dépenses de construction et d'entretien, ou assure une subvention à ceux qui s'en chargent.

D'autres considérations interviennent encore. Les avantages économiques de la voie nouvelle ne se produisent pas tous soudainement. Quelques-uns peut-être ne deviendront très-sensibles que dans un demi-siècle. Or, si une nation peut semer pour recueillir au bout d'un demi-siècle, ni un particulier, ni une Compagnie ne le peuvent faire, quel que soit le rapport de la récolte à la semence. Les lois de l'intérêt composé y mettent obstacle (246). De là une raison qui suffirait pour que certaines dépenses économiquement profitables pussent être faites par l'Etat et ne pussent l'être par des particuliers ou des Compagnies.

257. — Enfin, le calcul de la prime d'assurance peut, comme le calcul de l'escompte, mettre obstacle à l'exécution par d'autres que l'Etat. Les avantages de l'entreprise paraissent grands, mais ils sont plus ou moins frappés d'incertitude. Il faut, pour des entrepreneurs particuliers, que la perspective de larges bénéfices compense les incertitudes du succès; et il n'y a pas moyen de compter en pareil cas sur la concurrence des Compagnies d'assurances, pour réduire l'exagération de la prime. Le concours de l'Etat à beaucoup d'entreprises de ce genre produit l'effet d'un vaste système d'assurances mutuelles, qu'il serait impossible d'organiser autrement.

Cependant, cette médaille a aussi son revers. Les particuliers, les Compagnies qui ont financièrement échoué dans des entreprises, d'ailleurs utiles au public, font naufrage, et bientôt la société jouit gratuitement des avantages de l'entreprise, sans même se souvenir des désastres particuliers auxquels elle en est redevable. Les capitaux détruits se régénèrent, le passé est liquidé et il n'a point légué de charges à l'avenir : tandis que, si l'Etat a contracté des dettes pour venir à bout de l'entreprise, le service des arrérages devient pour l'Etat, et par conséquent pour le public, une charge permanente. Ainsi s'explique et en un sens se justifie la répugnance qu'on éprouve en certains pays à charger le Gouvernement de tout ce que l'esprit aventureux des particuliers et des Compagnies peut leur faire entreprendre à leurs risques et périls. La société exploite ainsi à son profit les passions des individus ; et en cela elle agit un peu comme ces Gouvernements pour qui la passion du jeu est l'objet d'une exploitation fiscale.

258. — Même dans les pays où le génie national est le plus enclin à la centralisation administrative, à la simplification et à l'uniformité des procédés, les Gouvernements tâchent de tenir compte approximativement (en faisant, comme on dit, *des cotes mal taillées*) de la diversité d'intérêts dont nous avons essayé plus haut de donner une idée. Certaines dépenses sont mises à la charge des départements, des communes, en totalité ou en partie, et pour cela des revenus spéciaux sont créés aux communes et aux départements, tantôt par voie d'addition à la contribution foncière, de manière à atteindre plus directement les propriétaires, tantôt par des *octrois* ou des taxes de consommation perçues à l'entrée des villes, de manière à atteindre toutes les classes de consommateurs. Quelquefois l'Etat se charge d'une quotité de la dépense, dans la proportion présumée des intérêts généraux et des intérêts de localité ; d'autres fois il use du pouvoir discrétionnaire de sub-

vention comme d'un appât pour obtenir des départements et des communes de plus grands sacrifices : car ce qui est pris sur les fonds généraux du pays paraît toujours une conquête pour les localités, et l'on ne regarde pas de trop près à ce que coûte une conquête. De cette erreur même dans des calculs d'ordre vulgaire, une administration habile peut tirer bon parti pour obtenir des sacrifices que des calculs d'un ordre supérieur conseilleraient et n'obtiendraient pas. Il y a enfin des dépenses (celles de l'instruction publique par exemple), dont une part est directement supportée par les particuliers ou les familles intéressées, tandis qu'une autre est mise à la charge des communes, une autre à la charge des départements, une autre à la charge de l'Etat, de manière à représenter les divers ordres d'intérêts auxquels le même service donne satisfaction, ou à se conformer à ce précepte de fraternité sociale, qui veut que le plus fort vienne en aide au plus faible, même en l'absence de tout intérêt, direct ou indirect, prochain ou éloigné. Il résulte de là sans doute beaucoup plus de complication dans les rouages de l'administration, et à la longue ce mécanisme tend à se simplifier : mais il faut se garder de simplifications trop hâtives, qui froisseraient le sentiment de l'équité naturelle, jusqu'au moment où une nation plus riche trouve que ce n'est plus le cas d'y regarder de si près, et que les avantages de la simplicité en affaires l'emportent sur ceux d'une trop minutieuse pondération des droits et des charges.

259. — Parlons maintenant de la protection et des encouragements directs donnés à certaines branches de production ou d'industrie, sans toutefois mêler encore à ces considérations aucune idée de rivalité avec des

productions ou des industries étrangères. Ce sera le moyen de mettre plus d'ordre dans l'analyse et plus d'impartialité dans la discussion.

Que le Gouvernement soit fondé à imposer des sacrifices à la nation pour la protection et l'encouragement d'une industrie utile, nécessaire à la défense de l'Etat, ou qui jette un lustre sur la nation en concourant au perfectionnement de l'humanité, en développant les sciences, les arts, cela ne fait point l'objet d'un doute. Par exemple, si la pêche en haute mer est le moyen de former une pépinière de matelots pour la marine militaire et que l'Etat ne puisse se passer de marine militaire; si, d'autre part, l'industrie de la pêche, livrée à elle-même, ne procure pas aux armateurs un bénéfice suffisant pour que cette industrie prenne les développements qui assureraient le recrutement de la marine militaire, l'Etat fera bien d'exciter par des primes ou par des encouragements équivalents le développement de l'industrie de la pêche. Il en supportera les frais, comme il supporte les frais de la construction et de l'équipement de ses vaisseaux, et comme il paye la solde de ses officiers de marine, même en temps de paix. Ce seront des questions de fait et non de principes, d'application et non de théorie, que celles de savoir si l'entretien d'une marine militaire est nécessaire à la sûreté et à la grandeur de l'Etat, et si l'encouragement de la pêche pélagique est le moyen le plus sûr et le moins coûteux de procurer le recrutement de la flotte en matelots endurcis et expérimentés. Seulement, il ne faudrait pas justifier l'entretien de la marine militaire par le besoin de protéger la pêche, et la protection de la pêche par le besoin de recruter la marine militaire : car alors on tomberait dans un cercle vicieux, justiciable de la pure logique, sans qu'il fût nécessaire d'entrer dans l'appréciation des faits ou dans la partie technique de la question.

Quand il s'agit de certains ouvrages de science, de relations, de descriptions publiées avec un luxe de planches utiles aux progrès de la connaissance de la Nature, de l'antiquité et des arts, et qui honorent le pays qui les publie, personne ne trouve mauvais que le Gouvernement aide par ses souscriptions à la publication d'ouvrages qui ne trouveraient pas d'éditeurs sans cet encouragement. On ne demande alors à l'Etat, comme à un particulier généreux, que de renfermer ses libéralités dans les limites de ses ressources, après qu'il a été pourvu à d'autres dépenses d'une nécessité impérieuse, ou d'une utilité plus directe.

260. — En fait d'encouragements donnés dans un but purement économique, personne ne méconnaît non plus, en principe, l'utilité d'encouragements temporaires. Le père de famille le plus économe paye volontiers pour son fils des frais d'éducation, d'apprentissage (32); non-seulement il y consacre une portion notable de son revenu, mais il entame, s'il le faut, son capital : n'y a-t-il pas quelque chose d'analogue pour les nations? Quand une industrie nouvelle vient à poindre (celle même qui doit avoir la plus vigoureuse croissance), ne faut-il pas d'abord qu'elle s'abrite, qu'elle s'acclimate, et que tous ceux qu'elle emploie fassent leur apprentissage? Il faut que l'ouvrier acquière l'habileté de main ; il faut que l'entrepreneur acquière l'expérience, en passant par des tâtonnements, des hésitations et des bévues. Les procédés ne s'améliorent que successivement, par des remarques et des inven-

tions dont l'une suggère l'autre, lorsque l'industrie a pris déjà assez de développements pour attirer l'attention et provoquer les recherches d'une foule d'hommes intelligents. Il faut aussi du temps pour donner une direction nouvelle aux goûts, aux besoins, aux habitudes des consommateurs, de manière à étendre le marché du nouveau produit, autant que l'exigent les conditions de la production la plus économique. Il pourrait donc se faire que l'industrie naissante fût étouffée dans son germe, si elle n'était, de la part du Gouvernement, l'objet d'un encouragement ou d'une protection spéciale. Dans quelles limites la protection doit-elle se renfermer? Combien de temps doit-elle durer? Autres questions de fait à renvoyer aux experts, aux hommes pourvus de connaissances techniques ou spéciales, et qui ne sauraient être l'objet d'une discussion générale.

261. — La question de principes est celle-ci : Quand toute latitude a été laissée aux producteurs pour se dresser et pour réunir ou perfectionner leurs instruments de travail, aux consommateurs pour fixer leurs préférences et pour déterminer les conditions du marché, et que cependant l'industrie ne peut prospérer sans un encouragement de l'Etat, convient-il de lui accorder d'une manière permanente cet encouragement dont rien n'annonce le terme? La nation peut-elle profiter du maintien d'industries qui ne se suffisent pas à elles-mêmes, ou de l'extension d'une industrie au delà des limites où elle se contiendrait d'elle-même? Est-il juste que celles qui se suffisent payent pour en maintenir ou en agrandir d'autres?

On dit pour la négative et l'on érige en axiome que

les capitaux vont d'eux-mêmes où ils trouvent le plus grand profit; que par conséquent le Gouvernement, en détournant les capitaux de leur pente naturelle, en fait une distribution nécessairement moins avantageuse à la production totale et à la richesse du pays.

Sur quoi il faut observer d'abord qu'il ne s'agit pas plus de l'attraction exercée artificiellement sur le capital que de l'attraction exercée sur l'ouvrier, sur le propriétaire. Le Gouvernement encourage la fabrication du sucre de betterave : il agit donc à la fois sur le propriétaire qui verra, dans la substitution de la culture des betteraves à celle des céréales, un moyen d'augmenter sa rente foncière; sur l'ouvrier à qui les fabricants de sucre offrent de meilleurs salaires que ceux auxquels étaient habitués les journaliers des campagnes; enfin sur les capitalistes qui trouvent dans l'industrie sucrière un placement avantageux. Mettre en jeu les uns plutôt que les autres, ce ne peut être que l'effet d'un préjugé d'école, que nous avons déjà rencontré maintes fois sur notre route (162). D'ailleurs il n'est pas plus démontré pour le capital (249) que pour les autres forces productrices, que la direction de l'intérêt général doive nécessairement coïncider avec celle de la résultante des intérêts particuliers. Dès lors, pourquoi l'encouragement gouvernemental ne serait-il pas cette force additionnelle qui ramène la résultante des intérêts particuliers à coïncider en direction avec l'intérêt général?

Autrement il faudrait soutenir que le Gouvernement a tort d'encourager d'une manière permanente une branche d'industrie, même par des récompenses honorifiques qui ne coûtent rien ou presque rien aux contribuables, comme des prix, des médailles, des décorations. Car, puisqu'il y a des hommes à qui leur ambition d'honneurs peut faire oublier leurs intérêts pécuniaires, on détourne ainsi les capitaux de leur pente naturelle, et l'on porte à l'intérêt public une atteinte réelle, quoique moins grave que si l'on joignait à l'appât des honneurs celui d'une récompense pécuniaire. On pourrait donc, dans ce système, donner un prix à l'éleveur d'une belle génisse ou d'un beau cheval, comme on donne un prix à l'auteur d'un bon mémoire de géométrie ou d'un beau tableau, à titre d'encouragement pour la science et pour l'art, nullement à titre d'encouragement à l'industrie et dans un but économique, puisqu'on ne ferait que détourner l'éleveur d'un autre emploi de son capital, où la société comme l'éleveur trouveraient mieux leur compte.

262. — Mais, pour montrer que le principe ne saurait être admis avec le sens absolu qu'on y attache, il suffit de se reporter à la doctrine universellement acceptée, quant aux effets des impôts de consommation. On reconnaît, et l'on a raison de reconnaître qu'un tel impôt, en élevant le prix de l'article taxé, comme le ferait un accroissement de frais de production, peut coûter au public bien plus qu'il ne rapporte au Gouvernement, même en rendement brut, et toute abstraction faite des frais de perception, des tracasseries et des gênes que la perception cause aux contribuables. Ce qu'une industrie perd par la taxe, l'ensemble des autres industries ne le gagne pas, bien que quelques industries particulières puissent y gagner. Or, la prime agit comme un impôt *négatif* (211); elle peut donc profiter au public des pro-

ducteurs et des consommateurs, bien plus qu'elle ne coûte au Gouvernement, c'est-à-dire au public des contribuables. Ce que gagne l'industrie favorisée, l'ensemble des autres industries ne le perd pas, quoique quelques industries particulières puissent en souffrir. Cela résulte des procédés généraux d'analyse dont nous avons fait usage au livre précédent. Ainsi, il faut méconnaître chez l'autorité gouvernementale le droit et le devoir de répartir le fardeau permanent des taxes de la manière qui lui paraît le moins défavorable à la production, ou lui reconnaître (dans la limite des ressources dont elle dispose) le droit et le devoir de répartir, même d'une manière permanente, sa protection et ses encouragements, suivant le mode qui lui paraît le plus favorable à la production, sans qu'elle soit tenue de s'en rapporter à l'intérêt des capitalistes pour faire la part des ouvriers, des propriétaires, et tout régler pour le mieux.

Supposons (ce qui est aujourd'hui une hypothèse fictive, mais ce qui s'est réalisé dans les temps anciens) un Gouvernement qui reçoive d'amples tributs de l'étranger ou qui ait conservé de grands revenus territoriaux, au point de pouvoir, non-seulement se passer de toutes taxes de consommation, mais encore pratiquer sur une vaste échelle un système de subvention et d'encouragement à la production : n'est-il pas clair qu'une telle situation lui imposerait l'obligation de rechercher le mode de distribution le plus avantageux, soit pour multiplier la richesse, soit pour en faciliter la répartition suivant le mode qui paraîtrait le plus conforme à la justice, aux intérêts généraux de l'humanité, ou aux intérêts du pays? Concevrait-on qu'il dût se borner à être le commanditaire ou le bailleur de fonds de quiconque offrirait des garanties de capacité et de moralité, de quiconque lui ferait à titre de commanditaire les conditions meilleures, le tout afin de se conformer à ce grand principe, que la meilleure direction des capitaux est celle qu'ils prennent d'eux-mêmes et sans aucune intervention du pouvoir social?

263. — La situation des Gouvernements actuels est à la vérité bien différente. Il faut qu'ils prennent aux uns par les impôts de consommation ce qu'ils donneraient aux autres à titre de primes ou d'encouragements. L'intérêt public le plus évident pourrait seul justifier cette infraction aux règles de la justice naturelle. Il semble même que la justice naturelle exigerait la preuve, non-seulement que la société tire avantage de ce qui froisse des intérêts particuliers, mais qu'au fond il n'y a pas d'intérêt légitime qui soit lésé : les particuliers lésés en apparence retrouvant dans leur participation aux intérêts généraux de la société la compensation du dommage particulier qu'ils éprouvent. On sent combien il serait difficile d'administrer une telle preuve, sans parler des difficultés immenses que rencontre une appréciation juste et complète de tous les effets économiques, directs et indirects, qui peuvent résulter de la mesure particulière prise par le Gouvernement. D'ailleurs une mesure de ce genre en appelle d'autres ; chaque industrie veut être protégée à son tour et arguë du désavantage où la place la protection dont d'autres industries sont l'objet. Plus le système protecteur se complique, et plus il devient difficile d'en apprécier les conséquences et d'en mesurer les effets. Dans de telles conditions, et après beaucoup d'essais qui ont tourné con-

tre les intentions de leurs auteurs, la raison publique incline d'elle-même à abandonner les choses à leur cours naturel, et à diminuer la responsabilité des pouvoirs publics : disposition qui n'a pas besoin, pour se justifier, qu'on invoque des principes douteux ou faux. En conséquence, la maxime *laissez faire*, si elle n'a pas (comme quelques-uns le voudraient) la valeur d'un axiome ou d'un théorème, doit définitivement prévaloir dans une foule de cas, comme un adage de sagesse pratique : en ce sens qu'elle signifie que pour les questions très-compliquées, où nous courrions grand risque de nous tromper sur l'application de nos théories, lors même que les principes en seraient à l'abri de toute contestation, le mieux est de laisser la Nature agir. On en dit souvent autant à propos de la médecine ; et l'on peut dans la pratique faire un très-sobre usage de la médecine et des médecins, sans pour cela regarder comme un axiome ou comme un théorème démontré, que toute prescription de régime et de remèdes, que toute intervention de l'art dans la conservation de la santé et dans le traitement des maladies, sont nécessairement préjudiciables, vu que la Nature, laissée à elle-même, fait tout pour le mieux. Lorsque nous repoussons ici une affirmation du même genre, nous le faisons dans l'intérêt de la spéculation pure, sans aucun parti pris quant aux applications, et sans aucun désir de combattre, sur le terrain des faits, les enseignements aujourd'hui les plus accrédités.

D'ailleurs, personne ne met en doute l'honnêteté du médecin, lors même qu'il se trompe, tandis qu'on a toujours lieu de craindre, dans l'institution des règlements économiques, l'influence des individus ou des classes qui peuvent avoir des intérêts particuliers, contraires à l'intérêt général : car il arrive d'ordinaire que l'intérêt général est moins chaudement défendu et patronné que les intérêts particuliers (204). Enfin, lors même que l'on supposerait au législateur toutes les lumières et l'impartialité nécessaires, il faudrait encore que l'exécution des règlements fût confiée à un grand nombre d'agents d'une capacité et d'une moralité vulgaires, qui s'acquittent médiocrement de leur emplois, juste autant qu'il le faut pour conserver leurs places et obtenir un avancement régulier, non comme des gens qui gèrent leurs propres affaires.

264. — Les dispositions que peut prendre le législateur politique, dans l'intention d'agir directement sur le mode de répartition de la richesse, ont un but bien plus facile à déterminer et à atteindre. L'instinct des castes, des classes, des ordres ou des partis dominants le leur indique vite. Ainsi, de très-bonne heure, les sociétés aristocratiquement constituées ont fait tous leurs efforts pour concentrer les richesses et surtout la richesse foncière, la plus durable de toutes et celle sur laquelle les lois et les coutumes juridiques ont le plus de prise (17), dans les mains des classes privilégiées : tandis que d'autres ont cherché à maintenir ou à ramener l'égalité des fortunes, soit en n'autorisant les aliénations que pour un temps, comme le faisait la loi mosaïque, soit en distribuant aux pauvres les terres que le sort des armes avait fait tomber dans le domaine public.

Les lois sur le système des successions légales et testamentaires, sur le régime de l'association conjugale quant aux biens, sur les modes de démembrement et les voies d'acquisition de la propriété, sur l'expropriation pour inexécution des engagements contractés ou pour cause d'utilité publique, n'ont pas une influence moins capitale en ce qui touche directement la distribution et ce que l'on pourrait appeler le classement des richesses : mais c'est là le côté politique de l'organisation intérieure des sociétés; les questions qui s'y rattachent ont été trop souvent et trop bien étudiées pour que nous devions songer à les reprendre ici. D'ailleurs elles ont été résolues chez nous dans un sens qui ne permet plus de retour vers le passé, et qui ne permet guère plus de projets pour l'avenir, à moins que l'on ne veuille rompre décidément avec les principes juridiques réputés jusqu'ici les plus fondamentaux; à moins que les hommes ne cessent de prendre pour but principal de leurs efforts l'acquisition de la propriété privée et la constitution d'un patrimoine transmissible. Que deviendrait, par exemple, ce stimulant énergique des travaux de l'homme, à tous les degrés de l'échelle sociale, si la loi limitait la faculté d'acquérir (et conséquemment celle de disposer et de transmettre) par héritage ou par legs, comme le proposent magistralement des écrivains d'un grand mérite, qui répudient la qualification de *socialistes* (250), mais qui se piquent d'être des économistes *avancés?*

265. — Sans aller jusque-là, et sans toucher aux principes que l'école philosophique du dix-huitième siècle a fait prévaloir dans la législation civile, les Gouvernements peuvent encore agir d'une manière efficace, quoique lente, sur le mode de distribution des richesses, par le seul jeu de la machine de l'impôt. Dans la démocratie athénienne, la plèbe s'arrogeait le droit de taxer les riches et de rejeter sur eux le fardeau des dépenses publiques, y compris le salaire

de la plèbe qui les gouvernait, les taxait et les jugeait, au Pnyx et dans l'Agora. Un impôt progressif, dans un pays où la tendance au morcellement est déjà si grande, ressemblerait beaucoup à ce que l'on est convenu d'appeler une loi agraire, ou à une loi restrictive de la faculté d'acquérir par héritage ou par legs. Une aggravation continuelle du droit sur les successions reviendrait à faire de la propriété une sorte d'emphytéose ou de concession temporaire, avec retour à l'Etat au bout d'un petit nombre de générations. Si l'Etat emploie les produits de l'impôt à faire de grands travaux publics pour donner de l'occupation aux classes ouvrières, à fournir des capitaux aux associations d'ouvriers pour les affranchir de la dépendance d'un patron, il change effectivement la distribution des richesses, telle qu'elle aurait lieu par le libre jeu des forces individuelles, sous l'influence des principes juridiques que la société avait consacrés, et qu'elle continuerait des respecter, au moins en apparence. En multipliant les charges de l'Etat, il faut bien aussi lui prodiguer les ressources, les moyens d'exécution. Il faut que le droit privé s'incline de plus en plus devant la déclaration d'utilité publique ; il faut qu'une part de plus en plus grande de la fortune publique soit mise à la disposition de l'Etat, dans un but réputé d'utilité publique (250-252). Bien aveugle celui qui ne reconnaîtrait point là le socialisme (non systématique et doctrinal, mais partiel et pratique), dont les générations à venir sont probablement destinées à goûter les fruits bons ou mauvais, et qui, en se dégageant de certains accessoires propres à le compromettre, n'en doit inspirer que plus de crainte aux intérêts qu'il menace.

Remarquons bien que ce mouvement peut se prolonger sans amener de réforme radicale dans les institutions sociales et dans le mécanisme économique (39), sans qu'il cesse d'y avoir des propriétés et des capitaux : seulement une phase ultérieure réunirait ce qu'une phase antérieure avait désuni, le rôle de propriétaire ou de capitaliste et celui de travailleur. Le propriétaire verrait son fermage de plus en plus réduit, parce que d'une part le fermier voudrait de plus gros profits, et que d'autre part l'élévation des salaires réduirait les profits du fermier : qu'en résulterait-il ? Que dans les pays de petite culture la terre s'émietterait entre les mains de paysans qui seraient tout à la fois propriétaires, fermiers et ouvriers : tandis que dans les pays de grande culture le propriétaire lui-même ferait valoir, en réunissant les attributions du propriétaire et du fermier. Le capitaliste proprement dit, à qui l'intérêt de son capital prêté n'assurerait plus un revenu suffisant, se livrerait à l'industrie, au négoce, à la spéculation, et ferait lui-même valoir son capital, seul ou à l'aide d'associés. Ainsi les extrêmes se touchent et l'on revient quelquefois au point de départ, mais non dans les mêmes conditions ni sans avoir perdu quelques illusions dans le voyage.

CHAPITRE IV.

DU LIBRE ÉCHANGE.

266. — Nous avons vu par quels motifs et dans quelles circonstances un Gouvernement peut réglementer une industrie, coopérer à la production, encourager ou protéger spécialement un genre d'industrie; il s'agit maintenant de considérer le principe de la liberté économique dans son antagonisme avec le système protecteur, en tant que celui-ci porte sur les relations commerciales des nationaux et des étrangers, dans le but d'influer sur la production et la richesse nationales. Le principe de la liberté économique s'appelle alors de notre temps le principe du *libre échange;* l'adage déjà rappelé (263) se complète et se formule brièvement dans la phrase devenue célèbre : *laissez faire, laissez passer.*

Comme il est toujours plus facile de détruire que de bâtir, les partisans du libre échange excellent surtout à réfuter les raisons qu'on a fait d'abord valoir à l'appui du système protecteur, parmi lesquelles les plus mauvaises sans doute sont celles qui se tirent des vieilles idées sur la balance du commerce (188). Laissons ces arguments rebattus, et passons à d'autres mieux assortis à l'état actuel de la doctrine.

267. — La théorie *du troc international* (livre III, chapitre VI) permet de présenter sous sa forme la plus simple le plus spécieux argument à l'appui du libre-échange. Si le mètre de drap s'échange en deçà de la frontière contre quatre mètres, et au delà contre cinq

mètres de toile, il y aura, de ce côté de la frontière, un avantage clair à se procurer la toile dont on a besoin, non pas en fabriquant de la toile, mais en fabriquant du drap qui passera la frontière pour s'échanger contre de la toile. En d'autres termes, produire du drap, ce sera encore produire de la toile par le moyen le plus économique, quoique indirect; et le bon sens veut qu'on préfère le moyen le plus économique. C'est la conséquence du grand principe de la division du travail et des fonctions. De même pour l'autre pays, produire de la toile, ce sera encore produire du drap, et en produire dans de meilleures conditions. Les progrès de l'organisation commerciale consistent essentiellement dans cette substitution des procédés de production indirecte aux procédés de production directe; de même que les progrès des sciences physiques consistent essentiellement dans la substitution des procédés de mesure indirecte aux procédés de mesure directe, quand les uns offrent une commodité ou une précision que les autres n'offrent pas.

Toute la question revient donc à savoir, dans chaque cas particulier, si le fait économique qu'on veut étudier s'exprime bien par la formule du troc international, ou si au contraire cette formule n'est qu'un tour ingénieux pour introduire fictivement, dans certaines données commerciales, une symétrie qui n'existe pas (183), et pour dissimuler à soi-même et aux autres les conséquences du défaut de symétrie. C'est le cas de se reporter aux explications qui ont fait l'objet des chapitres IV, V et VI du livre précédent. En fait, l'abolition du troc international (tel qu'on l'imagine à nouveau) a été le résultat nécessaire, non pas précisément de l'usage de la monnaie, mais de l'introduction de l'idée d'une mesure commune des valeurs. La nation qui fabrique du drap dans de meilleures conditions que l'étranger, vendra ce drap à l'étranger si le commerce des draps est libre, soit qu'elle prenne ou qu'elle ne prenne pas en retour la toile que l'autre nation fabrique dans de meilleures conditions. Si elle peut parvenir à fabriquer de la toile pour son usage, sans nuire en rien à sa production de drap, et si elle repousse à cette fin la toile étrangère, elle se ménagera les moyens de tirer de l'étranger, en retour de ses draps, des céréales qui nourriront sa population croissante, des vins fins qui satisferont la sensualité de ses riches gourmets, des objets d'art et de curiosité qu'ils étaleront avec orgueil; elle se procurera en un mot tout ce que la richesse procure; tandis que l'autre nation, moins avisée sur ses intérêts ou moins tenace dans sa conduite, pourra bien voir sa population ouvrière en décroissance, et ses classes riches embarrassées, endettées, appauvries. Que si, dans la crainte de telles suites, elle ne permet l'entrée des draps qu'à condition que l'on permettra l'entrée de ses toiles, de manière à être à peu près sûre de payer en toiles ce qu'elle achète en drap, elle rétablit en effet la symétrie que suppose la théorie du troc international, à cause de la grande analogie entre les conditions de la production économique des deux articles; ou du moins, pour faire ressortir quelques défauts de symétrie, il faudrait pousser l'analyse plus loin et entrer dans des détails auxquels nous n'entendons pas toucher.

268. — Prenons un exemple tout différent, et propre par cela même à faire ressortir l'autre face de la question. Il y a cent ans qu'un vieillard à jamais célè-

bre, et qui portait sur toutes choses sa prodigieuse activité, s'avisait d'établir aux portes de son château une colonie d'horlogers, tirée de ce qu'il appelait ironiquement la petite république voisine de ses terres. Il leur prêtait de l'argent, il dictait des lettres pour eux, il usait de son crédit auprès des ministres, des duchesses, des favorites, pour placer leurs plus belles montres et leur attirer des commandes, le tout aux dépens de l'horlogerie génevoise. Il se vantait de servir ainsi les intérêts économiques de sa nation, mieux que les économistes qui faisaient à Paris des brochures ou de gros livres, quoique lui-même ne dédaignât pas de traiter aussi, en vers et en prose charmante, des questions économiques. Avait-il tort dans cette prétention? Son rare bon sens lui faisait-il défaut? Y avait-il quelque intérêt pour le Gouvernement français et pour la France à ce que l'on fit des montres à Ferney plutôt qu'à Genève, ou à *annexer* en quelque sorte à la France un quartier de Genève, non de vive force (comme cela s'est vu de tout temps), non par des bulletins de vote (comme cela s'est vu depuis), mais par un déplacement de population? La question vaut la peine qu'on s'y arrête un moment.

Voilà donc, je le suppose, un établissement industriel situé à la porte de Genève, mais sur la terre française, qui dispense ou qui peut dispenser la France d'être, comme on dit, tributaire de l'industrie génevoise pour les articles d'horlogerie. Les premiers ouvriers attachés à l'établissement étaient Génevois, ils sont devenus Français; leurs enfants et les élèves qu'ils formeront seront Français; ils contribueront pour leur part aux charges publiques de la France, ils serviront dans ses armées; leurs forces naturelles ou acquises feront partie des forces du pays. L'industrie nouvelle offrira un placement aux capitaux français déjà formés et à ceux qui se formeront, grâce aux bénéfices de la nouvelle industrie. En fait d'industrie de ce genre, il n'y a guère à s'occuper que de la main-d'œuvre des ouvriers et des artistes, et des bénéfices des entrepreneurs ou du loyer du capital employé.

Quand la France tirait des montres de Genève, il fallait bien qu'elle donnât à Genève quelque chose en retour : et il était tout simple que le seigneur ou les fermiers de Ferney, en envoyant à Genève le blé destiné à nourrir les horlogers génevois, contribuassent à acquitter cette dette de la France envers Genève. Des protestants du Languedoc (leurs coreligionnaires et jadis peut-être leurs compatriotes) envoyaient le drap français destiné à les habiller; d'autres envoyaient autre chose. Maintenant, le blé récolté à Ferney sert à nourrir les ouvriers de Ferney; les ballots de drap n'ont qu'un bien petit détour à faire pour aller trouver Ferney au lieu de Genève. Mettons que, ni les fabricants de draps, ni même les fermiers de Ferney n'aient pas gagné grand'chose à ce nouvel arrangement : du moins ils n'y auront rien perdu; et le chiffre des revenus français, la matière imposable française se seront accrus du montant des salaires des ouvriers attachés à la colonie industrielle de Ferney. On raisonnerait pour le revenu des capitalistes comme on vient de raisonner pour le revenu des ouvriers.

269. — Cependant il se peut que l'avantage en vue duquel on encourage la fondation de la colonie, n'exige pas seulement une protection ou un encouragement

temporaire; que la colonie ne puisse se soutenir qu'à la faveur d'un droit protecteur qui élève de quelque chose comme quatre ou cinq pour cent le prix des montres: car, l'ouvrier de Ferney et l'ouvrier génevois, tout rapprochés qu'ils sont, ne vivent pas dans le même milieu politique et social. L'un est ou doit être fier de sa qualité de citoyen d'une petite république qui a pris au mouvement des idées modernes une part bien plus grande que celle que semblaient devoir lui assigner sa puissance et son étendue si bornées : l'autre est ou doit être fier d'appartenir à une grande nation qui n'a jamais marchandé sa gloire, qui se pique de grandes entreprises, tantôt pour le plaisir des conquêtes ou des innovations, tantôt par générosité chevaleresque et pour la satisfaction de faire prévaloir au profit des autres peuples ses sentiments et ses idées. Or, il faut que cette gloire et cette satisfaction se payent par de lourds impôts, par une dette publique considérable. Décharger indirectement l'ouvrier, par la protection qu'on lui accorde, de la part d'impôts qu'il acquitte et dont il laisserait le poids à d'autres s'il ne pouvait plus subsister sur la terre française, ce n'est pas en quelque sorte imposer un sacrifice aux autres nationaux. Admettons pourtant qu'il faille demander à quelqu'un un sacrifice : est-ce que les acheteurs de montres auront si peu de patriotisme qu'ils ne consentent de bonne grâce à supporter, même d'une manière définitive, un sacrifice léger, pour conserver à la terre française une industrie qui fait vivre bon nombre de compatriotes, et qui figure honorablement dans les *Expositions universelles?*

270. — Néanmoins il ne faut pas exposer le patriotisme, non plus que les autres vertus, à de trop grosses

tentations. Très-peu de gens seraient disposés à ajouter vingt ou trente pour cent au prix d'une montre, pour la satisfaction d'avoir une montre de fabrique française. Si les horlogers de Ferney ne peuvent soutenir la concurrence des Génevois, qu'ils changent de métier ou qu'ils retournent à Genève. Encore moins se souciera-t-on de soutenir à si grands frais la concurrence que des capitaux français peuvent faire à des capitaux génevois. Et comme il y a beaucoup plus de gens qui achètent des montres qu'il n'y a d'ouvriers horlogers et d'entrepreneurs d'horlogerie, il faudra bien que le Gouvernement tienne compte de leurs réclamations et petit à petit affaiblisse ou finisse même par supprimer la protection contre laquelle le plus grand nombre réclame.

Au fond, les réclamations sont justes, puisqu'il s'agit de frapper uniquement les acheteurs de montres, pour un intérêt de nationalité, qui ne les regarde pas plus que tous les autres nationaux. Si la stricte justice était de mise en matière d'impôts (198), la stricte justice voudrait qu'au lieu d'un droit protecteur qui atteint dans ses effets une classe spéciale de consommateurs, l'encouragement nécessaire à cette branche de l'industrie nationale fût donné sous la forme d'une prime qui se confondrait avec les autres dépenses publiques et que supporterait la masse des contribuables nationaux. Le Gouvernement a donc tout motif d'éviter de froisser l'opinion en provoquant, par une protection excessive, un renchérissement qui paraîtrait intolérable à tout autre qu'aux industriels protégés. Il faut qu'il se conduise de manière à être soutenu par l'opinion publique, lorsqu'il demande à la nation des sacrifices pour son agrandissement industriel, comme lorsqu'il lui en demande pour son agrandissement territorial : car, il ne faut pas qu'une nation accepte l'offre de tout ce qui voudrait s'annexer à elle pour mieux vivre à ses dépens. La question nationale consiste dans l'acceptation ou la répudiation de cette annexion industrielle, et non pas précisément dans l'alternative entre fabriquer directement des montres, ou en fabriquer indirectement, en fabriquant du blé ou du drap que l'on troquera contre des montres.

271. — A la vérité, nous avons choisi pour faciliter les explications un cas très-singulier, puisqu'il est rare qu'une industrie nationale s'établisse si près de l'industrie étrangère avec laquelle elle prétend rivaliser, de manière à ne nécessiter que de si légères déviations dans le système des relations commerciales. La concurrence que Voltaire voulait faire à Ferney à l'horlogerie génevoise, on la fait plus en grand à Besançon aux produits de l'horlogerie suisse du canton de Neufchâtel ; et l'on ne peut admettre que le blé qui nourrit l'horloger de Besançon soit justement celui qui nourrirait, sans cette concurrence, l'horloger du Locle ou de la Chaux-de-Fonds. Mais, si la substitution d'une demande à l'autre ne peut plus alors s'opérer si simplement, il doit se former de proche en proche (ainsi que nous l'avons expliqué en termes généraux au livre précédent) une série de substitutions équivalentes, quant aux résultats généraux et moyens. Les articles d'exportation demandés à la France par la Suisse et par l'étranger en général seront également demandés, soit que la France tire des montres de la Suisse, soit qu'elle n'en tire pas. Seulement, ce que la Suisse payait avec des montres, quand la France lui demandait des mon-

tres, il faudra bien qu'elle le paye en d'autres valeurs quand la France cessera d'en demander. Il ne convient plus de s'arrêter (justement parce que l'on s'y est pendant longtemps beaucoup trop arrêté) au cas très-particulier où la Suisse payerait en or ce qu'elle payait auparavant en montres. Après tout, cet afflux d'or ne pourrait durer indéfiniment, et il faudrait que tôt ou tard un autre mode de compensation s'établît. De même pour le cas où la France ne serait pas payée du tout, mais resterait créancière de l'étranger et amasserait ainsi un capital confié à l'étranger. Tôt ou tard il faudra que les comptes se liquident, que la demande de certains produits nationaux s'en trouve réduite, et que quelques producteurs français perdent ce que gagneront, par exemple, les fermiers, les vignerons, les maraîchers des environs de Besançon, les propriétaires de maisons, les petits marchands et les cabaretiers de la ville, par suite de l'état prospère où se trouve la fabrique d'horlogerie. Il ne faut donc point s'exagérer (comme l'ont souvent fait les avocats du système protecteur) les avantages de la protection, et ajouter à la valeur des produits de l'industrie protégée la plus-value des terres, des maisons, des propriétés et de la main-d'œuvre de tous ceux qui trouvent, dans les consommations des classes industrielles protégées, un débouché pour leurs propres produits. On irait ainsi à l'infini et l'on tomberait dans l'absurde. L'effet direct et principal reste seul : les effets dérivés se compensent. Un accroissement de revenu annuel et de matière imposable représenté par la valeur commerciale des montres fabriquées annuellement, et d'autre part l'accroissement de la population du pays par le développement de la fabrique d'horlogerie, voilà en quoi consiste l'avantage que la nation en tant que nation, le Gouvernement en tant que Gouvernement, trouvent à l'acclimatation de ce genre d'industrie. Il pourrait même se faire que l'accroissement de population fût nul, comme cela arriverait si les montres étaient faites par des montagnards du Jura, qui y emploieraient leurs journées d'hiver et tous les loisirs que leur laisse leur vie de laboureurs et de pâtres : de sorte que leurs travaux d'horlogerie servissent plutôt à augmenter leur bien-être qu'à leur procurer les moyens de subsister.

272. — Nous avons pris pour exemple un article dont la fabrication ne consomme guère que de la main-d'œuvre : supposons qu'il s'agisse d'une fabrique de cristaux que l'on a placée près d'une forêt dont les produits manquaient de débouchés. Le grand propriétaire à qui nous payons maintenant, pour le plaisir d'avoir de beaux cristaux sur nos tables, le tribut payé ci-devant à quelque grand propriétaire étranger, est un de nos compatriotes ; il supporte par l'impôt foncier, par l'impôt de mutation, par des impôts de consommation de tout genre, sa part des charges publiques, part qui retomberait sur nous tous, au cas que le même tribut fût payé au propriétaire étranger. Nous avons donc, en outre de la sympathie patriotique, un intérêt positif et appréciable à ce qu'il puisse soutenir la concurence étrangère. Si pourtant la protection devait coûter trop cher aux consommateurs, on y renoncerait d'autant plus aisément que le règne de la grande propriété est passé, et qu'on n'organise guère de *meetings* ou de souscriptions pour venir en aide aux grands propriétaires.

D'ailleurs l'industrie des cristaux, est comme celle des

montres, une industrie de luxe : en ce sens que la vigueur, la santé des hommes, l'aisance et la multiplication des familles ne tiennent pas à la possession d'un cristal ou d'une montre. S'il s'agissait au contraire d'une industrie qui procure aux hommes des vêtements chauds, légers, commodes et d'un bon usage, il pourrait très-bien se faire que l'abandon du système protecteur, en ce qui concerne cette industrie, rentrât dans le *programme de la vie à bon marché* (dont on parle tant depuis que la vie est si chère); et que la population du pays gagnât par le bon marché dans l'une des conditions de la vie, plus qu'elle ne perdrait par la suppression du travail demandé aux classes ouvrières qui vivaient de cette industrie à l'intérieur du pays. Alors l'effet secondaire et consécutif l'emporterait sur l'effet immédiat et direct, aux yeux de l'économiste et de l'administrateur.

De même, à moins d'être navigateur, astronome, physicien ou médecin, on achète une montre pour le plaisir de savoir l'heure, non pour s'en servir dans l'exercice d'un art ou d'une profession. Mais, s'il s'agissait de l'industrie du fer, qui est la matière première ou l'instrument de tant d'autres industries, il pourrait se faire que le régime de liberté commerciale qui sacrifierait (corps et biens) les maîtres de forges et leurs ouvriers, qui compromettrait gravement les intérêts des propriétaires de forêts et de houillères, déterminerait, par suite seulement de la baisse de prix du fer, un développement des autres industries qui ferait regagner, soit à la population, soit à la richesse nationale, soit à l'une et à l'autre ensemble, beaucoup plus que l'équivalent du déchet immédiatement causé par le chômage ou la destruction des hauts fourneaux et des forges indigènes.

273. — De même qu'une nation peut attirer dans son sein une population industrieuse, l'adopter, se l'annexer, dans le but d'augmenter ses forces en tout genre, et notamment ses forces productrices; de même elle peut envoyer au loin une partie de sa population, avec l'intention d'exploiter, soit au profit de quelques-uns des nationaux, soit au profit de la nation prise en corps, les forces productrices naturelles que son sol lui refuse ; et c'est ainsi que les nations modernes ont compris les établissements coloniaux. Les peuples nomades ou barbares cèdent à des instincts d'émigration, d'invasion, mais ne colonisent pas, dans le propre sens du mot. On a vu dans le monde antique les cités grecques et phéniciennes, une fois constituées, se créer des filles à leur image, et tirer de ce lien si naturel des avantages pour l'extension de leur commerce, en même temps que pour la diffusion du genre de civilisation qu'elles représentaient. Rome qui est restée pendant si longtemps une *cité*, étendait aussi, non plus son commerce, mais sa puissance politique en fondant des colonies, jusqu'à ce que ces colonies, soudées les unes aux autres et à la cité mère, devinssent les matériaux d'un empire immense, dans lequel l'idée de la cité disparaissait pour faire place à celle de l'*Etat*. Plus tard, elle a encore procédé de la même manière dans l'ordre religieux, en fondant des colonies spirituelles, pour aboutir à la construction d'une monarchie spirituelle. Au moyen âge, le monde redevenu barbare par bien des côtés, a eu encore des accès d'émigration, d'irruptions, de conquêtes lointaines : mais, par ses côtés civilisés, il

n'avait, en dehors de l'ordre religieux, rien qui se prêtât à l'idée de colonisation, telle que le monde antique l'avait conçue et pratiquée. Il fallait la découverte de mondes nouveaux et l'avénement de la civilisation moderne pour que la poursuite de cette idée fût reprise sur une échelle bien autrement vaste, dans un but économique et commercial bien mieux dessiné, et surtout dans des conditions bien plus variées.

274. — La colonie est une parcelle du territoire national, souvent séparée du bloc par d'immenses distances, mais que des liens naturels y rattachent. La colonie reçoit de la mère patrie ses capitaux, ses entrepreneurs, ses ouvriers, et lui renvoie fréquemment ses colons enrichis. Elle débarrasse la mère patrie d'une population souffrante et inquiète, et ouvre en même temps un débouché à son industrie propre; puisqu'il est clair qu'un pays neuf appellera pendant longtemps de préférence vers l'industrie agricole les bras et les ressources des colons, et qu'ils doivent être naturellement disposés à recourir à la métropole pour s'approvisionner de produits industriels. Ainsi, non-seulement les colons, mais encore les nationaux restés dans la mère patrie se trouvent coopérer, les uns directement, les autres indirectement, à l'exploitation du pays neuf : et comme ils coopèrent à l'exploitation, il est tout simple qu'ils participent aux avantages qu'elle procure. De tels avantages peuvent parfaitement justifier les sacrifices temporaires que la mère patrie serait dans le cas de s'imposer pour la création et l'éducation de la colonie. Il y a là matière à des recherches, à des comparaisons, à des enquêtes, à des études statistiques et historiques, et aussi à des déclamations, à des agitations d'opinions et

d'intérêts : mais, ce n'est plus un problème de science pure, une question de principes et de généralités.

275. — Cependant, il peut très-bien se faire aussi que les liens naturels ne suffisent pas pour maintenir entre la colonie et la métropole la solidarité d'intérêts économiques, et que le Gouvernement juge nécessaire d'employer la force de la législation douanière. Par exemple, dans l'intérêt de la colonie, on lui accordera le monopole de l'approvisionnement de la mère patrie en denrées coloniales, ou l'on restreindra par des droits protecteurs la concurrence étrangère ; ou bien, dans l'intérêt de la mère patrie, on obligera la colonie à vendre ses produits à la métropole et à ne tirer que de la métropole les articles d'importation dont elle a besoin.

La première hypothèse nous replace exactement dans les conditions où nous étions tout à l'heure quand il s'agissait de notre colonie industrielle ; car, qu'importe en principe que quelques-uns de nos compatriotes fabriquent des montres à Ferney et à Besançon, ou qu'ils fabriquent du sucre à Bourbon et à la Martinique? Dans un cas comme dans l'autre, nous préférerions de bon cœur des compatriotes à des étrangers, si notre bourse n'en souffrait pas; on peut même nous prouver qu'un léger sacrifice fait par nous à titre de consommateurs nous dispense d'un sacrifice égal ou plus grand à titre de contribuables; enfin l'on peut faire appel à notre patriotisme pour nous résigner à un sacrifice pécuniaire, même permanent, pourvu qu'il ne soit pas excessif, et qu'il n'affecte pas trop inégalement les diverses classes de la population métropolitaine.

La seconde hypothèse exigerait une analyse plus délicate. La métropole et la colonie sont alors dans des conditions analogues à celles de deux nations qui se lient par un pacte de commerce (184). Pour la métropole comme pour la colonie, il y a un dommage à payer plus cher les produits dont l'importation est nécessaire; pour l'une et pour l'autre il y a un encouragement donné aux forces productrices par suite de l'exportation, encouragement qui disparaîtrait avec le pacte qui les lie. On doit faire la balance des avantages et des désavantages, conformément aux principes que nous avons exposés ailleurs (livre III, chap. IV et V).

276. — Il faut visiblement distinguer, parmi les conditions économiques de la production, celles qui tiennent au climat ou à d'autres causes naturelles que les règlements de commerce n'ont nullement le pouvoir de modifier, d'avec celles qui dépendent principalement des mœurs, des habitudes, des ressources et des connaissances acquises : de sorte qu'elles peuvent être à la longue notablement changées, en vertu du régime auquel sont soumises les relations commerciales d'une nation avec les nations étrangères. Il serait extravagant de vouloir remplacer par des serres chaudes le soleil des tropiques (180); et toutes les fois que, sans tomber précisément dans cette extravagance, on engage une lutte entre les lois de la Nature et des règlements humains, on doit compter que la Nature l'emportera, parce qu'elle a, non-seulement plus de force, mais bien plus de constance. Si l'infériorité dans les conditions de la production tient au tempérament des races, à quelques-unes de ces qualités natives qui ne s'acquièrent point par l'éducation et la discipline, il faudra porter le même jugement que s'il s'agissait de l'influence du climat et des ressources naturelles du pays.

Mais on conçoit que le Gouvernement, selon qu'il protége la production nationale contre la production étrangère ou qu'il l'abandonne à ses propres forces, puisse exciter l'activité ou entretenir l'indolence, tourner d'un côté ou de l'autre les études et les travaux, favoriser ou rendre impossibles les premiers profits et les premières épargnes avec lesquels se formeront à la longue les grands capitaux dont la privation causait l'infériorité des forces productrices d'une nation, et dont l'acquisition, pénible d'abord, obtenue au prix de sacrifices temporaires, la mettra à même d'égaler les nations rivales ou de les surpasser.

Quelque parti que l'on prenne dans des cas semblables, il convient de se rendre théoriquement compte des effets généraux de la liberté commerciale et de la protection : voilà ce que nous avons tâché de faire dans cet ouvrage à l'aide d'une analyse nouvelle et avec l'intention bien formelle d'être impartial. Le lecteur jugera de notre méthode et verra si nous avons eu par inadvertance le tort qui n'était pas dans notre intention. Après tout, il s'agit bien moins pour les hommes publics de décider des questions de ce genre par la force des arguments et des calculs, que de se rendre compte des causes morales qui agissent sur l'opinion publique et la poussent à se prononcer dans tel sens, à accepter ou à repousser telle mesure particulière, tel plan général de conduite. Nous allons essayer, dans les deux chapitres suivants, de reprendre et de compléter l'examen de la question à ce nouveau point de vue.

CHAPITRE V.

DE LA CONSTITUTION DE L'UNITÉ SOCIALE ET DE LA FUSION DES INTÉRÊTS LOCAUX DANS L'INTÉRÊT NATIONAL.

277. — La vie soiale est naturelle à l'homme et la condition essentielle de l'accomplissement des destinées de l'humanité. Dans l'état social, les hommes sont unis par toutes sortes de liens qui tiennent à la communauté d'origines, de traditions, de langage, de croyances, de mœurs, de coutumes, d'institutions politiques, et enfin d'intérêts économiques. Tantôt ces divers liens concourent comme en un seul faisceau et se renforcent les uns les autres, de manière à accuser d'autant mieux l'unité des sociétés ou des groupes ethniques, et à les distinguer nettement les uns des autres : tantôt ces liens se contrarient, les uns tendant à réunir ce que d'autres tendent à séparer ; et alors l'unité sociale est nécessairement moins bien accusée, plus indécise ; les groupes sont moins nettement distincts et peuvent se composer ou se décomposer diversement, selon le point de vue où l'on se place.

Avant d'être fixées au sol, les populations sont déjà constituées à l'état de sociétés par la force des liens du sang, accusés par la ressemblance de physionomie, et dont la communauté ou l'analogie de langage, de souvenirs, de rites et de coutumes est ordinairement l'expression fidèle. Les rivalités politiques et économiques se réduisent à un état habituel d'hostilités entre les peuplades voisines, qui se pillent et se poussent les unes les autres. S'il se trouve dans la tribu des forgerons, des tisserands, des trafiquants, des prêteurs sur gage, ils ne songent guère à réclamer une protection contre la concurrence des étrangers. Mais, dès que les populations se sont fixées, en s'adonnant à l'agriculture et à d'autres professions sédentaires, chaque centre d'habitation, chaque canton deviennent le siége d'intérêts économiques d'une nature durable, communs à ceux qui habitent et qui habiteront la ville, le village, le canton, et qui tiennent à leur situation, à leurs avantages et désavantages naturels, au besoin de conserver et de transmettre aux générations futures le fruit des travaux des générations antérieures. Plus les générations se succèdent, plus la civilisation fait de progrès, et plus ces intérêts économiques acquièrent d'importance, au point de balancer et quelquefois de surmonter, comme principes d'association, ceux qui tiennent à des institutions religieuses ou politiques en voie de déclin, à des souvenirs qui s'effacent, ou même ceux qui tiennent à la conformité du langage et des mœurs.

278. — Au point où en est arrivée la civilisation des races européennes, on peut réduire à trois chefs les intérêts qui priment tous les autres comme principes d'association : intérêts politiques ou intérêts d'Etat, intérêts patriotiques ou de nationalité, et enfin intérêts économiques. Les accidents de l'histoire ont souvent réuni sous le même pouvoir politique des populations qui ne parlent point la même langue, qui n'ont point les mêmes mœurs, et qui se regardent, ou comme ennemies, ou du moins comme étrangères les

unes aux autres. D'un autre côté, des populations de même langue, de mêmes mœurs, et qui se regardent comme unies par la nationalité, ont été arbitrairement désunies par la politique. De là des aspirations sourdes ou des luttes ouvertes qui sont devenues de notre temps la grande affaire de la politique et dont nous n'avons point à parler ici. Admettons qu'il doive venir un jour où toutes les questions en suspens seront résolues, et résolues pour le mieux, de manière à faire concorder, aussi exactement que possible, les exigences de la politique et les sympathies ou les exclusions suggérées par le sentiment de la nationalité : on se trouverait encore en face d'intérêts économiques qui pourraient ne pas s'arranger des démarcations établies. La géographie politique n'est point la géographie physique; et la carte de la politique, mise d'accord avec celle de l'ethnographie, ne se confondrait pas encore pour cela avec celle que pourrait tracer l'économiste. Aussi arrive-t-il souvent que, quand un grand Etat s'annexe de nouvelles provinces, l'on reconnaît la nécessité de laisser subsister (provisoirement au moins) les anciennes démarcations douanières; et d'autre part, notre siècle est témoin des efforts que des populations politiquement disjointes, ou qui même appartiennent à des nationalités différentes, font pour se constituer en grandes confédérations douanières (*Zollverein*), c'est-à-dire en grands *marchés* ou *arrondissements économiques;* non-seulement afin de se procurer les avantages commerciaux et économiques attachés à la liberté de la circulation et du commerce entre toutes les parties d'un vaste territoire, mais encore dans le but de multiplier, au profit de tous, les moyens de défense et de renforcer les barrières sur le point où un péril commun semble plus menaçant pour tous les confédérés.

Dans la sphère des intérêts économiques, comme dans la sphère infinitésimale où s'accomplissent les mystères de la physique et de la chimie, les contraires paraissent se rechercher, pour se compléter et se saturer l'un l'autre; et par la même raison les semblables se repoussent. Le pays manufacturier a besoin du pays agricole pour y trouver les débouchés de ses produits et pour en tirer sa subsistance, tandis qu'il redoute la concurrence d'un autre pays manufacturier. Mais, sûr une plus grande échelle, les conditions du phénomène peuvent se modifier de manière à produire des effets inverses, ce qui n'est pas non plus sans analogie avec les lois que le monde physique nous présente. Si le district agricole et le district manufacturier se préoccupent moins de leurs rapports mutuels que de leurs rapports avec l'ensemble du monde commercial, le système douanier qui convient à l'un contrariera l'autre; et il y aura une tendance à rompre le lien douanier, et même le lien politique et celui de la nationalité, en tant qu'ils imposent l'unité de système commercial ou économique.

279. — Souvent l'intérêt économique vient renforcer et perpétuer sous une autre forme ce qui tirait d'un principe différent sa première origine. Le but économique de la fondation des villes est d'agglomérer sur un même point les industries qui se prêtent un secours mutuel; d'offrir aux populations rurales un marché à la fois suffisamment fourni et suffisamment rapproché d'elles, où elles puissent venir s'approvisionner des objets dont elles ont besoin et trouver un

débouché pour leurs propres produits; c'est enfin d'occuper et de fortifier un port, une embouchure de fleuve, un confluent de rivières navigables, en tant que position éminemment favorable au commerce avec les pays lointains. Or, il s'en faut bien que l'emplacement et l'importance relative de la plupart des villes aient été exclusivement ou même principalement déterminés par ces conditions économiques. Tantôt le besoin de chercher un refuge sur quelque lieu escarpé, tantôt l'attrait d'un pèlerinage religieux, tantôt la fantaisie d'un prince ont donné naissance à des villes que le hasard des circonstances a ensuite inégalement agrandies. Par là une foule d'intérêts économiques ont aussi pris naissance, qui suffiraient pour conserver et accroître ce qui devait son origine à des intérêts d'un tout autre ordre; puisqu'une ville avec ses constructions publiques et privées, ses rues, ses places, ses marchés, ses ports, ses docks, les routes et les canaux qui s'y relient, représente pour les particuliers et pour le public un capital énorme qu'il faut bien utiliser, et de la perte duquel ni les particuliers, ni le public ne seraient dédommagés par les avantages économiques que l'on pourrait trouver à placer la ville ailleurs. Si un caprice de Louis XIV n'avait pas créé la ville de Versailles, on ne s'aviserait pas aujourd'hui de la bâtir; et certainement, tant que la France restera un pays civilisé, la ville de Versailles subsistera, quand même on laisserait dépérir le fastueux palais, à l'ombre et pour le service duquel elle s'est formée.

Quelquefois les chances de la guerre et de la politique ont agrandi les villes jusqu'à en faire les capitales de puissants empires qui renferment plus de population et de richesses que n'en contiennent de vastes provinces. A la suite des courtisans, des administrateurs, des financiers, des gens de loi, des gens de lettres, des étudiants et des plaideurs, viennent des marchands, des fabricants, des ouvriers que réclament les besoins d'une grande population. L'industrie, le commerce de l'empire se centralisent comme le pouvoir politique et l'administration; et une fois cette centralisation économique établie, elle peut se maintenir par sa vertu propre, s'exagérer même, indépendamment des principes qui en ont été originairement la cause déterminante.

280. — Remarquons bien l'un des caractères essentiels des intérêts purement économiques, lequel a trop peu fixé l'attention. Les intérêts économiques admettent cette double propriété, de n'être pas restreints dans leur durée, tout en n'excitant qu'une sensibilité passagère. Je m'explique. On perce dans une ville une rue nouvelle, on trace dans un pays une route nouvelle, et tout d'abord il y a de l'agitation pour que la rue traverse tel quartier plutôt que tel autre, pour que la route desserve telles ou telles localités intermédiaires. Ce sont bien là des intérêts de l'ordre économique, vivement ressentis au premier moment; et du parti qui sera pris résulteront des effets susceptibles de durer autant que la ville, autant que la civilisation du pays. Cependant, une fois le tracé décidé et exécuté, l'agitation se calmera. Quelques propriétaires y auront gagné beaucoup, d'autres y auront éprouvé du dommage : mais désormais les propriétés se vendront sur le pied de la valeur qu'elles ont acquise, ou déduction faite de la valeur qu'elles ont perdue par suite de l'existence de la rue ou de la route. On pourra

appliquer ici les remarques appliquées ailleurs à propos de l'impôt foncier (206). Au bout d'un siècle, toutes les propriétés auront changé de mains, et les nouveaux propriétaires seraient très-mal fondés à dire que la rue, que la route, qui a causé et qui cause à leur quartier, à leur canton un dommage réel, leur cause un dommage personnel; comme aussi l'on aurait tort de dire que les propriétaires profitent personnellement de ce qui a réellement avantagé leur quartier, leur canton, leur propriété. On voit que le *réel* s'oppose ici au *personnel*, absolument comme dans les doctrines des jurisconsultes. Or, le personnel en ce sens, c'est le vivant, c'est la chair et la moelle de l'homme : le réel, c'est son vêtement, son outil, ou (si l'on veut) c'est un de ces organes qui, sensibles dans les premiers temps de la vie, se durcissent, s'encroûtent jusqu'à perdre la sensibilité et le mouvement vital. Si l'organe endurci est susceptible de durer indéfiniment dans des circonstances convenables, c'est justement parce qu'il ne vit plus, parce que la sensibilité y est éteinte [1].

Une ville (la ville de Marseille, par exemple) doit à des circonstances nouvelles un grand surcroît de prospérité. Son port devient un des plus importants du monde entier. Si la ville de Marseille était constituée comme l'antique colonie phocéenne ou comme une cité italienne du moyen âge, si elle avait ses citoyens, ses métèques, ses patriciens, ses bourgeois, ses natifs, ses étrangers, la prospérité de la ville serait ressentie par ses citoyens ou ses bourgeois comme une prospérité personnelle. Mais aujourd'hui rien n'empêche les ou-

---

Traité de l'enchaînement des idées fondamentales, livre V, chap. 1, n° 540.

vriers, les capitalistes de tous les points de la France de venir faire concurrence aux bras et aux capitaux marseillais, et de produire ainsi le nivellement des profits et des salaires, autant qu'un tel nivellement est possible. Les avantages de Marseille n'en subsistent et ne s'en développent pas moins, en tant qu'avantages réels : mais ils ont perdu la vertu d'agir sur les hommes comme agissent ces intérêts où la personnalité humaine est directement, constamment en jeu ; et la France ne s'émeut pas lorsque quelque indiscret avocat des intérêts de Marseille ou de Bordeaux insinue que Bordeaux ou Marseille pourraient bien proclamer leur indépendance ou se donner à l'Angleterre.

281. — Il ne faut pourtant rien outrer, et chacun comprend qu'un antagonisme permanent dans les intérêts économiques peut et doit amener la rupture du lien politique, lorsque ce lien devient trop tendu et forcé. Ainsi s'opère pour les colonies lointaines (274) le sevrage et la séparation de la mère patrie. La colonie aura d'abord une sorte de législature et de représentation provinciale qui lui suggérera, vu les distances et la disparité des conditions physiques et sociales, l'idée d'une émancipation politique. Il est naturel que des provinces contiguës, dont les origines (après tout) ont beaucoup d'affinités, se fondent à la longue dans l'unité nationale, et il ne l'est pas moins que des colonies qui peuvent se suffire à elles-mêmes, qui ont acquis un territoire, une population, des forces comparables à celles de la métropole, se détachent d'elles et se créent, avec une existence politique indépendante, une constitution économique indépendante aussi, autant qu'elle peut l'être dans les conditions actuelles du commerce

général. C'est ainsi que nous avons vu naître et croître (avec la rapidité que comporte l'*état naissant* ou la première phase du mouvement vital) des nations toutes jeunes à certains égards, et qui montrent cependant par d'autres côtés que la civilisation les a portées dans ses flancs et enfantées dans sa vieillesse. C'est ainsi qu'il nous a été donné d'assister à une dernière scène de l'acte sublime et mystérieux de la Création, dont les premières scènes sont antérieures à toute histoire connue.

282. — Là où toutes sortes de circonstances ont concouru à fortifier l'unité politique d'un grand Etat et à en soumettre toutes les parties à un régime uniforme, il y a encore bien des intérêts économiques qui se combattent. Cependant, personne ne songerait à y rétablir (tout en respectant l'unité politique) ces barrières intérieures dont les provinces se montraient si jalouses quand elles ne s'étaient pas encore entièrement fondues dans l'unité nationale. Il ne suit pas nécessairement de là que cette jalousie fût un effet de l'ignorance où étaient les provinces de leurs vrais intérêts, ni que l'expérience ait définitivement condamné, au point de vue des intérêts économiques, la résistance qu'elles ont opposée dans d'autres temps à l'unification économique ou douanière. Si toutes ont fait des progrès dans la richesse depuis la chute des barrières, il se peut que d'autres causes générales aient développé partout la richesse, même dans les provinces auxquelles la chute des barrières a effectivement porté préjudice, et qui se seraient plus enrichies encore sans la chute des barrières. On courra moins de risques de se tromper, en disant que la disparition de l'unité provinciale (non pas en tant

que dénomination officielle, mais en tant qu'unité réellement vivante) a fait disparaître le souci des intérêts provinciaux, ou abattu le drapeau autour duquel ils pouvaient se rallier. L'ouvrier, l'industriel, le capitaliste passent d'une province à l'autre comme d'une ville à l'autre. Au besoin, le propriétaire vend son héritage pour replacer en biens-fonds là où les biens-fonds sont d'un meilleur rapport. Le patriotisme local qu'avait fait naître un premier progrès de la civilisation, en attachant les hommes à la contrée qui les a vus naître et qui a vu naître et mourir leurs pères, s'efface sous l'empire d'une civilisation plus avancée, qui rompt les vieilles attaches, et ramène, quoique sous une forme bien différente (265), quelque chose d'analogue à la vie nomade des temps primitifs.

La diversité, sinon le conflit des intérêts économiques, au sein d'une nation chez laquelle les rivalités provinciales se sont décidément effacées devant le sentiment de l'unité nationale, est plutôt un avantage qu'un inconvénient. Elle produit à peu près les effets d'une assurance mutuelle. Quand l'inclémence des saisons, une crise commerciale ou tout autre événement de ce genre mettent un intérêt économique en souffrance, il y a d'autres intérêts que le même genre de souffrance n'atteint pas; et de là des ressources pour venir en aide aux intérêts souffrants, ou du moins pour empêcher que la cause perturbatrice ne porte le désordre dans le corps social tout entier.

283. — En ce sens, la formation des grandes nationalités doit être considérée comme un progrès économique, malgré les charges croissantes qu'imposent aux peuples les frais d'une administration plus compliquée,

l'entretien des grandes armées, le goût des grandes entreprises, suites naturelles d'un accroissement de puissance. Nous nous éloignons toujours davantage de l'époque où de petites républiques, grâce à leurs richesses, à leur habileté dans l'exploitation de quelques avantages naturels, et surtout à leur énergie patriotique, pesaient plus que de grands royaumes dans la balance du monde politique comme dans celle du monde commercial. Aujourd'hui les intérêts économiques (aussi bien que les intérêts politiques) ont besoin d'un pavillon qui les couvre, qui les fasse respecter dans le monde; et ce pavillon ne peut être que celui d'une grande nationalité.

Cela frappe tous les yeux, surtout lorsqu'il s'agit des nations réputées riches entre toutes les autres, parce que leur activité s'est portée de préférence vers le commerce lointain et l'industrie manufacturière. Tandis que d'autres nations s'agrandissent pour s'agrandir, pour satisfaire l'ambition de leurs souverains, l'ardeur guerrière de leurs troupes, la vanité de tous, ou (si l'on veut) pour accomplir des destinées historiques dont la Providence a le secret, on en voit d'autres s'avancer pas à pas, avec une merveilleuse constance, vers leur but de suprématie commerciale et industrielle, planter patiemment des jalons, acquérir une à une les positions, les forteresses, les points de relâche, les comptoirs dont l'importance ne se montrera que plus tard. Il faut que ces nations entretiennent à grands frais des escadres, des garnisons lointaines; qu'elles ne reculent point devant des expéditions, des entreprises d'un résultat incertain, ou dont les fruits se feront longtemps attendre. Peut-être faut-il encore, ou du moins a-t-il fallu ne pas craindre de verser son sang, de prodiguer son or, pour créer des embarras aux nations rivales, pour semer entre elles des germes de dissensions et de guerres, pour épuiser leurs forces, pour lasser leur courage dans des luttes acharnées. Comment répondre aux exigences d'une telle situation, sans une puissante organisation politique et sans une vive excitation du patriotisme qui double les forces politiques?

284. — Cependant la voie parcourue avec tant d'éclat et de succès par quelques nations, ne peut être entièrement négligée par les autres, sans mettre plus ou moins en souffrance leurs intérêts économiques. Dans les temps de l'antiquité et du moyen âge, le commerce qui enrichissait quelques nations privilégiées était un commerce de luxe, dont après tout les autres nations pouvaient se passer, avec profit pour la sévérité de leurs mœurs, et sans que leur constitution économique en éprouvât de trouble sensible. Aujourd'hui que le globe entier est exploité par l'industrie européenne, les produits de la zone intertropicale sont devenus, pour les habitants de l'Europe et des autres régions tempérées, des articles de première nécessité. Il faut que chaque nation s'en approvisionne et produise de quoi les payer. Elle ne peut pas les obtenir par un échange direct, si elle ne produit que des articles encombrants, ou des matières premières qui ne répondraient pas aux besoins, qui ne tenteraient pas les goûts de ces populations lointaines, lesquelles doivent à leur climat d'être par excellence, pour le monde entier, des populations de *planteurs* ou de producteurs de matières premières. Il faudra donc que chaque nation européenne devienne, de ce chef, une nation manufacturière (en ce sens

qu'elle demandera à l'industrie manufacturière plus que ne réclameraient les besoins de sa consommation en articles manufacturés), ou qu'elle se résigne à se dessaisir au profit d'une nation voisine et rivale, à priver sa propre population d'une partie des matières premières et des denrées alimentaires qu'elle produit, afin d'acheter de ses voisins les denrées exotiques qu'eux-mêmes se seront procurées en échange des produits de leur industrie manufacturière (160). Supposons que, pour s'affranchir de cette cause d'infériorité dans le système des relations commerciales, la nation dont nous parlons ait fait tous les efforts que comportent sa situation naturelle et son organisation politique, à l'effet de se donner, à dose suffisante, la qualité de nation manufacturière : il faudra encore qu'elle fasse directement l'échange, le commerce avec des pays lointains, ou qu'elle laisse à des voisins mieux préparés, mieux outillés, tous les bénéfices de ce commerce. Il faudra donc qu'elle ait ou qu'elle tâche d'avoir des ports, des arsenaux, une marine militaire et marchande, des matelots, des armateurs, des comptoirs, des échelles, des colonies, des agents diplomatiques et consulaires. Voilà le cortége des institutions politiques qui revient avec toutes ses exigences. Autrement, il est bien clair que les avantages constamment acquis à une nation sur d'autres, dans un commerce qui ne peut souffrir d'interruption, se manifesteront à la longue, sinon par l'émigration des métaux précieux d'un pays dans l'autre, du moins par une inégale répartition des dons de la Nature et des fruits du travail. Il y aura des nations riches et des nations pauvres par rapport à d'autres (161), suivant le sens très-juste et nullement arbitraire qui s'attache aux mots de pauvreté et de richesse.

Nous avons rapidement indiqué comment, dans l'ordre économique, l'intérêt national se forme et se développe par le concours et la fusion des intérêts locaux : nous n'avons plus qu'à observer comment, par une continuation du même mouvement, le sentiment ou, si l'on veut, la jalousie des intérêts nationaux s'affaiblit à son tour, de manière à préparer un revirement d'opinion ou un changement de système dans la conduite des intérêts économiques.

CHAPITRE VI.

DES TENDANCES COSMOPOLITES, ET DE LA FUSION PROGRESSIVE DES INTÉRÊTS NATIONAUX DANS L'INTÉRÊT COSMOPOLITE.

285. — Depuis qu'il y a des philosophes, on a connu une philosophie cosmopolite, dont la prétention est de planer bien au-dessus d'un patriotisme vulgaire ou d'un esprit étroit de nationalité, pour rechercher en toutes choses le plus grand bien de l'humanité et le plus parfait accomplissement des destinées auxquelles on la croit appelée. Et du moment aussi qu'une telle idée s'est produite, les hommes d'Etat, les hommes d'affaires, les esprits qui se piquent de bon sens pratique n'ont pas manqué de la renvoyer au pays des chimères, en soutenant, avec apparence de raison, que les Gouvernements ne sont pas institués pour soutenir des thèses de philosophie; que jamais de grandes nations ne se résoudraient à être martyres d'une idée; qu'elles n'auraient pas l'abnégation d'abdiquer ainsi tous leurs droits de légitime défense, ni même de renoncer aux entreprises offensives auxquelles les pousse le principe d'activité et de vie qui réside en elles.

Cependant, au train dont va le monde, l'esprit le plus en garde contre les illusions de la pensée solitaire ne peut méconnaître une tendance à faire plus ou moins pénétrer dans l'ordre des faits réels et historiques ce qui, pendant si longtemps, avait paru n'appartenir qu'au monde des utopies et des idées. L'avénement des religions *prosélytiques* qui appellent tous les hommes à elles, sans dictinction de races et de natiotionalités, a puissamment contribué à préparer cette réalisation historique ou, comme on dit maintenant, cette incarnation de l'idée : mais, aujourd'hui, la force du principe religieux n'est plus même nécessaire. La *philanthropie* des nations chrétiennes est un principe de civilisation universelle et supérieure, qui subsiste et qui subsistera indépendamment des croyances chrétiennes.

Toutes les populations européennes ont un fonds commun de civilisation qui ne tient pas seulement à la primordiale affinité des races, à la communauté des croyances religieuses (au moins sur les points fondamentaux), mais encore aux accidents de leur histoire et aux influences communes que d'antiques civilisations ont exercées sur elles. En conséquence, il y avait déjà au quinzième siècle un monde européen, sorte de patrie commune à une grande association de peuples, rappelant (sur une plus grande échelle) ce qu'avait été le monde grec dans l'antiquité et ce qu'était à cette même époque le monde chinois. L'Europe pourtant n'est encore qu'une bien petite partie du monde habitable : il fallait, pour ainsi dire, qu'elle sortît de chez elle sans cesser d'être elle-même, et qu'elle se déversât sur le globe entier, pour que l'idée cosmopolite, dans son acception économique, eût vraiment à quoi se prendre et de quoi justifier son nom.

286. — Il ne faut nullement confondre la philanthropie avec les tendances d'une économie cosmopolite. La philanthropie, comme le prosélytisme religieux, embrasse dans le cercle de ses sympathies

toutes les races humaines, avec leurs innombrables variétés d'organisation, d'instincts et de cultures. Or, qui oserait soutenir que toutes sont capables d'arriver à cet état de civilisation qui est le nôtre, auquel s'appliquent nos théories économiques, et que naturellement nous regardons comme le meilleur? N'avons-nous pas au contraire les plus justes motifs de croire que l'expansion des races civilisées à notre manière condamne à une destruction assez prochaine les races inférieures que leur climat ne protége pas contre nous, et qui ne nous empruntent que des principes délétères : soit parce que leur constitution les rend en effet inhabiles à s'inoculer les principes civilisateurs, soit parce qu'il faudrait pour cela un temps que notre impatience de jouir et de nous développer nous-mêmes ne peut leur laisser? A coup sûr il y a là une perte pour celui qui se complaît dans la contemplation esthétique de la Nature, dans l'admiration de l'étonnante variété des formes qu'elle produit. Il y a même là une perte pour l'étude philosophique de l'homme : car, comme quelqu'un l'a dit, il sera trop tard pour étudier l'homme quand il n'y aura sur la terre que des Européens. Il est plus agréable pour l'amateur de plantes et plus instructif pour le botaniste de rencontrer toutes les espèces de bruyères qui vivent côte à côte dans l'Afrique australe (ou dont les diverses stations se subordonnent au relief d'un sol accidenté), que de parcourir dans le nord de l'Asie des steppes immenses, toutes envahies par la même espèce de bruyère. Et si l'on a l'utile en vue, quel moyen de prouver (indépendamment de toute idée de propagande religieuse) qu'un sauvage a gagné beaucoup à se revêtir tant bien que mal de nos accoutrements, ou qu'il vaut mieux que le *coolie* chinois cultive péniblement la canne à sucre, là où l'insouciant indigène vivait nonchalamment d'un peu d'ignames et de maïs (4)? Il s'agirait toujours (on le voit bien) d'établir des comparaisons entre des choses qui n'admettent point de commune mesure et qui n'ont rien de comparable (240).

Donc il faut se restreindre et admettre que le rapprochement porte sur des choses congénères, sur des nations qui participent au même système général de civilisation, et qui ont de nombreux points de contact, de nombreux rapports de commerce. A la faveur de telles restrictions, l'on se fait fort bien l'idée d'un intérêt général ou cosmopolite, susceptible d'être mis en contraste avec un intérêt national. Que des montres soient fabriquées à Ferney ou à Genève, à Besançon ou au Locle (271), cela peut intéresser la France ou la Suisse, mais n'intéresse nullement le reste du monde : au lieu qu'il est d'un intérêt général que les meilleures montres soient fabriquées dans les meilleures conditions, c'est-à-dire au meilleur marché possible. Assurément cela n'intéresse point les peuplades sauvages, les nations barbares; mais cela intéresse tous les peuples initiés à la civilisation européenne, ou qui ont fait à leur manière (comme les Chinois) assez de progrès dans la civilisation générale pour mettre du prix à la mesure précise du temps.

287. — Nous avons vu que les Gouvernements peuvent exercer en beaucoup de choses une action réglementaire ou protectrice, sans y être sollicités par des sentiments de défiance ou de jalousie nationale ; et par

conséquent, de ce chef, les progrès des tendances cosmopolites n'entraîneraient pas nécessairement une diminution de la fonction gouvernementale, une plus grande émancipation de la société au point de vue économique. Il faudrait toujours protéger les générations à venir contre les abus de jouissance de la génération actuelle; il faudrait toujours fournir à la puissance publique les moyens de faire ce qui est de l'intérêt général de la société, et ce qui ne peut se faire par les seules sollicitations de l'intérêt privé. Mais les progrès des tendances cosmopolites et des communications entre les peuples auraient en ceci deux conséquences générales. D'une part ils supprimeraient à la longue toutes les différences arbitraires entre les différents systèmes de protection gouvernementale, toutes celles qui n'auraient pas leur raison essentielle dans la diversité des conditions extérieures, des climats, des productions et des constitutions économiques imposées à chaque peuple par son génie et son histoire. D'autre part ils obligeraient les Gouvernements à se concerter pour la plupart des grandes mesures de protection ou de direction gouvernementales, auxquelles les populations gouvernées auraient un égal intérêt. C'est-à-dire que la force des choses, en créant des intérêts généraux dont la sphère engloberait celles des intérêts de chaque nation en particulier, placerait au-dessus des pouvoirs nationaux une direction commune ou supérieure : de même que, pour des Etats confédérés et qui néanmoins résistent à se fondre dans une même unité nationale, il y a au-dessus des pouvoirs cantonaux un pouvoir fédéral, chargé de la représentation, de la direction et de la défense des intérêts fédéraux. Il est vrai que ce pouvoir fédéral est confié d'ordinaire à une autorité permanente ou à des corps qui se rassemblent périodiquement : tandis que (à moins de tomber dans l'utopie d'une *république chrétienne* ou d'un conseil d'Amphictyons) l'on n'imagine pas que la direction commune des intérêts communs à plusieurs nations politiquement indépendantes puisse s'exercer autrement que par la voie du concert diplomatique, chaque fois que le besoin s'en fait sentir (92). Mais qu'importent les formes mises à l'exercice d'une autorité, sa permanence ou son intermittence, pourvu qu'elle réponde aux besoins de la situation et qu'elle atteigne le but ?

288. — Tout ce qui n'a pour motif que de conserver et d'accroître la puissance politique d'une nation serait évidemment sans valeur aux yeux d'une philosophie cosmopolite qui compterait sur l'avénement d'une sorte de règne messianique, sous lequel tous les différends entre les peuples seraient vidés pacifiquement, pour le plus grand avantage des parties en litige : la raison générale réprimant les passions et les entreprises injustes, aussi bien chez les peuples que chez les particuliers. Nous croyons volontiers, pour notre part, que les progrès de la civilisation générale nous rapprochent un peu, à chaque étape séculaire, de cet état idéal : et pourtant, si l'idéal (comme nous le croyons aussi) ne peut jamais être à beaucoup près atteint ; s'il y a dans l'homme social et dans les nations prises en corps un fond d'instincts sauvages qui ne sauraient jamais être entièrement réprimés, il en faut conclure que tous les sacrifices économiques faits en vue de maintenir la force des pouvoirs publics, au dedans et au dehors, se justifient économiquement, même dans le sens d'une

philosophie cosmopolite. Voilà de grandes nations qui se tiennent, comme on dit, en échec, en entretenant des flottes, des forteresses, des armées immenses et qui coûtent bien cher. De plus, la prévision d'une rupture, la crainte de se mettre pour des approvisionnements nécessaires à la discrétion de l'ennemi, la nécessité de ménager des forces contributives, obligent de maintenir des règlements économiques nuisibles (on l'accorde) au développement de la richesse générale. Il vaudrait mieux sans doute que la nature de l'homme permît de s'affranchir de telles nécessités. Cependant, si à la faveur de pareils sacrifices on prévient, on rend de plus en plus rares des révolutions, des guerres bien autrement ruineuses, et par ce qu'elles détruisent, et par ce qu'elles empêchent de produire, la philosophie le plus décidément cosmopolite sera bien forcée d'approuver des sacrifices qui tournent effectivement au plus grand avantage économique de toutes les nations, lors même qu'ils ne semblent faits que dans un but d'agression ou de défense nationale.

On ne peut pas précisément comparer des nations luttant les unes contre les autres, sous l'aiguillon de l'intérêt national, à des particuliers luttant entre eux pour leurs intérêts particuliers. La loi des grands nombres (9) et les compensations qu'elle opère ne trouvent pas leur application dans un cas comme dans l'autre. Il s'en faut que les progrès du droit international aient éloigné les peuples (considérés dans leurs rapports mutuels) de ce que nous appelons l'état de nature, autant que les progrès du droit civil et des institutions qui le protégent en ont éloigné les simples particuliers. Cependant il serait étrange que l'on voulût fonder toute la doctrine économique sur une identité présumée entre la direction de l'intérêt national et celle de la résultante des intérêts particuliers livrés à eux-mêmes, sans être porté aussi à admettre que, de la lutte des intérêts nationaux, doit sortir le plus grand bien, au point de vue de l'intérêt cosmopolite. Or, il suffirait que cette dernière proposition fût vraie dans une certaine mesure pour que ce qui semble d'abord n'avoir d'autre raison d'être qu'un intérêt d'égoïsme national, tournât en définitive au profit de l'intérêt cosmopolite.

289. — Au reste, des questions peuvent comporter une solution précise au point de vue de l'intérêt national et n'en pas comporter au point de vue de l'intérêt cosmopolite, auquel pourtant elles ne sont point indifférentes. Par exemple, l'interposition d'une barrière permet de faire avec des bras, en deçà de la frontière, ce qu'on ferait au delà plus économiquement avec des machines, à la faveur du bas prix du combustible ou de l'abondance des capitaux. Le Gouvernement ne maintient la barrière que parce qu'il est bien établi qu'elle ne pourrait être levée sans déchet dans la population ouvrière et dans la somme des revenus nationaux, toute balance faite des avantages qu'une baisse de prix procurerait aux consommateurs nationaux. D'après l'hypothèse (que nous demandons qu'on nous accorde, puisqu'il ne s'agit que d'un exemple), la question se trouve donc résolue au point de vue de l'intérêt national. Elle le serait encore, quoique dans un autre sens, pour le philosophe cosmopolite, s'il lui était prouvé que la suppression de la barrière aura pour effet, ou de faire vivre mieux et avec moins de fatigue le même nombre d'hommes (n'importe leur natio-

nalité), ou d'augmenter à la fois, pour le groupe ethnique pris dans sa totalité, l'aisance moyenne et la consommation (242). Mais, si cette suppression de barrière ne doit augmenter l'aisance moyenne dans le groupe ethnique que l'on considère, que sous la condition d'un déchet dans la population totale du groupe, la question pourra bien figurer parmi celles qui n'admettent pas de solution scientifique, ou pour lesquelles chacun adopte au gré de ses sentiments et de ses croyances, en dehors de la science positive, un principe de solution.

290. — En général, tout ce qui pousse au déploiement des forces productrices, aux efforts, aux recherches, à l'invention, n'importe chez quelle nation, doit être favorablement accueilli par l'esprit cosmopolite, lors même que l'intérêt national en serait partout momentanément contrarié. Ce qui ne réussit point ici et dans les conditions actuelles, réussira un jour ailleurs dans des conditions différentes. Les mesures mêmes par lesquelles un Gouvernement protège les nationaux contre la concurrence étrangère, peuvent être acceptées par une philosophie cosmopolite, lorsqu'elles stimulent l'énergie productrice de la nation protégée, au point d'accroître la somme des forces productrices mises en jeu dans le monde civilisé, après qu'on a fait la part de l'atteinte qu'elle peut porter aux forces productrices des nations étrangères. Que l'industrie d'une nation se développe à la faveur d'un système protecteur, et les développements consécutifs de sa population, de son activité, de ses besoins, pourront rouvrir à la production étrangère, autrement dirigée, des débouchés plus vastes que ceux qui lui avaient été fermés par l'éta-

blissement du système protecteur. Il est vrai que toute cette théorie du développement des forces productrices par voie de protection, d'éducation et d'encouragement, suppose qu'il ne s'agit que d'une protection temporaire, d'une éducation qui se termine. Au cas contraire, il ne faudrait pas encore conclure que les avocats du système protecteur ont décidément perdu leur cause, en tant qu'ils se placent sur le terrain des intérêts nationaux, mais seulement qu'ils l'ont perdue, en tant qu'ils voudraient la placer sous le patronage d'une philosophie cosmopolite.

Par exemple, il y a un avantage économique évident à rapprocher le siége de la production du siége de la consommation, toutes les fois que ce rapprochement peut se concilier avec les avantages que procure une meilleure organisation du travail, lorsque la production a lieu sur une échelle suffisamment grande : et par conséquent les gênes temporaires conseillées par l'intérêt national, à l'effet de forcer le travail producteur à se distribuer avec plus d'uniformité, tout en lui ménageant les moyens de s'organiser sur une échelle suffisante, pourront être d'accord avec l'idée que poursuit une philosophie cosmopolite. Mais, s'il fallait que ces gênes fussent indéfiniment maintenues dans un intérêt national, ce serait la preuve que les avantages attachés à la concentration de la production l'emportent décidément (dans le sens d'une philosophie cosmopolite) sur ceux que procure un plus grand rapprochement des producteurs et des consommateurs.

291. — Nous nous sommes peut-être trop étendu sur ces raisonnements abstraits et arides : revenons au train du monde; voyons quel mouvement nous em-

porte et quel courant d'opinion doit en définitive prévaloir sur tous les raisonnements. Par le seul effet des progrès de la civilisation et de l'industrie, les barrières entre les peuples tendent à s'abaisser. Le commerce, les voyages si prodigieusement facilités, multiplient entre eux les relations et les contacts; la locomotive brise, par sa vitesse et par sa masse, les lignes de douane et de police. Quand on se lève le matin dans la capitale d'un grand empire, pour se coucher le soir dans une autre métropole, il devient difficile de se figurer qu'on ne vit plus dans le même monde et dans la même société. Les riches vont chercher le plaisir ou le délassement; les négociants, les spéculateurs, les entrepreneurs, les ingénieurs vont chercher l'emploi de leur activité; les pauvres vont chercher le travail manuel, le pain quotidien; et quelquefois l'émigration des populations souffrantes, secondée de toutes les ressources de la civilisation moderne, prend des proportions inouïes, quant aux masses et quant aux distances.

Le mouvement international des capitaux, auquel participaient exclusivement autrefois les grands capitalistes, entraîne aujourd'hui, à la faveur des institutions de Bourse et de Banque, les plus modestes épargnes. Ici apparaissent surtout les avantages des libres communications entre les peuples : puisque, d'une part, la nation qui exporte des capitaux (habituellement sous la forme de produits de son sol et de son industrie), voit la production encouragée dans son sein par cette exportation même; et que, d'autre part, des capitaux ne sont importés chez une autre nation que parce qu'ils y trouvent un placement avantageux, en développant son industrie et en lui laissant un bénéfice net, après qu'elle a payé l'intérêt du capital emprunté à des capitalistes étrangers. Il se produit d'ailleurs un fait auquel on n'a pas assez pris garde : c'est que, dans les conditions de progrès général où sont entrées depuis longtemps et pour longtemps les nations les plus civilisées, le temps se charge de payer en grande partie les dettes de nation à nation, comme celles de particulier à particulier et de Gouvernements à particuliers (204). La hausse progressive des valeurs, la dépréciation progressive du numéraire métallique suffisent pour amener ce résultat, sans parler des autres causes de déchet qui, à la longue, liquident tous les comptes de deniers. Semblable à un grand propriétaire terrien, qui peut être gêné, mais qui ne se ruine pas, la nation réputée la moins opulente conserve son sol, ses mines, ses côtes, ses fleuves, tous ses avantages naturels : tandis que d'autres nations qui regorgent de capitaux s'empressent de les mettre à son service, en vue d'avantages actuels qui ne peuvent avoir la même solidité ou la même durée, et pratiquent ainsi la philosophie cosmopolite, bien mieux qu'elles ne comptent au fond la pratiquer, apparemment parce qu'une force supérieure pousse l'humanité dans cette voie.

292. — Voilà un genre de cosmopolitisme pratique qui ne peut manquer d'avoir une grande influence sur les idées et sur les faits, particulièrement en ce qui touche à l'économie des sociétés. Il doit amener sur une plus grande échelle quelque chose qui ressemble à la fusion des intérêts locaux ou provinciaux dans l'intérêt national (282). Comment les nations pourraient-elles continuer d'être séparées les unes des autres aussi

profondément que par le passé ? Ce que l'on nomme le progrès de la tolérance religieuse (c'est-à-dire au fond le progrès de l'indifférence religieuse) ne permet plus que les hommes se haïssent, se persécutent ou se combattent à cause de leurs croyances religieuses. Les mœurs de chaque peuple perdent de leur singularité. En voyant fonctionner côte à côte dans des pays voisins, ou successivement dans le même pays, des Gouvernements si divers, on apprend à mettre moins d'importance à la forme et même aux principes politiques des différents Gouvernements. Quand le drapeau national est moins souvent déployé sur les champs de bataille, il ne se peut que le sentiment même de la nationalité ne perde de sa vivacité. S'il n'y avait plus de guerres de peuple à peuple et si la langue n'était pas là, comme principe conservateur de la nationalité, on pourrait craindre que le patriotisme national ne s'émoussât à la longue, autant que s'est émoussé le patriotisme provincial. Or, quoique la langue universelle rêvée par les philosophes soit une chimère, il y a, sur le chapitre même de la langue, un progrès incontestable dans le sens de la simplification ou de la suppression des diversités. Deux langues suffisaient dans l'empire romain à tous les besoins de la civilisation proprement dite; à l'est de l'Asie, une langue écrite suffit pour quelques centaines de millions d'hommes; quatre ou cinq langues suffisent à toutes les exigences de notre civilisation européenne, aux savants, aux politiques, aux gens d'affaires ; et l'avenir réduira plutôt qu'il n'augmentera le nombre de ces instruments de la civilisation générale.

293. — Ainsi donc, par tous les côtés, les nations

plus mêlées les unes aux autres, ayant moins vivement conscience de leur individualité et ayant une conscience plus nette de leur vie commune, seront moins portées à s'imposer des gênes dans leurs communications mutuelles ou à supporter les gênes que voudraient leur imposer les pouvoirs qui les dirigent. A quoi il faut ajouter que la rapidité même des évolutions sociales et économiques, dans le temps où nous vivons, fait disparaître le principal argument à l'appui de tout système réglementaire ou protecteur, l'argument tiré de ce que l'on pourrait appeler l'éducation industrielle. A quoi bon se donner tant de peines, pendant un demi-siècle peut-être, pour acclimater une industrie, lorsqu'au bout de dix ans quelque découverte imprévue doit venir faire une révolution dans les conditions de cette industrie ou de l'industrie en général ? Une nation dépense quelques centaines de millions pour creuser des canaux, pour améliorer le régime de ses rivières navigables : et à peine ces grands travaux sont-ils finis, qu'il faut construire des chemins de fer qui mettent en chômage la navigation des canaux et des rivières. En présence de tels faits où la puissance des causes supérieures et ignorées, où la faiblesse et l'incertitude de nos délibérations et de nos projets se montrent avec tant d'évidence, il y a des leçons de modestie et de réserve pour tout le monde, pour tous les auteurs de théories et de règlements. On sent qu'il ne s'agit pas de contraindre les nations à entrer dans telles ou telles voies, mais de les aider à entrer dans la voie que la marche des événements leur indique.

CHAPITRE VII.

RÉFLEXIONS SUR LA NATURE DE LA CONTROVERSE EN FAIT D'ÉCONOMIE SOCIALE. — CONCLUSION DE L'OUVRAGE.

294. — Notre esquisse achevée, nous pouvons utilement revenir sur les considérations générales présentées au début, et mieux caractériser la place, la nature, les moyens, la portée de cette science d'origine moderne, qui traite de l'économie des sociétés et plus particulièrement de ce qui concerne la production et la distribution des richesses (11).

Les pères de la philosophie grecque, Platon et Aristote, ont très-bien distingué ce qui est du ressort de la *science* (ἐπιστήμη) et ce qui est du ressort de l'*opinion* (δέξα)[1]. La science, la raison, flambeaux divins de l'humanité, gouvernent effectivement le monde, en ce sens que leurs règles constantes, immuables, doivent finalement l'emporter sur les fluctuations des éléments inférieurs de notre nature : tandis que l'opinion maîtrise, entraîne le monde plutôt qu'elle ne le gouverne, et qu'il lui arrive souvent de détruire son œuvre de la veille. Or, qui ne voit que la plupart des questions d'économie sociale dont le monde s'occupe, sont traitées dans le monde et quelquefois même (par exemple, lorsqu'il s'agit du régime de la presse, du timbre des journaux,

---

[1] *Essai sur les fondements de nos connaissances*, T. II, chap. 24, n⁰ˢ 378 et suiv.

du droit d'association ou de réunion) sont traitées par le législateur comme des questions d'opinion, plutôt que comme des questions scientifiques dont les Gouvernements de notre époque ne redoutent jamais la discussion, et au sujet desquelles le monde s'incline devant l'autorité des savants? Et comment le monde s'inclinerait-il devant l'autorité de savants divisés entre eux, partagés en sectes, en écoles, non par suite de torts qui leur soient imputables, mais parce qu'ils n'ont pu trouver ce roc inébranlable, ce *quid inconcussum* sur lequel il est permis de bâtir en toute sûreté? Certes, nous ne sommes pas de ceux qui n'ont vu dans les écrits des économistes qu'une *littérature ennuyeuse;* l'on exagérerait fort notre pensée et l'on nous mettrait en contradiction trop sensible avec nous-même, si l'on nous accusait de refuser à la doctrine économique le nom de science et le genre de dignité qui s'y attache. Bien des vérités ont été établies par les économistes, bien des erreurs ont été dissipées à la clarté du flambeau de la science, à l'aide du raisonnement et de l'expérience; mais cette science est encore et dans certaines de ses parties elle restera toujours à l'état fragmentaire (12); elle n'admet pas et n'admettra jamais complétement la construction régulière, systématique, constamment progressive, qui appartient aux sciences que l'on regarde comme définitivement constituées, en ce sens qu'elles reposent sur des bases inébranlables et universellement admises.

295. — Les motifs de cette assertion ressortent de tout ce qui précède. Et d'abord remarquons l'espèce de contradiction qui se trouve entre le but social de la théorie des richesses (9) et la définition scientifique de la richesse (1). Posséder les choses auxquelles notre

science impose la qualification générique de richesses, c'est posséder virtuellement toute autre chose de valeur égale, que l'on peut se procurer par le commerce. Cela est vrai (par une conséquence de la loi des grands nombres) pour le simple particulier qui peut mettre en vente les richesses qu'il possède et qui ont un cours, sans que l'offre qu'il en fait ait une influence appréciable sur les cours; mais cela cesse d'être vrai pour une grande Compagnie qui mettrait en vente des approvisionnements considérables, et à plus forte raison pour une nation qui ne saurait songer à mettre un beau jour en vente tout son blé, tout son vin, tout son or, tout son argent. Si une telle opération pouvait se concevoir et s'exécuter, elle exclurait l'application de la loi des grands nombres et les compensations qu'elle amène. Cependant l'économiste s'occupe bien moins de ce qui peut enrichir ou appauvrir les particuliers, que de ce qui peut enrichir ou appauvrir les nations, les Etats, des classes entières de la société : propriétaires fonciers, capitalistes, fabricants, ouvriers des manufactures, cultivateurs du sol. Il faut donc qu'il soit sans cesse en garde contre un défaut de concordance entre les applications qu'il a en vue et les postulats de sa théorie. On peut bien admettre que quelques propriétaires ont converti leurs champs en prés ou en vignes, ou qu'une petite fraction de la population ouvrière a quitté sans trop de peine, dans le cours d'une génération, la navette pour la truelle, s'il y a plus d'avantage à manier la truelle que la navette; mais on ne passe pas ainsi de la classe des ouvriers dans celle des propriétaires ou des capitalistes, ou *vice versa*. Les questions qui intéressent, non plus des individus éparpillés, mais des classes entières de la société, sont du ressort de l'homme d'État, du politique, plus encore que de l'administrateur : à plus forte raison sortent-elles du cadre de la science proprement dite.

Rappelons encore ce qui a été dit (12) sur les obscurités inhérentes à l'idée de *force*, surtout quand cette idée s'associe à l'idée d'un principe de vie, surtout quand il s'agit de ces êtres collectifs où la vie circule d'après des lois que nous comprenons moins bien encore que celles qui président aux manifestations de la vie individuelle. Difficilement de telles masses vivantes et sensibles se laissent-elles représenter par des signes abstraits, par des chiffres ou des lettres de l'alphabet. On a vu dans la théorie de l'excitation ou de l'encouragement des forces productrices (livre III, chap. II *et suiv.*) comment la nécessité de tenir compte du principe de vie et de croissance qui anime les sociétés dans leur travail économique comme dans leurs autres fonctions, met souvent en défaut le principe de compensation à l'aide duquel on pourrait cheminer dans l'analyse abstraite et purement logique des problèmes les plus généraux et les plus importants que nous offre la constitution du système économique.

Enfin, le lecteur ne peut manquer d'avoir présent à l'esprit tout ce que nous venons de dire dans ce quatrième livre à propos de la définition du progrès économique et des nombreuses restrictions qu'elle comporte (242). Comment définir l'amélioration économique, lorsque la définition impliquerait une comparaison entre des choses hétérogènes, qui n'ont point de commune mesure, qui peuvent n'être pas mesurables, chacune dans son espèce, et qui, en tout cas, ne sont point numériquement comparables ? Et là où les définitions précises font essentiellement défaut, comment procéder par voie de déduction rigoureuse, comment élever une construction scientifique ? Autant vaudrait partir d'un syllogisme dont la mineure seule serait évidente, et dont la majeure resterait problématique.

296. — Ce qu'évidemment l'on ne pourrait faire par les seules forces du raisonnement, pourrait-on le faire par la voie expérimentale ? Nullement. En fait de résultats économiques comme en fait de pratique médicale, il y a lieu à des observations, à des tâtonnements, à des essais, mais non à l'expérience proprement dite, à l'expérience sans parti pris, à l'expérience vraiment scientifique, telle, par exemple, que les physiciens la conçoivent et la pratiquent. Qu'il s'agisse de nations ou d'individus, on peut essayer d'un régime ou d'un remède ; mais il n'est pas permis d'expérimenter sur le vif quand la nature humaine est en jeu. D'ailleurs, tant de causes peuvent influer à la fois sur les faits économiques, que l'on ne voit pas comment l'on pourrait instituer l'*experimentum crucis* et se prémunir suffisamment contre le sophisme si périlleux : *post hoc, ergo propter hoc*. Il faudrait pouvoir éliminer les causes les unes après les autres par la répétition et la confrontation, sinon d'expériences, au moins d'observations faites dans des circonstances dissemblables; et les phénomènes économiques ne se prêtent guère à cette variété d'observations. Ils s'y prêtent d'autant moins que la civilisation mêle plus les peuples, que la solidarité économique de toutes les parties du monde civilisé est plus prononcée : de manière que les causes

majeures étendent à la fois leur influence sur le monde entier. En même temps, les conditions économiques changent partout avec une grande rapidité : tellement que les observations du passé n'ont plus de valeur scientifique pour l'avenir, et que souvent même chaque observation isolée perd son utilité scientifique, attendu que les conditions du phénomène ont notablement changé, dans le cours même de l'observation (56).

D'ailleurs, à supposer que l'expérience ou l'observation n'offrent pas de difficultés intrinsèques, ou d'obstacles insurmontables dans l'exécution, elles ne pourraient suppléer au défaut de définition, là où l'imperfection de la science tient à un défaut de définition. Admettons que la statistique ait nettement établi qu'à la suite de telle mesure législative et par l'effet incontestable de cette mesure, il y a eu décroissement de la population en même temps qu'augmentation des salaires : le statisticien pourra livrer ce fait aux méditations des philosophes, mais on n'aura pas pour cela constaté scientifiquement que la mesure est bonne ou mauvaise, économiquement parlant; car il n'y a pas moyen d'établir scientifiquement, en vertu de définitions et de déductions rigoureuses, que l'avantage économique l'emporte sur l'inconvénient, ou l'inconvénient sur l'avantage.

En statistique, le calcul des moyennes est le procédé le plus commode et presque le seul pour mettre en relief les faits empiriques sur lesquels on veut appeler l'attention ; mais il n'est pas de mise dans une foule de questions de l'ordre économique. Il ne suffirait point, par exemple, d'avoir établi que, par suite d'une mesure de gouvernement, le revenu moyen s'est accru, et qu'ainsi les uns gagnent plus que les autres ne perdent : le principe d'équité qui est de tous les pays et de tous les temps, le principe d'égalité qui domine plus particulièrement le pays et l'époque où nous vivons, s'opposent à ce que les actes de la puissance publique tendent à accroître les inégalités naturelles et inévitables des conditions.

297. — Nous venons d'indiquer les causes, à notre avis les plus profondes, des imperfections scientifiques de la doctrine, mais il y en a d'autres. Dans les plus parfaites des sciences naturelles, telles que l'astronomie, il y a une subordination marquée entre les causes principales et simples, qui impriment aux phénomènes leurs caractères généraux de régularité et de simplicité, et les causes secondaires, accessoires, beaucoup plus complexes, qui troublent ou dérangent les effets des causes principales, mais non pas assez pour les masquer à l'observateur, ni pour que la science ait à hésiter dans sa marche qui consiste à étudier d'abord les causes principales, sauf à tenir compte ultérieurement des actions perturbatrices. Lorsqu'il s'agit de sciences moins parfaites, comme la météorologie, ou comme celles qui ont pour objet les êtres vivants, la subordination des causes peut être beaucoup moins bien accusée par leurs effets mêmes; les perturbations, les effets accidentels auront une amplitude qui pourra aller jusqu'à obscurcir ou masquer ce qu'il y a de fondamental et d'essentiel dans les conditions du phénomène : néanmoins l'œil de l'intelligence pourra voir ce que les sens n'atteignent pas; l'ensemble des phénomènes naturels fournira à la raison des inductions d'une telle force, que le principe de coordination des causes et des effets, une fois saisi par

des hommes supérieurs, frappera également tous les esprits justes et sera universellement accepté comme le point de départ de nouvelles recherches, comme la formule qui doit les contenir et les soutenir.

Il n'en est plus de même pour ce qui fait l'objet des études de l'économiste. Les abstractions auxquelles il faut toujours recourir pour simplifier les questions et les rendre accessibles au raisonnement, ne sont pas de celles qui s'imposent à tout le monde et que la nature des choses a dictées : ce sont au contraire le plus souvent des abstractions artificielles et dans lesquelles il entre beaucoup d'arbitraire. Ce que l'un néglige dans une première approximation, comme un fait secondaire et accessoire, un autre le regardera comme le fait principal et dominant, et bâtira en conséquence sa théorie. Dès lors on pourra avoir des théories qui se contrediront, sans que la faute en soit, de part ni d'autre, à des erreurs de raisonnement. Toutes seront incomplètes, inexactes dans l'application, et aucune ne sera fausse à proprement parler. Sans doute, à la longue, on pourra reconnaître qu'il y en a de moins imparfaites que d'autres, ou composer des unes et des autres, dans les parties où elles ont l'avantage, un corps de doctrine éclectique : mais cela même s'opposera à ce que les parties puissent se fondre en un système unique; et contribuera à maintenir la science dans un état d'imperfection relative.

298. — On ne peut guère expliquer que par des considérations de ce genre la répugnance que le public a toujours montrée pour l'emploi des signes mathématiques dans la discussion des questions économiques. Ce n'est pas que l'usage discret des symboles et des formes

mathématiques ne puisse être utile en pareille occasion. Lors même que les signes mathématiques ne seraient pas absolument nécessaires, s'ils peuvent faciliter l'exposition, la rendre à la fois plus concise et plus précise, mettre sur la voie de développements plus étendus, prévenir les écarts d'une argumentation vague, il serait peu philosophique de les rebuter, parce qu'ils ne sont pas également familiers à tous les lecteurs, et qu'on s'en est quelquefois servi à faux. Néanmoins, il faut craindre le mélange et l'abâtardissement des genres. L'appareil mathématique, très-propre à conduire promptement aux conséquences de certaines hypothèses abstraites, a l'inconvénient de donner à penser qu'on attribue à ces hypothèses une valeur qu'elles ont effectivement dans l'interprétation des phénomènes naturels, et qu'elles ne sauraient avoir au même degré dans l'interprétation des phénomènes sociaux. On n'en doit user qu'avec de grandes précautions, ou même on doit se résigner à n'en pas user du tout, si le jugement du public y paraît contraire; car ce jugement a ses raisons secrètes, presque toujours plus sûres que celles qui déterminent les jugements individuels.

299. — Par toutes ces raisons, il faut reconnaître dans la science des économistes des causes internes d'imperfection native et irrémédiable, qui la maintiendront toujours à un état plus ou moins fragmentaire, qui s'opposeront constamment à la coordination de toutes ses parties dans une architecture unique : quoique certainement les progrès de la théorie et de l'expérience doivent successivement l'amener à une coordination moins imparfaite, et relier entre eux des fragments qui nous semblent encore confus et éparpillés.

Il en résulte que la science des économistes, sans être une *littérature* (294), est, bien plus que les autres sciences, imprégnée de ce caractère national, marquée de ce cachet des temps et des lieux, qui distinguent une littérature d'une autre. On a beau traduire en très-bon français le livre d'un économiste anglais, et avoir soin (pour la commodité du lecteur français) de substituer des mesures et des monnaies françaises aux mesures et aux monnaies anglaises : il n'est pas besoin d'en lire dix pages pour reconnaître que l'auteur n'est pas Français et qu'il est Anglais (14). L'Anglais ne voit partout que capital et profits (162) : il est donc tout simple que ses constructions théoriques pivotent sur ces deux idées fondamentales, et qu'il dirige, en vue d'une telle synthèse, le travail préalable de décomposition et d'abstraction, de manière que le type abstrait se rapproche le plus possible du type anglais, sauf à s'écarter beaucoup des types qu'on observe ailleurs, et trop pour que le type abstrait y puisse être accepté, même à titre de première approximation. Dans le même pays, le cachet des époques n'est pas moins marqué. Tout système mis de côté, on reconnaîtra un économiste français du dix-huitième siècle à ce ton sentimental, à cette recherche (sincère au fond, affectée dans la forme) de ce qu'il appelle le *bonheur des hommes* (16). On sent que tout cela remonte au *Télémaque*, et n'est qu'un cri d'opposition contre les abus de l'ancienne monarchie, en attendant que le temp fasse éclore des questions plus formidables (250). Les autres sciences ont bien aussi leur histoire, leur allure dans chaque siècle, et leurs progrès se lient aux progrès de la société, mais non au point que leur physionomie reflète (à la manière d'une littérature) la physionomie de la société.

300. — D'ailleurs, si les exigences de l'opinion n'obligent pas le géomètre, l'astronome, le chimiste d'aller plus vite que la science ne peut aller, et de résoudre des problèmes dont on n'a pas encore réuni tous les éléments de solution, il n'en est pas de même pour la science de l'économie publique et pour ceux qui la cultivent. Dans les choses qui ne peuvent rester en suspens, il faut qu'il y ait une raison pratique de décider, et que l'opinion prenne un parti quand la science se déclare incompétente ou mal informée. Ainsi fait le médecin dans sa pratique ; ainsi fait l'homme d'Etat dans la sienne ; ainsi font tous les hommes pour les questions qui intéressent le plus leurs destinées, et qui sont justement celles que la science est le plus incapable de résoudre.

Nous avons notamment remarqué (à propos des idées d'optimisme et de liberté dans l'ordre économique) qu'en l'absence de démonstrations dont les unes sont absolument impossibles et les autres surpassent les forces actuelles de l'esprit humain, l'idée de la liberté s'offre à nous comme ce qu'il y a encore de plus simple, de plus naturel ; tandis que dans le système réglementaire ou protecteur, chaque mesure restrictive de la liberté semble en appeler, en nécessiter d'autres ; et qu'ainsi le système va en se compliquant et en se singularisant de plus en plus, au moment même où les relations sociales, où les communications entre les peuples vont en se multipliant, et où l'interposition de barrières ou d'obstacles artificiels devient plus difficilement supportable. On peut donc assurer que le monde tend vers l'application la plus large de la liberté économique et commerciale, non en vertu de théorèmes qu'on n'a pas démontrés, non en vertu de preuves expérimentales qui n'ont pas encore été administrées, qui ne le seront peut-être jamais d'une manière irréprochable, mais par un courant irrésistible de l'opinion qui mène les peuples et dont les hommes d'Etat doivent tenir grand compte, puisqu'elle est comme une manifestation de leur instinct, ou un pressentiment confus de leurs destinées.

Il en faut dire autant de la plupart des questions capitales que les économistes ont agitées. En fait, de pareilles questions ne se résolvent, ni par les argumentations des docteurs, ni même par la sagesse pratique des administrateurs. Une force supérieure pousse les nations dans telles voies; et quand un système a fait son temps, de bonnes raisons ne peuvent guère plus que des sophismes lui rendre le crédit qu'il a perdu. L'habileté des hommes d'Etat consiste alors, tantôt à trancher résolûment des débats interminables, tantôt à tempérer l'ardeur de l'esprit d'innovation, sans tenter une lutte impossible contre les arrêts du destin. La déduction logique, suivie avec une prudente réserve (outre qu'elle satisfait à ce besoin qu'a notre esprit de trouver, comme le dit Leibniz, tout ce qui peut se trouver *par raison*), nous permet de mieux déterminer, dans le tissu de nos connaissances, les pleins et les vides, ce qui est le meilleur moyen d'éviter les erreurs systématiques et de prévenir un faux dogmatisme nuisible à la liberté d'esprit que l'homme public doit conserver dans ses résolutions. En ce sens, une théorie juste, quoique fort imparfaite encore, aide le travail de résistance aux brusques changements et peut contribuer à ménager la transition d'un régime à l'autre. En donnant plus de lumières sur un point débattu, en montrant ce qu'on sait et surtout ce qu'on ne sait pas, elle amortit les passions qui se combattent. Les systèmes ont leurs fanatiques : la science (qui use et peu à peu remplace les systèmes dans ce qui comporte la construction scientifique) n'en a jamais. Enfin, si les théories qui se rattachent à l'organisation sociale ne dirigent pas les faits contemporains, elles éclairent au moins l'histoire des faits accomplis. On peut, jusqu'à un certain point, comparer l'influence des théories économiques sur la société à celle des grammairiens sur le langage. Les langues se forment sans le concours des grammairiens et se corrompent malgré eux : mais leurs travaux jettent du jour sur les lois de la formation et de la décadence des langues ; leurs règles font reconnaître l'époque où une langue a atteint sa perfection, et par là retardent un peu l'invasion de la barbarie qui la dissout ou du mauvais goût qui la corrompt.

TABLE DES CHAPITRES.

LIVRE I.

LES RICHESSES.

Chapitres.		Pages.
I.	Des richesses en général et de la valeur d'échange.......	4
II.	Des caractères de la science économique, et de sa place dans le cadre scientifique....................	14
III.	De la classification des richesses....................	33
IV.	Aperçu général du mécanisme économique et du jeu des forces productrices. — Définition de l'équivalent économique. — Du concours du travail et des forces ou des ressources naturelles........................	53
V.	Du crédit et des capitaux — Des profits des capitaux et de l'intérêt de l'argent........................	73
VI.	De la loi de la demande........................	93
VII.	De la détermination des prix. — Du monopole et de la concurrence. — Théorie de la rente................	106
VIII.	De la capitalisation de la rente et de la consolidation des capitaux. — Des fonds publics..................	123

LIVRE II.

LES MONNAIES.

Chapitres.		Pages.
I.	Des changements de valeur, absolus et relatifs. — De l'étalon des valeurs.	151
II.	De l'histoire de la monnaie dans l'antiquité.	163
III.	De l'histoire des monnaies françaises.	179
IV.	De la production et de la demande des métaux précieux.	202
V.	De la détermination de la valeur des métaux précieux.	216
VI.	Du flux des métaux précieux et de la détermination du change.	232
VIII.	Des monnaies fiduciaires.	247

LIVRE III.

LE SYSTÈME ÉCONOMIQUE.

Chapitres.		Pages.
I.	De la solidarité du système économique. — De la totalisation des revenus. — De la distinction entre la valeur nominale et la valeur réelle des revenus.	263
II.	Du principe de la compensation des demandes. — Du principe de l'encouragement. — De la juste détermination du point de scission des diverses doctrines économiques.	279
III.	De l'influence des changements de prix sur la valeur nominale et sur la valeur réelle des revenus.	293
IV.	De la communication des marchés et de l'influence du commerce extérieur sur le revenu national et la consommation intérieure.	314

Chapitres.		Pages.
V.	Suite du même sujet. — Réponses à diverses objections.	325
VI.	Suite du même sujet. — Examen de la théorie du troc international...	338
VII.	Considérations générales sur les impôts, les dépenses et les emprunts publics...	351
VIII.	Des diverses natures d'impôts et de leurs effets...	365
IX.	De la population et du travail...	386
X.	Des salaires...	397

LIVRE IV.

L'OPTIMISME ÉCONOMIQUE.

Chapitres.		Pages.
I.	Des idées de progrès et d'amélioration ou d'optimisme dans l'ordre économique...	411
II.	Considérations générales sur le principe de la liberté économique...	427
III.	Des divers modes de protection et d'encouragement par l'Etat...	448
IV.	Du libre échange...	467
V.	De la constitution de l'unité sociale, et de la fusion des intérêts locaux dans l'intérêt national...	483
VI.	Des tendances cosmopolites et de la fusion progressive des intérêts nationaux dans l'intérêt cosmopolite...	497
VII.	Réflexions sur la nature de la controverse en fait d'économie sociale. — Conclusion de l'ouvrage...	511

FIN DE LA TABLE.

Paris. — Imprimerie de E. Donnaud, rue Cassette, 9.

www.ingramcontent.com/pod-product-compliance
Lightning Source LLC
Chambersburg PA
CBHW051405230426
43669CB00011B/1774